미국법정에서
소송에 휘말린 반려견들

Companion Animals and Humans on Trial

최우영 (미국 뉴욕주 & 캘리포니아주 변호사)

머 리 말

우리 주변에 반려견을 키우는 사람들이 눈에 띄게 많아졌고, 반려견과 관련한 각종 물품이나 서비스 산업도 많이 확장하고 있고, 반려견 문화와 인프라도 점차 갖추어져 가고 있다.

2021 년에 "반려견과 법률이야기"라는 책을 통해서, 우리 사회에서 필요한 반려견과 관련한 각종 법률제도들을 소개해보았는데, 이제는, 우리 사회에서 반려견과 관련한 법률분쟁 분야에도 신경을 써야 하는 시점이 되었다고 생각된다.

우리 사회에서 반려견 문화가 잘 자리잡기 위해서는, 반려견과 관련한 각종 법률분쟁들이 효율적이고, 신속하고, 공정하게 해결되어야 한다. 이런 목표를 달성하기 위해서는, 사회적으로 반려견과 관련한 법률분쟁 해결제도를 개선할 필요도 있으며, 개별적으로 개인들이 반려견과 관련한 분쟁을 예방하고 효율적으로 대응하는 노력을 해야 할 필요도 있다.

이런 차원에서, 반려견과 관련하여 법률분쟁이 빈번한 몇개 분야에서, 우리나라보다 훨씬 풍부하게 반려견 판례들이 축적된 미국법원에서 진행되었던 사건 40 개를 선정하여 책으로 소개하게 되었다. 이번에 선정한 판례들은, 관련 분쟁에 대해서 대표적이고 권위있는 선례로 인정받고 있고, 논리와 내용이 충실한 판결문을 위주로 골라보았다.

각 판례에 대해서는, 가급적 판결문 원문내용을 충실하게 설명하고, 판결 결과에 영향을 주었다고 여겨지는 사실관계와 논리를 조명하고, 관련 분야 법률이론들을 포괄적으로 설명하고, 이해를 돕기위해서 필요한 소송절차나 사건배경 및 자료사진 등을 간략하게 추가하였으며, 미국 법률지식이 부족한 사람이나 미국 법률을 공부하는 사람에게 모두 도움이 되도록 그 형식과 내용을 교재처럼 구성해보았다.

이 책의 독자들이, 지루하고 딱딱하지만 끈기를 가지고 책을 독파해서, 반려견과 관련한 법률분쟁에서 주요한 역할을 하는 법률이론들의 취지와 자주 등장하는 주장들의 유형과 재판결과에 영향을 주는 사실관계들을 파악해서, 조만간 우리나라에서도 빈번하게 일어날 수 있는, 이런 반려견 법률분쟁을 효과적으로 예방할 수 있고, 혹시나, 피치못하게 발생한 반려견 법률분쟁에는 잘 대응할 수 있게 되기를 희망해본다.

2025 년 10 월의 끝무렵에 . . .

목 차

< 제 1 편 - 반려견을 살해할 수 있는 권한 >
Right to Kill Dog Cases

Law & Cases: 사람을 공격하는 개를 살해할 수 있는 권한 10

에피소드 1 – 집안에서 같이 놀던 어린 딸을 물었다가 화가난 아버지 손에 죽게된
Chihuahua 반려견 "Snippy" 사례
Commonwealth v. Daly 12

에피소드 2 – 자신의 보호자와 싸움을 하고 있는 사람을 물었다가 총에 맞아 죽게된
German Shepherd 강아지 사례
Grizzle v. State 15

에피소드 3 – 주택을 압수수색하고 있는 경찰관의 발을 물었다가 총에 맞아 죽은
Pit Bull / German Shepherd 믹스견 "Wrinkles" 사례
Robinson v. Pezzat 18

에피소드 4 – 주택 지하실을 압수수색하고 있는 경찰관에게 덤벼들었다가 총에 맞아
죽은 대형 Pit Bull 과 소형 Pit Bull 사례
Brown v. Battle Creek Police Dept 23

에피소드 5 – 경찰관의 압수수색을 방해하다 마당에서 총에 맞아 죽은
대형 경비견 Rottweiler 와 Bullmastiff "Sam" 사례
Hells Angels Motorcycle Club v. City of San Jose 29

에피소드 6 – 주택가를 배회하다 견주의 차고로 도망쳤지만 경찰관에게
엽총으로 사살된 대형 숫컷 반려견 Boxer 사례
City of Garland v. White 35

Law & Cases: 반려동물을 공격하는 개를 살해할 수 있는 권한 39

에피소드 7 – 이웃집 반려견을 공격했다가 엽총으로 사살된
Golden Labrador 품종 "Beau Gueste" 반려견 사례
People v. Wicker 40

에피소드 8 – 산책 중인 이웃집 반려견을 공격했다가 칼로 사살된
Pit Bull 품종 "Zeus" 반려견 사례
Chase v. State of Texas 43

| Law & Cases: | 가축을 공격하거나 농작물을 훼손하는 개를 살해할 수 있는 권한 .... 48 |

에피소드 9 – 이웃집 가축을 공격했다가 엽총으로 사살된
German Shepherd 품종 "Fraline" 반려견 사례
McDonald v. Bauman 54

에피소드 10 – 주인없이 배회하다가 인근 농장에 들어가서 닭장에 있는 닭을 괴롭히던
도중에 현장에서 농장주인에게 엽총으로 사살된
coonhound 품종 사냥개 사례
Puckett v. Miller 58

에피소드 11 – 양들이 살고 있는 이웃집 축사에 들어가서 공격적인 행동은 하지 않고
그냥 있던 Labrador 와 Brittany Spaniel 품종 개들을 이 축사의 주인이
붙잡아서 인근 동물병원에서 안락사를 시킨 사례
Propes v. Griffith 62

| Law & Cases: | 집에 무단침입한 개를 살해할 수 있는 권한 .... 67 |

에피소드 12 – 울타리가 없는 집의 마당에 무단침입한 개를 쫓아내면서 개에게 총을
쏘아서 부상을 입힌 사람에게 무단침입 방지행위를 인정하는 형사처벌
면책조항을 적용하지 않고 처벌할 수 있는지가 쟁점이 된 사례
State v. Powers 69

에피소드 13 – 독극물을 설치해서 다른 사람의 반려견들을 죽게 한 사람은, 사망한
반려견들의 실질적 가치와 징벌적 손해배상 금액을, 사망한 반려견들의
보호자에게 배상할 책임이 있는지가 쟁점이 된 사례
Heiligmann v. Rose 73

< 제 2 편 - 동물병원 수의사와 반려견 법률분쟁 >
Animal Hospital and Veterinary Malpractice Cases

| Law & Cases: | 동물병원과 수의사를 상대로한 손해배상 소송 .... 78 |

에피소드 14 – 엄마, 이곳 동물병원 수의사가 피부도말검사도 하지 않고 저체중과 맞지
않는 진드기 약을 처방해줘서 저의 병세가 악화되었어요!

동물병원에서 치료를 받던 반려견 "Murphy"가 수의사의 잘못된 처방과
치료로 사망하게 되었다고 동물병원을 상대로 의료과실에 따른 손해배상을
청구한 사건에서 의료과실 입증책임이 문제가 된 사례
Hayes v. Lisbon Road Animal Hospital 83

에피소드 15 – 판사님, 우리아빠 보호자님에게 저는 아주 특별한 존재랍니다!

동물병원에서 치료를 받던 반려견 "Shane"이 수의사의 의료과실로 사망하자, 반려견 보호자가 죽은 반려견의 시장가치를 초과하는 손해배상 금액을 청구하는 소송을 제기한 사례
Bluestone v. All-Care Animal Referral Center 90

에피소드 16 – 판사님, 저를 실제 가족구성원으로는 인정할 수 없다구요?

수의사가 반려동물을 치료하는 과정에서 의료과실로 반려동물이 사망하자, 이런 반려동물 보호자가 수의사를 상대로 자신이 입은 정신적 고통에 대한 손해배상을 청구하는 소송을 제기한 사례
Kennedy v. Byas d/b/a Agape Animal Hospital 93

에피소드 17 – 엄마, 내가 림프종에 걸렸다고 안락사시킨 수의사를 꼭 응징해주세요!

도로를 배회하던 유실견 "Joe-e"를 습득한 사람이 동물병원으로 유실견을 데려갔는데 수의사가 질병이 의심된다며 안락사를 권고했고 결국 유실견은 안락사되었는데, 이후 죽은 유실견의 원래 주인이 수의사에게 손해배상을 청구한 사례
Sexton v. Brown 97

에피소드 18 – 엄마 아빠, 이 동물병원 히팅패드는 너무 뜨거워서 싫어요!

동물병원에서 반려견을 치료한 후에 히팅패드 위에 너무 오랫동안 방치해놓아서 심한 화상을 입혔다고, 반려견의 보호자가 자신들이 입은 정신적 고통에 대한 손해배상을 청구하는 소송을 제기한 사례
Wills v. Knowles Animal Hospital 104

에피소드 19 – 꼬마야, 산책 중에 도망치고 있는 나를 함부로 붙잡으려고 하지마!

치료을 위해 동물병원에 맡겨놓은 반려견 "Gucci"가 탈출하여 사람을 무는 사고가 발생하자, 사고 피해자가 동물병원 뿐만 아니라 반려견의 법적 소유권자를 상대로 손해배상 청구소송을 제기한 사례
Hayes v. Carriage House Animal Clinic 107

Law & Cases: 동물병원에 맡겨놓은 반려동물을 보호자가 찾아가지 않으면 소유권을 포기한 반려동물로 간주되는 경우 111

에피소드 20 – 아빠, 치료 끝났어요 빨리 동물병원으로 저를 데리러 오세요!

치료을 위해 동물병원에 맡겨놓은 반려견 "Jumor"을 보호자가 찾아가지 않자 동물병원에서 이 반려견을 동물보호소에 내보냈고 결국 그곳에서 안락사 되었는데, 이후 반려견 보호자가 동물병원에게 손해배상을 청구한 사례
Animal Hospital of Elmont v. Gianfrancisco 113

< 제 3 편 - 동물보호기관과 반려견 소유권 분쟁 >
Animal Control Center and Ownership Dispute Cases

에피소드 21 — 아빠, 제 개목걸이에 인식표찰도 꼭 채워주세요!

동물보호소에서 보관하던 유기견을 원래 보호자가 의무 보관기간이 지나도록 찾아가지 않자 다른 사람에게 입양을 보내주었는데, 이후에 이런 유기견의 원래 보호자가 이런 사실을 알고 자신의 개를 돌려주거나 손해배상을 해달라고 동물보호소를 상대로 소송을 제기한 사례
Johnston v. Atlanta Humane Society 119

에피소드 22 — 엄마 아빠, 저 잃어버리면 공공기관의 분실견 공고게시판도 꼭 확인하세요!

목줄이 풀려서 집을 빠져나간 반려견 "Billy"를 지역 동물보호소에서 보관하다가 새로운 보호자에게 입양보냈고 나중에 이것을 알게 된 원래 보호자가 자신의 반려견을 돌려받고 손해배상을 받아내기 위해서 동물보호소를 상대로 소송을 제기한 사례
Lamare v. North Country Animal League 124

에피소드 23 — 아빠, 저를 두고 소유권 싸움이 나면 신속하게 법률전문가의 도움을 받으세요!

목줄없이 집을 빠져나간 반려견을 지역 동물보호소에서 포획하여 보관하다가 동물보호단체에게 넘겼고, 동물보호단체에서는 새로운 보호자에게 입양을 보냈는데, 이것을 알게 된 원래 보호자가 자신에게 해당 반려견을 돌려달라고 동물보호단체를 상대로 소송을 제기한 사례
Green v. Animal Protection League of Mercer County 132

에피소드 24 — 엄마, 동물보호소 컴퓨터 화면에 저를 입양해간 사람의 개인정보가 띄워져 있어요!

길을 배회하는 반려견을 발견한 주민이 인근 동물보호소에 데려가서 맡겼고, 동물보호소에서는 입양을 보냈는데, 이를 알게 된 원래 보호자가 입양자를 상대로 반려견을 돌려달라고 소송을 제기한 사례
Graham v. Notti 137

에피소드 25 — 엄마, 동물보호소 직원이 저를 German Shepherd 가 아니라 Belgian Malinois 품종이라고 잘못 분류했어요!

집을 빠져나가서 잃어버린 German Shepherd 품종 반려견 "Monte"를 지역에 있는 동물보호소에서 유치했다가 보관기간이 종료된 이후 동물구호단체에게 내보냈고, 뒤늦게 이를 알게 된 원래 주인이 동물구호단체에게 자신의 반려견을 돌려달라고 소송을 제기한 사례
Lira v. Greater Houston German Shepherd Dog Rescue, Inc. 143

에피소드 26 – 아저씨, 우리 아빠가 저를 입양해가려고 다시 동물보호소에 찾아올 때까지 제발 저를 중성화수술하지 말아주세요!

브리딩 목적으로 사육하던 "Rocky"가 집을 빠져나가서 동물관리부처에게 붙잡혀서 보관소에 갇혀있다가 동물보호소로 넘겨졌는데, 이를 알게된 보호자가 동물보호소를 찾아가서 입양절차를 진행하는 과정에, 보호자의 요청에도 불구하고 개를 중성화수술을 해버린 동물보호소를 상대로 손해배상 소송을 제기한 사례
Birmingham Humane Society v. Dickson 150

< 제 4 편 - 사고로 상해를 입은 반려견과 손해배상 >
Dog Accident & Fair Market Value, Emotional Distress and Other Types of Damages

Law & Cases 사고로 부상을 당하거나 사망한 반려견에 대한 손해배상의 범위.......... **155**

에피소드 27 – 수의사 선생님, 저를 긴급하게 수술해서 상처를 치료해주고 살려주셔서 감사합니다!

이웃집 German Shepherd 개에게 물려서 심각하게 부상당한 Bichon Frise 품종 반려견 "Peppermint"의 보호자가 반려견 치료를 위해서 들어간 병원비용 전액을 손해배상으로 청구한 사례
Irwin v. Degtiarov 158

에피소드 28 – 엄마, 저를 살리기 위해서 수의사 선생님의 만류에도 불구하고 수술까지 받게해주셔서 감사해요!

다른 개에게 물려서 심하게 부상을 당한 Yokshire Terrier 품종 반려견을 안락사시키지 않고 수술했지만 결국 사망하자, 공격한 개의 주인에게 수술비용을 손해배상으로 청구한 사례
Saratte v. Schroeder 162

에피소드 29 – 아빠, 동물보호소 직원이 실수로 저를 안락사 대상자 리스트에 포함시켜서 내일 안락사 당하게 되었어요!

동물보호소 직원의 실수로 믹스견 "Avery"가 안락사되어 발생한 민사소송에서, 죽은 반려견의 소유자가 사망한 반려견의 시장가격이 아니라 반려견과의 동반관계 상실감에 기반한 감정적 가치를 손해배상으로 청구한 사례
Strickland v. Medlen 165

에피소드 30 – 엄마, 저를 찾아가려고 오시는 엄마를 다시보지 못하고 여기 동물병원에서 죽게 되어서 너무나 슬퍼요!

동물병원의 숙박시설에 맡겨놓은 반려견이 동물병원의 과실로 사망하자, 이렇게 죽은 반려견의 보호자가 자신이 겪은 동반자 상실감에 대한 손해배상을 동물병원에게 청구한 사례
Brousseau v. Rosenthal 172

< 제 5 편 - 반려견이 낸 사고를 책임져야 하는 주변 사람들 >
Persons liable for Dog Accident

Law & Cases: 반려견이 낸 사고에 법적으로 손해배상 책임이 발생할 수 있는 반려견의 법적소유권자, 보호자, 돌봄제공자, 편의제공자들 176

에피소드 31 – 모터사이클 타고 집앞으로 지나가는 아저씨, 모터사이클 조심해서 천천히 몰고가세요!

동네에서 주인없이 떠돌아다니던 개가 길을 가던 모터사이클에 덤벼들어 모터사이클을 타고 가던 사람이 넘어져서 부상을 입자, 그 유기견에게 오랫동안 정기적으로 먹이를 내주고 돌봐주던 사람을 상대로 손해배상을 청구한 사례
Terral v. Louisiana Farm Bureau Casualty Insurance Company 180

에피소드 32 – 아줌마, 우리 아빠와 할아버지는 다른 주택에서 따로 살아요!

아들이 키우던 반려견 "Brady"가 길로 뛰어들어서 원고의 모터싸이클에 부딪히는 사고를 내자, 그런 반려견의 행동이 사나운 행동이라고 주장하면서, 아버지가 아들이 그런 반려견을 아버지가 소유한 주택에서 키우고 아버지의 사업장에 데려오는 것을 허용했음으로 아버지가 그런 반려견의 보호자였다고 주장하면서 아버지에게 손해배상을 청구한 사례
Lorrain v. Branscombe 188

에피소드 33 – 아저씨, 이 주택은 제 보호자님이 어릴때 부모님과 같이 살았던 집이에요!

아들이 자신의 반려견 "Bruno"와 함께 아버지의 집에 체류하는 동안에 집앞을 지나가는 다른 사람의 반려견 "Tuffy"를 "Bruno"가 공격하자 이를 말리던 "Tuffy"의 보호자가 넘어져서 부상을 입은 사고에서, "Bruno"의 보호자인 아들 뿐 아니라 아들과 "Bruno"가 집에 체류하도록 허용한 아버지에게도 손해배상을 청구한 사례
Anderson v. Christopherson 194

에피소드 34 – 아줌마, 우리 아빠가 집사로 일하는 교회에서는 제가 교회아파트 건물 밖으로 나올 수 있는 시간을 엄격하게 통제하고 있어요!

교회건물에서 거주하면서 집사로 일하는 사람이 키우는 반려견 "Shadow"가 교회를 방문한 사람을 공격해서 부상을 입히자, 부상당한 사람이 교회가 사고를 낸 개의 보호자에 해당된다고 주장하면서, 교회를 상대로 손해배상을 청구한 사례
Auster v. Norwalk United Methodist Church 202

에피소드 35 – 판사님, 미용실 종업원 여러명이 함꺼번에 저를 붙잡아서 욕조에 넣으려고 해서 정말 무서웠어요!

반려견 미용실 종업원이 손님이 맡긴 반려견 "Leroy"를 목욕시키려다가 손을 물리는 부상을 당하자, 사고를 낸 반려견 "Leroy"의 주인을 상대로 무과실책임법률에 근거한 손해배상을 청구한 사례
Lewis v. Chovan 209

에피소드 36 –	판사님, 아줌마가 저를 엄마 차에 태우고 운전을 해서 멀리 떨어진 낯선 곳으로 데려갔어요!	
	반려견 주인이 빌려준 자동차를 그 자동차에 타고 있던 반려견과 함께 다른 지역으로 운행한 운전자가, 자동차에서 뛰쳐나온 반려견 때문에 넘어져서 부상을 입은 사고가 발생하자, 자동차 운전자가 이 반려견의 소유권자와 그 동거남을 상대로 무과실책임법률에 근거한 손해배상을 청구한 사례	
	Houghtaling v. Benevides	214
Law & Cases:	확산되는 "Dog at Work" 현상과 직장에서 종업원의 반려견과 관련한 법률문제들	**220**
에피소드 37 –	아저씨, 우리 아빠가 일하는 회사의 작업장에서는 제게 간식이나 물도 주지않고 너무나 무관심해요!	
	회사 작업장에서 일하던 인부의 반려견이 우편배달부를 공격해서 부상을 입히자, 인부가 반려견을 회사 작업장에 데려오도록 허용한 회사는 그 반려견의 보호자에 해당된다고 주장하면서, 인부와 인부의 회사를 상대로 손해배상을 청구한 사례	
	Falby v. Zarembski	228
에피소드 38 –	판사님, 제가 우리 아파트를 빠져나와서 싸움을 벌린 시간은 아빠가 회사에서 퇴근을 하고 아파트로 돌아와서 한참이 지난 시간이었어요!	
	퇴근한 종업원의 반려견 "Jake"이 다른 사람을 공격해서 부상을 입히자, 회사가 종업원이 개를 회사에 데려오는 것을 허용했음으로 회사가 이 개의 보호자에 해당된다고 주장하면서, 피해자가 종업원과 회사를 상대로 손해배상을 청구한 사례	
	Frost v. Robave, Inc.	235
에피소드 39 –	판사님, 저는 이번 사고를 내기 이전에는 아빠가 다니는 회사 사람들과 아무런 문제없이 잘 지내고 있었어요!	
	회사의 종업원이 회사로 데려온 개가 회사를 방문한 고객을 공격해서 부상을 입힌 사고가 발생하자, 피해자가 개의 주인 뿐만 아니라 종업원의 개를 회사에 있도록 허용한 회사에게도 책임이 있다고 손해배상을 청구한 사례	
	Austin v. Jimmy's Contractor Services, Inc.	241
에피소드 40 –	판사님, 저는 우리 아빠와 호텔에서 몇달동안 살고 있는데 울타리에 있는 개구멍을 통해서 옆에 붙어있는 다른 호텔 주차장으로 놀러가기도 했어요!	
	주차장에서 반려견 "Yogi"를 산책시키던 투숙객이 옆 호텔에서 넘어온 pit bull 개의 공격을 받고 부상을 입자, 옆 호텔이 사고를 낸 pit bull 개의 "harborer"에 해당된다고 주장하면서, 옆 호텔을 상대로 손해배상을 청구한 사례	
	Brown v. FMW RRI NC, LLC	246

< 제 1 편 - 반려견을 살해할 수 있는 권한 >

Right to Kill Dog Cases

에피소드 1 –	*Commonwealth v. Daly*	12
에피소드 2 –	*Grizzle v. State*	15
에피소드 3 –	*Robinson v. Pezzat*	18
에피소드 4 –	*Brown v. Battle Creek Police Dept*	23
에피소드 5 –	*Hells Angels Motorcycle Club v. City of San Jose*	29
에피소드 6 –	*City of Garland v. White*	35
에피소드 7 –	*People v. Wicker*	40
에피소드 8 –	*Chase v. State of Texas*	43
에피소드 9 –	*McDonald v. Bauman*	54
에피소드 10 –	*Puckett v. Miller*	58
에피소드 11 –	*Propes v. Griffith*	62
에피소드 12 –	*State v. Powers*	69
에피소드 13 –	*Heiligmann v. Rose*	73

> **Law & Cases: 사람을 공격하는 개를 살해할 수 있는 권한**
>
> **자신이나 다른 사람을 공격하거나 해치는 개를 살해할 수 있는 권한이 있을까?**

일반적으로, 미국법률에서는 개는 물건으로 취급되기 때문에, 만약 다른 사람의 개를 죽이면 그 사람의 재산을 훼손한 것이 되고, 죽은 개의 소유자는 자신의 개를 살해한 사람에게 conversion, negligence, trespass to chattels, intentional infliction of emotional distress 같은 민사적 클레임을 제기할 수 있고, 가해자에게 책임이 있다고 판명되는 경우에는, 가해자는 견주에게 개의 가치에 상당하는 금액을 보상해야 한다.

예를들면 California 에서는 고의나 중대한 과실로 다른 사람의 개에게 비인도적으로 부상을 입히면 징벌적 손해배상을 하도록 규정하고 있다. Cal. Civ. Code §3340

또한, 형사적으로는, 다른 사람의 개를 살해한 사람은 동물학대를 금지하는 법률 위반이나 다른 형법에 규정된 범죄로 처벌될 수도 있다. 대부분의 동물학대금지법률은, 개를 잔인하게 살해하거나 상해하는 행위와, 불필요하게 또는 정당성 없이 개를 죽이거나 부상을 입히는 행위를 범죄로 규정하고 있다.

개가 총을 맞고 부상을 입어서 고통을 겪다가 사망한 경우가 아니고, 개를 총으로 사살해서 개가 즉사한 경우에는, 고문이나 사지를 훼손하는 행위를 금지하는 동물학대금지법은 적용되지 않는다는 방어논리를 제기하는 경우도 있다. 이웃집 개를 엽총으로 살해한 사건에서, 가해자는 자신이 의도적으로 이웃집 개를 살해하려고 총을 쏘았기 때문에, 의도적으로 개를 고문하거나 신체를 훼손하는 것을 금지하는 동물학대금지법률을 위반하지 않았다는 주장을 펼쳤다. 하지만, 법원은, 총에 맞은 개가 즉사하지 않고 고통을 겪다가 죽었다고 판단하고, 가해자의 이런 주장을 배척한 사례가 있었다. Michael Anderson v. State of Indiana, 877 N.E.2d 1250 (Ind. App. 2007).

특별한 예외적 상황에서는 다른 사람의 개를 살해하는 것을 허용하는 경우도 있으며, 가장 보편적으로 인정되는 예외적인 상황은, 개의 공격으로부터 자신이나 다른 사람의 안전을 보호하기 위해서 개를 살해할 수 있는 자위권 또는 정당방위(self-defense) 권한이다.

➢ Maine 주에서는, 개를 도발하지 않았는데 갑작스럽게 개가 공격을 하는 경우에는, 자신 또는 다른 사람이나 가축을 보호하기 위해서 필요하면 그런 개를 죽일 수 있다고 규정하고 있다. (7 M.R.S.A. §3951 Killing for assault permitted. Any person may lawfully kill a dog if necessary to protect that person, another person or a domesticated animal during the course of a sudden, unprovoked assault.)

➢ Iowa 주 법률은, 개가 가축이나 가금류를 쫓아다니거나 손상시키거나 죽이는 행위를 하고 있는 경우나, 사람을 공격하거나 물려고 시도하는 경우에는, 누구든지 그런 개를 살해할 수 있다고 규정하고 있다. I.C.A. §351.27.

➢ Untagged Dog: Iowa 주에서는 개가 광견병 백신을 접종하였다는 표식을 부착하고 있지 않으면, 누구든지 이런 개를 살해할 수 있고, 경찰관은 이런 개를 살해해야 하는 의무가 있다고 규정하고 있다. I.C.A. §351.26

- 개를 살해하거나 상해하는 행동이 정당했다고 인정받기 위해서는, Georgia 주 법률이 규정하고 있는 것처럼, 개를 살해하거나 상해한 사람이, 사람 또는 다른 동물이나 재산에 대한 긴박하고 심각한 부상 또는 피해 위험을 막기 위해서, 개를 죽이거나 부상을 입히는 것이 필요하다고 합리적으로 믿었어야 한다. GA Code §16-12-4

- No Imminent Danger: 단지 사람을 향해서 으르렁거리거나 짖는다는 이유만으로 그 개를 살해하는 것은 정당하지 않으며, 개의 위협이 긴박하고 개를 죽일 수 밖에 없는 긴급한 상황이 존재해야만, 그런 개를 살해하는 것이 정당화 될 수 있다.

- Dogs Running Loose: 비록 보호자 없이 혼자 길거리를 배회하는 개들이 위험해 보인다고 해도, 이런 개들이 사람이나 재산을 해치고 있지 않는다면, 이런 개들을 현장에서 살해하는 것은 정당한 행위로 허용되지 않을 수 있다. 대부분 지역에서는, 길거리를 배회하는 개들을 포획해서 동물보호소에 가두어두도록 하고 있다. 만약, 개를 포획하려는 과정에서 개가 공격적인 행동을 보이고, 포획하는 것이 힘들다고 판단된다면, 그런 개를 살해하는 것이 허용될 수도 있다.

- Trespassing Individual or animal: 만약 다른 사람의 집에 사람이나 동물이 무단침입하는 경우에, 그 집을 지키고 있는 개가 위협적인 행동을 하였다고 해도, 이런 개를 살해하는 것은 정당방위로 인정받지 못한다.

- Trespassing Dog: 일반적으로, 단지 다른 사람의 개가 자신의 집에 무단침입했다고, 그런 개가 위협적인 행동을 하지 않았는데도, 그런 개를 살해하거나 독살하는 것은 허용되지 않는다.

Image by Vilve Roosioks, Pixabay

> **에피소드 1 –** 집안에서 같이 놀던 어린 딸을 물었다가 화가난 아버지 손에 죽게된 Chihuahua 반려견 "Snippy" 사례
>
> 집안 거실에서 같이 놀던 4살 여자아이를 소형 반려견이 물었고, 이를 목격한 아버지가 흥분해서 소형 반려견을 붙잡아서 문밖 데크로 세게 던져서 결국 죽게하였다면, 아버지의 행위는 딸을 보호하기 위한 정당방위로 인정받을 수 있을까?
> *Commonwealth v. Daly*

■ 사건의 발단은?

미국 Massachusetts 주 Norfolk County 에 있는 Braintree 타운에 거주하는 Patrick Daly 는 4살짜리 딸 Jamie 와 여자친구 Joan Cummins 와 같이 듀플렉스 집에 살고 있었다.

여자친구 Joan Cummins 는 자신이 오래전에 지금은 성인이 된 아들을 위해서 구입한 "snippy"라는 이름의 치와와(Chihuahua) 숫컷을 강아지때부터 키우고 있었는데, 이번 사건 당시 "snippy"는 8파운드 정도 크기에 14살이었다.

Jamie 가 18개월이었을 때, 줄다리기 놀이를 하던 "snippy"가 Jamie 의 얼굴을 물어서 몇바늘을 꿰메는 사고를 낸 적이 있었으며, 이후, Cummins 는 밤 중이나 "snippy"가 Jamie 에게 까칠하게 굴때는 "snippy"를 켄넬에 넣어 두기로 약속하였다.

듀플렉스 집주인 Richard Bottiglieri 의 증언에 의하면, "snippy"는 이전에 몇차례 집주인과 집주인의 딸과 손자를 물은 적도 있었다고 한다.

2010년 11월 9일 낮, Daly 과 여자친구 Cummins 가 부엌에 있는 동안 거실에서는 Jamie 가 혼자 개가 같이 있었는데, Jamie 가 개의 리드줄을 잡자 개가 짖었고 Jamie 가 울기 시작했다. 이 광경을 부엌에서 지켜보던 Daly 은 흥분해서 "개가 또 Jamie 를 물었다"라고 소리치면서 개를 향해서 뛰쳐 갔고, 개는 소파밑으로 도망쳤다.

Cummins 가 Daly 를 막아보려고 했지만, 결국 Daly 은 개를 쫓아가서 붙잡았고 슬라이딩 문을 열고 밖에 있는 데크로 개를 집어 던져 버렸다. Cummins 는 매우 흥분해서 울기 시작했고, Daly 은 "개가 Jamie 를 물었다" "너는 애보다 개를 더 좋아한다"라는 말을 반복해서 외쳐댔다.

Cummins 는 개를 찾으러 데크로 나갔지만 개를 발견하지 못했고, 데크에서 계단으로 마당으로 내려갔다.

데크는 지상에서 약 12피트 높이에 설치되어 있었다. Cummins 는 마당으로 내려가서 땅바닥에 쓰러져서 자신을 바라보며 낑낑대며 울고 있는 개를 찾았지만, 곧 개는 숨을 거두었다.

Braintree 지역에 매물로 나온 Duplex 주택 (Realtor.com 웹페이지)

Jamie 는 Cummins 에게 개가 자기를 물었다라고 말했고, Cummins 는 Jamie 의 주먹부위에 상처를 발견하고 반창고를 붙여 주었다.

Cummins 의 아들은 개가 죽었다는 것을 알고 듀플렉스로 찾아와서 Daly 과 말다툼을 하며 싸움을 벌였고, 그날 오후 Daly 은 경찰서를 찾아가서 이런 싸움이 있었다고 신고를 했다.

당시 신고를 받았던 경찰관 Bryan Adams 증언에 의하면, Daly 은 개가 딸을 무는 것을 목격하고 자신이 이성을 잃었다고 했으며, 개를 쫓아가서 잡아가지고 데크로 던졌으며, 개가 데크에서 떨어졌고, 숲속으로 도망쳐가는 것을 보았으며, 그 이후로는 개를 보지 못했다고 말했다고 한다. 재판에서 증인으로 나온 Daly 은 자신이 경찰관에게 이성을 잃었다고 말한 적이 없다고 부인했다.

이후 경찰관은 Daly 과 함께 듀플렉스로 갔는데, 그곳에서 죽은 개가 담긴 상자를 붙잡고 울고 있는 청년을 발견했는데 그 청년은 Daly 을 가리키며 저 사람이 내 개를 죽였어요라고 울부짖었고, 집안에서는 Cummins 와 Jamie 가 있었는데, Cummins 는 속상해서 울고 있었고, Jamie 는 트라우마 징후는 보이지 않았고, 어리둥절해하고 있었지만 울고 있지는 않았다고 증언했다.

Image by Thomas from Pixabay

■ 소송의 전개는?

Daly 는 동물학대죄로 기소되었는데, Quincy District Court 에서 열린 배심원 재판에서 이틀간에 걸친 논의 끝에 만장일치로 유죄 평결을 받고, Diane Moriarty 판사로부터 징역 2년형에 집행유예 3년형을 선고받았다.[1]

Daly 은 항소법원(Appeals Court of Massachusetts)에 항소하였다.

■ 법원의 판단은?

항소법원에서, Daly 은 자신의 행동은 딸을 보호하기 위해서 취한 것으로 정당하다는 주장을 펼쳤지만, 항소법원은 항소를 기각하고 하급심의 유죄판결을 확정하였다.

항소법원은, 다른 사람을 보호하기 위한 정당방어 논리는 합리적이 사람이 해당 상황에서 그런 행동이 필요했다고 믿을 수 있는 것이어야 하고, 보호목적에 부적합한 치명적이고 과도한 물리력을 행사하지 않는 경우이어야 한다고 적용되는 법리를 확인하였다.

이런 법리에 입각하여, 항소법원 재판을 주관한 Maldonado 판사는, 피고가 몸집이 작은 개를 데크에서 떨어질 정도로 쎄게 집어 던졌는데, 그렇게 하기 이전에 이미 피고가 개의 목줄을 잡아서 개를 통제하고 있었던 상황이었다고 인정했고, 그런 상황에서 개에게 더 고통을 줄 수도 있는 과격한 행동을 하는 것은 정당화될 수 없다고 판단하였다.

---

[1] Massachusetts 주 동물학대법(G.L. c. 272, §77) 관련 조문은, "Whoever ... cruelly beats, mutilates or kills an animal ... shall be punished...."라고 규정하고 있다

또한, 항소법원은, 피고의 딸이 입은 상처는 작은 찰과상에 불과하고 반창고를 붙여서 치료해 주면 되는 정도였지만, 피고가 개에게 행사한 물리력은 상대적으로 훨씬 크고 과도했다는 점도 지적을 하였다.

■ **사건의 출처는?**

▷ 사건출처: 미국 Massachusetts 주, 항소법원 (Appeals Court of Massachusetts, Norfolk) 2016년 8월 18일 판결문,
Commonwealth v. Daly, 90 Mass.App.Ct. 48, 56 N.E.3d 841 (Mass. App. 2016)

▷ 사건제목: COMMONWEALTH v. Patrick DALY

▷ 재판부: KATZMANN, GRAINGER, & MALDONADO, JJ.

▷ 변호인: Danielle M. Wood, Boston, for the defendant.
Tracey A. Cusick, Assistant District Attorney, for the Commonwealth.

> **에피소드 2 –** 자신의 보호자와 싸움을 하고 있는 사람을 물었다가 총에 맞아 죽게된 German Shepherd 강아지 사례
>
> 공원에서 반려견 보호자가 친구와 싸움을 벌이자 반려견이 주인을 위해서 친구의 발을 공격했고 이를 지켜보던 친구의 아버지가 권총으로 반려견을 사살하였다면, 아버지의 아버지의 행위는 아들을 보호하기 위한 정당방위로 인정받을 수 있을까?
> *Grizzle v. State*

■ 사건의 발단은?

1982 년 3 월 14 일 오후 1:30 분경, 미국 Oklahoma 주 Hughes County 에 거주하는 Everett Chronister 는, 가족과 친구들이 피크닉을 하고 있는 Holdenville Lake 에 갔다. Chronister 는 11 개월된 German Shepherd 강아지를 데리고 갔는데, 평소에는 목줄을 채웠지만, 호수에 있는 동안에는 목줄을 풀어놓아 주었다.

오후 5 시경, Tommy Dean Grizzle, Sr.,는 최근에 구입한 2.5 구경 Caliber 자동권총을 시험발사해보기 위해서 장전된 권총을 트럭에 싣고 아들 Tommy Grizzle, Jr.와 함께 Holdenville Lake 을 찾아갔다. Grizzle 이 Chronister 일행이 놀고 있는 피크닉 장소 근처에 도달하자, 마침 Chronister 의 친구인 Robert Merriman 이 Grizzle 일행을 보고 손짓을 하며 합류를 권유했다.

Chronister 가 자리에 합류한 Grizzle 의 아들 Tommy 에게 맥주를 건네주는 순간, Tommy 는 특별한 이유없이 Chronister 의 머리를 가격했고, 둘은 싸움을 벌렸다. 재판에서, Tommy 는 이전에 있었던 사건에 대한 복수를 하기 위해서 자신이 먼저 Chronister 를 때렸다고 인정했다.

Chronister 와 Tommy 는 땅바닥에서 뒤엉켜 싸움을 했고, 옆에 있던 Chronister 의 반려견이 주인을 구하기 위해서 Tommy 의 발을 공격하기 시작했으며, 이를 지켜보던 Tommy 의 아버지 Grizzle 은 반려견을 향해서 Caliber 권총 4 발을 발사해서 개를 사살하였다.

German Shepherd
Image by Couleur from Pixabay

Chronister 는 Grizzle 이 Tommy 로부터 반려견을 떼어놓으려는 시도는 전혀하지 않고 총을 발사했다고 증언했고, Grizzle 은 자신이 반려견을 쫓기 위해서 수차례 시도해 보았지만 반려견이 계속 자신과 자신의 아들을 공격해서 총격을 가했다고 증언했다.

Tommy 는 반려견이 자신의 발목부분 양말을 뚫을 정도로 물었다고 진술했지만, 사고 당시에는 치료를 받거나 당국에 신고하지는 않았고, 사고 이틀 후에 보안관이 Grizzle 과 아들을 체포했을 때 그런 물림이 있었다고 처음으로 주장했다.

반려견을 사살한 이후에, Grizzle 은 권총을 Chronister 에게 겨누고 위협하면서 아들 Tommy 가 Chronister 를 때리도록 했다. 하지만 Grizzle 증언에 의하면, 자신은 누구에게도 권총을 의도적으로 겨눈적이 없었으며, 단지 돌아서서 권총을 권총집에 집어 넣었고, Cronister 를 위협하지도 않았으며, 단지 둘 사이에 공평한 싸움이 되기를 원했을 뿐이라고 말했다.

■ 소송의 전개는?

Grizzle 은 타인에게 무기를 겨눈 중범죄 혐의와 동물학대 범죄 혐의로 기소되었고[2], District Court of Hughes County 지방법원에서 배심원 재판을 받았다.

재판에서 배심원은 두가지 혐의에 대해서 모두 유죄평결을 내렸고[3] 이에 기반해서 지방법원 Gordon R. Melson 판사는 타인에게 무기를 겨눈 범죄에 대해서는 $500 달러의 벌금을 선고하고, 동물학대 범죄에 대해서는 1 년 징역을 선고하였다.

Grizzle 은 이런 지방법원의 판결에 불복하고 형사항소법원(Oklahoma Court of Criminal Appeals)에 항소를 제기하였다.

Oklahoma Hughes County District Court (출처:구글맵)

■ 법원의 판단은?

항소법원은, Oklahoma 주 동물학대범죄(21 O.S. 1981, §1685)에 대한 방어논리로서 자신이나 타인을 보호하기 위해서 동물을 살해하였다는 피고의 주장을 어느 정도까지 인정할지 여부에 대해서 선행 판례가 없다는 점을 밝히면서, Oklahoma 주에서 적용될 자기방어(self-defense) 법리를 설시하였다.

항소법원에 따르면, 동물의 위협으로부터 자신이나 타인을 방어하는 목적으로 그 동물을 사살하거나 상해를 입히는 행위가 자기방어로 허용되고 동물학대죄로 형사처벌받지 않기 위해서는 아래의 3 가지 요건들이 충족되어야 한다고 밝혔다.

(1) 해당 동물의 행동이, 사람에게 위협을 가할 것이라는 점을 알게 하거나 합리적으로 믿도록 했어야 하고,

(2) 예상되는 위협의 중대성을 고려했을 때, 해당 동물을 사살하거나 상해하는 것이 합리적이었어야 하고, 동물에게 사용한 물리력의 정도가 동물에 의한 위협의 정도에 비례했어야 하며,

---

[2] 관련 Oklahoma 주 형법은, 타인에게 무기를 겨눈 범죄 (Feloniously Pointing a Firearm, 21 O.S. 1981, §1289.16) 및 동물학대 범죄 (Cruelty to Animals, 21 O.S. 1981, §1685)

[3] 첫번째 혐의에 대해서는, 배심원은 중범죄 혐의 대신에 처벌이 약한 유사한 경범죄에 대한 유죄를 평결했다 (Oklahoma 주 형법 Pointing a Weapon at Another, 21 O.S. 1981, §1279)

(3) 해당 동물을 사살하거나 상해한 사람이 그렇게함으로서만 예상되는 동물의 위협을 방어할 수 있다라고 합리적으로 믿었어야 한다.

재판을 주재한 항소법원 PARKS 주심판사는 이런 자기방어 법리를 적용하여 본 사건을 분석하였는데, 1심법원 재판에서, 판사가 배심원에게 제공한 자기방어 법리에 대한 지침들의 일부 내용이 혼동스러웠다고 지적했다.

1심법원 판사는 "만약 피고가 보호하려던 사람이 먼저 공세를 취한 사람(aggressor)이라면 정당방위 주장을 할 수 없다"라고 배심원들에게 지침을 주었는데, 항소법원은, 피고 아들 Tommy 가 먼저 공세를 취한 사람인지 여부를, Tommy 와 Chronister 관계에서 파악해야 하는지, 아니면, Tommy 와 Chronister 의 반려견과의 관계에서 파악해야 하는지가 혼동스럽다고 판단했다.

이런 이유에서, 항소법원은 동물학대죄 유죄판결에 대해서 재심을 하라고 1심법원으로 돌려보내는 파기환송 판결을 내렸다.[4] 항소법원은, 타인에게 무기를 겨눈 범죄에 대한 1심법원의 유죄판결은 잘못이 없다고 판단하고 인용하였다.

항소법원 BUSSEY 배심판사는, 동물학대범죄에 대한 1심법원 판사의 지침이 재심을 해야할 정도로 혼동스럽지는 않았다고 판단하고, 파기환송 판결에 대해서 반대하는 소수의견을 냈다.

Oklahoma Hughes County 소재 Holdenville Lake (출처: 구글맵)

■ 사건의 출처는?

▷ 사건출처: 미국 Oklahoma 주, 형사항소법원 (Court of Criminal Appeals of Oklahoma) 1985년 10월 17일 판결문, Grizzle v. State, 707 P.2d 1210 (Okla. Crim. App. 1985)

▷ 재판부: PARKS 주심판사; BRETT, concurs; BUSSEY, concurs in part, dissents in part.

▷ 변호인: Mark H. Barrett, Sp. Counsel, Appellant Public Defender System, Norman, for appellant.
Michael C. Turpen, Atty. Gen., William H. Luker, Asst. Atty. Gen., Oklahoma City, for appellee.

---

[4] 피고는, Tommy 가 공공장소에서 음주를 했다고 처벌받은 사건에 대해서 검사가 심문한 것이 부적절했다고 문제를 제기하였으나, 항소법원은 이런 심문이 변호사의 항의로 중단되었고, 배심원들에게 편견을 심어줄 정도는 아니었다고 판단했다.

> **에피소드 3 –** 주택을 압수수색하고 있는 경찰관의 발을 물었다가 총에 맞아 죽은 Pit Bull / German Shepherd 믹스견 "Wrinkles" 사례
>
> 경찰관이 마리화나 소지 혐의자의 주택을 압수수색하는 중에 경찰관에게 덤벼든 반려견을 총으로 사살한 행위는 정당방위로 인정받을 수 있을까?
> *Robinson v. Pezzat*

■ 사건의 발단은?

미국의 수도 District of Columbia 지역을 담당하는 Metropolitan Police Department(MPD) 경찰서는, 2010년 6월 3일, Marietta Robinson의 손자 Kevin Jackson을 마리화나를 유통하기 위해서 소지한 혐의로 체포한 이후에, 자신이 1338 Fifth Street, N.W. 지역에 있는 Robinson의 주택에서 살고 있다는 진술에 근거해서, Robinson의 주택을 압수수색하기 위해서 영장을 발부받았다.

2010년 6월 15일 저녁 9시경에, MPD 소속 경찰관 9명이 압수수색영장의 집행을 위해서 Robinson의 주택에 도착하였다. 영장집행에 앞서서 Baker 경찰관과 Boteler 경찰관이 이 주택을 정찰하였는데 개가 있다는 징후는 발견하지 못했다.

Robinson은 "Wrinkles"라는 이름의 13세 암컷 pit bull/German shepherd 믹스견을 어린 강아지때부터 키워왔다. Robinson에 의하면 "Wrinkles"는 간혹 공격성을 보였고 낯선 사람이 집에 들어오면 으르렁대고 짖는 경우가 있었다고 하며, "Wrinkles"가 공격적이라는 2006년에 작성된 수의사 보고서도 있었다고 한다.

사건 당일, 경찰관들이 Robinson의 현관문을 매우 세게 두드리자 "Wrinkles"가 방문객이 왔다는 것을 알리기 위해서 짖었다.

Robinson의 진술에 의하면, 현관에서 경찰관들의 신분을 확인한 다음에 그들이 집안으로 들어오도록 내부 현관문을 열었는데, 당시 외부 스크린도어는 잠겨진 상태였고 개는 짖다가 조용히 앉아 있었다고 한다.

하지만, 경찰관들의 진술에 의하면, 현관에서 개가 짖으면서 공격적으로 덤벼들고 이빨을 들어냈다고 한다.

Robinson은 압수수색을 나온 경찰관들의 책임자인 Boteler 경찰관에게 영장을 집행하는 동안 개를 목욕탕이나 뒷마당에 둘 수 있는지를 문의했고, Boteler 경찰관은 개를 목욕탕에 가두어 두도록 지시했다. 목욕탕은 현관문 바로 옆에 있었고 현관문에서 보이는 위치였다.

Boteler 경찰관은 자신의 뒤쪽에 있는 경찰관들에게 경고를 하기 위해서 "목욕탕에 개가 있다"라고 상당히 큰 목소리로 외쳤다.

Sarah Pezzat 경찰관은 체중이 100파운드가 안되는 왜소한 체격이었으며, 자신은 Boteler 경찰관의 경고소리를 듣지는 못했지만, 개가 으르렁대고 짖는 소리를 들었기 때문에 집안에 개가 있다는 점은 알았고, Boteler 경찰관과 Robinson이 개를 어디에 둘 것인지와 개를 뒤쪽 방에 두는 것을 협의하는 소리를 들었다고 증언했다.

Robinson이 개를 목욕탕에 넣어두고 현관문을 모두 열자 경찰관들은 집안으로 들이닥쳐서 수색을 시작하였다.

몇 명의 경찰관들이 목욕탕 문을 지나쳐서 집 안쪽으로 들어갔고 다섯번째 쯤에 들어온 Pezzat 경찰관은 손에 총을 빼든 채로 목욕탕 문을 열었다.

Washington DC에 있는 Robinson 주택 (출처:구글맵)

경찰 프로토콜에 의하면, 문을 발견하며, 내부에 개가 있다는 등 특별한 이유가 있지 않다면, 문을 발견한 첫번째 경찰관은 그곳을 확인하고 이상이 없으면 다음 수색장소로 이동해야 하며, 당시, 몇 명의 경찰관들이 목욕탕 문을 열지 않고 그냥 지나친 이유는 문 안쪽에 개가 있었기 때문이며, 수색팀 몇 명은 집 안쪽으로 들어가면서 "왼쪽에 개가 있다"라고 경고하는 말을 외쳤다고 한다.

Pezzat 경찰관은 이런 경고를 못들었다고 주장했다.

이후, Robinson의 진술에 의하면, Pezzat 경찰관이 목욕탕 바닥에 엎드려 있는 개를 총으로 쏘았고 개가 목욕탕 밖으로 뛰쳐나오자 다시 총을 쏘았고, 개는 Robinson 쪽으로 달려와서 발밑에 쓰러졌다.

Richard McLeod 경찰관 증언에 의하면, 목욕탕에서 나온 개가 자신에게 덤벼와서 총을 몇차례 발사하였고 계단쪽으로 도망쳐가는 개에게 다시 총을 쏘았고, 결국 개는 계단 아래쪽에서 죽게 되었다.

이후, 경찰관들은 세탁기 위에 있는 깨끗한 시트를 가지고 와서 죽은 개를 덮어주었고, 개의 피가 묻은 손으로 집안을 수색하는 과정에서 소파, 커튼, 그림, 벽, 문 등 집안 곳곳에 핏자국을 남겨서 훼손시켰다. 수색에 참여했던 한 경찰관은 개의 피도 Robinson의 재산이니 그것을 치우는 것은 Robinson의 책임이지 우리들의 책임이 아니다라고 말했다고 한다.

Pezzat 경찰관의 증언에 의하면, 자신이 목욕탕 문을 열자 그 안에 개가 있는 것을 발견했고 문을 다시 닫으려고 했지만 이미 늦었고, 개가 문으로 빠져나오려고 하면서 자신의 발을 물었고 개의 몸이 거의 문을 빠져나온 상태여서 자신이 총을 발사하였다고 한다.

Christian Glynn 경찰관은 Pezzat 경찰관이 총을 발사하기 이전에 개가 짖으면서 덤벼들었고 Pezzat 경찰관의 발을 물고 흔들면서 끌어당겼다라고 증언했다.

Boteler 경찰관도 총소리를 듣기 전에 개가 복도쪽에서 Pezzat 경찰관을 무는 것을 목격했다고 증언했다.

Robinson은 자신은 개가 Pezzat 경찰관을 무는 것은 목격하지 못했다고 증언했지만 공격을 받은 개가 방어를 위해서 그렇게 했을 수도 있을 것이라고 인정했다.

■ 소송의 전개는?

Robinson은 Pezzat 경찰관 및 McLeod 경찰관을 포함해서 총격과 관련한 몇명의 경찰관들과 District of Columbia 지방정부를 상대로, 이들이 자신의 개를 총격으로 살해한 행위는 미연방 수정헌법 4조를 위반하여 불법적으로 자신의 재산을 몰수하는 것이라는 주장을 하면서, 개의 살해에 따른 손해배상을 청구하는 민사소송을 District of Columbia 지역의 미국연방지역법원(United States District Court)에 제기하였다.[5]

원고 Robinson의 청구취지들은 수정헌법상 보장된 권리위반(violations of Constitutional rights)에 기반한 청구취지들과, 폭행(assault), 고의적인 감정적 고통 가해(intentional infliction of emotional distress), 과실적인 감정적 고통 가해(negligent infliction of emotional distress), 과실(negligence), 재물손괴(conversion)와 같은 판례법 불법행위들에 기반한 청구취지들을 포함하고 있었다.

US District Court, District of Columbia (출처: 법원웹페이지)

연방지역법원은, Robinson의 주장이 다른 증거들로 뒷받침되지 않았고 신뢰성이 없어서 재판을 계속할 정도로 중대한 사실관계의 다툼이 없다고 보고, 피고들의 약식판결(summary judgment) 신청을 받아들여서, 원고의 수정헌법 권리와 관련한 청구취지들을 기각하는 패소판결을 내렸고, 원고의 불법행위와 관련한 청구취지들은 심리를 거절하고 기각하는 판결을 내렸다.[6]

연방지역법원의 Richard J. Leon 판사는, (1) 해당 개가 과거 공격적인 성향을 보였고, (2) 수색팀에게 짖고 으르렁거려서 목욕탕에 가두어두게 되었고, (3) 개가 Pezzat 경찰관을 물고 끌고가려고 했고, (4) 총을 맞고도 다른 경찰관들에게 덤벼들어서 방패로 차단하고 추가로 총격을 가하게 되었다고 사실관계를 파악하면서, 이처럼 개가 급박한 위협을 가하고 있는

---

[5] 미국 수정헌법 4조는, 정부에 의한 비합리적인 압수수색을 금지하고 있다 ["[t]he right of the people to be secure in their persons, houses, papers and effects, against unreasonable searches and seizures, shall not be violated...."] 압수수색 중에 경찰관이 개를 살해한 행동이 합리적이지 않았다면, 그런 행동은 견주의 재산에 대한 비합리적인 압수(unreasonable seizure)에 해당되어 개인의 헌법상 권리를 침해하는 것이며, United States Code Section 1983 (42 U.S.C. 1983) 법률은, 만약 정부공무원들이 개인의 헌법상 권리를 위반하면, 피해를 입은 개인은 그런 정부공무원들을 상대로 민사손해배상 소송을 연방정부 법원에서 제기할 수 있다고 제소권을 허용하고 있다.

[6] 원고는 피고 Adrian Ledesma, Adam Johnston, Kimberly Selby, and Vincent Hopkins 경찰관들에 대한 소송은 취하하였다.

상황에서 긴급하게 결정을 해야하는 압박 아래에서 경찰관들의 안전을 위해서 취한 Pezzat 경찰관과 McLeod 경찰관의 행동은 매우 합리적이었다고 판단하였다.[7]

이런 연방지역법원의 판결에 불복하고, Robinson 은 미국연방항소법원(United States Court of Appeals, District of Columbia Circuit)에 항소를 제기하였다.

■ 법원의 판단은?

연방항소법원에서 주심을 맡은 Tatel 판사는, 반려동물을 살해하는 것은 압수(seizure)에 해당하고 반려동물이 긴박한 위협을 주고 있고 그런 반려동물을 살해할 수밖에 없는 상황에서만 반려동물에게 치명적인 무기를 사용하는 것이 합리적이라고 허용될 수 있다는 법원칙을 재확인하였다.

E. Barrett Prettyman U.S. Courthouse 건물에 있는 Court of Appeals, D.C. Circuit 법정 (출처: Library of Congress 웹페이지)

이어서, 경찰관들은 긴장되고 불확실하고 급변하는 환경에서 어떤 정도의 물리력을 행사할지에 대한 결정을 순간적으로 내려야 하기 때문에, 어떤 반려동물이 긴박한 위협을 주고 있는지 여부는, 해당 상황에 처한 합리적인 경찰관이라면 어떤 시각을 가졌을지 여부를 기준으로 판단해야 한다고 연방항소법원 Tatel 판사는 설명하였다.

연방항소법원 Tatel 판사는, (1) 개가 얌전히 목욕탕 바닥에 엎드려 있었다는 Robinson 의 증언을 신뢰할 수 있는지와, (2) Pezzat 경찰관이 개에게 총격을 가하기 이전에 개가 긴박한 위협을 주었는지와, (3) Pezzat 경찰관이 개를 살해한 것이 합리적이었는지 여부는, 판사가 아니라 배심원들이 재판종료 시점에 결정할 사항이라는 이유로, Pezzat 경찰관이 손해배상 책임이 없다라고 결정한 연방지역법원의 약식판결은 부적절하였다고 지적하였다.

McLeod 경찰관이 개에게 총격을 가해서 살해한 책임에 대해서는, 연방항소법원은, 당시 개가 Pezzat 경찰관의 총을 맞고도 계속 긴박한 위협이 되고 있다고 생각하고 총격을 가한 McLeod 경찰관의 행동은 다툼의 여지가 없이 합리적이었다고 판단하고, McLeod 경찰관은 손해배상 책임이 없다고 결정한 연방지역법원의 약식판결은 적절했다고 인용했다.

District of Columbia 지방정부의 책임여부에 대해서는, 연방항소법원은 District of Columbia 지방정부의 책임이 없다는 1 심법원의 약식판결이 적절했다고 판결하였다.

연방항소법원에 의하면, (1) 비록, 원고가 2002 년부터 2009 년 사이에 주택 수색 중에 개에게 총격을 했던 사건들이 21 건에 이른다는 보고서들을 증거로 제출했지만, 이런 총격사건들이 모두 불법적인 경우였는지 여부는 알 수 없었고, 이런 보고서들이 District of Columbia 지방정부가 수색 중 발생할 수 있는 헌법권리 위반에 대해서 의도적으로 무관심했다는 점을 보여주지도 못하고 있으며, (2) 경찰관들 대응요령에 대한 지방정부의 훈련이 불충분했다는 점을 원고가 증명하지도 못했으며, (3) 반려동물을 함부로 살해해도

---

[7] 재산훼손에 따른 손해배상 청구에 대해서는, 법원은 해당 재산훼손은 합법적 수색에 수반되는 결과로 합리적이었다라고 판단하고 기각했다. Robinson v. Pezzat, 83 F.Supp.3d 258 (D.D.C. 2015)

좋다는 지방정부의 정책이 있었던 것도 아니며, (4) 오히려, 치명적인 무력 행사를 정당방위를 위한 경우로 제한하라는 지방정부의 정책이 있었고, (5) 어떤 개가 위험한지를 파악하고 통제하는 방법을 경찰관들에게 훈련했었다는 점들이, 이런 판결을 뒷받침한다고 설명하였다.

■ 사건의 출처는?

▷사건출처: 미국 워싱턴 DC 소재 연방항소법원 (United States Court of Appeals, District of Columbia Circuit) 2016년 4월 1일 판결문, Robinson v. Pezzat, 818 F.3d 1 (D.C. Cir. 2016)

▷사건제목: Robinson v. Officers Sarah Pezzat, Christian Glynn, Richard Mcleod, James Boteler, Adrian Ledesma, Adam Johnston, Kelly Baker, Kimberly Selby, Vincent Hopkins, Metropolitan Police Department and The District of Columbia

▷재판부: Chief Judge, Tatel; Judge Garland Judge Silberman

▷변호인: Tobias S. Loss-Eaton argued the cause for appellant. With him on the briefs was Frank R. Volpe.
John D. Martorana, Assistant Attorney General, Office of the Attorney General for the District of Columbia, argued the cause for appellees. With him on the brief were Karl A. Racine, Attorney General, Todd S. Kim, Solicitor General, and Loren L. AliKhan, Deputy Solicitor General. Holly M. Johnson, Assistant Attorney General, entered an appearance.

"Understanding The Search Warrant" Darley Law Web Page

> **에피소드 4 –   주택 지하실을 압수수색하고 있있는 경찰관에게 덤벼들었다가 총에 맞아 죽은 대형 Pit Bull 과 소형 Pit Bull 사례**
>
> 경찰관이 마약유통의 본거지로 의심되는 주택을 압수수색하는 중에 경찰관에게 공격적으로 덤비면서 짖는 반려견들을 총으로 사살한 행위는 적법한지?
> ***Brown v. Battle Creek Police Dept***

■ 사건의 발단은?

2013 년 4 월 16 일, 미국 Michigan 주 City of Battle Creek Police Department ("BCPD") 경찰은 Danielle Nesbitt 주택 앞쪽 길거리로 내놓은 쓰레기통을 수색하였고, 소량의 대마초와 코케인, 대마초 잎사귀, Cheryl Brown, Mark Brown, Vicent Jones 를 수취인으로 보내진 우편물 등을 발견하였다.[8]

2013 년 4 월 17 일, BCPD 경찰은 이들 증거물과 이 주택에 거주하고 있는 Vicent Jones 가 마약을 유통하고 있다는 정보를 토대로 압수수색영장을 발부받았다.[9]

같은날, BCPD 경찰관들과 시정부의 긴급대응팀(Emergency Response Team)이 Nesbitt 주택에 대한 압수수색영장을 합동으로 집행하였다. 영장집행에 앞서서, 경찰관들과 긴급대응팀은 회의를 열고, Vicent Jones 범죄이력과 갱단과의 연계성, 주택 내부에 어린이나 반려견이 있는지 여부 등 영장집행과 관련한 상세사항들을 협의하였다.

Vincent Jones 는 악명높은 범죄 전과자로 Battle Creek 지역에서 활동하는 갱단과 연루되어 있었고 감옥에서 출옥한지 한달정도 되었으며 무기를 소지했을 가능성이 높았고, 경찰관들은 Jones 범죄이력과 갱단 활동 및 그동안에 있었던 마약거래와 추격전 및 총격전 등을 잘 알고 있었기 때문에 Jones 가 연루된 현장에서는 위협이 크고 사람들에 대한 위험 가능성이 높다고 판단했다.

이런 브리핑 당시에는, 집안에 반려견들이 있는지 여부에 대한 정보는 없었다.

영장집행팀이 Nesbitt 주택으로 가는 도중에, Vicent Jones 가 집밖으로 나왔다가 경찰에 체포되었고 몸에서 마약이 발견되었으며, 집 뒷마당에 반려견이 한마리 있고 집안에 사람이 한명 있다는 보고를 받았다.

City of Battle Creek 웹페이지

---

[8] 참고로, 미국에서는 비합리적인 압수수색을 금지하고 있지만, 주택 앞 길거리에 내놓은 쓰레기통에 대해서는 해당 개인이 프라이버시를 기대할 수 있는 상황이 아니어서, 압수수색영장이 없이도 경찰이 이런 쓰레기통을 뒤지는 것은 허용되고 있다.

[9] 해당 주택의 소유자는 Danielle Nesbitt 였으며, Vincent Jones 는 Ms. Nesbitt 가 낳은 자녀의 아버지이며, Ms. Nesbitt 의 어머니인 Cheryl Brown 과 Mark Brown 은 지하실에서 거주하고 있었다.

이 사람은 Mark Brown 이었고, Mark Brown 은 점심시간을 이용해서 오후 1 시경에 반려견을 풀어놓아주기 위해서 집에 잠깐 들렀고, 오후 2 시경에 다시 일하러 가려고 집앞 마당을 걸어서 길쪽에 주차된 자동차로 갔다가 Sutherland 경찰관에게 체포되었고, 이후, 영장이 집행되는 동안 그곳에서 집 앞쪽을 바라보고 서있었다.

Mark Brown 이 체포된지 몇분 후에 경찰관들과 긴급대응팀이 현장에 도착하였고, 곧바로 집 현관문으로 돌진해가서 문을 부셨다. Mark Brown 의 증언에 의하면, 영장집행팀이 도착했을 때, 자신이 현관문 열쇠를 가지고 있고, 집안에 아무도 없으며, 반려견이 2 마리 있다고 Sutherland 경찰관에게 말했다고 한다. Sutherland 경찰관은 이런 정보를 영장집행팀이 현관문을 부수기 이전에 전달하려고 했지만, 영장집행팀은 이런 말을 듣지 못했다고 증언했다.

영장집행팀을 지휘했던 Christof Klein 경찰관은, 자신이 주택앞에 도착했을 때 "Beware of Dog"라는 개조심 표지판이 붙어있는 것을 처음 보았고, 집안으로 들어가기 위해서 현관문 쪽으로 이동하면서 반려견 두마리가 소파위에 올라가 있는 것을 창문을 통해서 보았으며, 현관문에 도착하자 반려견들이 공격적으로 짖으면서 발로 긁고 창문에서 점프하는 행동을 보였다고 한다. 첫번째 개는 97 파운드 정도의 대형 브라운색 pit bull 이었고 다른 한마리는 53 파운드 정도의 소형 흰색 pit bull 이었다. Klein 경찰관은 현관문을 두드리고 경찰임을 알리고 15 초 후에 현관문을 부수고 집안으로 진입하였다.

Mark Brown 증언에 의하면, 경찰관들이 집으로 접근할 때 반려견들이 소파 위에 올라가 있는 것을 창문을 통해서 보았는데, 당시 반려견들은 짖지 않았고, 소형견은 1 년정도 키우고 있었는데 그동안 한번도 짖은 적이 없었다고 한다.

Klein 경찰관이 집안으로 들어서자 첫번째 대형 pit bull 이 소파에서 내려와 공격적으로 짖으면서 경찰관쪽으로 몇 인치를 움직이면서 달려들었고, Klein 경찰관은 이런 반려견의 머리를 조준해서 고무탄환으로 총격을 가했다. 반려견은 부상을 입어서 뛰지는 못했지만, Klein 경찰관을 피해서 부엌으로 가서 지하실로 통하는 계단을 내려가서 계단 아래쪽으로 이동했고, 경찰관들이 계단을 반쯤 내려오자 경찰관들 쪽으로 돌아서서 짖기 시작했다.

Klein 경찰관의 증언에 의하면, 당시 경찰관들은 지하실에 다른 사람이 있는지를 수색하는 일이 우선순위였고, 반려견이 지하실 계단에서 통로를 막고 있으면 경찰관들이 지하실을 안전하게 수색할 수 없다고 판단해서, 자신이 계단에서 첫번째 대형 pit bull 에게 2 발의 총격을 하였다고 한다.

두번째 소형 pit bull 은 소파에서 내려와 부엌을 지나서 지하실로 내려갔고, 지하실 중간 쯤에 멈춰서 있었고, 경찰관들이 지하실로 들어서자 덤벼들지는 않았지만 짖기 시작했다. 이때 Klein 경찰관은 소형 pit bull 에게 총격 2 발을 발사했고, 반려견은 지하실 뒤쪽 구석으로 도망쳤다.

이후, 지하실을 수색하고 있던 Damon Young 경찰관은 구석에 있던 소형 pit bull 이 자신을 향해서 움직이자 총을 발사하였고 반려견은 지하실

Battle Creek Police Department
(출처: 구글맵)

뒤쪽에 있는 벽난로 쪽으로 도망쳤다. 현장에 있던 Jeffrey Case 경찰관은 여러발의 총격을 받아서 몸 곳곳에서 피가 흘러나오는 소형 pit bull 을 목격하고, 그 반려견이 더 이상 고통을 받는 것을 보고 싶지 않아서 마지막 총격을 가해서 사살하였다.

■ 소송의 전개는?

이후, 2015 년 3 월 17 일, 원고들은 압수수색영장 집행에 참여했던 Christof Klein, Damon Young, Jeffrey Case 경찰관들과 City of Battle Creek 시정부를 상대로 Michigan 지역에 있는 미국연방지역법원 (United States District Court for the Western District of Michigan at Grand Rapids)에 소송을 제기하였다.

US District Court, Western District of Michigan at Grand Rapids (출처: 법원 웹페이지)

원고들은 이들 경찰관들이 압수수색영장 집행 중에 자신들의 반려견에게 총격을 가해서 살해한 것은 헌법에서 보장한 부당한 압수수색을 받지 않을 권리를 침해한 것이고, 시정부는 압수수색중에 발생할 수 있는 부당한 반려견 상해 위험에 대해서 적절한 대응훈련을 제공하지 않았다고 주장했다.

2016 년 1 월 26 일, 피고들은 원고들의 주장이 근거가 없다고 약식승소판결(summary judgment)을 내려달라고 신청했다.

2016 년 3 월 28 일, 미국연방지역법원 Rober J. Jonker 판사는 양쪽의 구두변론을 듣고나서, 경찰관들이 반려견들을 살해한 것은 합리적인 압수(seizure)에 해당된다고 판단하였고, 공무원이 공무수행 중에 한 행위에 대해서는 면책특권을 주는 "doctrine of qualified immunity" 원칙에 의해서도 경찰관들의 책임이 없다고 판단하였고, Battle Creek 시정부가 경찰관들을 부적절하게 훈련시켰다는 증거도 없다고 판단하고, 원고패소 판결을 내렸다.

원고는 이런 판결에 불복하고 연방항소법원(United States Court of Appeals for the Sixth Circuit)에 항소를 제기하였다.

■ 법원의 판단은?

지방정부 경찰관들의 책임 여부

연방항소법원은, 먼저, 공무수행 중인 공무원에게 제공되는 면책특권인 "doctrine of qualified immunity"는 정부공무원이 한 행위가, 명확하게 인정되고 있는 헌법이나 법률적 권리를 위배하지 않았다면, 그런 행위로 인한 민사 손해배상 책임에서 면책되는 법률원칙이라고 확인하였다.

미국연방항소법원 6th Circuit (출처: 법원 웹페이지)

그리고, 연방항소법원은, 반려견은 재산(property)에 해당되기 때문에 반려견을 살해하는 것은 압수(seizure)에 해당되며, 비합리적으로 반려견을 살해하는 것은, 헌법에서 보장하고 있는 비합리적 압수들 당하지 않을 권리를 침해한다고 일반적 법리를 설명하였다.

이번 사건과 관련해서는, 연방항소법원은, 경찰관들이 원고들의 반려견들을 비합리적으로 살해하는 것으로부터 보호받을 권리는 명확히 확립된 원고들의 헌법적 권리에 해당한다고 판단하였다. 따라서, 재판에서 핵심 쟁점은, 경찰관들이 반려견들을 살해한 것이 합리적이었는지 여부를 판단하는 것이며, 합리성 여부는 당시 상황을 종합적으로 고려하였을 때 반려견들이 경찰관의 안전에 긴급하고 실질적인 상해 위험을 주는 "긴박한 위협"이 된다고 생각할 수 있었는지 여부라는 판단기준을 제시하였다.

이런 판단기준을 적용해서, 연방항소법원은 아래와 같은 증거들을 근거로 압수수색영장을 집행하던 경찰관들이 반려견들을 사살한 행동은 경찰관들의 안전을 확보하고 다른 범죄자들이 집안에 있는지 확인하고 증거를 보전하기 위해서 필요했던 합리적인 행동이었다고 판단하고, 연방지역법원의 판결을 인용하였다.

(1) Vincent Jones 의 갱활동과 포악한 범죄행각 전력, 마약거래 전과기록, 무기소지 및 사용 이력, 최근 감옥에서 만기출소했다는 점 등을 고려할 때, 그가 무기를 사용할 수 있어서 매우 위협적이었고 그와 어울려다니는 다른 범죄자들도 집안에 있었을 가능성이 높았음.

(2) 경찰관들은 수색할 집안에 반려견이 있다는 정보를 현장으로 출동하는 중에야 알게 되어서 미리 반려견 보호를 위한 대처방안을 수립할 시간이 없었고, 범죄자들에게 노출이 되지 않는 대처 방안을 수립하기도 현실적으로 힘든 상황이었음.

(3) 경찰관들이 집으로 접근하자 반려견들이 공격적으로 짖고 창문으로 뛰어올랐고 현관문을 열고 들어가자 계속 공격적으로 짖고 덤벼들었음.

(4) 반려견들의 품종은 공격성이 많다고 알려진 pit bull 품종이었고, 크기도 97 파운드와 53 파운드 정도의 대형견이었으며, 이들 반려견들은 밀폐된 집안 공간에 감독을 받지 않고 줄에 묶어있지 않은 상태로 풀려 있었으며, 경찰관들은 이들 반려견들이 어떤 행태를 가졌는지 이전에 알지 못했고 당시 처음 마주치게 되었음.

(5) 지하실에는 많은 물건들이 쌓여 있어서 누가 물건 뒤에 숨어있는지를 파악하기 힘들었으며, 부상을 입은 대형 반려견은 지하계단을 막고 있었고, 작은 반려견은 지하실 중간에서 공격적으로 짖고 있어서, 이들을 제압하지 않고는 안전하게 지하실 전체를 수색할 수 없었음.

지방정부의 책임 여부

City of Battle Creek 지방정부의 책임문제와 관련해서는, 연방항소법원은, 지방정부에게 책임을 묻기 위해서는 지방정부의 관행이나 정책으로 인해서 원고의 헌법적 권리가 박탈 당했다는 것을 입증하여야 하며, 경찰관들이 다른 사람들의 권리를 침해하는 사례들이 발생하고 있어서 이런 위험을 방지하기 위해서는 경찰관들을 적절하게 훈련시키는 것이 필요하다는 점을 알고도 지방정부가 의도적으로 무관심하였고 적절한 훈련제공 업무에도 체계적으로 실패하였다면, 지방정부가 법적 책임을 부담할 수 있다라는 법률원칙을 확인하였다.

연방항소법원은, 이 사건에서는, (1) 원고들의 헌법적 권리가 경찰관들에 의해서 박탈당하지도 않았고, (2) 경찰관들이 이전에도 불법적으로 반려견들을 사살해왔다는 증거들이 제시되지 않았고, (3) 경찰관들이 로커에 스티커를 붙여서 자신들이 사살한 동물의 숫자를 괴시하는 집계시스템 관행이 있었다고는 하지만, 이런 관행이 얼마나 체계적이고 광범위하게 퍼져있었는지와 관리자가 이런 관행을 알고도 묵인하였는지에 대한 증거가 전혀 제시되지 않았으며, (4) 경찰관들에 대한 훈련 실패가 헌법적 권리 침해를 야기하는 결과를 초래할 것이 너무나 명백한 상황도 아니였으며, (5) 따라서, 압수수색 과정에서 경찰관들이

야기할 수 있는 헌법권리 침해위험에 대해서 Battle Creek 지방정부가 의도적으로 무관심하였다고 볼 수는 없다고 판단하였다.
따라서, 연방항소법원은, 원고의 Battle Creek 지방정부에 대한 손해배상을 부인한 1심법원의 판결은 정당하였다고 판결하였다.

참고로, 2018년에 Battle Creek Police Department에서 채택한 경찰의 "무력사용 행동지침서"는 동물에 대한 무력사용 지침을 포함하고 있는데, 동물이 사람의 안전에 긴박한 위험을 주거나 증거 훼손 위험이 있다고 합리적으로 여겨지거나, 대안적인 방법들이 합리적으로 가용할 수가 없거나 효과가 없을 것 같을 때는, 경찰관들의 총기 사용을 허용하고 있다.

<Battle Creek PD Policy Manual, Use of Force 300.5 DESTRUCTION OF ANIMALS>

Animal Control Officers should normally handle situations involving stray or injured animals but there are situations when circumstances require immediate action. Therefore, members are authorized to use firearms:
- To stop an animal in circumstances where the animal reasonably appears to pose an imminent threat to human safety, destruction of evidence, or a department tracking dog and alternative methods are not reasonably available or would likely be ineffective.
- A dog is in the act of:
  - Molesting wildlife and not legally hunting, and all reasonable efforts to stop such actions have failed.
  - Pursuing, worrying, or wounding any livestock or poultry, and all reasonable efforts to stop such actions have failed.
- A domestic animal is severely injured and the owner expressly authorizes its destruction.
- A domestic animal is severely injured and must be destroyed for humane purposes, and the owner cannot be located.
- It is ordered by the court.
- It is immediately necessary to destroy a wild animal that has been injured or suspected of having rabies.
- Enforcement members discharging a firearm at an animal shall ensure the safety of all persons and property.

Any aggressive animals encountered may pose a serious concern to both officer safety and the preservation of evidence. Officers movement, especially under circumstances where a space must immediately be cleared and made safe must be unobstructed or delayed. In circumstances where there is sufficient advance notice that a potentially dangerous animal may be encountered, department members should develop reasonable contingency plans for dealing with the animal (e.g., fire extinguisher, TASER (TM), oleoresin capsicum (OC) spray, animal control officer). Nothing in this policy shall prohibit any member from shooting a dangerous animal if circumstances reasonably dictate that a contingency plan has failed or becomes impractical.

■ 사건의 출처는?

▷ 사건출처: 미국연방항소법원(United States Court of Appeals for the Sixth Circuit)
            2016년 12월 19일 판결문, Brown, et al. v. Battle Creek Police Dep't, et al.,
            844 F.3d 556 (6th Cir. 2016).

▷ 사건제목: MARK BROWN; CHERYL BROWN, Plaintiffs-Appellants v.
            BATTLE CREEK POLICE DEPARTMENT, et al., Defendants
            JEFFREY CASE; CITY OF BATTLE CREEK; CHRISTOF KLEIN, DAMON YOUNG,
            Defendants-Appellees

▷ 재판부: MOORE and CLAY, Circuit Judges; HOOD, District Judge

▷ 변호인: ARGUED: Brian T. Keck, MORGAN & MEYERS, PLC, Dearborn, Michigan, for
            Appellants.
            Saura J. Sahu, CITY ATTORNEY'S OFFICE, Battle Creek, Michigan, for
            Appellees.
            ON BRIEF: Brian T. Keck, Courtney E. Morgan, Jr., MORGAN & MEYERS, PLC,
            Dearborn, Michigan, for Appellants.

"Protective Sweeps of Homes" Law Offices of
Alexander Ransom, PLLC Web Page

> ## 에피소드 5 – 경찰관의 압수수색을 방해하다 마당에서 총에 맞아 죽은 대형 경비견 Rottweiler와 Bullmastiff "Sam" 사례
>
> 경찰관이 살인사건의 증거물을 찾기위해서 피의자가 소속된 단체 멤버들의 주택을 압수수색하는 중에 경찰관에게 으르렁거리며 다가오는 경비견들을 총기로 사살한 행위는 합리적이었는지?
> *Hells Angels Motorcycle Club v. City of San Jose*

■ 사건의 발단은?

1997년 8월 24일, 미국 California주 San Jose에 있는 "Pink Poodle" 나이트클럽에서 Kevin Sullivan이 폭행을 당해서 살해되는 사건이 발생했다.

사건 당시 Sullivan은 클럽에서 춤을 추던 댄서를 희롱하였으며, Pink Poodle에서는 "Hells Angels" 멤버들을 경비원들로 고용하고 있다는 경고를 들었지만 오히려 "Hells Angels"을 경멸하는 발언을 했다고 한다. 이후 클럽 주인은 Steve Tausan에게 전화를 해서 상황을 설명했고 10분쯤 후에 Tausan이 도착해서 Sullivan을 때려서 숨지게 했다고 한다.

지방검찰은 Tausan을 피의자로 기소하였다.

살인사건 수사를 책임지고 있던 Santa Clara County Sheriff's Office 소속 Linderman은, Tausan이 이 나이트클럽 경비원들 중 한명이고 San Jose Charter of the Hells Angels Motorcycle Club ("SJHA") 멤버이며, 이 단체의 다른 멤버들이 사건에 연루되어있고 살인증거를 은닉하고 있다고 의심하였다.

1997년 10월 6일, Linderman은 자신의 진술서와 정보원의 제보를 근거로 수색영장을 신청하였고, Santa Clara County Superior Court 판사는 같은날 영장을 발급해서, Sullivan의 폭행장면이 찍힌 보안카메라 비디오테이프, Pink Poodle과 Hells Angels 단체의 연관성을 보여주는 금융기록들, 살해사건 5일후 열린 Hells Angels 모임의 회의록을 찾기위해서 SJHA 클럽하우스와 몇 군데의 개인주택들을 수색하는 것을 허락하였다.

Pink Poodle 나이트클럽(출처: San Jose History Facebook)

하지만 이런 수색에도 불구하고 비디오테이프를 찾지 못했고, 1998년 1월 20일, Linderman은 재차 압수수색영장을 신청하였고, 판사는 SJHA 클럽하우스와 James Souza와 Robert Vieira를 포함한 9명의 개인주택들에 대한 영장을 발부하였다. 이 영장에서는 비디오테이프와 회의록에 대한 압수수색을 허용하였고, 추가로,

"Hells Angels" 단체를 포함한 범죄단체(gang)들과의 연관성을 보여주는 멤버쉽, 활동기록, 명칭과 같은 모든 증거물들에 대한 압수수색을 허용하였다.[10]

이 사건을 주관하던 Santa Clara County Sheriff's Office 는 영장을 집행하기 1주일 전에 San Jose City Police Department(SJPO) 지원을 요청하였고, SJPO 경찰관들은 압수수색할 장소의 주변을 장악하고 안전하게 주택으로 진입하도록 지원하는 업무를 담당하기로 했으며, Sheriff's Offie 보안관들은 주택으로 들어가서 증거물을 압수수색하는 업무를 맡기로 했다.

Hells Angels 로고 (출처: hells-angels.com)

James Souza 주택 압수수색

James Souza 주택 진입을 담당한 SJPO 경찰관들은 영장집행일 1주일 전부터 작전을 계획하였다. 작전의 지휘관 Newman 경찰관은 범죄기록 조회를 통해서 Souza 가 무기 및 마약과 관련해서 체포된 적이 있었다는 점을 알았고, 경비견이 2마리 있다는 것도 파악했다. 또한, 사전탐색을 통해서 Souza 주택 옆문 쪽에 "Warning Property Protected By Guard Dog"라는 경비견주의 표지가 부착되어 있었고 Souza 가 도발없이도 공격하는 Rottweiler 품종 개를 소유하고 있다는 점도 알았다.

경찰관들이 수립한 Souza 주택 진입계획은, 정문과 옆문으로 2개 팀이 동시에 진입하고, 정문으로 진입한 팀이 현관문을 두드려서 수색을 통지하는 것이었고, 옆문으로 진입한 팀은 뒷마당쪽을 안전하게 확보하는 것이었다. 경찰관들은 개들은 격리시키거나 사살하여서 진입팀의 안전을 확보한다는 계획이었으나, 구체적인 격리계획이나, 마취와 같은 비살상 방식을 사용할 계획이나, Souza 에게 개를 스스로 격리시키도록 할 계획은 없었다.

1998년 1월 21일, 오전 7시에 Hells Angels 클럽하우스와 Souza 주택과 Robert Vieira 주택을 포함하여 다른 멤버들의 주택 9군데에 대한 압수수색영장이 동시에 집행되었다.

Souza 주택 압수수색 시점에 Souza 은 집에 없었고, 정문진입을 담당한 경찰관들은 현관문을 노크하였으나 답변이 없자 문을 부수고 집안으로 진입하였다. 옆문으로 진입하려던 경찰관들은 옆문에 설치된 자물쇠를 자르지 못했고 정문으로 진입한 경찰관들을 따라서 현관문으로 주택에 진입하였다. 집안으로 진입한 경찰관들은 Souza 가 없었기 때문에 서두를 필요없이 압수수색을 진행하였으나, 뒷마당쪽의 안전은 아직 확보하지 않은 상태였다.

이후, Manion 경찰관과 다른 경찰관 한명이 뒷마당을 살펴보기위해서 집밖으로 나갔다. 뒷마당에는 여러가지 물건들과 기계장비들이 놓여 있어서 시야와 움직임에 방해를 받았으며, 경찰관들은 MP-5 automatic rifle 을 뽑은 상태로 뒷마당에 들어섰다.

이때 갑자기 구석에서 Rottweiler 가 나타났고 10-15 피트정도 떨어진 위치에서 으르렁거리면서 Manion 경찰관을 향해서 다가오기 시작했다. Manion 경찰관은 개가

---

[10] 이처럼 "Hells Angels" 단체와의 연관 증거물들을 포함시킨 이유는, 피의자가 속해있는 "Hells Angels"은 "gang"에 해당되고 이런 "gang" 활동과 연계해서 피의자가 살인을 했다는 근거로 street gang 처벌을 가중하는 California 형법(Penal Code §186.22)을 적용하기 위해서였다.

자신을 공격할 것을 우려해서 즉시 총 2발을 발사했고 개는 즉사하였다. 경찰관들은 현장에서 흰색 소형견도 발견했으나 그 개는 위협이 되지 않는다고 판단하고 그냥 놔두었다.

Robert Vieira 주택 압수수색

Robert Vieira 주택 진입을 담당한 SJPO 경찰관들은 영장집행 1주일 이전에 요청을 받았고 사전정찰과 조사를 통해서, Vieira가 무기와 관련한 전과가 있고, 주택 전체를 둘러쌓은 울타리가 있으며, 견종과 숫자는 알 수 없었지만 경비견들이 있다고 파악하였다.

경찰관들은 외곽에 있는 울타리의 자물쇠를 자르고 들어가서 현관에서 통지를 하고 집안으로 들어간다는 계획을 수립하였고, Nieves 경찰관에게 혹시 있을지 모르는 경비견을 다루는 업무를 맡겼다.

ebay.com 쇼핑몰에서 판매하는 개 주의 표지판

Nieves 경찰관은 경비견들이 울타리 출입문에 나타나지 않기를 바랐지만, 만약 경비견들이 나타나면 울타리 밖에서 엽총으로 찌르는 방식으로 개를 겁을 주어서 쫓아보고, 효과가 없으면 상황을 판단해서 사살한다는 계획을 세웠고, 기습적으로 진입을 해서 증거인멸을 방지해야하기 때문에 Vieira를 불러서 개들을 통제하도록 요청할 계획은 없었다.

영장집행일 오전 브리핑에서, 보안관은 SJPO 경찰관들에게 Vieira 주택에 대형 경비견이 3마리 있다고 알려주었다. 경찰관들이 Vieira 주택에 도착해서 울타리 출입문으로 접근하자 Bullmastiff 품종으로 보이는 대형견 3마리가 으르렁거리고 짖으면서 문으로 달려왔다.

자물쇠를 자르기 위해서 경찰관이 울타리 사이로 손을 집어넣자 개 한마리가 점프하면서 손을 공격했다. 당시 경찰관들은 최류가스를 소지하고 있었지만 아무도 그것을 사용해서 개를 진압하려고 하지 않았고, 비치명적 무기인 전기충격기나 비살상 총탄을 소지하고 있지는 않았다. 대신 Nieves 경찰관이 소리를 지르고 엽총으로 찌르면서 개들을 겁을 주어 쫓아내려고 시도했으나 효과가 없었다.

개들이 물러서지 않고 계속 짖어대자 Nieves 경찰관은 기습진입이 실패할 것을 우려하게 되었고, 짖고 있는 첫번째 개를 향해서 엽총을 조준해서 발사하였다. 총을 맞은 첫번째 개는 쓰러졌지만 2번째 개가 물러서지 않자 그 개를 향해서 총을 2발 발사했고, 심하게 부상을 입은 2번째 개는 나머지 3번째 개와 함께 도망을 쳤다. 총에 맞은 첫번째 개가 계속 일어나려고 하자 공격을 하지 못하게 하고 진입팀에 문제가 되지 않도록 그 개의 머리에 4번째 총격을 가해서 사살하였다.

경찰관들은 경찰관들로부터 떨어진 장소로 도망쳐서 숨어버린 3번째 개와 뒷마당에 쇠사슬 줄에 묶여있던 4번째 개는 해치지 않고 그대로 놓아두었다. 나중에 2번째 개는 동물보호관이 수거해서 심각한 부상으로 인해 안락사를 시켰다.

압수수색을 진행한 경찰관들과 보안관들은 광범위하게 수색을 진행하고 몇 트럭 분량의 압수물품들을 가져갔는데, "Hells Angels" 표식이 있는 수많은 개인 소지품들뿐만 아니라, 그런 표식이 붙어있는 Harley-Davidson 모터사이클, 우편물통, 냉장고 문짝도 떼어서 가져갔고, 멤버들의 이름들이 새겨진 콘크리트 바닥까지 뜯어갔다. 이런 압수수색 과정에서 압수물들 및 다른 재산들에 대해서 많은 손상을 입혔다.[11]

Hells Angels 로고가 부착된 모터사이클 (hells-angels.com)

■ **소송의 전개는?**

1999년 1월 12일, SJHA와 그 멤버들은 압수수색이 불합리하여 헌법에서 보장한 자신들의 권리가 침해당했다고 관련된 경찰관들과 보안관들 및 San Jose 시정부를 상대로 연방지역법원(United States District Court, N.D. California)에 소송을 제기하였다.

연방지역법원에서, 피고들은 공무집행 중에 일어난 행위에 대한 면책권이 있다고 주장하면서 원고들의 소송이 근거가 없다고 기각해달라는 신청을 했다. 연방지역법원 Williams 판사는, 압수수색에 가담했던 SJPO 경찰관들인 Sergeant Decena, Sergeant Carney, Officer Messier, Officer Nieves, Officer Manion, Officer Newman, and Officer Knox 피고인들과 Deputy Sheriff Linderman에 대해서는 공무집행 면책권을 인정하지 않고 소송기각 신청을 받아주지 않았다.[12] 연방지역법원은 일부 피고인들의 소송기각 신청은 받아주었다.

피고 SJPO 경찰관들과 부보완관 Linderman은, 이런 연방지역법원의 결정에 불복하고 연방항소법원(United States Court of Appeals, Ninth Circuit)에 항소하였다.

■ **법원의 판단은?**

연방항소법원은, 필요 이상으로 광범위하게 진행된 압수수색이 불합리했고 원고들의 헌법상 권리를 위반했으며, 영장을 집행한 경찰관들과 보안관들도 자신들의 압수수색 행위가 부당했다는 점을 충분히 알 수 있었기 때문에, 이들의 면책주장을 받아주지 않는 1심법원의 결정이 정당했다고 판결하였다.

연방항소법원은, 먼저, 압수수색 중에 경찰관이 반려견을 살해하는 것은 압수에 해당되며, 헌법상 정당한 압수였는지 여부는 전체적인 상황을 고려했을 때 살해행위가 합리적이었는지에 달려있으며, 개인의 권리침해의 성격과 규모가 경찰관의 임무를 수행하는데 합리적으로 필요한 이상으로 지나쳤으면 합리적이지 않고 불법이 된다고, 관련 법리를 확인하였다.

연방항소법원은 반려견은 단순한 물건이 아니고 반려견과의 감정적 연계감은 물건에 대한 소유권과 비교할 수 없다고 지적하면서, 이 사건에서는 경찰관들에 의한 개인 권리침해 정도가 지나쳤다고 판단했다.

---

[11] "Hells Angels" 표식관련 압수수색에 대해서는, 압수수색 행위가 지나쳐서 위법했는지 항소법원 다수의견이 있었고 판사 한 명은 적법했다는 소수의견을 냈지만, 이 소수의견을 낸 항소법원 판사도 경비견을 살해한 부분에 대해서는, 다수의견과 같이, 위법적인 압수수색 영장 집행이라고 판단하였다.

[12] SAN JOSE CHARTER OF THE HELL'S ANGELS MOTORCYCLE CLUB, et. al., Plaintiffs, v. CITY OF SAN JOSE, et al. Defendants. No. CIV. 99–20022 SW (Dec. 6, 1999)

연방항소법원은, Souza 주택을 압수수색한 경찰관들은 1주일 이전부터 대비할 시간이 있었지만, 개를 분리시키거나 사살한다는 계획만을 수립했고 개를 분리시키는 구체적인 계획도 없었으며, Vieira 주택에서는 경비견 대처 업무를 맡긴 Nieves 경찰관에게 아무런 구체적 지시를 내리지도 않았고, Nieves 경찰관은 경비견을 엽총으로 겁을 주어 쫓아내고 안되면 사살한다는 계획을 수립했을 뿐이라고 비판했다.

경찰관들은 살인사건의 증거를 찾기위한 압수수색이었다고 자신들의 행동을 합리화했지만, 연방항소법원은, Souza 와 Vieira 는 살인사건의 피의자도 아니었고, 이들 주택을 압수수색한 것은 "Hells Angels" 표식 및 제휴관계와 관련된 증거를 찾는 목적이었음을 지적했다.

은밀한 진입을 위해서 개를 살해할 수밖에 없었다는 경찰관들의 주장에 대해서도, 연방항소법원은, Souza 주택에서는 경찰관들이 현관문을 부수고 진입하고 나서야 개와 마주쳤고, Vieira 주택에서는 사람들을 깨운 것은 개 짖는 소리라기보다 경찰관이 발사한 4발의 엽총 총소리였다고 지적하고, 개 짖는 소리가 은밀한 작전을 훼손할까봐서 개를 총으로 살해했다는 주장은 설득력이 없다고 판단했다.

경찰관들의 안전을 위해서 개를 살해하였다는 주장에 대해서는, 개들이 갑자기 현장에서 예기치못하게 나타나서 경찰관들의 안전이 긴박하게 위협을 받은 것이 아니고 현장에 개들이 있다는 점을 1주일전부터 미리 알고 있었고, 그럼에도 불구하고, 개를 비치명적인 방법으로 진압할 현실적 계획도 수립하지 않고 개들에게 접근했으며, 결과적으로 개들이 침입자로부터 집을 지키기 위해서 덤비면 사살할 수밖에 대안이 없는 상황을 경찰관들이 자초했다고 연방항소법원은 지적하였다.

결론적으로, 연방항소법원은, (1) 경찰관들이 개들을 살해할 긴급한 사정이 존재하지 않았고, (2) 개들을 대처할 방안을 수립할 기간이 일주일이나 있었지만 개를 사살하지 않고 통제할 수 있는 현실적인 방안을 마련하지도 않았고, (3) 이처럼 압수수색 영장을 집행하면서 개를 살해하는 것은 부당하다는 점을 합리적인 경찰관이었다면 충분히 알 수 있었다는 점을 근거로, 경찰관들의 공무집행 면책주장은 허용되지 않는다고 설시하고, 1심법원 판결을 인용하였다.

연방항소법원의 BEA 판사는, 피고 Linderman 부보안관에 대해서는 공무집행 면책권을 인정한다는 소수의견을 냈다. BEA 판사는, 경찰관들이 살인사건의 증거를 찾고 있었고, 갱이 연루된 범죄집단 범죄 가능성이 있었으며, 영장에서 적시한 범위에 포함되지 않은 물건들은 압수하지 않았음으로, 원고들의 헌법상 권리가 침해되지 않았고, 피고 Linderman 부보안관에게는 공무집행 면책권을 인정해야한다고 판단하였다.

Stocky and strong Rottweiler dog
(Encyclopaedia Britannica 웹페이지)

Mastiff dog
(Encyclopaedia Britannica 웹페이지)

■ 사건의 출처는?

▷사건출처: 미국연방항소법원 (United States Court of Appeals, Ninth Circuit) 2005년 4월 4일 판결문, San Jose Charter of Hells Angels Motorcycle Club v. City of San Jose, 402 F.3d 962 (9th Cir. 2005)

▷사건제목:
The SAN JOSE CHARTER OF the HELLS ANGELS MOTORCYCLE CLUB, an unincorporated association; James Arnett; Marnie Arnett; Robert Brancato; Leslie Brancato; Ronald Cook; Vicki Bozzi; Fillmore Cross; Margaret Cross; Ted Demello; Deborah Van Tassel; James Elrite; Molly Elrite; Larry Gorham; Jeffrey Pettigrew; James Souza; Robert Vieira; Lori Vieira; James Welch; Gregory Wilkins; Denise Wilkins, **Plaintiffs-Appellees**, v.
CITY OF SAN JOSE, a municipal corporation, **Defendant**,
Decena, Sgt.; Carney, Sgt.; Messier, Officer; Nieves, Officer; Michael Fernandez, Police Officer, San Jose Police Officer; William Manion, Police Officer, San Jose Police Officer; D. Newman, Police Officer, San Jose Police Officer; Knox, Police Officer, San Jose Police Officer, **Defendants-Appellants**.

The San Jose Charter of the Hells Angels Motorcycle Club, an unincorporated association; James Arnett; Marnie Arnett; Robert Brancato; Leslie Brancato; Ronald Cook; Vicki Bozzi; Fillmore Cross; Margaret Cross; Ted DeMello; Deborah Van Tassel; James Elrite; Molly Elrite; Larry Gorham; Jeffrey Pettigrew; James Souza; Robert Vieira; Lori Vieira; James Welch; Gregory Wilkins; Denise Wilkins, **Plaintiffs-Appellees**, v.

City of San Jose, a municipal corporation; Decena, Sgt.; Carney, Sgt.; Messier, Officer; Nieves, Officer; Michael Fernandez, Police Officer, San Jose Police Officer; William Manion, Police Officer, San Jose Police Officer; D. Newman, Police Officer, San Jose Police Officer; Knox, Police Officer, San Jose Police Officer; Jorge Gil-Blanco, Officer; Charles Gillingham, Sheriff; Mark Tracy, Sheriff; City of Capitola; Donald Braunton; M. Laplant, FBI Agent; Keith Little, Officer; San Jose Police Dept. Net Entry Team; San Jose Police Dept. M.E.R.G.E. Unit #2; James Greer; Ronald Lebaudour; Santa Clara Police Officers; Coffman, Officer; Gilroy Police Dept., **Defendants**,

Robert Linderman, Deputy Sheriff, in his individual capacity, **Defendant-Appellant**.

▷재판부: PAEZ, BERZON, and BEA, Circuit Judges (Opinion by Judge PAEZ. Opinion concurring in part and dissenting in part by Judge BEA)

▷변호인: Ann Miller Ravel, County Counsel, Winifred Botha, Lead Deputy County Counsel, and Aryn Paige Harris, Deputy County Counsel, Office of the County Counsel, San Jose, CA, for **defendant-appellant Linderman**.
Richard Doyle, City Attorney, Michael G. Groves, Senior Deputy City Attorney, Clifford Greenberg, Senior Deputy City Attorney, Office of the City Attorney, San Jose, CA, for **defendants-appellants Decena, Newman, Manion, Knox, Carney, Messier, and Nieves**.
Karen L. Snell, Kate Dyer, and Marc H. Axelbaum, Clarence, Snell & Dyer, LLP, San Francisco, CA, for the **plaintiffs-appellees**.

> **에피소드 6 –** 주택가를 배회하다 견주의 차고로 도망쳤지만 경찰관에게 엽총으로 사살된 대형 숫컷 반려견 Boxer 사례
>
> 반려견이 집에서 풀려나서 주변 주택가 길거리를 배회하며 사람들에게 덤벼들다가, 신고받고 출동한 경찰관이 권총을 쏘자 자신의 집으로 도망쳤는데, 이렇게 도망친 개를 경찰관이 집까지 쫓아가서 차고에 가만히 서 있는 개를 엽총으로 사살한 행위는 정당한 공무수행으로 볼 수 있는지?
> *City of Garland v. White*

■ 사건의 발단은?

Talmadge White 는 미국 Texas 주 Dallas 에 있는 W. W. Samuell High School 고등학교에서 10 년정도 교사로 일하고 있었는데, City of Garland 지역에 있는 오래된 주택에서 어머니 Madie White 와 함께 1948 년부터 13 년동안 살고 있었다.

Talmadge 는 숫컷 순종 boxer 개를 생후 11 일차때부터 데려와서 우유병으로 음식을 주면서 집에서 키워왔다. 사건 당시에 해당 boxer 개는 3 살이었고, 체중은 48 에서 70 파운드 사이였으며 지방자치정부에 반려견으로 등록되어 있었다.

몇몇 증인들의 증언에 따르면, 온순한 성격으로 다른 사람들에게 으르렁대거나 물려고한 적이 없었고 공격적인 성향을 보인 경우가 없었다고 한다.[13]

1961 년 4 월 1 일, 오전 11 시경, 경찰관 Bill Mize 는 Vernon Poor 부인의 개 사고 신고를 받고 조사를 위해서 현장에 출동하였다.

Poor 부인은 해당 개가 자신의 집 마당에 들어와서 자신을 향해서 서너차례 덤벼들었고, 개가 자신을 물거나 할퀴지는 않았지만 개가 덤벼들면서 앞발로 자신의 발을 타박해서 약간 멍이들었고, 의사에게 가거나 치료가 필요한 상태는 아니라고 설명했다.

Mize 경찰관 증언에 의하면, Poor 부인 주택 뒤편에 있는 집의 앞마당에 개가 있는 것을 발견했고, 그 집 현관에 사람들이 있었지만 그 개는 그쪽으로 가지 않았고, 그 개가 지나가는 2 명의 아이들에게 달려들어서 자신이 경찰차를 그쪽으로 몰고가서 개와 아이들 사이를 가로 막았다고 한다.

Mize 경찰관은 경찰서로 돌아와서 Barry Brewer 경찰관을 불렀고 둘은 함께 개 포획장비와 압송트럭을 수배하였지만 구하지 못했다. 이후, 두 경찰관들은 Belmont Street 현장으로 다시 가보았고,

High-energy breed Boxer (Encyclopaedia Britannica 웹페이지)

---

[13] 참고로, Talmage 는 개의 체중이 48 파운드를 넘은 적이 없었다고 증언했고, 개의 공격성향에 대해서는 상반된 의견을 진술한 증인들도 있었다.

그곳에서 두 주택사이 담장 옆에 있는 개를 발견했다. 그 개는 경찰관들에게 으르렁댔지만 덤비지는 않았다.

이때 근처에 있던 다른 경찰관 Danny Flannigan 이 합류했고, 3 명은 차에서 내려서 함께 개에게 접근했는데, 10 피트 정도까지 다가가자 개가 Flannigan 경찰관에게 덤벼들었고, 그때 Flannigan 경찰관이 권총을 꺼내서 개에게 2 발을 발사했다. 그러자, 그 개는 White 주택 쪽으로 4 블록 정도를 도망쳐서 White 주택 driveway 에 차문이 열려진 상태로 세워져 있던 White 의 차안으로 들어갔다.

당시 주변에는 경찰관들 이외에는 다른 사람들은 없었으며, Mize 경찰관과 Brewer 경찰관은 달아나는 개를 쫓아서 White 주택으로 갔고, Flannigan 경찰관은 근처에 있는 Carter 집에 들어가서 엽총을 빌려서 몇분 후에 White 주택으로 가서 기다리던 경찰관들과 합류했다.

당시 개는 White 자동차 안에 있었으며 으르렁대거나 짖거나 하지 않았고 누구에게도 해를 끼치는 행동을 하지 않고 있었다. 경찰관들이 다가가자 개는 차에서 나와서 White 집 차고쪽으로 도망쳤고, Flannigan 경찰관은 차고에서 집 내부로 올라가는 계단에서 짖거나 달려들지 않고 가만히 서있는 개에게 총 2 발을 발사해서 사살하였다.

City of Garland Webpage

경찰관들은 차고문을 닫거나 다른 방법으로 개를 잡으려는 노력은 하지 않았으며, 자신들이 주변에 있다는 점을 White 에게 알리거나 개에 대해서 취하려는 행동을 White 와 논의하려는 시도도 없었으며, White 주택에 들어갈 수 있는 허락을 받지도 않았으며, 당시 자신들의 목표는 개를 사살하는 것이었다고 증언했다.

이런 총격이 있을 때, Talmadge White 와 Madie White 는 차고 벽면 뒷쪽에 위치한 다이닝룸에서 점심을 먹고 있었으며, 경찰관이 발사한 엽총 탄환들은 차고에서 집안으로 통하는 문과 벽면까지에도 박혔다. 이 사고로 Talmadge 는 정신적 고통을 겪었고 학교에도 몇번 결근하기까지 하였다.

■ 소송의 전개는?

Talmadge White 와 Madie White 는 City of Garland 지방정부와 Bill Mize, Barry Brewer, Danny Flannigan 지방정부 경찰관들을 상대로 재물손괴와 물리적 정신적 고통에 대한 손해배상을 청구하는 소송을 제기하였다.

1 심법원은 피고 City of Garland 지방정부에 대한 소송은 기각을 하였지만, 나머지 피고들에 대한 소송은 재판을 진행하였다. 배심원 재판에서, 배심원들은 원고들이 해당 개를 집안에 가두어두지 않고 풀어놓았었고 이런 과실이 사건을 불러온 원인이었다고 판단했다. 하지만, 원고들은 이런 배심원들의 판단을 배제해달라고 1 심법원에 신청하였고, 1 심법원은 이런 배심원들의 판단을 무시하고, 원고 승소판결을 내렸다.

배심원들은 죽은 Boxer 개의 가치를 $300 불로 추정했고 아들 Talmadge White 가 겪은 물리적 정신적 고통에 대한 보상을 $200 불로 산정했고, 1 심법원은 합계 $500 불을 아들에게 배상하라고 판결하였고, 엽총으로 파손된 집의 수선비로 어머니 Madie White 에게 $75 불을 손해배상하라고 판결하였다.

경찰관들은 이런 1 심법원 판결에 불복하고 민사항소법원에 항소하였다.

■ 법원의 판단은?

피고 경찰관들은, (1) 자신들은 지방정부의 공무를 수행하였고, (2) 지방정부는 시민의 안전을 위해서 동물들을 통제할 권한이 있으며, (3) 조례를 위반하여 목줄없이 돌아다니고 사람들을 공격하는 개를 잡기 위해서 사유재산에도 들어갈 수 있고, (3) 그런 위반행위를 중단시키기 위해서 필요한 물리력을 행사하고 개를 사살할 수도 있다고 주장하였다.

항소법원 Collings 판사는, 사나운 개가 길거리를 배회하고 다른 사람의 안전이나 재산을 위협하면 살해할 수 있지만, 그런 살해행위가 정당화되기 위해서는 위험이 긴박하여 명백하고 실질적인 살해 필요성이 있었거나, 관련 법률에서 그런 살해행위를 허용하는 경우에만 가능하다고 이 사건에 적용되는 법률원칙을 정리하였다.

또한, 항소법원 Collings 판사는, 동물이 해를 끼치거나 재산을 훼손할 때 당시에 살해하는 것이 허용된다고 해도, 이미 저지른 잘못에 대해서 벌을 주거나 복수하는 목적으로 나중에 동물을 살해하는 것은 허용되지 않는다는 법리도 설명하였다.

항소법원은, Garland 지방정부의 조례는 동물을 풀어놓아서 배회하거나 다른 사람 집에 침입하도록 방치하면 불법이고 이처럼 길을 배회하는 동물은 포획해서 가두었다가 3 일이 지나면 사살하는 것을 허용하고 있지만, 이 사건처럼 현장에서 살해를 허용하는 규정은 없다고 지적하였다.

항소법원은, 더구나, 경찰관들이 개를 살해한 시점에는 개가 더 이상 길거리를 배회하고 있지 않았고 White 주택 내부에 있는 driveway 에 주차된 White 자동차 안에 조용히 앉아있었고, 어떤 위험행동이나 사나움도 보여주지 않았기 때문에, 경찰관들이 사유지에 해당하는 White 주택 내부로 허락없이 들어가거나 개를 사살할 권리가 없었다고 판단하였다.

경찰관들은 개를 풀어놓은 White 의 과실로 개가 길거리를 배회하여서 사고가 발생한 것이라는 주장을 했다.

하지만, 항소법원은, 경찰관들은 길거리를 배회하는 개를 포획할 권리만 있고 살해할 권리는 없으며, 개를 살해한 것은 경찰관들의 고의적이고 의도된 행동이었기 때문에, 개를 풀어놓은 White 의 과실이 개가 살해된 것과 인과관계가 있었다고 할 수 없다고 판단하였다.

Garland Police Department (구글맵)

결론적으로, 항소법원은, 경찰관들이 공무를 수행하고 있었다고 해도, 다른 사람의 사유재산에 무단침입해서 부당하고 불법적인 방식으로 행동하였다면 민사적으로 손해배상 책임이 있다고 하면서, 1 심법원의 판결이 정당하다고 확인하였다.

■ 사건의 출처는?

▷ 사건출처: 미국 텍사스주 민사항소법원 (Court of Civil Appeals of Texas, Eastland)
1963년 5월 3일 판결문, City of Garland v. White, 368 S.W.2d 12
(Tex.Civ.App. 1963)

▷ 사건제목: City of Garland et al., Appellants, v. Talmadge White et al., Appellees

▷ 재판부: Justice Collings

▷ 변호인: Wyatt W. Lipscomb, City Atty., Garland, for appellants;
Esir Tobolowsky, Dallas, for appellees

City of Garland 청사건물 (구글맵)

> ## *Law & Cases:* 반려동물을 공격하는 개를 살해할 수 있는 권한
>
> **개나 고양이와 같은 반려동물이나 다른 애완동물을 공격하거나 해치는 개를 살해할 수 있는 권한이 있을까?**

일반적으로 미국 대부분 주에서는 가축(livestock)이나 집에서 사육하는 동물(domestic animal)을 해치는 개를 살해할 수 있는 권한을 허용하는 법률들을 마련하고 있다. 따라서, 가축이나 집에서 사육하는 동물이 아니라, 반려견이나 반려묘와 같은 반려동물이나 다른 애완동물을 쫓아다니거나, 괴롭히거나 해치는 개를 살해할 수 있는지 여부는 해당 법률에서 개의 공격으로부터 보호하고 있는 "동물"의 범위를 어떻게 규정하고 있는지에 따라서 결과가 달라질 수 있다.

"가축"(livestock)은 일반적으로 젖소, 돼지, 양과 같이 상업적으로 가치있는 농장 동물들을 의미하며, 반려동물과 애완동물이나 야생동물은 포함하지 않는 개념이다.

"집에서 사육하는 동물"(Domestic Animal)은 일반적으로는 개나 고양이를 포함하지 않는 개념으로 인식되고 있고, 일부 주 법률에서는 개나 고양이를 domestic animal의 범위에서 명시적으로 제외시키고 있다. Ohio주 법률은 고양이와 개를 보호대상인 domestic animal 범위에서 명시적으로 제외하고, 사람, 가축, 가금류, domestic animal들을 위협적으로 쫓아가거나 이들에게 접근하거나 물려고 하거나 살해하거나 상해하려고 하는 개를, 그런 행위를 하고 있을 때 발견하면, 살해할 수 있다고 규정하고 있다. Ohio Rev. Code § 955.28.

반대로, 개나 고양이를 domestic animal로 포함시키고 있는 주들도 있다.

Alaska주에서는, 가정에서 기르는 동물들과 야생동물들을 모두 보호대상으로 포함하고, 개가 이런 동물들을 습관적으로 괴롭히면 살해할 수 있다고 규정하고 있다. AK ST § 03.55.030

California주에서는, 가축과 가금류 보호를 위해서 개를 살해할 수 있다는 California법률은 집에서 기르는 반려동물에게도 적용된다는 법원판례가 있다. Harrington v. Hovanec, California Superior Court, Placer County (April 2006). 이런 판례에 따라서, 개가 반려동물을 공격하는 경우에도, 그런 개를 살해하는 것은 정당하다고 주장할 수 있게 되었다.

Pennsylvania주의 동물학대금지법은 "domestic animal"을 해치고 있는 개를 발견하면 살해할 수 있다고 규정하고 있으며, 개나 고양이를 "domestic animal"로 분류하고 있다. 따라서, Pennsylvania주에서는 개나 고양이를 공격하는 개를 살해해도 동물학대죄가 되지 않는다. 18 Penn. Cons. Stat. §5561.

하지만, Pennsylvania 항소법원은 자신의 집에 있는 사슴을 괴롭히는 개를 살해한 남자를 동물학대범죄로 처벌하였는데, 항소법원은, 집에 가두어져 있지만 거의 야생인 사슴은 "domestic animal" 정의에 포함되지 않는다고 판단하고, 이런 야생동물을 보호하기 위해서 개를 살해한 것은 정당성을 인정하지 않았다. Com. v. Ingram, 926 A.2d 470 (Pa. Super. Ct. 2007)

> **에피소드 7 – 이웃집 반려견을 공격했다가 엽총으로 사살된 Golden Labrador 품종 "Beau Gueste" 반려견 사례**
>
> 이웃집 개가 어린 아이들과 반려견이 놀고 있는 마당으로 갑자기 들어와서 반려견을 공격했다면, 어린 아이들의 안전과 반려견의 안전을 위해서 이웃집 개를 엽총으로 살해한 것은 정당할까?
> *People v. Wicker*

■ 사건의 발단은?

미국 New York 주 Town of Onondaga, 4182 St. John Drive 에 거주하는 Richard Satanek 은 "Beau Gueste"라는 이름의 반려견을 키우고 있었는데, 이 반려견은 100 파운드 정도의 무게에 3 피트 크기의 7 살짜리 숫컷 Golden Labrador 대형견이었다.

Richard Satanek 과 이웃에 거주하는 Paul V. Wicker, Jr.는 13 인치 크기의 Beagle 소형견 "Sam"을 집에서 키우고 있었다.

1973 년 10 월 3 일 오후 1 시쯤, Richard Satanek 의 딸 Donna Satanek 은 "Beau Gueste" 반려견을 데리고 산책을 하기 위해서 집을 출발하였다. Donna Satanek 은 "Beau Gueste" 반려견의 목줄을 잡지않고 풀어주고 그 개가 자유롭게 뛰어다니도록 허용했다. 오후 2 시쯤, Donna Satanek 은 Wicker 의 집을 지나서 자신의 집으로 돌아왔는데, 그때, Wicker 집 앞쪽에 있는 배수구에 자신의 개가 죽어있는 것을 발견하였다.

이 사건 사고가 발생할 당시, Wicker 는 자신의 집 뒷마당에서 "Beau Gueste"를 처음 목격했는데, 당시 근처에는 6 명의 어른들과 약 6 명의 어린 아이들이 있었다.   Satanek 의 반려견 "Beau Gueste"는 아무런 도발도 없었는데 갑자기 빠른 속도로 뛰어 들어와서, Wicker 의 반려견 "Sam"을 공격하였고, "Sam"은 피크닉테이블 밑으로 기어들어갔다.

그때 누군가가 "조심해 Beau Gueste 가 온다"라고 고함을 쳤고, 아이들은 놀래서 소리를 질렀고 그 자리를 즉시 피신했다.

당시 자신의 아이와 함께 현장에 있던 이웃주민 Richard Baranello 은 집으로 들어가서 공기총을 가지고 나왔고, Wicker 도 집으로 들어가서 엽총을 들고 나왔다.

사고가 발생한 4182 St. John Drive (구글맵)

Wicker 는 Golden Labrador 개가 자신의 Beagle 반려견 위에 올라타서 싸우고 있고, 이 개들이 피를 흘리고 있는 장면을 목격하였고, 엽총에 총탄을 한발 장전하고 약 30ft 떨어진 거리에서 Golden Labrador 개에게 엽총 한발을 발사하였다.

이렇게 총격이 일어난 장소는 Wicker 집 차고 앞쪽에 있는 진입로에서 발생하였다.

이 사고로 Golden Labrador 개는 심각한 부상을 입었고 결국 죽게 되었다. Beagle 반려견은 등에 상처를 입었지만 수의사 치료가 필요할 정도는 아니었다.

Wicker 가 엽총을 발사할 당시, 개들은 싸움을 계속하는 중이었지만 아이들은 모두 현장에서 피신해서 주변에 없었다.

Golden Labrador 개는 이전에 사람을 물은 적은 없지만, 다른 개들을 물은 적은 4 차례 있었고, Wicker 는 그런 사실을 알고 있었다. 또한, Wicker 의 어린 딸 Chris Wicker 는 3 년 전에 다른 개에게 심하게 물리고 상처를 입은 경험이 있었다.

■ 소송의 전개는?

Wicker 는, (1) 고의적으로 부당하게 동물을 살해하는 것을 금지하고 있는 뉴욕주 법률 (Agricultural and Markets Law Section 353) 위반 혐의와, (2) 공공장소에서 부당하게 총기를 사용하는 것을 금지하고 있는 뉴욕주 법률 Penal Law, Section 265.35 subd. 4(a) 위반 혐의로 기소되었고, 이들 혐의들은 입증되면 모두 경범죄로 처벌받는 범죄였다.

이후, Wicker 는 Town of Onondaga 에 있는 Town Court 에서 재판을 받게 되었다.

Town of Onondaga Town Hall (구글맵)

■ 법원의 판단은?

재판을 맡은 CUNNINGHAM 판사는, (1) Golden Labrador 개가 아무런 도발없이 공격을 했다는 점과, (2) 해당 개가 대형견이라는 사실과, (3) 과거에 사고를 낸 전력들이 있었다는 점과, (4) Wicker 가 이전에 딸의 개물림 사고를 겪었다는 점들을 고려해서, 사건 당시 Wicker 가 어떤 심리상태이었을지를 판단하였다.

결론적으로, 법원은, 당시 상황에서 Wicker 의 행동은 자신의 집에서 아이들의 안전과 자신의 재산인 Beagle 반려견을 보호하기 위한 것으로, 합리적이고 정당하였다고 판단하고 무죄를 선고하였다.

검찰은, 관련 법률에서 다른 사람의 개가 자신의 집에 무단침입했다고 그런 개를 살해할 권리를 허용하는 내용이 없다는 점과, 가축을 보호하기 위하여 가축을 해치려는 개를 살해할 권리는 있지만 Wicker 가 보호하려던 개는 가축이 아니라는 점을 지적하였다.

또한, Wicker 의 개가 경미한 부상만을 입었고, Wicker 가 엽총을 쏘는 대신에 다른 개를 놀라게 해서 쫓아내거나 막대기를 쓰거나 물을 뿌리는 방식으로 대응했어야 한다고 주장했다.

하지만, 법원은, 당시 자신의 안전과 재산이 위협받고 있는 긴박한 상황에서 다른 방식을 택하는 위험을 감수하도록 요구할 수는 없고, 당시 상황에서 Wicker 가 방어적으로 무기를 사용한 행동은 합리적이고 정당화된다고 판단하고 무죄를 선고하였다.

공공장소에서 총기를 사용했다는 혐의에 대해서도, 법원은, 피고의 집은 공공장소가 아니고, 비록 사건이 공공장소에 근접한 곳에서 발생했고 대중이 볼수 있는 열린 공간에서 발생했지만, 그렇다고 사적인 공간이 공공장소로 변환되었다고 볼 수는 없다고 판단하고, 이런 혐의에 대해서도 무죄를 선고하였다.

■ 사건의 출처는?

▷사건출처:	미국 뉴욕주 Town of Onondaga, Onondaga County Town Court 1974 년 4 월 2 일 판결문, People v. Wicker, 357 N.Y.S.2d 597, 78 Misc.2d 811 (N.Y. Town Ct. 1974)

▷사건제목:	The PEOPLE of the State of New York, Plaintiff, v. Paul V. WICKER, Jr., Defendant.

▷재판부:	PATRICK J. CUNNINGHAM, Town Justice.

▷변호인:	Jon K. Holcombe, Prosecuting Dist. Atty., and Robert J. Rossi, Asst. Dist. Atty., of counsel for plaintiff.
James F. Gaul of Smith, Sovik, Kendrick, McAuliffe & Schwarzer, Syracuse, for defendant.

Golden Labrador
Image by Andrea Bohl from Pixabay

Beagle
Image by Nick115 from Pixabay

> **에피소드 8 – 산책 중인 이웃집 반려견을 공격했다가 칼로 사살된 Pit Bull 품종 "Zeus" 반려견 사례**
>
> 산책 중에 자신의 반려견을 공격한 이웃집 개를 붙잡아서 밧줄로 묶어놓고 칼로 살해하는 것은 정당한가?
> *Chase v. State of Texas*

■ 사건의 발단은?

2009년 9월 2일, 미국 Texas 주에 거주하는 Ryan Francis Chase 와 부인은 10 살된 "Maka"라는 반려견과 이름이 알려지지 않은 어린 강아지 한마리를 데리고 산책을 하다가, 길 건너편에 있는 이웃집 뒷마당에서 탈출한 pit bull 견종 "Zeus"와 "Rocky"라는 개들로부터 공격을 당했다.

Chase 부인은 어린 강아지를 데리고 즉시 피신했지만, "Zeus" 개는 "Maka" 개의 목을 물고 흔들어대기 시작했다. Chase 는 "Zeus" 개의 턱을 "Maka" 개의 목에서 떼어내려고 5 분여 동안 노력했고, 이런 광경을 목격한 이웃사람이 가세해서 개들을 떼어놓은 것을 도와주었다. 이런 과정에서 "Zeus" 개는 Chase 와 이웃사람을 물기까지 했다.

개들을 겨우 떼어놓은 다음에, Chase 는 자신의 반려견 "Maka"를 데리고 집으로 들어갔다가, 곧바로 밧줄을 가지고 다시 현장으로 나와서, "Zeus" 개의 목을 밧줄로 묶어서 두 집 건너에 있는 자신의 집으로 그 개를 끌고 갔다.

이런 과정에서 "Zeus" 개는 Chase 를 또 물었다.

Chase 는 자신의 집에 도착하자 "Zeus" 개를 자신의 자동차 범퍼에 묶어놓은 다음, 이 개의 목을 칼로 베었고 이 개는 이런 부상으로 인해서 결국 죽게 되었다.

Pit Bull Image by Tulia Colombia Torres Hurtado from Pixabay

■ 소송의 전개는?

경찰은 이 사건을 수사한 이후에 Chase 를 체포하였고, Texas 주 검찰은, 개에게 고의로 잔인한 행위를 하는 것을 금지하는 Texas 주 형법 PENAL CODE §42.092(b)(6) 조문을 위반한 범죄로 Chase 를 기소하였다.[14]

1 심법원에서, Chase 는 가축이나 집에서 기르는 동물을 공격하는 개나 코요테를 살해하는 것을 허용하는 Texas 주 보건안전법 **§ 822.013** 법률조항에 의거해서, 자신이 "Zeus" 개를 살해한 것은 정당하였다고 주장했다.

---

[14] PENAL CODE §42.092(b)(6) 형법조문은, 보호자의 동의없이 고의적, 의도적 또는 부주의하게 개에게 부상을 입히는 것을 금지하고 있다 (intentionally, knowingly, or recklessly causing bodily injury to a dog without the owner's effective consent)

Chase 의 변호사는 재판전 기일에서, 해당 보건안전법 조항이 Rick Perry 도지사가 자신의 개를 공격하는 코요테를 사살한 사건에서 방어논리로 주장했던 것이라고 설명하면서, Chase 도 해당 보건안전법 조항을 방어논리로 제시할 것이라고 주장했다.

하지만, 1심법원 판사는 해당 보건안전법 조항에 근거한 방어논리가 이 사건 형사재판에는 적용되지 않는다고 판단하고, 피고가 재판에서 이런 보건안전법 조항을 언급하는 것을 금지시켰다.

재판이 진행되는 동안, Chase 의 변호사는 해당 방어논리를 주장할 수 있도록 허용해달라고 1심법원에 다시 요청하였다. 하지만, 1심법원은 이런 보건안전법 법률조항이 형사사건 재판에서는 주장할 수 있는 방어논리가 아니라고 판단하고, 이런 면책주장을 배심원들에게 언급하는 것을 허용하지 않았다.

Texas 주 보건안전법 Texas Health and Safety Code § 822.013

(a) A dog or coyote that is attacking, is about to attack, or has recently attacked livestock, domestic animals, or fowls may be killed by:
    (1) any person witnessing the attack; or
    (2) the attacked animal's owner or a person acting on behalf of the owner if the owner or person has knowledge of the attack.
(b) A person who kills a dog or coyote as provided by this section is not liable for damages to the owner, keeper, or person in control of the dog or coyote.

따라서, 재판에서, Chase 는 "이전에도 자신의 개가 공격을 받은 적이 있었는데 자신이 조사해보았고, 자신은 공격하는 개를 죽일 수 있다고 믿었다"는 우회적인 표현으로만 배심원들에게 증언하는 것이 허용되었고, 자신이 "법률조사"를 해보았고 법률적으로 살해할 권한이 있다라고 믿었다고 증언하는 것은 허용되지 않았다.

재판이 끝나고 배심원들에게 결정할 쟁점사항들을 제공하는 절차에서, Chase 의 변호사는 해당 보건안전법 법률조항에 근거한 방어 주장을 배심원들에게 제공하도록 다시 한번 1심법원 판사에게 요청하였으나, 1심법원 판사는 이런 요청을 거절하였다.

결국, 배심원들은 Chase 가 유죄라고 평결을 내렸고, 이런 평결을 기반으로 1심법원은 Chase 에게 징역 1년형과 집행유예를 선고하였다.

이런 1심법원 판결에 불복하고 Chase 는 항소하였고, 2014년 4월 9일, 항소법원(Court of Appeals)은 배심원들에게 보건안전법 법률조항에 근거한 방어주장을 언급하지 못하도록 한 것은 잘못이라고 판결하였다. 그리고, 항소법원 DAVID PURYEAR 판사는, 보건안전법 법률조항에 근거하여 허용된 개 살해행위는, 개에게 잔인한 행위를 금지하는 형법을 위반하는 것으로 볼 수 없다고 판시하였다. 이런 이유에서, 항소법원은 1심법원이 내린 유죄판결을 파기환송하였다.[15]

이런 항소법원의 판결에 불복하고 검찰은 Court of Criminal Appeals 법원에 상고하였다.

---

[15] 항소법원 판결, *Chase v. State*, 418 S.W.3d 296 (Tex.App.-Austin 2013)

■ 법원의 판단은?

Texas 주에서 형사사건 최종심을 맡고 있는 Court of Criminal Appeals 법원은 항소법원의 판단이 옳다고 판결하였다.

재판을 맡은 Keller 판사는 아래와 같은 이유를 들면서, 보건안전법 법률조항은 민사적 성격이고 이 법률조항에 규정된 방어권은 민사사건에만 적용되고 형사사건에서는 방어논리로 활용할 수 없다는 검찰의 주장을 배척하였고, 보건안전법 법률조항이 형사사건에서 방어논리로 활용될 수 있다고 판시하면서, 항소법원의 판결을 인용하였다.

> 보건안전법 관련 조항에 민사사건에서만 면책을 허용한다는 표현이 없고, 오히려, 형사사건에서도 적용이 가능한 것으로 해석된다.

> Texas 에서는 조류나 동물을 살해하려면 Hunting License 를 취득해야 한다는 형법이 있는데, 보건안전법 §822.013(e) 조항은 이런 Hunting License 없이도 공격적인 개나 코요테를 살해할 수 있다고 명시적으로 규정하고 있다.[16]

> 해당 형법조문에는 인정되는 방어권들을 열거하고 있지만 보건안전법 §822.013 조항은 포함되어 있지 않고, 열거된 방어권들 중에는 보건안전법 §822.013 조항과 유사한 방어권이 이미 포함되어 있어서, 해당 형법조문 입법의도는 보건안전법 §822.013 방어권이 적용되는 것을 배제하고 있다는 검찰주장에 대해서, 해당 형법조문에 있는 방어권은 피의자의 가축을 상해하거나 살해한 개를 피의자의 거주지 안에서 발견되었을 경우에 살해할 수 있는 제한적 방어권을 보장하고 있지만, 보건안전법 조항은 가축을 포함해서 집에서 기르는 동물까지를 보호 대상으로 하고 공격 장소도 피의자의 거주지로 제한하지 않고 있는 차별점이 있다.

주심판사 Sharon Keller (CSG Justice Center 웹페이지)

---

[16] Parks and Wildlife Code Section 42.002 조항은, Hunting License 없이 조류나 동물을 사냥할 수 없고 위반자는 경범죄로 처벌한다고 규정하고 있다.

> 만약 민사사건에서만 면책을 허용하는 것으로 해석하면, 형사사건에서는 처벌을 받고 희생자가 입은 손해를 배상(restitution)하라는 명령도 내려질 수 있어서, 자신의 가축을 보호하기 위한 자위권을 보장하려는 입법취지에 어긋난다.

Meyers 판사의 소수의견

하지만, Meyers 판사는 아래와 같은 흥미로운 이유들을 지적하면서, 1심법원의 유죄 판결을 지지하는 소수의견을 표명했다.

> 보건안전법 법률조항의 방어권은, 농장이나 목장을 운영하는 사람들이 민사 손해배상에 대한 우려없이 자신들의 가축을 공격하는 개로부터 방어할 수 있도록 허용해주어서 그들의 생활을 보호해주려는 목적으로 제공된 것이며, 주거지역에 있는 개인들에게 이웃집 개가 공격을 하였다고 그 개를 악의적으로 살해하는 것을 허용해주려는 목적으로 만들어진 것이 아니다.

> 이런 방어권을 형사사건에서 허용해주면, 개인들이 자기 손으로 직접 정의를 실현하고 심판을 내리는 행동을 조장할 수 있다.

> 이런 방어권을 형사사건에서 허용해주기 시작하면, 아래와 같은 질문들에서 알 수 있듯이 그 한계를 긋기가 힘들어지고, 정당성 없이 개를 죽인 사람들이 처벌을 피해나갈 수 있다.

- 개가 한번 물었다고 개가 공격을 하였다고 판단하고 그런 개를 사살하는 것을 허용해 줄지, 아니면, 여러번을 물어야 개가 공격을 하였다고 보고 사살하는 것을 허용할지 여부?
- 피의자의 개가 실제로 피해를 입지 않았어도, 공격한 개를 사살하는 것을 허용할지 여부?
- 피의자가 자신의 개와 피신하였다면, 얼마 후에 다시 돌아와서 공격한 개를 사살하는 것을 허용할지 여부?
- 피의자가 공격한 개의 집까지 무단으로 들어가서 공격한 개를 사살하는 것을 허용할지 여부?
- 피의자가 공격한 개의 집까지 들어가서 공격한 개를 사살하려고 할때 그 개의 주인이 사살하는 것을 막으려고 저항하면 어떻게 할지 여부?
- 피의자가 공격한 개를 사살할 때 인도적인 방식으로 사살해야 하는지, 아니면 어떤 방식으로 사살해도 상관없는지 여부?

"A Guide to Dog Attacks" Animal Emergency Service 웹페이지

■ 사건의 출처는?

▷ 사건출처: 미국 텍사스주 형사항소법원 (Court of Criminal Appeals) 2014년 11월 19일 판결문, Chase v. State, 448 S.W.3d 6 (Tex. Crim. App. 2014)

▷ 사건제목: Ryan Francis Chase, Appellant v. The State of Texas

▷ 재판부: KELLER, P.J., delivered the opinion of the Court in which PRICE, WOMACK, KEASLER, HERVEY, COCHRAN and ALCALA, JJ., joined.
Meyers, J., filed a dissenting opinion. Johnson, J., concurred.

▷ 변호인: Greg White, Waco, for Appellant.
Stacey Goldstein, State Prosecuting Attorney, Lisa C. McMinn, State's Attorney, Austin, for the State.

Court of Criminal Appeals Judge Larry Meyers is shown in his office in 2013. ⓒ Rodger Mallison / Fort Worth Star-Telegram

소수의견을 낸 Lawrence Meyers 판사 (출처: The Texas Tribune, 2013. 12. 20)

Biography

Meyers received his undergraduate degree from Southern Methodist University in 1970 and his J.D. from the University of Kansas School of Law in 1973. In 1998, Meyers earned his LL.M. from the University of Virginia School of Law. Meyers began his legal career as an assistant district attorney in Montgomery County, Kansas. From 1975 to 1988, he worked in the private practice of law in Fort Worth, Texas. In 1992, he was elected to the Texas Court of Criminal Appeals. Meyers is a member of the State Bar of Texas.[1]

Lawrence Meyers 판사의 약력 (출처: Ballotpedia 웹페이지)

> **Law & Cases:** 농장의 가축을 공격하거나 농작물을 훼손하는 개를 살해할 수 있는 권한
>
> 농장에서 사육하는 가축을 공격하거나 해치는 개를 살해할 수 있는 권한이나 농작물을 훼손하는 개를 살해할 수 있는 권한이 있을까?

개가 양을 쫓아다니면 양에게 엄청난 스트레스를 주어서 죽게 되거나 임신한 양은 유산을 하기도 한다고 한다. 양이 공포감에서 도망가다가 담장같은 물체에 부딪쳐서 죽거나 부상당하기도 하고, 개에 물리면 죽거나 많은 의료비용을 들여서 치료를 받아야 한다고 한다.

미국 대부분 주에서는 농업이나 목장을 하는 사람들이 자신들의 가축(Livestock)이나 집에서 사육하는 동물(Domestic Animal)을 쫓아다니거나, 괴롭히거나 해치는 개를 살해하는 것을 허용하는 법률을 채택하고 있다. 이런 재산보호 권리는 법률로 규정되기 이전부터 오래 전부터 판례로도 인정되어 오고 있다. Brauer v. English, 21 Mo. App. 490 (1886).

■ **가축을 해치는 개를 살해하도록 허용하는 미국 주정부 법률들**

➤ Virginia 주 법률은, 가축이나 가금류를 해치거나 죽이는 개를 발견한 사람은 누구나 그 현장에서 그런 개를 사살할 권한이 있고, 동물통제부처 담당자는 이런 행위를 하고 있는 개를 발견하면 사살해야 할 의무가 있다고 규정하고 있다. 또한, 가금류를 3 번 이상 해친 전력이 있는 개는 법원의 명령에 의해서 동물통제부처가 사살할 수 있다. 동물통제부처는 가축이나 가금류를 해치고 있다고 여겨지는 개를 포획하여 조사할 수 있고, 이런 개의 보호자는 법원에 출두하여 심리에 참여하여야 한다. 법원에서 개가 약탈행위를 하였다고 판단하면, 동물통제부처에서 그 개를 즉시 죽이거나 다른 주로 보내서 Virginia 로 다시 돌아오지 못하도록 명령할 수 있다. Code of Virginia, §3.2-6552.

➤ California 주에서는, 개가 가축이나 가금류를 죽이거나, 부상을 입히거나, 지속적으로 쫓아다니는 것을 발견한 사람은 누구라도 그런 개를 죽일 수 있다고 허용하고 있다. 또한, 개가 최근에 다른 사람의 가축이나 가금류를 해치거나 상해하였다는 결정적인 증거가 있는 사람은 그런 개를 죽일 수 있고, 그로 인한 민사 형사 책임을 지지 않는다고 규정하고 있다. CA Food & Agri Code §31102 가축이나 가금류가 갇혀있는 장소에 개가 들어오면 그런 장소의 소유자나 임차인은 그 개를 붙잡거나 죽일 수 있다고 허용하고 있다. CA Food & Agri Code §31103.

➤ Wyoming 주 법률은, 개가 가축을 쫓아다니면서 해치거나 해치려는 위협을 하는 경우에는, 그 가축의 소유자는 해당 개를 죽일 수 있고, 가축의 소유자가 개의 주인에게 살해된 개에 대한 손해배상을 할 책임이 없다고 규정하고 있다. WY ST §11-31-107

➤ 가축을 해치는 개를 살해하기 이전에, 개의 소유자를 알고 있거나 알 수 있을 때는, 개 소유자에게 연락을 해서 개 소유자가 개를 통제할 수 있는 기회를 먼저 제공해주어야 한다는 전제조건을 요구하는 주정부 법률도 있다. Alaska Statute, AS §03.55.030.

■ 개가 가축을 살해하였을때 손해배상 책임

개가 가축을 죽이거나 상해하거나 쫓아다니거나 해서 초래한 손해가 있다면, 개의 주인은 가축의 소유자에게 이런 손해를 보상해주어야 한다. WY ST §11-31-105.

➤ California 주에서는 가축에게 해를 입힌 개의 견주는 실제로 발생한 손해액의 2 배를 가축의 소유자에게 배상해야 할 수도 있다. Cal. Food & Agric. Code § 31501.

➤ 일부 주에서는 개로 인해서 가축을 잃은 농부나 목장주인에게 피해를 보상해주는 기금이 있다. 예를들면, Illinois 주에서는, 개로 인해서 가축이 피해를 입은 사람은 법률에 규정된 절차를 따라서 클레임을 접수하면, 정부에서 사고를 조사하고 클레임이 정당하면 년간 1 회 보상금을 지불해준다. 가축주인은 견주를 상대로 손해배상을 청구할 수 있지만 정부기금에서 받은 액수는 법원의 손해배상 판결금액에서 차감된다. 510 Ill. Comp. Stat. Ann. §§5/19, 5/20.

Image by James DeMers, Pixabay

> **개가 가축을 공격하는 행위를 종료하고 상당한 시간이 지난 이후에, 가축의 주인이 그런 개를 쫓아가서 살해할 수 있는 권한이 있을까?**

개가 공격행위를 하고 있을 때 그런 현장에서 그 개를 살해한 것이 아니고, 개가 공격을 하고 상당한 시간이 지난 상황에서도 그 개를 살해할 권한이 있는지 여부는, 적용되는 법률과 구체적인 사실관계에 따라서 다른 결론이 나올 수 있다.

▶ 미국 Pennsylvania 주 법률은 개가 사람이나 애완동물 또는 다른 가축을 쫓아다니거나 공격하는 것을 목격하면 살해해도 된다고 규정하고 있다. 하지만, 그런 공격 행동을 목격한 것과 살해하는 행동사이에 얼마의 시간이 지나도 되는지에 대해서는 해당 법률에서 분명하게 규정하고 있지는 않다. 3 Pa. Cons. Stat. §459-501.

Pennsylvania Statutes § 459-501. Killing dogs; dogs as nuisances

(a) Legal to kill certain dogs.--Any person may kill any dog which he sees in the act of pursuing or wounding or killing any domestic animal, wounding or killing other dogs, cats or household pets, or pursuing, wounding or attacking human beings, whether or not such a dog bears the license tag required by the provisions of this act. There shall be no liability on such persons in damages or otherwise for such killing.

(b) Private nuisance.--Any dog that enters any field or enclosure where domestic animals are confined, provided that the enclosure is adequate for the purpose intended, shall constitute a private nuisance, and the owner or tenant of such field, or their agent or servant, may detain such dog and turn it over to the local police authority or State dog warden or employee of the department. While so detained, the dog shall be treated in a humane manner.

(c) Licensed dogs not included.--Licensed dogs, when accompanied by their owner or handler, shall not be included under the provisions of this section unless caught in the act of pursuing, wounding or killing any domestic animal, wounding or killing any dogs, cats or household pets, or pursuing, wounding or attacking human beings.

▶ 미국 Illinois 주에서는 약탈행위를 한 개를 찾아내서 나중에 죽이는 것은 허용하지 않고 있다. Illinois 주 법원은, 양 농장사육인이 자신의 양을 죽인 개를 쫓아가서 사고가 난지 한 시간이 지난 시점에 견주의 집에 있는 개를 사살한 사건에서, 양 농장사육인은 그 개를 살해할 권한이 없었다고 판결하였다. People v. Pope, 383 N.E.2d 278 (Ill. Ct. App. 1978)

▶ 미국 Kansas 주에서는, 약탈행위를 한 개를 추격해서, 이미 약탈 위험이 사라졌음에도 불구하고 개를 살해한 것을 정당하다고 허용한 사례도 있다. McDonald v. Bauman, 433 P.2d 437 (Kan. 1967)

▶ 미국 Washington 주에서는, 자신의 가축을 쫓아다니거나 물거나 살해하는 개를 가축주인이 발견하였다면 이런 개를 가축주인이 죽이는 것을 합법이라고 허용하고 있다.

또한, 가축주인이 해당 개의 보호자에게 개가 자신의 가축을 쫓아다니거나 물거나 상해했다고 알려주고 나면, 개의 보호자는 그 개를 잘 묶어 놓거나 가두어 두어야 할 의무가 있고, 만약, 개 보호자가 그렇게 하지 않아서 해당 개가 길거리를 배회하고 다니는 것을 나중에 가축주인이 발견하였다면, 가축주인은 그 개를 죽일 수 있다고 법률로 규정하고 있다. Wash. Rev. Code §16.08.020.

> **Washington Revised Code RCW 16.08.020: Dogs injuring stock may be killed.**
>
> It shall be lawful for any person who shall see any dog or dogs chasing, biting, injuring or killing any sheep, swine or other domestic animal, including poultry, belonging to such person, on any real property owned or leased by, or under the control of, such person, or on any public highway, to kill such dog or dogs, and it shall be the duty of the owner or keeper of any dog or dogs so found chasing, biting or injuring any domestic animal, including poultry, <u>upon being notified of that fact by the owner of such domestic animals or poultry</u>, to thereafter keep such dog or dogs in leash or confined upon the premises of the owner or keeper thereof, and in case any such owner or keeper of a dog or dogs shall fail or neglect to comply with the provisions of this section, <u>it shall be lawful for the owner of such domestic animals or poultry to kill such dog or dogs found running at large</u>.

"Government backs bill to tackle dog attacks on livestock"
5th February 2024, Farmers Guide Web Page

> **개가 가축을 해치는 공격 행위를 시작하기 이전에, 가축의 주인이 그런 개를 미리 살해할 수 있는 권한이 있을까?**

일반적으로 개가 가축을 해치는 행위를 아직 하지도 않았는데, 가축의 주인이 개가 가축을 해칠 것을 우려해서 미리 개를 살해하는 것은 허용되지 않는다.

미국 North Dakota 주에서는 젖소와 양들이 놀고 있는 들판을 개가 그냥 달려가는 것만으로 개를 살해하는 것은 허용하지 않았다. Trautman v. Day, 273 N.W.2d 712 (N.D. 1979)

자신의 집에서 약 40 야드 떨어진 곳에 있는 이웃집 Labrador 개를 엽총으로 살해한 사건에서, 가해자는 그 개가 사납고 자신의 애완견을 공격하려고 해서 살해했다고 주장했으나, 죽은 Labrador 개가 유순하고 친숙한 개였고 사고 당시 가해자의 개 근처에도 다가가지 않았다는 증거들에 기반해서, 법원은 정당방위 주장을 배척한 사례도 있다. Michael Anderson v. State of Indiana, 877 N.E.2d 1250 (Ind. App. 2007).

일반적으로 개들이 사유재산에 무단침입했다는 이유만으로는, 무단침입한 개가 공격적인 행동을 하지 않았는데도, 해당 사유재산의 주인이 무단침입한 개를 살해하는 것을 허용하지는 않는다.

Texas 주 동물학대금지법률의 경우, 개가 가축을 쫓아다니거나 해치고 있는 순간이나 그 직후에 그런 행위를 발견했다면, 그런 발견을 한 순간에 개를 살해할 수 있는 권리가 있다고 규정하고 있다. Tex. Pen. Code §42.092.

따라서, 이런 Texas 법률에서는, 개가 실제로 가축을 해치기 이전에 그럴 우려가 있다고 미리 개를 살해하는 것은 허용되지 않는다고 해석할 수 있다.

한 판례에서 설명하고 있듯이, 이런 해석을 뒷받침해주는 논리는, 개를 살해할 권리를 허용하는 것은 사람이나 재산을 보호하려는 자위권에 근거를 둔 것이지, 개의 약탈적 습관이나 과거 침범 전력이나 악명 때문이 아니기 때문이다. State v. Smith, 72 S.E. 321 (N.C. 1911).

하지만, 개가 가축들을 실제로 해칠 때까지 자위권 행사를 보류해야 하는 것은 아니고, 개가 가축을 쫓아다니거나 괴롭히는 경우를 포함해서, 이런 약탈행위를 하려고 준비하는 모습을 보이는 개를 살해할 수 있다고 허용하는 주도 있다.

Ohio 주 법률은, 사람이나 가축의 안전을 위협하는 개를 살해할 수 있도록 허용하면서, 허용되는 경우를, "a dog that is chasing or **approaching** in a menacing fashion or apparent attitude of attack, that attempts to bite or otherwise endanger, or that kills or injures a person" 이라고 규정하고 있다.

이런 규정에 의하면, 개가 실제로 사람을 공격하지 않았어도, 그런 태도로 다가오거나 사람을 물려는 시도를 하는 경우에는, 그런 예비적 행동을 하는 동안에도 정당하게 살해할 수 있다고 해석된다. Ohio Revised Code, RC §§955.28.

농작물을 훼손하는 개를 발견하였다면, 농작물 주인이 이런 개를 사살할 권한이 있을까?

개가 자신이나 다른 사람의 안전을 위협하는 경우, 개가 자신의 반려견을 공격하는 경우, 개가 농장의 가축을 공격하는 경우에 이런 개를 살해할 수 있는 권한에 추가해서, 만약, 개가 자신이 키우는 농작물을 훼손하는 경우에 이런 개를 살해할 수 있는 권한이 있는지에 대한 논란이 있을 수 있다.

미국 Texas 주 동물학대금지법률(Texas Penal Code §42.092)은 동물을 의도적으로 죽이거나 상해하는 것을 범죄로 금지하고 있지만, 예외적으로, 해당 동물이 가축을 죽이거나 농작물을 훼손하였다면 그 농작물의 주인이 그런 동물을 살해하거나 상해하는 것을 허용해주고 있다.

Image by inessack, Pixabay

단, 농작물의 주인이 해당 동물이 농작물을 훼손하는 행위를 하고 있거나 훼손한 것을 발견했을 때, 이런 동물이 아직 농작물 주인의 땅 위에 머무르고 있는 경우에만 해당 동물을 살해할 수 있고, 이미 농작물 주인의 땅을 벗어났다면 살해할 수 없다고 제한하고 있다.

따라서, 어떤 동물이 농작물 약탈행위를 완료하고 상당한 시간이 지났을 때 농작물 주인이 이런 약탈행위를 발견하였다면, 그런 시점에 해당 동물을 살해할 권한은 없다고 할 수 있다.

Texas Penal Code § 42.092. Cruelty to Nonlivestock Animals

(b) A person commits an offense if the person intentionally, knowingly, or recklessly:

(1) tortures an animal or in a cruel manner kills or causes serious bodily injury to an animal;

(2) without the owner's effective consent, kills, administers poison to, or causes serious bodily injury to an animal; [중략]

(6) without the owner's effective consent, causes bodily injury to an animal;

(e) It is a defense to prosecution under Subsection (b)(2) or (6) that:

(1) the animal was discovered on the person's property in the act of or after injuring or killing the person's livestock animals or damaging the person's crops and that the person killed or injured the animal at the time of this discovery; or

(2) the person killed or injured the animal within the scope of the person's employment as a public servant or in furtherance of activities or operations associated with electricity transmission or distribution, electricity generation or operations associated with the generation of electricity, or natural gas delivery.

> **에피소드 9 –** 이웃집 가축을 공격했다가 엽총으로 사살된
> German Shepherd 품종 "Fraline" 반려견 사례
>
> 이웃집 개가 자신의 돼지축사에 침입해서 돼지를 공격하다가 도망치자, 가축의 주인이 트럭으로 개를 추격해가서 엽총으로 쏜 행위가 정당화될 수 있을까?
> *McDonald v. Bauman*

■ 사건의 발단은?

미국 Kansas 주 Neodesha 지방에서 농장을 운영하고 있던 Glen Bauman은, 1965년 12월 8일 오전 9시경, 자신의 돼지축사에서 돼지들이 울부짖는 소리를 듣고, 즉시 22구경 엽총을 들고 축사로 달려갔으며, 개 3마리가 돼지들을 물고 공격하는 것을 발견하였다. 돼지를 공격하던 개들은 "Fraline"이란 German Shepherd 암컷과 작은 검정색 개와 어린 밤색 개였고, 모두 이웃에 사는 Cecil McDonald가 키우는 개들이었다.

Bauman은 German Shepherd를 향해서 엽총을 쏘았고, 3마리 개들은 동쪽에 위치한 이웃집 York의 목초지 방향으로 도망쳤고 Bauman은 도망치는 개를 향해서 엽총을 몇발 더 발사하였다.

이후, Bauman은 자신의 픽업트럭을 타고 York의 목초지 쪽으로 운전하고 가서 도망치는 개들을 중도에 차단하면서 엽총을 몇발 더 쏘았다. 그러자, 이 개들은 McDonald 집쪽으로 도망쳤고, 2마리는 집까지 들어갔지만, German Shepherd는 더 이상 도망가는 것을 멈추었다. Bauman은 목초지에서 McDonald 집쪽으로 도망치는 개들에게 엽총을 쏘지는 않았고, 트럭을 몰고 도로를 운전해서 McDonald 집 진입도로까지 쫓아갔다.

당시, "Fraline"은 이미 부상을 입었고 목 부분에서 피를 흘리고 있었지만, 22구경 엽총은 개를 죽게 할 정도로 강력하지는 못했다.

McDonald 집의 마당에는 McDonald 부인과 9살짜리 아들 Louis가 있었고, Bauman은 McDonald 부인에게 개들이 자신의 돼지들을 공격했고 자신이 개들을 엽총으로 쏘았다고 말했다.

Bauman의 증언에 의하면, Bauman은 자신이 개를 사살해도 되는지 아니면 남편 Cecil McDonald가 그렇게 하도록 할지를 McDonald 부인에게 물었고, McDonald 부인은 "당신 가축들을 죽인 개를 우리가

Facebook, Pig Dogging-Hunting Pigs with Dogs-Cruel Sport, Creating Dangerous Dogs

키울수는 없으니 당신이 하던 일을 계속해서 끝내세요. 어짜피 우리도 그 개를 처분하려고 생각하고 있었어요"라고 말했다고 한다.

이어서, Bauman은 개에게 엽총을 두발 발사하였고 개는 집 아래부분으로 도망쳐 들어갔다. Bauman은 Louis에게 그 개를 그대로 홀로 있도록 놓아두고 아버지가 오시면 돌봐주도록 하라고 말하고는 그 자리를 떠났다.

그날 오후에, McDonald 가 외출했다가 집으로 돌아와서 엽총을 맞고 집 밑에 있는 "Fraline"을 발견하고, 즉시 수의사에게 데려가서 치료비용이 얼마가 들던 상관없으니 개를 살려내라고 요청했다.

이후 3 주 이상에 걸쳐서 수의사가 치료를 진행하였는데, 개의 오른쪽 대퇴부 골절 개방정복수술(open reduction of the fracture of the right femur)을 하고 3 인치 정도의 뼈를 제거하였다. 이런 치료를 위해 들어간 의료비용은 $59 불에 이르렀고, 향후 추가로 필요한 치료비용은 $35-$60 불로 추정되었다.

McDonald 는 "Fraline"을 $75 불에 구입하였고 자신의 중고차 주차장을 경비하는 목적으로 훈련시켰으며, 사고 당시에는 $3,000 불에서 $4,000 불 정도의 가치가 있었다고 생각하지만, 부상 이후에는 경비견으로서 가치가 없어졌다고 주장하면서, 실제 입은 손해배상액으로 $2,950 불을 청구하고 징벌적 손해배상으로 $5,000 불을 청구하였다.[17]

■ 소송의 전개는?

McDonald 는, (1) Bauman 이 자신의 개가 공격행위를 멈추고 돼지축사를 떠난 이후에, (2) 3/4 마일 떨어진 자신의 집까지 쫓아와서, (3) 자신의 집 마당에 들어올 권한도 없으면서, (4) 자신은 집에 없고 부인과 아들만이 있는 상태에서 집 마당으로 들어와서, (5) 이미 가축이 공격을 받을 위험도 사라졌고, (6) Bauman 도 흥분상태가 사라진 상태에서, (7) 고의적이고 악의적이고 잔인하게 엽총을 6 발이나 쏘아서 개에게 심각한 부상을 입혔으며, (8) 이런 행위는 정당화되거나 자신이 동의나 묵인한 것이 아니라고 주장하면서, Bauman 을 상대로 실제입은 손해와 징벌적 손해를 배상하라는 소송을 제기하였다.

Hedgewood Farms, Kansas (Shop Kansas Farms, Kansas Farm Bureau 웹페이지)

피고 Bauman 은 자신은 악의적으로 개를 엽총으로 쏘지 않았고, 자신의 재산을 지키기 위해서 정당하게 개를 사살할 수 있다고 믿었다고 주장했다.

재판에서, McDonald 부인은 Bauman 이 화가 나있었고, 얼굴이 붉으락했고, 흥분된 상태였으며 엽총을 가지고 있었다고 증언했다.

McDonald 이웃에 사는 사람은 3 년전에 "Fraline"이 자신의 집으로 와서 닭 3 마리를 죽였다고 증언했고, 다른 이웃은 "Fraline"이 사람에게 으르렁거리자 McDonald 가 "Fraline"이 강아지를 낳고 나면 무슨 조치를 해야겠다고 말했다고 증언했다.

Bauman 은 이번 사건이 발생하기 몇 개월 전인 9 월에 자신의 돼지 몇마리가 죽는 사고를 경험했다고 증언했다.

---

[17] 1960 년대 맥도날드 빅맥 햄버거 가격은 약 $45 센트였고 현재 가격은 약 $6.59 달러라는 물가상승률을 고려하며, 사건이 발생했던 1965 년도 이전에 개 구입가격 $75 달러는 현재로는 약 $1,100 달러, 손해배상 청구액 $2,950 달러는 현재로는 약 $43,200 달러, 징벌적 손해배상 청구액 $5,000 달러는 현재로는 약 $73,222 달러에 해당한다.

1심법원은, 피고 Bauman이 McDonald의 개를 엽총으로 쏜 행위가 정당하다고 판단한 배심원들의 평결에 기초해서, 원고 McDonald에게 패소판결을 내렸고, 원고 McDonald는 이런 판결에 불복해서 항소하였다.

대법원 주심판사 Alfred Schroeder 대법관 (Kansas State University 웹페이지)

■ 법원의 판단은?

Kansas 주 법률(K.S.A. 47-646)에 의하면, "소, 돼지 또는 양을 해치거나 해치려고 하는 개는 누구든지 언제나 사살할 권한이 있다"라고 규정하고 있다.[18]

따라서, 재판에서 핵심 쟁점은, 가축을 공격하는 개를 사살할 수 있다는 법률이, 그런 범행을 하고 있는 현장에서만 사살을 허용하는 것인지, 범행이 발생하고 일정 시간이 지난후에도 사살을 허용하는 것으로 해석할 수 있는지 여부였다.

Kansas 주 대법원 Schroeder 대법관은, 자신의 장소에서 어떤 개가 가축을 해치거나 해치려는 약탈행위를 하는 것을 발견한 사람은, 그런 약탈 장소에서 개를 상해하거나 죽일 수 있는 권리가 있고, 개가 가축을 해치고 현장에서 도망간 이후에도, 합리적인 시간 이내에서는, 그 개를 쫓아가서 상해하거나 죽일 수 있는 권한이 있으며, 그렇게 하는 과정에서 다른 사람의 장소에 들어가기 위해서는 출입권한이 있거나 그런 출입권한이 있다고 묵시적으로 생각할 수 있는 상황이어야 한다라고 해당 법률을 해석하였다.

이런 해석에 의거해서, 대법원은 Bauman은 자신의 돼지축사에서 가축을 공격하고 있는 개를 발견했고, 이후 그 개를 긴급하게 추적(hot pursuit)했고, McDonald 집 마당에서 개를 엽총으로 쏜 행위는 합리적인 시간 이내에 발생했으며, 따라서, 이런 Bauman의 행동은 정당하다고 판단하였다.

---

[18] "It shall be lawful for any person at any time to kill any dog which may be found injuring or attempting to injure any cattle, hogs or sheep." 약탈행위를 한 개를 찾아내서 나중에 죽이는 것은 허용하지 않는 주도 있다. Illinois 법원은, 양 농장사육인이 자신의 양을 죽인 개를 쫓아가서 사고가 난지 한 시간이 지난 시점에 견주의 집에 있는 개를 사살한 사건에서, 양 농장사육인은 그 개를 살해할 정당한 권한이 없다고 판결하였다. People v. Pope, 383 N.E.2d 278 (Ill. Ct. App. 1978)

또한, Bauman이 McDonald 부인에게 사고 내용을 설명하자, McDonald 부인이 개를 살해해도 좋다고 허락한 사실로부터, Bauman이 McDonald의 집 안으로 들어와도 좋다는 묵시적 허락이 있었다고 대법원은 판단했다.

■ **사건의 출처는?**

▷사건출처: 미국 Kansas주 대법원(Supreme Court of Kansas) 1967년 11월 13일 판결문, McDonald v. Bauman, 433 P.2d 437, 199 Kan. 628 (Kan. 1967)

▷사건제목: Cecil McDONALD, Appellant, v. Glen BAUMAN, Appellee.

▷재판부: SCHROEDER, Justice

▷변호인: Tom Crossan, Independence, for appellant
Michael A. Barbara, Topeka, for appellee

Old Supreme Court Chamber at Kansas State Capitol, Topeka
(Source: American Courthouses, a photo archive by John Deacon)

Old Supreme Court Chamber in Kansas State Capitol, Topeka
(Source: American Courthouses, a photo archive by John Deacon)

> 에피소드 10 – 주인없이 배회하다가 인근 농장에 들어가서 닭장에 있는 닭을 괴롭히던 도중에 현장에서 농장주인에게 엽총으로 사살된 coonhound 품종 사냥개 사례
>
> 산책하던 사냥개 품종 coonhound 개들이 주인의 통제를 벗어나서 인근에 있는 농장의 닭장에 들어가서 닭들을 괴롭히다가, 농장 주인이 발사한 엽총에 사살된 경우, 죽은 개들의 주인이 개들을 살해한 농장주인을 상대로 과실에 의한 불법행위를 근거로 손해배상을 청구할 수 있는지 여부?
>
> *Puckett v. Miller*

■ 사건의 발단은?

미국 Indiana 주에 살고 있는 Ernest Puckett, Jr.는 coonhound 라는 미국 사냥개 품종 개를 2 마리 키우고 있었다.

1975 년 8 월 2 일, Puckett 은 새벽 1:30 분경에 개들을 달리기 산책시키기 위해서 밖으로 나갔는데, 심하게 비가 내리는 날씨 때문에 새벽 2:00 시에서 2:30 분 사이에 개들을 놓쳤다.

Puckett 은 새벽 4:30 분이나 5:00 시까지 개들을 찾다가 못찾고 집으로 돌아와서 잠자리에 들었다. Puckett 은 부인에게 아침에 일어나면 계속해서 개들을 찾아보라고 지시하였다. Puckett 부인은 대략 아침 6:30 분이나 7:00 시 무렵부터 9:30 분까지 개를 찾아다녔고, 집으로 돌아와서 Puckett 에게 개들을 찾지 못했다고 말했다. 이후, Puckett 은 계속해서 개들을 찾아다녔다.

Charles Miller 는 Puckett 이 개들을 놓친 곳에서 3 마일에서 4 마일 정도 떨어진 인근에서 농장을 운영하고 있었다. Miller 증언에 의하면, Miller 는 자신의 개가 짖는 소리에 잠을 깨서 창문 밖을 쳐다 보았고, 자신의 닭장 근처에 개들이 있는 것을 발견했다.

Miller 는 집 밖으로 나가서 차고로 가서 엽총을 가지고 나왔다.

Redbone coonhound dog
(Wikipedia CC BY-SA 4.0)

이때, 개들은 닭장 안으로 들어가려고 시도하고 있었고, 닭장을 발로 차고 점프하면서 닭을 덮치려하였고, 개 한마리는 닭장 안으로 들어갔다. 이런 장면을 목격하고 Miller 는 엽총으로 두마리 개를 모두 사살하였다.

Miller 는 이전에도 개들이 자신의 닭들을 해친 적이 있었다고 증언했다.

1 심재판에서, Miller 는, 자신이 총을 발사하는 위치에서는 개들이 개목걸이를 착용하고 있는 것을 볼 수가 없었으며, 개들이 어떤 사람의 개들인지를 알아볼 수 없었고, 자신은 이

개들이 떠돌이 개들이라고 생각했으며, 개들이 몸이 젖어있었고 더러웠다고 증언했다. Puckett 도 자신의 개 한마리는 개목걸이를 채워주지 않았다고 인정했다.

개들을 사살한 이후에, Miller 는 개 한마리가 개목걸이를 착용하고 있고 그 개목걸이에는 Puckett 의 이름과 주소가 적혀있는 것을 발견했다. Miller 는 개목걸이에 적힌 Puckett 이 누구인지를 인지하고 있었으며, Puckett 이 호전적이란 평판을 갖고 있다고 알고 있었다. 그래서 Miller 는 개목걸이를 제거하고 죽은 개들을 땅에 묻었다.

Puckett 이 Miller 를 찾아와서 자신의 개들을 보았는지 물어보았을 때, Miller 는 그런 개들을 보지 못했다고 거짓말을 했다. 하지만, 나중에 Miller 는 Puckett 을 속인 것에 대해서 마음을 바꾸었고, Puckett 의 전화번호가 전화번호부에 등재되어 있지 않아서 연락할 수 없자, Puckett 의 아버지에게 전화를 해서 자신이 Puckett 의 개들을 사살했다고 털어 놓았다.

Puckett 은 경찰을 대동하고 Miller 를 집으로 찾아와서 대면했고, Miller 가 묻어버린 자신의 개들을 발굴해내었다. 부검결과, 이 개들은 닭을 잡아먹지는 않았으며, 닭의 깃털에 찔리지도 않았다고 밝혀졌다.

Dog Attack (출처: Bitchin Chickens Blog 페이지)

Puckett 과 죽은 개들의 훈련사는, 죽은 개들이 이번 사고 이전에 가축이나 가금류를 괴롭힌 적이 전혀 없었다고 증언했다.

또한, Puckett 은 자신의 개들과 달리기 산책을 나간 것은 3 월이 마지막이었으며, 8 월 사고 당시 다시 처음으로 달리기 산책을 나갔다고 말했다.

■ 소송의 전개는?

Puckett 은 Miller 가 자신의 개 두마리를 부주의하게 살해하였다고 주장하면서 과실에 의한 불법행위 이론(negligence)에 기초하여 손해배상을 청구하는 소송을 제기하였다.

재판에서, 원고 Puckett 이 자신의 주장과 증거들을 모두 제시한 이후에, 피고 Miller 는 원고가 자신의 청구를 뒷받침할만한 실질적인 증거를 제시하지 못했다고 주장하면서, 원고의 청구를 기각해달라는 신청(motion for judgment on the evidence)을 했다.

1 심법원은 이런 피고의 신청을 받아들여서 원고의 청구를 기각하였으며, 원고는 이런 1 심법원 판결에 불복하고 항소하였다.

■ 법원의 판단은?

항소법원 STATON 판사는, 원고가 과실에 의한 불법행위 이론에 기반하여 소송을 제기하였지만, 피고가 자신이 개들을 실수가 아니라 의도적으로 사살하였다고 인정하였기 때문에, 항소법원에서 판단할 문제는 피고가 개들을 사살할 권한이 있었는지 여부라고 분석하였다.

항소법원은, 사건 당시 피고 Puckett 의 개들이 보호자없이 배회하고 있었고 원고 Miller 의 땅에 무단침입하였다는 점은 다툼이 없는 사실이라는 점을 확인하였고, 이런 상황에서는, Indiana 주 법률 16-203 조항와 16-204 조항에서 원고 Miller 가 이 개들을 사살할 수 있는 권한을 부여하고 있다고 판시하였다.

먼저, 법률 16-203 조항에서는, 개가 보호자와 같이 있지 않은 상태에서 가축이나 가금류를 죽이거나 쫓거나 괴롭히는 경우에는 누구든지 이런 개를 살해할 수 있다고 규정하고 있고,[19] 법률 16-204 조항에서는, 개가 주인없이 배회하고 다니면 이런 개를 살해하는 것이 허용된다라고 규정하고 있다.[20]

따라서, 항소법원은, 이 사건 개들이 자신의 닭들을 괴롭혔다는 것을 원고 Miller 가 알았거나, 이 개들이 주인없이 배회하고 있었다면, 원고 Miller 가 이런 개들을 사살한 것은 법률에 의해서 허용된 행위로 정당하다고 설명하였다.

하지만, 원고 Miller 는 개들이 닭장에서 점프하면서 덤벼들면서 닭들을 괴롭히고 있었다고 명백하게 증언하였고, 반면에, 피고 Puckett 과 개 훈련사는 이 사건 이전에 이 개들이 어떤 가금류도 괴롭힌 적이 없었으며, 사건 당시, 자신의 개들이 Miller 의 닭들을 괴롭히지 않았을 것이라고 합리적으로 추정된다고 상반된 주장을 하고 있다는 점을 항소법원은 지적하였다.

이런 쟁점과 관련해서, 항소법원은, 개들이 원고 Miller 의 닭들을 괴롭히고 있었고, 주인없이 배회하고 있었으며, 따라서, 원고 Miller 가 이런 개들을 살해할 권한이 있었다고 판단하였는데, 그 근거로 아래와 같은 점들을 지적하였다.
  (1) 가축을 "괴롭힌다"는 의미는 가축에게 달려가거나, 쫓아가거나, 짖는 행위들을 포함하며,
  (2) 원고 Miller 는 개들이 닭장을 발로 차면서 뛰어다니고 덤벼들고 있었다고 증언했고,
  (3) 피고 Puckett 은 개들이 닭장에서점프하면서 덤벼들지 않았다는 증거를 제시하지 못했으며,
  (4) 당시 피고 Puckett 은 자신의 개들을 잃어버려서 개들이 배회하고 있다는 것을 알면서도, 개들을 찾는 것을 일시적으로 포기하고 잠을 자러 갔으며, 그동안 이 개들은 주인없이 배회하고 있었으며,
  (5) 원고 Miller 는 누구의 개들인지를 알아보지 못했고, 이 개들이 개목걸이를 착용한 것을 보지 못했고, 개들이 몸이 더럽고 젖어있어서 떠돌이 개들로 판단했다고 말했고,
  (6) 피고 Puckett 도 자신의 개 한마리는 개목걸이를 착용하고 있지 않았다고 인정했고,

---

[19] "Any dog that is known to have killed, maimed, chased or worried any sheep, cattle, horses, swine or other livestock or fowls, unless accompanied by his master or some other person, may be killed by any person, and any person who shall own, keep or harbor any dog, after he knows that such dog has killed or maimed, chased or worried any sheep, cattle, horses, swine, other livestock or fowls shall be fined in any sum not less than ten ($10.00) nor more than fifty dollars ($50.00)." IC 1971, 15-5-8-1, Ind.Ann.Stat. s 16-203 (Burns Code Ed.).

[20] "If any dog shall be found roaming over the country unattended by his master or owner or his owner's agent, it shall be lawful to kill such dog." IC 1971, 15-5-8-3, Ind.Ann.Stat. s 16-204 (Burns Code Ed.).

(7) 원고 Miller 가 이 개들을 사살하기 이전에, 이 개들이 닭을 죽이거나 잡아먹지 않았다는 점은 이 사건 법률쟁점과는 관련없는 사실에 불과하다

이런 법리분석과 판단에 기반해서, 항소법원은 1심법원이 원고의 청구를 기각한 판결을 인용하고, 원고의 항소를 기각하였다.

참고로, 항소심 주심 STATON 판사는, 1심법원이 피고의 청구기각신청을 심리하면서, 제시된 증거들 신뢰성에 대한 판단을 할 수 있다는 의견을 밝혔는데, 항소심에 배석한 CHIPMAN 판사는 별도의 소수 의견서를 내고 주심판사와 항소기각 결론은 같지만, 절차적으로는, 1심법원의 증거 신뢰성 판단은 허용되지 않는다는 의견을 밝혔고, HOFFMAN 판사는 1심법원의 증거 신뢰성 판단이 허용되지 않기 때문에 주심의 항소기각 결론에도 반대한다고 밝혔다.

■ 사건의 출처는?

▷ 사건출처: 미국 Indiana 주 제3구역 항소법원 (Court of Appeals of Indiana, Third District) 1978년 10월 31일 판결문, Puckett v. Miller, 381 N.E.2d 1087, 178 Ind.App. 174 (Ind.App.,1978)

▷ 사건제목: Ernest PUCKETT, Jr., Appellant-Plaintiff, v. Charles MILLER, Appellee-Defendant

▷ 재판부: STATON, Judge; CHIPMAN Judge concurs in result and dissents in part with opinion; HOFFMAN dissenting

▷ 변호인: Gene R. Duffen, Goshen, for appellant-plaintiff
W. L. McLaughlin, Simpson & McLaughlin, Goshen, for appellee-defendant

Judge Staton had a distinguished career as an attorney, jurist, and author. He was elected to the Indiana Court of Appeals in November 1970 and served on the bench from January 1, 1971 until his retirement on March 15, 2000. During that time, he authored more than 3,000 majority opinions. Judge Staton was the first editor of Res Gestae, the law journal of the Indiana State Bar Association and frequently published articles in legal journals. He authored several state legal histories, including "The History of the Court of Appeals of Indiana" and "Lessons Learned: The History of Continuing Legal Education and Experiences from Mandatory Continuing Legal Education States." Judge Staton was also the Chairman of countless Indiana Continuing Legal Education Forum Update and Appellate seminars. He was a member of the American Bar Association, past president of the Indiana State Bar Association, and the Chairman of the ISBA specialization committee.

주심판사 Robert Staton (출처: Legacy.com obituaries 2011. 7. 18)

> **에피소드 11 –** 양들을 키우고 있는 이웃집 축사에 들어가서 공격적인 행동은 하지 않고 그냥 있던 Labrador 와 Brittany Spaniel 품종 개들을 이 축사의 주인이 붙잡아서 인근 동물병원에서 안락사를 시킨 사례
>
> 이웃집에 있는 양 축사에 들어가서 특별히 공격적인 행위는 하지 않고 그냥 머울고 있던 Labrador 와 Brittany Spaniel 개들을, 이 축사주인이 자신의 양들을 쫓고 있다고 생각하고 붙잡아서 인근 동물병원에 데리고 가서 안락사를 시킨 행위가, 법률에서 부여한 가축을 보호하기 위해서 공격적인 개를 살해할 수 있는 권한을 행사한 것으로 정당화될 수 있는지 여부?
> *Propes v. Griffith*

■ 사건의 발단은?

미국 Missouri 주 Clay County 농촌지역에서 살고 있는 David Propes 와 Cindy Propes 부부는 노란색 Labrador 품종의 개와 Brittany Spaniel 품종의 작은 개를 키우고 있었다.[21]

Propes 집에서 약 1.5 마일 떨어진 곳에 살고 있는 이웃주민 Mark Griffith 와 Sarah Griffith 부부는 40 에이커 크기의 농장에서 약 15 마리의 양과 말 한마리를 포함하여 몇 종류의 가축들을 기르고 있었다.

1998 년 4 월 28 일 밤에 Griffith 부부가 키우는 양들이 공격을 당해서 2 마리의 양이 죽는 사고가 발생하였고, 그 다음날 저녁, Griffith 부인은 양들과 임신한 말을 돌보고 보호하기 위해서 자신의 트럭에서 잠을 자게 되었다.

1998 년 4 월 30 일 오전 8 시 무렵, Griffith 부인은 양들의 목초지에 있는 개 2 마리를 보았는데, 그 중 한마리는 이웃집 Propes 의 개라고 믿었다. 재판에서 Griffith 부인은 이 개들을 자신의 땅에서 이전에 본 적은 없었다고 증언했다.

당시 Griffith 부인은 마굿간 옆쪽에서 양들이 있는 목초지 쪽을 바라보고 있었는데, 이 개들이 양들을 향해서 짖거나 물려고 시도하지는 않았고, 당시 양들도 울거나 뛰어다니지 않았고, 출입문 근처에서 모여있었으며, 이런 양들 무리의 중간부분에 위로 솟아 나온 큰 꼬리를 보았다고 증언했다.

Griffith 부인이 양들이 있는 곳으로 다가가서 출입문을 열자 양들이 뛰어다니기 시작했고, Griffith 부인은 Spaniel 개가 암컷 양 한마리와 어린

Sheep Worrying (National Sheep Association 웹페이지)

---

[21] Clay County is located in the U.S. state of Missouri and is part of the Kansas City metropolitan area. As of the 2020 census, the county had a population of 253,335,[1] making it the fifth-most populous county in Missouri.

양 2 마리를 울타리를 따라서 쫓고 있다고 생각했다.

Griffith 부인은 울타리 안으로 들어가서 개들을 양들로부터 떼어놓았고, 개들의 개목걸이를 붙잡아서 밖으로 끌고 나와서, Spaniel 개는 자신의 트럭에 가두어두었고 Labrador 개는 줄로 묶어두었다. Griffith 부부의 양들이 개의 공격으로 부상을 입었다는 증거는 전혀 없었다.

Griffith 부인은 Clay County 보안관사무실에 신고를 했고, 20 여분 이후 보안관실 직원 2 명이 현장에 도착했다. Griffith 부인은 이들에게 자신이 붙잡은 개들이 Propes 부부의 개들이라고 믿고 있고 자신이 이 개들을 안락사시키겠다고 말했다.

Clay County Sheriff's Office 웹페이지

보안관실 직원들은 자신들이 이 개들을 동물통제소로 데리고 가겠다고 했지만, Griffith 부인은 이 개들을 보안관실 직원들에게 넘겨주는 것을 단호하게 거부했다. 결국, 보안관실 직원들은 Griffith 부인이 개들을 넘겨주지 않을 것으로 판단하고, Griffith 부인이 Labrador 개를 자신의 트럭에 집어넣는 것을 도와주었다.

Griffith 부인은 Labrador 개와 Spaniel 개를 안락사시키기 위해서 자신의 트럭에 싣고 3 마일정도 떨어진 곳에 있는 Mittst 수의사에게 데리고 갔다. 하지만, Mittst 수의사는 개들을 살펴보고나서 개들이 개목걸이를 차고 있고 유기견이 아니고 Propes 개들로 보인다고 하면서 안락사시키는 것을 거부했다.

그러자, Griffith 부인은 집으로 다시 돌아와서 지갑을 챙겨서 45 분 정도를 운전해서 Plattsburg Veterinarian Clinic 동물병원으로 갔다.

Plattsburg Veterinarian Clinic, 구글맵

이 동물병원에서는 개를 안락사시키기 위해서는 안락사기록서를 작성하도록 요청하고 있었는데, Griffith 부인이 작성하고 서명해서 제출한 안락사기록서에는, 해당 개가 최근 15 일 이내에 사람이나 동물을 문 적이 없다는 점과 서명자가 해당 개의 소유권자라는 내용이 기재되어 있었다.

이후 이 동물병원에서는 Propes 부부의 개들을 안락사시켰다.

Griffith 부인은, 이런 일들이 벌어진 동안에, 자신이 Propes 부부의 개들을 잡아두고 있다거나 무슨 일들이 일어났는지를 알려주기 위해서 Propes 부부에게 연락을 하지는 않았다. 또한, Griffith 부인은, Propes 부부의 개들이 자신의 양들을 쫓아다니고 공격을 했다고 Propes 부부에게 통고하거나, 자신의 양들이 입은 상해를 배상하라고 Propes 부부에게 연락한 적이 없었다. 그리고, Griffith 부인은, 1998 년 4 월 28 일 밤에 살해된 양들이 Propes 부부의 개들이 저질른 일이라고 주장한 적도 없었다.

1998 년 5 월 1 일, Cindy Propes 가 Griffith 부인을 만나서 개들의 행방을 문의했지만, Griffith 부인은 이 개들의 행방을 모른다고 했고, 이 개들이 죽었다는 사실을 알려주지 않았다.

1998년 5월 7일, Propes 부부의 개들이 안락사되고 일주일이 지난 이후, 지난 4월 28일에 발생했던 공격과 비슷한 방식으로, Griffith 부부의 양들이 다시 공격을 받았다.

David Propes는 안락사로 죽은 자신의 개들이 사냥개 자질이 있는 개들이었고, 각각 $1,000 달러 정도의 가치가 있다고 주장했다.

■ 소송의 전개는?

1심법원은 Mark Griffith와 Sarah Griffith가 공동으로 Propes 부부 개들의 죽음에 책임이 있다고 보고 $2,000 달러를 Propes 부부에게 손해배상할 책임이 있다고 판결하였다.

추가로, Sarah Griffith에게는, 다른 사람의 권리에 무모하게도 무관심한 터무니없는 행동을 했다고 판단하고, 징벌적 손해배상으로 $4,000 달러를 Propes 부부에게 배상하라고 판결하였다.

Griffith 부부는 이런 1심법원 판결에 대해서 불복하고 항소하였으며, 자신들은 양을 쫓고 있던 개들을 즉각적으로 추적하고 있었기 때문에, Missouri 주법률 §273.030 조항에 근거해서 이 개들을 살해할 권한이 있었고 면책권이 있었음으로, 1심법원의 판결은 잘못되었다고 주장했다.[22]

■ 법원의 판단은?

항소심을 맡은 LOWENSTEIN 판사는 관련 주법률의 적절한 해석을 위하여 먼저 입법경과에 나타난 입법취지를 살펴보았다.

Missouri Court of Appeals (구글맵)

관련 주법률은 1877년에 만들어졌는데 1899년에 개정되었으며, 원래 법률에서는 양을 쫓고 있는 행위를 하고 있는 개를 발견한 사람에게 이런 개를 즉시 추적해서 살해할 권한을 부여하고 있었는데, 개정된 법률에서는, 최근에 양을 살해하였거나 쫓고 있는 행위를 하였다고 볼만한 상황에 있는 개를 발견한 사람에게도 이런 개를 즉시 추적해서 살해할 권한을 부여하였다.

법률이 개정된 이후 내려진 Reed 판례에서는, 법률개정 목적이 개를 살해한 사람을 엄격하게 처벌하려는 것보다는 양을 공격하는 무도한 개의 행위를 방지하기 위한 것이라고 확인하면서, 피고가 키우는 염소와 토끼가 있는 축사에 사냥개가 들어와서, 특별히 위협이 되는 행위를 하고 있지는 않았지만, 이전에 피고의 양을 살해한 개가 나타났던 장소에 이 사냥개가 있었다는 이유에서, 피고가 이 사냥개를 사살한 것은 정당하다고 판결하였다.[23]

---

[22] Missouri 주법률 §273.030, RSMo 1994. "If any person shall discover any dog or dogs in the act of killing, wounding or chasing sheep in any portion of this state, or shall discover any dog or dogs under such circumstances as to satisfactorily show that such dog or dogs has or have been **recently engaged in killing or chasing sheep** or other domestic animal or animals, such person is authorized to **immediately pursue and kill** such dog or dogs; provided, however, that such dog or dogs shall not be killed in any enclosure belonging to or being in lawful possession of the owner of such dog or dogs."

[23] Reed v. Goldneck, 112 Mo.App. 310, 86 S.W. 1104, 1105 (1905)

피고 Griffith 부부는 이런 Reed 판례에 의존해서 자신들은 법률상 면책이라고 주장하였다.

하지만, 항소법원은, 아래와 같이, Reed 판례는 이번 사건과는 사실관계가 상이해서 이번 사건의 선례가 될 수 없다고 구분하였다.

(1) Reed 사건에서는 개들이 이전에 피고의 양들을 해친 것이 분명하였지만, 이번 사건에서는 이전에 피고의 양들을 공격한 것이 개였다는 증거나, Propes 부부의 개가 공격하였다는 증거는 전혀 없고, Propes 부부의 개가 안락사된 이후에도, 이전 공격과 비슷한 방식으로 피고의 양들이 다시 공격을 받았다.

(2) Reed 사건에서는 사냥개가 피고의 축사에 있는 가축들 부근에 있을 때, 가축들을 해치지 못하도록 피고가 즉시 사냥개를 사살하였지만, 이번 사건에서는 Griffith 부인이 Propes 부부의 개들을 축사밖으로 데리고 나와서 통제를 했고, 그 개들은 더 이상 양들을 해칠 수 없는 상황이었음에도 불구하고, Griffith 부인은 이 개들을 죽이기 위해서 3 시간에 걸쳐서 두번의 시도를 했다.

항소법원은 이런 Reed 판례보다는 좀더 최근에 내려진 Frost 판례가 이번 사건에 더 시사점이 있다고 설명했다.[24]

Brittany Spaniel 견종 (American Kennel Club Dog Breeds 웹페이지)

Frost 사건은, 당시 15 살이었던 피고가 자신의 양들이 개들을 피해서 자기쪽으로 달려오고 있는 것을 보았고, 피고가 개들을 직접 보지는 못했지만 개들이 짖는 소리를 들었으며, 피고가 개들이 짖고 있는 쪽으로 총을 3 발 발사했고, 원고와 코요테를 쫓고 있던 원고의 개가 피고가 쏜 총탄에 맞아서 죽은 사고가 배경이었다.

Frost 사건에서 쟁점은, 관련 주법률에서 규정하고 있는 것처럼, 원고의 개가 양들을 쫓고 있었거나 최근에 양들을 쫓고 있는 행위를 하였는지 여부였다. 법원은 원고의 개는 코요테를 쫓고 있었으며 양들을 쫓고 있지 않았기 때문에, 피고가 원고의 개를 살해할 권한이 없다고 판단하고, 관련 주법률에서 부여한 면책권을 피고에게 부여하지 않고 피고가 손해배상 책임이 있다고 판결하였다.

항소법원은, Frost 판례에서 피고는 개들이 자신의 양들을 쫓고 있다고 생각했지만 피고가 실제로 개들이 자신의 양들을 쫓고 있다는 사실을 입증하지 못했기 때문에 이런 개들을 살해할 권한이 없다고 판단한 것이라고 설시하면서, 이번 사건에서도, 피고 Griffith 부부가 Propes 부부의 개들이 자신들의 양들을 쫓고 있었다는 점을 전혀 입증하지 못했고, 따라서, 관련 주법률이 부여하는 면책권을 주장할 수 없다고 판시하였다.

추가로, 피고 Griffith 부부는 관련 주법률조항은 사고를 낸 개를 "즉시" 추격해서 "즉시" 사살할 수 있다고 해석하기보다는 "즉시" 추격해서 사살할 수 있다고 해석된다고 주장하였는데, 항소법원 LOWENSTEIN 판사는, 피고들에게 법률상 면책권이 있는지 여부가 살해된 개들이 양들을 쫓고 있는 행위를 하고 있었는지 여부로 이미 판가름났기 때문에, 이런 피고들의 주장에 대해서는 추가로 논의할 필요가 없다고 판시하였다.

---

[24] Frost v. Taylor, 649 S.W.2d 264 (Mo.App.1983)

■ 사건의 출처는?

▷ 사건출처: 미국 Missouri 주 항소법원(Missouri Court of Appeals, Western District) 2000년 5월 2일 판결문. Propes v. Griffith, 25 S.W.3d 544 (Mo.App. W.D., 2000)

▷ 사건제목: David and Cindy PROPES, Respondents, v. Mark and Sarah GRIFFITH, Appellants

▷ 재판부: BRECKENRIDGE, C.J., LOWENSTEIN and SPINDEN, JJ.

▷ 변호인: Michael Murphy, Liberty, for appellant
Mark E. Kelly, Liberty, for respondent

Harold L. Lowenstein, BS BA '61, JD '65
Attorney

Lowenstein, attorney in Armstrong Teasdale's Litigation group, previously served as a judge on the Missouri Court of Appeals, Western District. He was the last appeals judge in Missouri to be appointed by Governor Kit Bond and was one of the longest serving appellate court judges in the state. Lowenstein began his legal career as a trial attorney, and later as an Assistant Attorney General in charge of Jack Danforth's Kansas City office through 1972. Years later he was elected to the Missouri House of Representatives—a position he held for nine years. In 1981, he became an appellate judge where he served for the next 28 years. He was a special trial judge on over 25 jury trials while on the appellate court.

•• Serves as an adjunct professor of law at MU's School of Law, the University of Missouri-Kansas City, Washburn and Washington Universities

Harold L. Lowenstein 판사 (출처: University of Missouri Alumni Association 웹페이지)

> **Law & Cases: 집에 무단침입한 개를 살해할 수 있는 권한**
>
> 자신의 집에 무단으로 침입한 개를 집 주인이 살해할 권한이 있을까?

미국 대부분 주정부의 법률은 자신의 집으로 개가 무단침입했다는 이유만으로, 해당 개가 다른 위협적인 행동을 하지 않았는데도, 집주인이 그렇게 무단침입한 개를 살해할 권한을 부여하고 있지는 않다.

일반적으로, 다른 사람의 개가 자신의 집에 무단침입하면, 집 주인은 그런 개를 쫓아내거나, 잡아두거나, 동물보호소에 데려다 줄 수 있고, 이런 목적을 달성하는데 필요한 정도의 물리력만을 행사할 수 있고, 불필요하게 개에게 고통을 주거나 잔인한 행동을 하거나 살해하는 것은 허용되지 않는다.

▶ 미국 Maine 주는 자신의 집에 다른 사람의 개가 무단침입하면 개 소유자에게 통지해서 데려가도록 하고, 개 소유자가 그렇게 하지 않으면, 동물통제담당자는 개를 포획해서 제거하고, 그런 작업에 소요된 비용을 개 소유자에게 부담시킬 수 있고, 개 소유자에게 과태료를 부과할 수 있지만, 이런 개를 살해할 권한은 허용하지 않고 있다.[25]

▶ 하지만, 이런 일반적인 살해금지 법률에 대한 예외를 인정하는 경우도 있다. 미국 Ohio 주는, 다른 사람의 개가 지신의 집으로 무단침입하여 머무르고 있는 동안이나, 개가 집으로 무단침입하는 것을 막거나 집으로 무단으로 들어온 개를 쫓아내기 위해서 노력하는 과정에서, 해당 개를 살해하거나 부상을 입히는 것을 허용하고 있다. 이렇게 다른 사람의 개를 살해하거나 부상을 입힌 경우에는, 집주인은 15일 이내에 견주에게 손해배상을 해야하며, 만약, 무단침입한 개가 집주인에게 실제로 입힌 손해가 있다면 집주인이 지급해야하는 손해배상에서 상쇄할 수 있다.[26]

Image by Lisette Brodey from Pixabay

---

[25] Maine Revised Statutes Annotated, Title 7. Agriculture and Animals, Part 9. Animal Welfare, Chapter 741 Animal Trespass, §4041 Animal Trespass (ME ST T. 7 §4041)

[26] Ohio Revised Code, Title 9 AGRICULTURE-ANIMALS-FENCES, Chapter 959 - OFFENSES RELATING TO DOMESTIC ANIMALS, §959.04 Trespassing Animals (Ohio Rev. Code Ann. § 959.04)

자신의 집에 무단으로 침입한 개를, 집 주인이 독극물을 주어서 살해할 권한이 있을까?

일반적으로 미국에서 동물학대금지법들은 정당한 사유없이 고의적으로 개들에게 독극물을 주는 행위를 금지하고 있으며, 추가적으로, 개들이 자신의 집안으로 무단침입하는 것을 막기 위해서, 개들이 들어오는 곳으로 알고 있는 장소에 독극물을 놓아두는 행위도 금지하고 있다.

Image by OpenIcons from Pixabay

▶ 미국 Ohio주 법률은, 다른 사람의 개를 의도적으로 죽이거나 부상을 입히는 행위, 다른 사람의 개에게 의도적으로 독극물을 주는 행위, 개들이 쉽게 발견하고 먹을 수 있도록 자신의 땅이나 다른 사람의 땅에 독극물이 들어 있는 음식을 놓아두는 행위들을 금지하고 있다.[27]

▶ 미국 California주에서도, 다른 사람의 동물에게 독약을 주거나 다른 사람의 동물이 먹도록 독극물질을 설치하는 행위를 금지하고 있다. 하지만, 예외적으로, 약탈적이거나 가축을 해치는 개를 통제하기 위한 목적으로, 자신의 집에 독극물질을 설치하면서, 1인치 이상 큰 글씨로 "독극물 주의"라고 쓴 경고문을, 눈에 잘띄는 장소에 적절한 간격으로 3개 이상 설치하면, 이런 독극물질을 먹고 개가 죽거나 부상을 입어도 손해배상 책임이 없다고 면책을 인정하고 있다. California Penal Code §596.

California Penal Code §596

Every person who, without the consent of the owner, willfully administers poison to any animal, the property of another, or exposes any poisonous substance, with the intent that the same shall be taken or swallowed by any such animal, is guilty of a misdemeanor.

However, the provisions of this section shall not apply in the case of a person who exposes poisonous substances upon premises or property owned or controlled by him **for the purpose of controlling or destroying predatory animals or livestock-killing dogs** and if, prior to or during the placing out of such poisonous substances, he shall have posted upon the property **conspicuous signs** located at intervals of distance not greater than one-third of a mile apart, and in any case not less than three such signs having words with letters at least one inch high reading "Warning—Poisoned bait placed out on these premises," which signs shall be kept in place until the poisonous substances have been removed.

Whenever such signs have been conspicuously located upon the property or premises owned or controlled by him as hereinabove provided, such person shall not be charged with any civil liability to another party in the event that any domestic animal belonging to such party becomes injured or killed by trespassing or partaking of the poisonous substance or substances so placed

---

[27] Ohio Revised Code, Title 9 AGRICULTURE-ANIMALS-FENCES, Chapter 959 - OFFENSES RELATING TO DOMESTIC ANIMALS, §959.03 Poisoning Animals (Ohio Rev. Code Ann. § 959.03)

> **에피소드 12 –** 울타리가 없는 집의 마당에 무단침입한 개를 쫓아내면서 개에게 총을 쏘아서 부상을 입힌 사람에게 무단침입 방지행위를 인정하는 형사처벌 면책조항을 적용하지 않고 처벌할 수 있는지가 쟁점이 된 사례
>
> 울타리가 없는 자신의 집 마당에 무단침입한 개를 쫓아내기 위해서 개를 향해서 총을 쏘아서 부상을 입힌 사람이, 자신의 행위가 법률에 의거해서 형사처벌에서 면책된다고 주장하였지만, 해당 면책조항은 울타리로 밀폐된 공간에 무단침입한 개를 쫓아내기 위해서 개를 사살하거나 부상입히는 경우에만 적용된다고 해석하고, 피의자의 면책주장을 반박하고 경범죄로 유죄 판결을 선고한 Ohio주 항소법원의 판례
> ***State v. Powers***

■ 사건의 발단은?

미국 Ohio주 Hamilton County에 거주하는 Powers는 자신의 집 마당을 배회하는 개를 쫓아내기 위해서 의도적으로 그 개를 향해서 총을 쏘았다. 이런 총격으로 그 개는 부상을 입었다. 당시 Powers의 집 마당은 울타리가 쳐져 있지 않은 상태였다.

이후, Powers는 Ohio주 법률 Ohio Revised Code R.C.959.02 조항을 위반하였다고 기소되었다. R.C.959.02 조항은 개와 같은 가축을 악의적으로 살해하거나 상해를 입히는 것을 금지하고 있다.

> § 959.02. Injuring animals. No person shall maliciously, or willfully, and without the consent of the owner, kill or injure a horse, mare, foal, filly, jack, mule, sheep, goat, cow, steer, bull, heifer, ass, ox, swine, dog, cat, or other domestic animal that is the property of another. This section does not apply to a licensed veterinarian acting in an official capacity.
>
> § 959.03. Poisoning animals. No person shall maliciously, or willfully and without the consent of the owner, administer poison, [중략] and no person shall, willfully and without the consent of the owner, place any poisoned food where it may be easily found and eaten by any of such animals, either upon his own lands or the lands of another.
>
> § 959.04. Trespassing animals. Sections 959.02 and 959.03 of the Revised Code do not extend to a person killing or injuring an animal or attempting to do so **while endeavoring to prevent it from trespassing upon his enclosure**, or **while it is so trespassing**, or **while driving it away from his premises**; provided within fifteen days thereafter, payment is made for damages done to such animal by such killing or injuring, less the actual amount of damage done by such animal while so trespassing, or a sufficient sum of money is deposited with the nearest judge of a county court or judge of a municipal court having jurisdiction within such time to cover such damages. [생략]

■ 소송의 전개는?

Hamilton County Municipal Court 지역법원에서 진행된 재판에서, 피고 Powers 는 자신의 총격행위는 이 사건 개가 자신의 집 마당에 무단침입하는 것을 막기위한 과정에서 발생하였기 때문에, Ohio 주법률 R.C.959.04 조항에 의해서 자신은 형사처벌에서 면책되어야 한다고 주장하였다. Ohio 주법률 R.C.959.04 조항은 울타리가 있는 대지에 동물의 무단침입을 저지하는 중에 그 동물에게 살해나 상해를 입히는 것은 처벌하지 않는다고 규정하고 있다

하지만, Hamilton County 지역법원에서는 이런 면책규정이 적용되지 않는다고 판단하고, 피고 Powers 에게 경범죄 유죄를 선고하였다.

피고 Powers 는 이런 Hamilton County Municipal Court 의 유죄판결에 불복하고 항고하였다.

■ 법원의 판단은?

3 명의 판사들로 구성된 Ohio 주 항소법원에서 Doan 판사와 Utz 판사는, 다수의견으로, 하급심 Hamilton County Municipal Court 가 내린 유죄판결을 뒤집고 항소인/피고의 무죄를 선고하였다.

Hamilton County Courthouse (출처: 구글맵) 건물벽면에 새겨진 모토: "The pure and wise and equal administration of the laws forms the first end and blessing of social union"

항소법원에서 다수의견을 낸 판사들의 판단에 의하면, 피고가 이 사건 개를 자신의 집에서 쫓아내는 과정에서 개에게 총을 쏘았으며, 이후, 관련 법률에서 규정하고 있는 것처럼, 혹시 발생할지 모르는 피해를 보상하기에 충분한 금액을 정해진 기일 안에 예치하였다는 것에 다툼이 없기 때문에, 피고는 R.C.959.02 법률위반에 대한 자신의 면책항변 입증책임을 명백한 증거로 입증하였다는 견해를 밝혔다.

항소법원 소수의견

항소법원의 Gorman 판사는 항소인/피고가 유죄라는 취지로 장문의 소수의견을 내고 Powers 피고의 주장들을 반박하였다.

항소법원에서, 피고 Powers 는, 비록 자신의 집 마당이 울타리가 쳐져있지 않는 상태였지만 R.C.959.04 면책조항에서 규정한 "enclosure"에 해당하고, 따라서, 이런 면책조항이 적용된다고 주장하였다.

피고 Powers 는 이런 주장의 근거로, Black's Law Dictionary(5 Ed.Rev. 1979) 어학사전에서 "enclosure"라는 단어의 어원이 "close"라는 용어에서 유래된 것이라고 서술하고 있으며, 판례법에서는 "close"라는 용어를 울타리가 있는지 없는지 여부를 불문하고 단순히 부동산의 경계를 의미하는 것을 의미하였다고 설명하였다.

하지만, 항소법원 Gorman 판사는, 판례법과 해당 법률조항의 입법과정을 통한 입법취지를 살펴보면, 이런 피고의 주장은 비현실적이라고 평가하고, 아래와 같은 지적을 하였다.

(1) 원래 판례법에서는, 만약 가축의 소유자가 자신의 가축을 울타리가 없는 대지 위를 마음껏 배회하도록 풀어놓으면, 타인토지 불법침입죄(Trespass quare clausum fregit)로 간주하였다.

(2) 초기 Ohio 주에서는, 경작되고 있는 토지가 매우 적었기 때문에, 이런 판례법을 그대로 채택하지 않았고, 경작을 위해서 자신의 토지에 울타리를 설치하고 가축의 침입을 막는 부담을 토지소유자가 부담하도록 하였다.

(3) 하지만 농업이 확대되면서, Ohio 주 입법부에서는, 이런 판례법을 변경하는 법률을 제정해서, 자신의 가축을 대지 위에 방목하는 사람들에게 이런 가축을 관리하는 책임을 부담시키게 되었다. 이렇게 법률이 변경되는 과정에서, R.C.959.04 조항에서는 무단침입죄를 울타리로 밀폐된 공간인 "enclosure"만을 대상으로 규정하였고, 다른 조항(R.C.951.02)에서는 울타리가 없는 대지에 가축을 방목하는 것을 금지하는 규정도 도입하였다.

(4) Webster's Third New International Dictionary (1981) 어학사전은 "enclosure"라는 용어를 울타리나 장벽을 통해서 공유지로부터 토지를 분리하는 것("the separation of land from common ground by a fence or barrier")으로 정의하고 있으며, 이것이 해당 용어의 통상적인 의미이다.

Webster's Third New International Dictionary (3-Volume Set) 1981

추가로, 항소법원에서, 피고 Powers 는 자신의 행위는, R.C.959.04 조항에서 규정하고 있는 것처럼, 단지 이 사건 개를 자신의 대지에서 쫓아내려는 과정에서 발생한 행위("while driving it away from his premises")에 해당되기 때문에, 자신은 형사처벌 받지 않아야 한다는 주장도 펼쳤다.

피고 Powers 는, 이 조항 규정은, 같은 조항의 앞부분에 있는 "개가 자신의 밀폐된 공간(enclosure)에 무단침입하는 것을 막으려고 노력하는 과정이나, 또는 개가 자신의 밀폐된 공간(enclosure)에 무단침입하고 있는 중"이라는 부분들과는 연계되지 않고, 독립적인 면책의 근거조항으로 해석되어야 한다고 주장했다.

그러나, 항소법원 Gorman 판사는 아래와 같은 이유로 이런 피고의 주장을 배척하였다.

(1) 해당 법조문의 개정 이전 조항(G.C.6853)에서는 동물이 자신의 밀폐된 공간에 무단침입하는 것을 방지하려고 노력하는 과정이나, 동물이 이런 공간에 무단침입하고 있는 중이거나 또는 그 이후에(thereafter) 그 동물을 자신의 토지에서 쫓아내려고 하는 과정에서, 동물을 살해하거나 부상을 입힌 경우에는 처벌받지 않고 면책된다고 규정하고 있었다.[28]

(2) 이후 해당 조항을 개정하면서, "thereafter"라는 단어가 삭제되었는데, 입법부에서 그렇게 한 이유가 선행 부분들에 있는 "밀폐된 공간"이란 조건을 마지막에 있는 "premises"에는 적용하지 않도록 하려는 의도였는지는 분명하지 않다.

---

[28] R.C. 959.04 법률조항의 선행조항(G.C. 6853): "The last two sections do not extend to a person who kills or injures, or attempts to kill or injure, any animal mentioned therein while **endeavoring to prevent it from trespassing upon his enclosure**, or **while it is trespassing therein**, or **thereafter** driving it away from his premises."

(3) 통상 법조문을 해석할 때 어떤 단어가 변경되면 그 법조문의 의미를 변경하려는 의도가 있었다라고 추정한다는 원칙이 있었다. 하지만, 이런 해석 원칙은 더 이상 유효하지 않고 주 대법원에서도 이런 원칙을 더 이상 언급하고 있지 않으며, 오히려, 개정된 법조문에서 한 단어가 이전과 다르다는 것이 중요하지는 않다는 판단을 한 사례도 있다. 법조문 해석에서 중요한 것은 입법자의 의도를 파악하는 것이며, 그 의미가 불분명할때는 입법과정과 문귀 그대로 해석했을 때 초래되는 결과를 고려해보아야 하며, 입법자 의도를 명백하게 하기 위해서는 띄어쓰기나 단어를 무시하거나 추가해서 해석할 수 있다.

(4) 피고의 해석은 형사처벌에 대한 면책을 "울타리가 쳐진 밀폐된 공간"에서 발생한 행위로 한정하려는 판례법과 입법취지를 무시하는 해석이다. 피고가 지목한 "while driving it away from his premises" 문귀의 의도는 "밀폐된 공간"에 무단침입한 동물을 "밀폐된 공간" 밖으로 쫓아내는 행위를 계속하도록 허용하려는 것이다. 만약, 피고의 해석대로하면, 앞부분에 있는 "밀폐된 공간에 무단침입하는 것을 막거나 그런 공간에 무단침입한 중"이란 문귀는 의미가 없어지고 단지 중복부연된 표현이 되버린다.

(5) 도심에 거주하는 사람들이 이웃집이 키우는 반려동물들의 도발에 불편함을 갖는 것을 이해할 수 있지만, 입법권자들이 이런 토지 소유자들이 인간의 가장 친한 친구인 반려동물에게 복수하는 것을 묵과하고 면책해주기 위해서 기존 판례법을 변경했다고 볼 수는 없다. 이것이 더 친절하고 온화한 나라("kinder and gentler nation")가 나갈 길이라고 할 수 없다.[29]

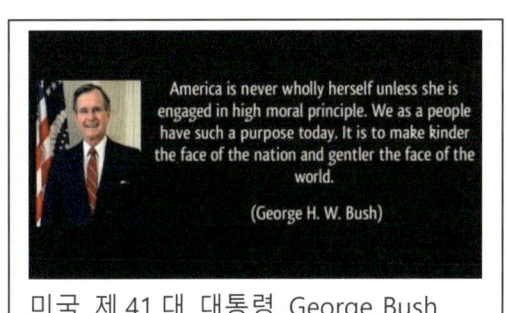

미국 제41대 대통령 George Bush 1989년 1월 20일 취임사 일부 (출처: Harper 상원의원 페이스북)

■ 사건의 출처는?

▷ 사건출처: 미국 Ohio 주 항소법원 (Ohio Court of Appeals, First District, Hamilton County) 1991년 4월 24일 판결문; State v. Powers, 73 Ohio App.3d 277, 596 N.E.2d 1121

▷ 사건제목: The STATE of Ohio, Appellee, v. POWERS, Appellant

▷ 재판부: DOAN and UTZ, JJ., concur; GORMAN, Presiding Judge, dissenting.

▷ 변호인: Arthur M. Ney, Jr., Prosecuting Attorney, and Ron W. Springman, Cincinnati, for appellee.
Sirkin, Pinales, Mezibov & Schwartz, Marc D. Mezibov and Edmund J. McKenna, Cincinnati, for appellant.

---

[29] "A kinder, gentler nation" 용어는 George Bush 미국대통령이 1988 대선에서 사용했으며 좋은 국가를 만들기 위해서 개인의 책임의식과 커뮤니티 활동을 강조하는 신념을 담았다.

> **에피소드 13 –** 독극물을 설치해서 다른 사람의 반려견들을 죽게 한 사람은, 사망한 반려견들의 실질적 가치와 징벌적 손해배상 금액을, 사망한 반려견들의 보호자에게 배상할 책임이 있는지가 쟁점이 된 사례
>
> 다른 사람의 반려견들을 독극물을 설치해서 죽게 만들었다면, 이렇게 독극물을 설치한 사람은 반려견들의 보호자에게 독살된 반려견들의 시장가격에 해당하는 금액이나 이런 반려견들이 보호자에게 주는 특별한 가치에 해당하는 금액을 손해배상할 책임이 있다고 판결한 Texas 주 대법원의 판례
>
> *Heiligmann v. Rose*

■ 사건의 발단은?

미국 Texas 주 Bexar County 에 거주하는 Rose 는 Newfoundland 품종 개를 여러마리 키우고 있었는데, 이 개들이 독극물을 먹고 죽은 채로 발견되자 Heiligmann 을 범인으로 지목하였다.

독살된 개들은 좋은 품종으로 여겨지는 Newfoundland 품종이었고 훈련도 잘받은 상태였다. 그 중 한마리는 사람들이 보호자에게 접근하면 짖도록 훈련받았고, 개가 짖는 소리로부터 접근하는 사람이 남자인지 여자인지 어린이인지를 보호자가 분별할 수 있을 정도로 훈련을 받았다.

독극물로 죽은 개들 중 한마리는 어린 강아지일때 Rose 의 남편이 $5 달러를 주고 구입해서 계속 키워왔으며, 다른 한마리는 Rose 가 다른 사람에게 전문가 서비스를 제공한 대가로 받은 개였다.

재판에서, Rose 는 자신의 개들을 한마리에 $5 달러를 받고 팔 수 있었고, 자신은 이 개들이 각각 $25 달러의 가치가 있다고 생각하지만 $50 달러에도 팔지는 않을 것이라고 증언했다.[30]

독극물 주의 안내표지판 (출처: PETA Australia 웹페이지)

■ 소송의 전개는?

이후, Rose 는 Heiligmann 이 자신의 개 5 마리를 악의적으로 독살하였다고 주장하면서, 그 지역 소액사건법원인 Justice Court 에 소송을 제기하였다.

소액사건법원 소송에서, 원고 Rose 는 독살된 개 한마리당 $25 달러의 실제 손해배상과 $75 달러의 징벌적 손해배상을 청구하였다.

---

[30] 참고로 미국통계청의 소비자물가지수(Consumer Price Index)를 활용해서 계산하면, 1913 년에 $50 달러 가치는 2025 년에는 $1,640 달러에 해당된다.

소액사건법원은 배심원들의 평결에 기반해서 원고 Rose 의 승소판결을 내리고, 피고 Heiligmann 에게 $75 달러와 소송비용을 배상하라고 판결하였다.

피고는 이런 소액사건법원의 판결에 불복하고 해당 지역의 상급법원인 Bexar County District Court 지방법원에 항소하였다.

District Court 지방법원의 GEORGE H. NOONAN 판사는 소액사건법원의 판결을 인용하였다.

이후, 피고 Heiligmann 은 이런 District Court 지방법원의 판결에 불복하고 Texas 주 대법원에 상고를 제기하였다.

■ 법원의 판단은?

<u>첫번째 상고이유 관련</u>

대법원 상고심 재판에서, 피고 Heiligmann 은, 자신이 요청한 배심원 평결지침을 1심법원이 받아주지 않는 잘못을 저질렀다는 점을 첫번째 상고이유로 밝혔다.

1심법원에서 피고는, 배심원들이 형사재판에서 적용되는 입증책임인 "beyond a reasonable doubt" 기준을 적용해서 평결해야한다면서 아래와 같은 평결지침을 내려달라고 1심법원에게 요청했지만 그렇게 하지 않은 것은 잘못이라고 주장하였다.

> "원고의 청구가 기초한 피고의 행위는, 만약 사실이라면, 형사범죄를 구성하는 것임으로, 배심원들이 원고 승소 평결을 내리려면, 합리적인 의심의 여지가 없이 피고가 해당 개들을 독살하였다는 증거들이 있어야 하며, 만약, 개들이 독살된 것에 대해서 피고가 한 것이 아니고 다른 설명이 가능하다거나 피고가 아닌 다른 사람이 독살했을 수도 있다는 합리적인 가설이 존재하는 경우에는 피고 승소 평결을 내려야 한다."[31]

Civil District Courts 법원이 있는 Bexar County Courthouse (출처: 구글맵)

이런 피고의 주장에 대해서, 대법원은, 피고의 주장을 뒷받침하는 판례가 전혀 없다고 지적하면서, 어떤 민사소송에서의 사실관계가 범죄행위와 관련되었다고 해서 일반적으로 민사소송에서 요구되는 입증책임인 "a preponderance of evidence" 기준보다 강화된 기준을 적용해야한다는 법리는 없다고 설시하였다.

---

[31] 'You are further instructed that the claim of plaintiffs is based upon acts which, if true, would constitute, a criminal offense; and, before you can find for the plaintiffs, you must find from the evidence, **beyond a reasonable doubt**, that defendant poisoned the dogs sued for; and, if there is any reasonable hypothesis upon which this poisoning can be explained, except that the defendant did it or that some other person than defendant might have poisoned them, then you will find for defendant.'

대법원은, 형사재판에서 활용되는 "합리적인 의심의 여지없는"(beyond a reasonable doubt)이란 입증책임 기준은 어떤 민사사건에서도 적용되지 않으며, 민사사건에서의 입증책임 기준은 "우월적 증거"(preponderance of evidence)라는 점을 재확인하였다.

따라서, 대법원은, 피고가 요청한 배심원 평결지침을 배척한 1심법원의 결정에는 잘못이 없다고 판단하였다.

두번째 상고이유 관련

두번째 상고이유로, 피고 Heiligmann은, 1심법원이 배심원들에게 제공한 손해배상 관련한 평결지침이 잘못되었다고 주장하였다.

1심법원은 배심원들에게, 만약 피고가 고의적으로 원고의 개들을 독살한 것이 입증되었다고 판단한다면 독살당한 개들의 시장가격을 원고에게 배상하라는 평결을 내릴 수 있고, 추가해서, $75 달러를 초과하지 않는 금액을 징벌적 손해배상으로 배상하라는 평결을 내릴 수 있다라는 평결지침을 제공하였다.

이런 피고의 주장에 대해서, 대법원은, 비록 1심법원이 배심원들에게 실질 손해배상과 징벌적 손해배상을 구별하지 않고 하나의 평결지침에 혼재된 형태로 제공한 것은 잘못이지만, 배심원들이 평결한 손해배상 금액이 실제로 부가할 수 있었던 손해배상 금액보다 작은 경우에는, 이런 평결지침의 오류로 인해서 피고에게 초래된 불이익이 없기 때문에, 이런 평결지침 오류에 기반해서 1심법원의 판결을 뒤집기에는 충분하지 않다라고 설시하였다.

추가적인 상고이유들 관련

피고 Heiligmann은, 추가적인 상고이유로, 배심원들이 평결로 내린 손해배상금액이 실질 손해배상금액인지 징벌적 손해배상금액인지 또는 이것이 혼합된 금액인지 여부가 불분명함으로, 이런 배심원 평결은 1심법원의 판결금액을 뒷받침하고 있지 못한다고 주장하였다.

하지만, 대법원은, 1심법원이 실질 손해배상과 징벌적 손해배상에 대한 지침을 별도의 평결지침으로 배심원들에게 제공하지 않아도 되기 때문에, 배심원들도, 이런 별도의 지침이 없는 상황에서는, 이런 손해배상들을 구분해서 평결하지 않아도 된다고 설시하였다.

마지막으로, 피고 Heiligmann은, 이 사건에서 독살된 개들은 시장가격이나 금전적 가치가 없었고 보호자에게 가치가 있는 유용성이나 서비스를 제공하지 않았다는 이유를 들면서, 배심원들이 산정한 손해배상 금액을 입증하는 증거가 충분하지 않다는 점을 상고이유로 주장하였다.

이런 피고 Heiligmann의 주장에 대해서, 대법원은, 피고가 개들을 독살하였다는 증거가 부분적으로는 정황적이지만, 피고가 고의적이고 악의적으로 개들에게 상해를 입혔고 책임이 있다는 점은

Newfoundland 품종 반려견 (출처: American Kennel Club 웹페이지)

충분히 입증되었다고 판단했다. 또한, 대법원은, 개는 물건이며 이를 훼손한 사람에 대해서 손해배상을 청구할 수 있다는 점은 잘 확립된 법리라고 지적했다.

그리고, 손해배상을 위해서 개의 가치를 산정하는 것과 관련해서는, 개는 시장가격이 없다는 주장도 있지만, 비록 시장가격을 산정하는 것이 어렵다고 해도 어떤 경우에는 가능한 일이며, 따라서, 개의 가치는, 개의 시장가격으로 산정하거나, 또는, 만약 개가 유용성이나 서비스를 제공하는 경우에는 이런 유용성이나 서비스를 통해서 확인할 수 있는 보호자에게 주는 개의 특별하거나 금전적인 가치로 산정할 수 있다는 원칙을 밝혔다.[32]

이 사건에서, 독살된 개들은 좋은 품종의 개들이었고 많은 노력을 들여서 양육하였고 훈련도 잘 받은 개들이었으며, 일부는 원고가 대가를 지불하고 구입한 개들이었고, 한마리당 $25 달러의 가치가 있다고 생각하고 $50 달러를 줘도 팔지 않겠다는 원고의 증언도 있었다.

이런 상황에서, 대법원은, 결론적으로, 비록 이 사건에서 해당 개들의 시장가격에 대한 증거는 없지만, 모든 불법행위에는 피해들이 초래된다고 추정하는 법의 원칙이 있고, 이 사건 개들이 보호자에게 유용성과 서비스를 제공해서 특별한 가치가 있다는 점은 충분히 입증되었으며, 이런 증거들로부터 배심원들은 일정 금액을 개들의 가치로 산정할 수 있었음으로, 배심원들의 평결이 적절한 근거없이 내려졌다고 속단할 수는 없다고 판단하였다.

결론적으로, 대법원은 하급심 판결에 잘못이 없다고 하면서, 하급심이 내린 피고패소 판결을 인용하였다.

■ 사건의 출처는?

▷ 사건출처: 미국 Texas 주 대법원 (Supreme Court of Texas) 1891 년 5 월 26 일 판결문; Heiligmann v. Rose, 16 S.W. 931 (Tex.,1891)

▷ 사건제목: August Heiligmann, appellant v. William Rose et al., appellees

▷ 재판부: Fisher 대법관

▷ 변호인: Oscar Bergstrom, for appellant
J. M. Copeland, for appellees

---

[32] 참고로, Texas 주에서는 이런 손해배상 원칙이 아직까지 유지되고 있다. 미국 Texas 주 대법원 2013 년 판결문 Strickland v. Medlen, 397 S.2d 3d 184 (Tex. 2013).

< 제 2 편 - 동물병원 수의사와 반려견 법률분쟁 >

Animal Hospital and Veterinary Malpractice Cases

에피소드 14 –	*Hayes v. Lisbon Road Animal Hospital*	83
에피소드 15 –	*Bluestone v. All-Care Animal Referral Center*	90
에피소드 16 –	*Kennedy v. Byas d/b/a Agape Animal Hospital*	93
에피소드 17 –	*Sexton v. Brown*	97
에피소드 18 –	*Wills v. Knowles Animal Hospital*	104
에피소드 19 –	*Hayes v. Carriage House Animal Clinic*	107
에피소드 20 –	*Animal Hospital of Elmont v. Gianfrancisco*	113

> ### *Law & Cases* : 동물병원과 수의사를 상대로 한 손해배상 소송
>
> 동물병원과 수의사를 상대로 한 손해배상 청구는 어떤 법률이론과 청구취지를 근거로 소송제기가 가능한가?

■ 의료과실(Malpractice) 소송의 이론과 원고가 입증해야하는 항목들

> **(1) Duty of Care:**
> 피고 수의사가 해당 반려동물을 치료하는 책임을 떠맡았다는 점
>
> **(2) Professional Standard of Care 위반:**
> 피고 수의사의 치료행위가 업계 치료기준을 충족하지 못했다는 점
>
> **(3) Proximate Cause**:
> 피고 수의사가 업계 치료기준을 충족하지 못한 치료를 해서 그 결과로 해당 반려동물이 부상이나 피해를 입었다는 점
>
> **(4) Damages:**
> 반려동물의 부상이나 피해로, 반려동물의 보호자가 실제로 피해를 보았다는 점

(1) Duty of Care 입증

수의사에게 아픈 반려동물을 반드시 치료해 주어야하는 법적 의무는 없다. 수의사가 아픈 반려동물을 치료해 주어야 하는 의무는, 진료를 예약하고 동물병원을 찾아와서 치료를 시작하는 경우처럼, 수의사가 아픈 반려동물을 치료하는 책임을 떠맡았을 경우에만 발생한다.

수의사가 어떤 반려동물의 치료를 시작하기로 일단 책임을 맡았으면, 해당 반려동물이 계속 치료가 필요한데 치료를 중단하는 것은 의료과실이 될 수 있다.

(2) Professional Standard of Care 위반 입증

◆ **Professional Standard of Care 또는 Professional Standard of Conduct 위반:**

- 의료과실 여부를 판단할 때 업계 치료기준의 법적 의미는, 업계의 평균적이고 일반적으로 숙련된 수의사가, 해당 사건과 비슷한 상황에서 통상적으로 행사하는 정도의 주의를 의미하며, 해당 수의사가 이런 통상적인 정도의 주의를 행사했는지 여부를 비교해서 과실여부를 판단한다는 것을 의미한다.

- 의학적으로는, 업계 치료기준은 특정 질병이나 건강 문제를 위한 적정한 진단과정과 치료과정을 정해놓은 가이드라인들을 의미한다.

- 의료과실은 수의사의 작위(action) 또는 비작위(inaction)에 기반할 수 있고, 수술을 잘못한 것처럼 어떤 치료와 관련하여 하지 않았어야 할 행위를 하는 "commission of incorrect Treatment" 경우와, 마땅이 했어야 할 검사나 모니터링처럼 했어야 할 행위를 안한 "omission in treatment" 경우가 모두 포함된다.

◆ **Locality Rule:**

- 해당 수의사의 의료과실 여부를 판단하기 위하여 어떤 지역에 있는 수의사를 비교기준으로 선택할지는 주마다 다른 규정을 적용하고 있다. Utah 와 Louisiana 주에서는, 같은 커뮤니티 지역에 있는 ("in the community") 숙련된 수의사의 행동을 기준으로 하고 있고, North Carolina 와 Tennessee 주에서는 비슷한 커뮤니티 지역에 있는 ("similarly situated") 숙련된 수의사의 행동을 기준으로 하고 있고, 전문분야 수의사가 관련된 사건에서는 주 전체 지역에 있는 ("statewide") 숙련된 전문분야 수의사의 행동을 기준으로 삼기도 한다.

- 일반적으로, 같은 지역에서 활동하는 수의사들을 비교기준으로 하는 것이 전국적인 범위에서 활동하는 수의사들의 행동을 기준으로 하는 것보다, 의료과실을 방어해야하는 수의사에게는 유리하게 작용한다.

- 정책적 측면에서는, 전국에서 활동하는 수의사를 비교기준으로 해야 의료수준이 상승하는 효과를 가져와서 소비자에게 혜택이 돌아오고, 소송에서 전문가 의견을 위한 Expert 를 찾기가 용이해지는 효과가 있다.

◆ **Specialist (전공분야):**

- 수의사들도 dermatology, cardiology, dentistry, neurology, oncology, ophthalmology 같은 특정분야를 전문으로 하는 경우가 늘어가고 있다.

- 만약 해당 수의사가 전문분야 인증을 받은 경우에는, 업계 통상적인 수의사의 진료수준보다 높은 기준이 적용되고, 그런 전문분야 인증을 받은 다른 평균적인 수의사들이 비슷한 상황에서 어떻게 행동했을지를 기준으로, 해당 수의사의 잘못이 있었는지 여부를 판단한다.

◆ **비교시점:**

- 비교대상인 업계 치료기준을 선택할때는, 해당 사건이 발생한 시점에서 통용되고 있던 업계 치료수준을 기준으로 비교해야한다.

- 해당 사건이 발생한 이후 의학의 발전으로 진보된 치료기준이 통용되게 되었다고 해도, 이런 진보된 치료기준을 비교대상으로 판단해서는 안된다.

◆ **Expert Witness Testimony (전문가 증인의 증언):**

- 어떤 비교기준을 사용하든지, 원고는, 해당 수의사가 한 행동이 업계 다른 숙련된 수의사들이 비슷한 상황에서 했을 행동에 미치지 못했다는 점에 대해서, 전문가의 증언을 통해서 입증해야 한다.

- 통상, 수의사 의료과실 사건에서, 전문가 증인은 같은 분야에 종사하는 수의사를 선정한다. 피고도, 자신의 행동이 업계 다른 숙련된 수의사들이 비슷한 상황에서 취했을 행동과 다르지 않았다는 점을 밝히기 위해서는, 다른 수의사를 전문가 증인으로 세우고 전문가 증언을 입증자료로 제시해야 한다.

- Res ipsa loquitur 원리: 해당 수의사의 행동이 너무나 과실이 명백해서 전문가 증인을 통해서 업계 치료기준을 위배하였다는 입증을 할 필요가 없이, 일반 상식에 기반해서 의료과실을 추정할 수 있는 경우도 있다. 이런 법률원리는 "res ipsa loquitur,"라고

불리우며, 수의사의 행위가 너무 명백하게 잘못되어서 과실이 추정된다는 의미이다. 예를들면, 반려견의 오른쪽 발을 수술하려고 수의사에게 데려갔는데, 멀쩡한 왼쪽발을 수술했거나, 수술도구를 몸속에 남겨두고 봉합한 것과 같은 상황에 적용되는 원리이다.

(3) Proximate Cause (인과관계) 입증

단지 해당 수의사가 치료한 다음에 치료를 받은 반려동물의 상태가 호전되지 않았거나 악화되었다는 것 만으로는 의료과실을 입증하기 부족하고, 전문가 증언을 통해서, 해당 수의사의 작위 또는 비작위에 의해서 반려동물에게 특정 상태가 초래되었다는 점을 원고가 입증해야 한다.

(4) 방어 이론들 (Defense)

◆ 소멸시효 (Statute of Limitations)

소멸시효란 권리자가 권리행사를 할 수 있었음에도 불구하고 일정기간 동안 권리불행사의 상태가 계속된 경우에 그 권리를 소멸하게 하는 제도이다. 의료과실의 경우에는 일반 상해사건과 상이한 소멸시효가 규정되어 있는 경우가 있어서, 의료과실 소송이 제기된 지역에서 의료과실 소송의 소멸시효가 얼마동안으로 규정되어 있는지를 확인할 필요가 있다.

◆ 선한 사마리아인 법률 (Good Samaritan defense)

미국의 대부분 주에서는 Good Samaritan laws 를 채택하고 있는데, 이 법에 의하면, 만약 수의사가 긴급상황에 처해서 아프거나 다친 반려동물에게 사고현장에서 치료행위를 제공하였다면, 해당 수의사에게 의료과실 책임을 추궁하는 것은 이렇게 제공한 치료행위가 일반적 과실이 아니고 중대한 과실에 해당되는 경우에만 허용된다.

따라서, 이런 경우에는, 해당 수의사의 행동이 업계 치료기준을 벗어났다는 정도로는 의료과실 책임을 따지기는 충분치 않고, 업계 치료기준을 심각하게 위배하였다는 정도가 되어야 의료과실 책임을 물을 수 있다.

■ **의료과실이 아닌 다른 법률이론과 청구취지를 근거로 동물병원과 수의사에게 제기되는 손해배상 소송들의 유형들**

(1) 일반 과실(Negligence)에 의한 불법행위 소송의 이론

● 과실여부 판단의 기준:
  - 일반 과실에 의한 손해배상의 기준은, 비슷한 상황에서 합리적인 사람이 취했을 행동이며, 전문가의 행동기준과는 상관이 없다.
  - 동물병원에서 발생한 모든 사고가 의료과실은 아니며, 수의사의 전문가로서 능력이나 판단과 상관없는 행위와 관련한 과실의 경우에는, 청구취지를 의료과실(malpractice)로 할 수 없고 일반적인 과실(negligence)이론을 근거로 손해배상을 청구할 수 있다.

● 과실에 대한 손해배상 책임을 부담해야 하는 사람
  - 수의사는 자신이 고용한 직원들의 과실에 의해 초래된 손해를 배상할 책임이 있다.

- 수의사는 자신이 고용한 직원들이 경험부족으로 초래한 잘못이나 적절하게 직원들을 감독하지 못해서 발생한 손해에 대해서도 책임이 있다.

- **과실로 볼 수 있는 사례들**
  - 반려동물이 치료행위를 시작하기 이전이나 이후에 부주의로 인한 피해
  - 반려동물을 heating pad 에 너무 오래 남겨두어서 생긴 피해
  - 부주의하게 열어놓은 cage 문으로 반려동물이 탈출해서 생긴 피해
  - 반려동물에게 충분한 물과 음식을 챙겨주지 않아서 생긴 피해
  - 반려동물을 운송하거나 boarding 하면서 생긴 피해

(2) 중대한 과실(Gross negligence)에 의한 불법행위 소송의 이론:

과실의 정도가 심각한 경우에 중대한 과실을 청구취지로 소송을 할 수 있다. 에를 들면, 벼룩을 박멸하기위해서 병원을 왔는데 다리를 절단했다면 중대한 과실이 될 수 있고, 중대한 과실을 입증하며, 허용되는 손해배상의 종류도 달라지며, 징벌적 손해배상이나 반려동물 보호자의 정신적 고통에 대한 손해배상도 허용될 수 있다.

(3) 고의에 의한 정신적 고통 불법행위 소송의 이론 (Intentional infliction of emotional distress):

- 만약 수의사의 행동이 고의적이었고, 그런 결과로 반려동물의 보호자가 고통을 겪었다면, 고의적으로 정신적 고통을 가했다는 불법행위 청구취지를 주장해볼 수 있다.

- 피고가 원고의 당나귀를 쏘아 죽인 사건에서 법원은 이런 불법행위 청구취지를 인정하고 원고의 정신적 고통에 대한 손해배상을 허용하였다. Gill v. Brown, 695 P.2d 1276 (Idaho 1985).

- 구강 수술을 위해서 수의사에게 맡긴 반려견이 사망하였는데, 수의사는 심장마비로 개가 죽었다고 했지만, 수의사 직원들이 수의사가 개를 차고 몽둥이로 때려서 죽었다고 보고했고, 반려견의 보호자가 수의사를 상대로 intentional infliction of emotional distress 소송을 제기한 사건에서, 법원은, 고의적으로 정신적 고통을 가했다는 불법행위는 가족이 고통받는 것을 옆에서 목격하는 경우에 허용되는 주장인데, 개는 물건에 해당되고 가족이 아니라는 이유로 이런 청구취지를 받아주지 않았다. Miller v. Peraino, .626 A.2d 637 (Pa. Super. Ct. 1993); 참고, Anzalone v. Kragness, 826 N.E.2d472 (Ill. 2005).

(4) 수탁자 의무 이론 (Duty of bailee):

- 수의사가 자신의 시설에서 반려동물에게 숙박을 제공하였다면, 법률적으로는, 수의사는 그 반려동물에 대해서 수탁자 역할을 한 것이 된다.

- 만약, 수의사가 자신의 시설에서 숙박하는 반려동물을 잘 돌보지 못했거나, 반려동물이 사고로 죽어서 주인에게 다시 돌려주지 못하게 되었다면, 수의사에게는 수탁자로서 법적 책임이 발생할 수 있다. 참고, Carroll v. Rock, 469 S.E.2d391 (Ga. App.,1996).

- 수탁자 책임에 근거한 청구취지는, 원고가 전문가 증언을 제시할 필요가 없고, 수탁자에게 반려동물에게 일어난 일을 설명하도록 입증책임을 전환시킬 수 있다. 수의사가 맡고 있던 코끼리가 주변의 독극물을 먹고 죽은 사건에서, 수의사의 책임을

의료과실이 아니라 수탁자의 과실에 기반해서 판단한 사건도 있다. Elephant, Inc. v. Hartford Accident & Indemnity, 239 So.2d 692, (CA La. 1970).

(5) 계약위반 이론 (Breach of Contract):

- 수의사와 서면으로 진료서비스와 관련한 계약을 체결하였다면, 계약위반을 근거로 책임을 추궁할 수 있다.

- 수의사가 고객에게 어떤 사항을 구두로 약속한 경우에는, 수의사가 일반적인 확신을 말한 것이라면 구두계약이 성립되었다고 할 수 없다. 하지만, 수의사가 고객에게 특정한 치료행위를 하겠다고 약속하거나 특정한 결과를 내겠다고 약속했다면, 그런 내용으로 구두계약이 성립되었다고 할 수 있다.

- 계약위반을 청구취지로 한 소송에서는, 일반적인 수의사의 행동이 잘못을 판단하는 기준이 되는 것이 아니고, 계약서에서 한 약속이 기준이 된다.

미국 California 주 Los Angeles Superior Court 법원에서 사용하는 민사소송 소환장(Summons)

> **에피소드 14 – 엄마, 이곳 동물병원 수의사가 피부도말검사도 하지 않고 저체중과 맞지 않는 진드기 약을 처방해줘서 저의 병세가 악화되었어요!**
>
> 동물병원에서 치료를 받던 반려견 "Murphy"가 수의사의 잘못된 처방과 치료로 사망하게 되었다고 동물병원을 상대로 의료과실에 따른 손해배상을 청구한 사건에서 의료과실 입증책임이 문제가 된 사례
>
> 동물병원 수의사의 의료과실로 반려견이 사망했다고 주장하는 소송에서, 반려견 보호자 원고가 전문가 증인을 통해서 수의사의 의료과실을 입증하지 못하는 경우에는 소송을 기각할 수 있다고 판단한 Maine 주 지방법원 판례
> *Hayes v. Lisbon Road Animal Hospital*

■ 사건의 발단은?

2012 년 7 월 20 일, 미국 Maine 주에 거주하는 Lindsy Hayes 는 8 살짜리 collie 품종 숫컷 반려견 "Murphy"를 피부질환을 진단하고 치료하기 위해 Lewiston 타운에 있는 "Lisbon Road Animal Hospital" 동물병원에 데리고 갔다.

그 동물병원에 근무하는 수의사는 반려견의 증세를 지루성피부염 (Seborrhea)으로 진단하고 가려움을 치료하는 샴푸를 처방해주었다.

하지만 반려견의 상태가 좋아지지 않고 체중이 빠지자, Hayes 는 여러차례 전화로 수의사와 상담을 하였고 동물병원도 수차례 방문하여 여러 차례 진단검사를 받고 다양한 처방과 치료들을 받았지만 반려견의 병세가 호전되지는 않았다.

2012 년 11 월 16 일, Hayes 가 다시 동물병원을 찾아갔을 때는, 수의사는 antihistamine 성분의 "Carprofen"이란 약을 처방해주었고, 계속 샴푸와 fish oil 을 사용하라고 권고하였다.

2013 년 1 월 13 일, 반려견이 과도하게 긁어대고 머리털을 씹어서 뽑아내는 증세를 보이자 Hayes 는 동물병원을 다시 찾았고, 수의사는 반려견의 신체를 검사하지는 않았고 Prednisone 성분의 "Vetalog"와 skin wipes 를 처방하였다.

Lisbon Road Animal Hospital 모습 (구글맵)

2013 년 1 월 31 일, Hayes 는 "Carprofen" 약을 다시 처방해달라고 동물병원에 요청했으나 2-3 일 기다려보라는 답변을 받았다.

2013 년 2 월 11 일, Hayes 는 동물병원에 전화를 해서, 자신의 반려견이 계속 몸을 긁어대고 머리털이 빠지고, 밤중에는 마루바닥에 쿵쿵대며 부딪친다고 전달하고, 어떤 약을 먹어야

하는지를 동물병원과 상의를 했고, 동물병원에서는 가려움을 방지하는 약품을 처방했고 복용하고 있던 "Benadryl"과 지방산 분량을 늘려보라고 알려주었다.

2013년 2월 15일, Hayes는 다시 동물병원을 방문했고 열흘 분량의 스테로이드와 "Carprofen" 처방을 받았다. 다음날, Hayes는 반려견이 과도하게 물을 마시고 소변을 싼다고 전했고, 동물병원에서는 반려견의 소변샘플을 검사했으며, 검사에서는 단백질과 박테리아가 증가된 결과가 나왔지만, Hayes에게는 검사결과는 정상수치 이내라고 말해주었다.

2013년 2월 20일에는 동물병원에서 CBC test를 진행하였는데, 반려견의 간효소(liver enzymes)와 백혈구 숫자가 증가한 것으로 나타났고, 동물병원에서는 이런 결과가 약물복용에 의한 것으로 판단하였다.

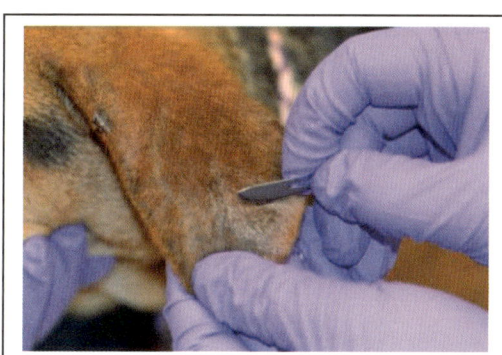

Skin Scrape Test 진행모습 (출처: OSU CVM Veterinary Clinical and Professional Skills Center Handbook)

당시, 동물병원에서는 반려견이 수척해진 것을 관찰하였으나 별도로 신체검사를 실시하지는 않았다.

2013년 3월 5일, Hayes는 다시 동물병원에 전화를 해서 피부도말검사(skin scrape test)를 요청하였다. 동물병원에서는 Clark 수의사가 오전 중에 전화해주겠다고 답변했지만, 실제로는 수의사가 Hayes에게 답변 전화를 걸어오지는 않았다.

2013년 3월 7일, Hayes는 자신의 반려견을 동물병원에 데리고 와서 skin scrape 검사를 요청하였고, 수의사는 그런 검사가 불필요하다고 하면서, 그런 검사의 결과와 상관없이 진드기가 있으면 진드기를 제거해야함으로 진드기를 없애는 치료가 필요하다고 권유했다.

그러면서, 수의사는 반려견 "Murphy"와 Hayes가 키우던 다른 반려견들을 위해서 "Revolution"이란 약품을 처방해주었는데, 이 약품의 포장 라벨에는 이 약품을 아프거나 쇠약해지거나 저 체중인 개에게는 사용하면 안된다는 경고가 표시되어 있었다. 당시 반려견 "Murphy"는 체중이 평소보다 34파운드 정도 줄어든 상태였고, 이렇게 체중이 빠지기 전에는 111파운드 정도로 과체중이었다.

수의사가 처방해준 Revolution 약품 포장

소송기록에 의하면, "Murphy"의 체중은 2013년 2월 11일에는 103파운드였지만 2월 20일에는 58파운드로 줄었다. 참고로, 재판에서 Hayes는 collie 품종 성견 숫컷의 통상적 무게는 60파운드에서 100파운드 정도라고 증언했다.[33]

---

[33] 법원은, Hayes가 "Revolution" 사용설명서를 증거로 제출하지도 않았고, "Revolution" 약을 저체중 개에게는 처방하면 안된다는 점과 Collie 품종 성견의 통상적 무게에 대해서 Hayes가 의견을 개진할 수 있는 전문가도 아니라고 지적하였지만, 피고가 이런 증언에 반대를 하지 않아서 증거로 받아들인다는 입장을 밝혔다.

자신의 반려견 "Murphy"의 상태가 계속 악화되고 심각해지자, 2013년 3월 11일, Hayes는 이 반려견을 데리고 지역에 있는 다른 동물병원인 Central Maine Veterinary Hospital 동물병원을 찾아갔다.

Central Maine Veterinary Hospital 동물병원에 근무하는 Claire Morissette 수의사는 Skin Scrape Test을 해보고 반려견에 옴진드기(scabies)가 있고 암에 걸렸을 수 있다는 의견을 개진했다.[34]

이후, Hayes는 자신의 반려견 "Murphy"가 건강상태가 급격하게 악화되었고 치료하기 힘든 암에 걸렸을 가능성이 있다는 점을 고려해서, 2013년 3월 21일, 반려견 "Murphy"를 동물병원에서 안락사시켰다.

Central Maine Veterinary Hospital 모습 (구글맵)

Hayes가 자신의 반려견 "Murphy"를 Lisbon Road Animal Hospital 동물병원에서 치료하는 동안, 이 동물병원에서 치료를 담당했던 수의사는 Robert Clark 수의사와 Tyler Cot 수의사였다.

■ 소송의 전개는?

2013년 12월 6일, Hayes는 Lisbon Road Animal Hospital 동물병원을 상대로 7개의 청구취지를 주장하면서 손해배상을 구하는 소송을 Maine주 Androscoggin County Superior Court 지방법원에 접수하였다.[35]

이런 소송에 대해서, 피고 동물병원은 원고의 청구취지를 기각해달라는 신청(Motion to Dismiss)을 하였다.

2014년 12월 19일, 법원은 피고의 신청을 받아들여, 과실에 의한 감정적 고통(negligent infliction of emotional distress)과 동반자 상실(loss of companionship)에 근거한 보상을 구하는 원고의 청구취지 2개를 법률적 근거가 없다는 이유로 기각하였다.[36]

법원은, 동물병원의 과실에 의해서 자신의 반려견이 사망하게 되어서 반려견 보호자인 자신이 감정적으로 고통을 받았다는 원고 Hayes의 주장에 대해서, 반려견은 법률상 물건에

---

[34] 소송기록에 의하면, 두번째 동물병원에서는, skin scrape 검사를 해서 진드기를 발견했고 Hayes와 그녀가 키우는 모든 반려견들과 고양이들을 위한 처방을 해주었으며, CBC 검사에서는 높은 간효소와 백혈구 수치를 확인했고, 신체검사에서는 심각한 근육손실과 복부에 고통과 경직을 발견했다.

[35] 원고의 청구취지들은, (1) professional negligence, (2) breach of fiduciary duty, (3) recoupment, (4) negligent infliction of emotional distress, (5) breach of contract, (6) vicarious liability, (7) loss of companionship and intrinsic value

[36] 피고가 제출한 기각신청의 정식명칭은 "motion for judgment on the pleadings"으로, 원고가 소장에서 주장한 내용들이 사실이라고 가정해도 법적으로는 원고가 손해배상을 받을 권리가 없다라고 판단하면 소송을 기각하는 절차이다.

해당하고, 이런 물건이 과실로 손상을 입으면 법률이 허용하는 손해배상은 손상된 물건의 시장가치에 한정된다고 설명하였다.

또한, 법원은, 동반자 상실에 따른 손해배상 청구에 대해서는, 이런 청구는 가족과 같은 가까운 사람이 사망했을 경우에만 적용될 수 있는 법리로서 반려견의 사망에 기초한 이런 청구취지는 허용될 수 없다고 밝혔다.

이후, 원고의 나머지 청구취지들에 대한 소송절차가 진행되었는데, 원고 Hayes 변호사는 전문가 증인을 지정해야하는 기일을 다섯차례나 연기신청하였고 총 88 일을 연장받았다가 최종마감일이 되어서야 피고 동물병원의 Clark 수의사와 Central Maine Veterinary Hospital 동물병원의 Morissete 수의사를 원고측 전문가 증인으로 지정하였다.

하지만, 원고 Hayes 는, Clark 수의사의 증언이 자신의 어떤 주장을 입증해줄지를 명시하지 않았고 증인사전심문절차(Deposition)를 통해서 Clark 수의사의 증언을 유출해내겠다고만 밝혔다.

Androscoggin County Superior Court (구글맵)

그러나, 원고는, 증거수집절차 마감일(discovery deadline)인 2014 년 9 월 14 일까지 증인사전심문절차를 진행하거나 진행을 시도하지 않았고, 증거수집절차 마감일을 연장해달라고 법원에 요청했으나 법원은 이런 원고의 요청을 거절하였다.[37]

또한, 원고 Hayes 는 Morissete 수의사를 전문가 증인으로 지정하면서 이 전문가가 표준 치료수준의 위반에 대해서 의견을 밝힐 것이라고 했지만, Morissete 수의사는 자신이 원고측 전문가로 지정되었다는 것을 알고 있지도 않았고 동의한 적도 없다는 이유로 거부의사를 표명했다.

결국, 원고 Hayes 는 Morissete 수의사를 자신의 전문가 증인으로 지정하는 것을 철회하였다.

■ 법원의 판단은?

2015 년, 피고 Lisbon Road Animal Hospital 동물병원은, 배심원에 의한 정식재판절차를 진행할 필요없이 판사가 원고의 나머지 청구취지들을 모두 기각해달라고 법원에 약식판결재판(Motion for Summary Judgment)을 신청하였다.

2015 년 4 월 7 일, 법원은, 이런 피고의 신청을 받아들여서 원고 패소판결을 내렸다.

전문가 증언의 필요성 관련

재판을 맡은 MaryGay Kennedy 판사는, 일반 의료과실 사건에서는, (1) 적절한 치료수준 기준(standard of care)은 무엇이고 (2) 피고가 피고의 잘못으로 이런 기준에 미달한 치료를

---

[37] 피고는 원고소송장에 대한 답변서에서, Clark 수의사는 원고에 대한 어떤 의무도 위반하지 않았고, 원고 반려견의 사망을 초래하지도 않았다고 밝혔다.

제공했는지 여부와 (3) 이런 피고의 과실이 의료사고를 유발했는지 여부에 대해서, 원고가 의료인 전문가 증언을 통해서 입증을 해야하는 책임이 있다는 법률원칙을 확인하였다.

그리고, 이런 법률원칙의 예외로서, 일반인의 상식으로 보아도 과실이 명백하고 과실에 따른 피해가 명확한 일부 사건들에서는 전문가 증언없이도 승소판결을 내릴 수 있다고 설명하였다.

이어서, Kennedy 판사는, 다른 주의 법원들은, 이런 일반 의료과실 사건에서의 전문가 증언 필요성에 대한 법률원칙을 수의사 의료과실 사건에도 동일하게 적용하고 있다고 하면서 구체적으로 아래와 같은 판례들을 소개하였다.

(1) Montana 주 판례는 수의사 의료과실사건에서는 관련된 표준치료기준을 설정하기 위해서 전문가 증언이 필요하다고 하였고;

(2) New York 주 판례는 수술 과정과 이후에 수의사가 해야하는 표준치료기준과 관련된 문제들은 일반 배심원들의 상식적 지식이나 경험의 범위를 넘어서는 것들이라고 판단하였고;

(3) Texas 주 항소법원 판례는 수의사 의료과실 사건들은 일반 의사들의 의료과실 사건들에 적용되는 기준에 의해서 분석되어야 하고, 관련 치료법이나 방식이 일반인들의 상식이나 경험에 속하는 경우가 아니라면 의료과실을 입증하기 위해서는 전문가 증언이 필수적이다라고 설시하였고;

(4) Texas 주 연방법원 판례에서도, 일반의료과실 기준과 동일한 기준을 수의사 의료과실에도 적용하였고, 수의사 의료과실을 입증하기 위해서는 피고 수의사와 유사한 교육과 기술 및 경험을 가진 수의사 집단 구성원들에 소속된 전문가의 증언이 필요하다고 지적했고;

(5) California 항소법원 판례에서도, 의사는 그 의사직종에서 통상적인 기술과 주의 수준을 기울여야 한다는 일반의료과실 원칙을 수의사 의료과실 사건들에도 적용하면서, 소멸시효 기준도 동일하게 적용하였고, 수의사 의료과실을 입증하기 위해서는 원고는 전문가 증언을 통해서 관련 수의사 커뮤니티의 적절한 표준치료기준을 제시하여야 한다고 말했다.[38]

이 사건에서, 피고는, Lisbon Road 동물병원이 "Murphy"를 치료하면서 치료의무를 위반하였고 이런 위반이 "Murphy"가 사망한 직접적인 원인이였는지 여부를 결정하기 위해서는 일반인의 지식을 넘어선 수의학 지식이 필요하며, 이런 수의학 지식을 제공하기 위해서는 전문가 증언이 필요하다고 주장하였다.

Expert Witness Testimony 모습
(Jonathan W. Hak KC PhD 블로그)

---

[38] (1) Zimmerman v. Robertson, 854 P.2d 338, 340 (Mont. 1993); (2) Juliano v S.I. Vet Care, 950 N.Y.S.2d 492 (N.Y. App. Term. 2012); (3) McGee v. Smith, 107 S.W.3d 725, 727 (Tex. App. 2003); (4) Simpson v. Baronne Veterinary Clinic, Inc., 803 F. Supp. 2d 602, 608 (S.D. Tex. 2011); (5) Williamson v. Frida, 89 Cal. Rptr. 2d 868, 872-73 (Cal. Ct. App. 1999)

반면에, 원고는 이 사건은 전문가 증언이 필요없는 의료과실이 명백한 사건이라고 주장하였다.[39]

이런 주장들에 대해서, Kennedy 판사는, 상식적으로 보았을 때 의료과실이 명백하고 일반인의 경험으로도 그런 과실에 따른 피해가 명확한 예외적인 사건의 경우에는 전문가 증언이 필요없을 수 있다고 인정했다.

하지만, 이번 사건에서는 복잡한 동물 치료방법들과 증세악화 및 그에 따른 안락사에 대한 인과관계들이 관련되어 있어서, 적절한 치료수준 기준을 제시하고 이런 기준을 위반한 것이 반려견 사망의 원인이었는지를 파악하기 위해서는 적절한 의료교육 수준 및 치료기술과 경험을 가진 수의사 전문가의 증언이 필요하다고 Kennedy 판사는 밝혔다.

그럼에도 불구하고, 원고 Hayes 는 적절한 치료수준 기준에 대해서 수의사 전문가의 의견을 제시하지 못했다. 또한, 원고가 전문가 증인으로 지정한 Clark 수의사를 통해서 어떤 진술을 제시할지도 알려지지 않았다.

Kennedy 판사는, 피고 동물병원에서 어떤 검사를 했어야 한다는 원고 Hayes 자신의 견해나 다른 병원에서는 Morissette 수의사가 피부검사를 했고 옴진드기를 발견했다는 점들은 의료과실을 판단하는 기준을 제시하는 문제와는 연관이 없는 사실들이라고 지적했고, 결과적으로, 피고 동물병원의 Clark 수의사가 피부검사없이 처방을 했다는 점이 어떻게 표준적인 치료수준 기준을 위반했는지를 원고 Hayes 가 입증하지 못했다고 판단하였다.

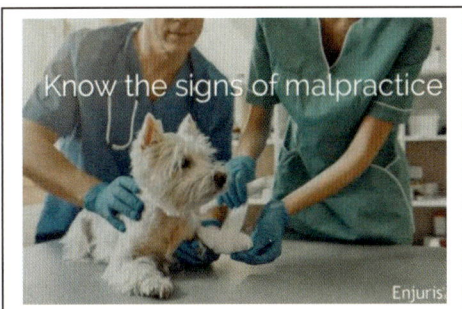

"Understanding Your Rights in New York Veterinary Malpractice Cases" Enjuris 웹페이지

이런 이유에서, 법원은 의료과실과 관련된 원고 Hayes 의 청구취지들을 모두 기각하였다.

계약위반 청구취지 관련

원고의 계약위반 청구취지에 대해서도, 법원은, 계약위반을 주장하기 위해서는 먼저, 피고가 원고에게 제공하기로 약속한 적절한 수준의 치료수준이 무엇이었는지를 확립하고, 피고가 이런 수준의 치료를 제공하지 못했고 그 결과 원고가 손해를 입었다는 점을 입증하여야 한다고 밝혔다.

하지만, 이 사건에서는, 원고 Hayes 가 전문가 증언을 통해서 이런 치료수준에 대한 입증을 하지 못했다고 법원은 판단하였다.

치료비 반환 청구취지 관련

마찬가지로, 원고 Hayes 의 치료비 반환 청구취지에 대해서도, 법원은, 원고가 적절한 의료 서비스를 받지 못했으니 치료비를 반환하라는 주장을 하고 있음으로, 원고가 기대한 적절한

---

[39] 원고는 이런 주장을 뒷받침하기 위해서, 실패한 위생시설 프로젝트에서 감독하는 엔지니어가 전체 프로젝트 기간 중에 현장을 전혀 방문하지 않았던 사건에서, 법원이 피고의 과실과 그런 과실의 결과가 매우 명백해서 일반인들의 상식으로 판단할 수 있고 전문가 증언이 필요하지 않다고 판단한 판례를 제시하였다. Seven Tree Manor, 688 A.2d 916

수준의 의료 서비스가 무엇이었고 피고가 이런 서비스를 제공하지 못했다는 점을 전문가 증언을 통해서 원고가 입증해야 한다고 밝혔다.

하지만 원고가 그렇게 입증하지 못했기 때문에, 원고의 이런 치료비 반환 청구취지를 기각한다고 밝혔고, 결론적으로, 법원은 원고 Hayes 패소판결을 내렸다.

신의성실 의무위반 청구취지 관련

피고의 신의성실의무위반(Breach of Fiduciary Duty)을 주장하는 원고의 청구취지에 대해서, 법원은, 신의관계(fiduciary relationship)는 위탁자가 수탁자에게 신뢰와 믿음을 실질적으로 주고 이들 사이에 지위와 영향력 측면에서 큰 차이가 있는 경우에 성립되고, 수탁자는 높은 수준의 의무를 지게되고 수탁자의 행동은 공평해야 한다고 법리를 정리하였다.

법원은, 하지만 반려견 보호자와 수의사 사이에 신의관계가 존재한다고 판단한 판례는 없었다고 밝혔다.

그리고, 법원은, 설령 수의사가 반려견 보호자에게 신의성실의무를 부담한다고 하더라고, 원고 Hayes 는 전문가 증언을 통해서 피고가 이런 의무를 어떻게 위반했는지를 입증했어야 하지만, 원고가 그렇게 하지 못했음으로 원고패소 판결을 내린다고 이유를 밝혔다.

■ 사건의 출처는?

▷ 사건출처: 미국 Maine 주 지방법원 2015 년 4 월 7 일 판결문; Hayes v. Lisbon Road Animal Hospital (Civil Action Docket No.CV-13-168)

▷ 사건제목: Lindsy Hayes, Plaintiff v. Lisbon Road Animal Hospital, Defendant

▷ 재판부: MaryGay Kennedy 판사

▷ 변호인: 원고측 변호사, MICHAEL BOSSE, BERNSTEIN SHUR SAWYER & NELSON, PORTLAND;
                피고측 변호사, BARRI BLOOM, RICHARDSON WHITMAN LARGE & BADGER, PORTLAND

Collie 품종 반려견 (American Kennel Club Dog Breeds 웹페이지)

> **에피소드 15 – 판사님, 우리아빠 보호자님에게 저는 아주 특별한 존재랍니다!**
>
> 동물병원에서 치료를 받던 반려견 "Shane"이 수의사의 의료과실로 사망하자, 반려견 보호자가 동물병원과 수의사를 상대로 제기한 소송에서, 죽은 반려견의 시장가치를 초과하는 손해배상 금액을 청구한 사례
>
> 수의사의 의료과실로 반려견이 사망하는 경우, 반려견 보호자는 이런 반려견의 시장가치를 초과하여 죽은 반려견이 보호자에게 주는 특별한 가치를 손해배상으로 인정받을 수 있다고 판단한 California 지방법원 판례
> *Bluestone v. All-Care Animal Referral Center*

■ 사건의 발단은?

미국 California 주 Orange County, Sherman Oaks 에 사는 61 세 Marc Bluestone 은 동물구조기관에서 입양한 "Shane"이란 이름의 3 살짜리 암컷 Labrador Retriever 믹스견을 키우게 되었다. Bluestone 은 자신의 반려견을 매우 사랑했고 집의 구조도 바꾸고 홈오피스를 만들었고 반려견 동반이 허용되지 않는 곳은 여행을 가지 않을 정도로 생활이 바뀌었다.

1999 년 1 월 13 일, Bluestone 은 "Shane"이 간헐적으로 발작증세를 보여서 Fountain Valley 에 있는 "All-Care Animal Referral Center"라는 동물병원으로 데리고 갔고, 이후 약 4 개월동안 이 질병과 합병증세등을 치료하였으나, 결국 1999 년 4 월 2 일, 반려견은 간기능 정지로 사망하였다. 동물병원의 Bergstrom 수의사는 죽은 반려견의 부검을 하고 조직검사를 했으며 사망원인을 간기능 정지로 확인하였다.

Bluestone 이 사망한 반려견의 치료비로 동물병원에게 지불한 치료비용은 총 $24,000 달러에 이르렀다.

■ 소송의 전개는?

2000 년 1 월 11 일, Bluestone 은 "All-Care Animal Referral Center" 동물병원과 치료를 담당했던 수의사 Craig Bergstrom 과 수의사 Robert Rooks 를 상대로 California 주 Orange County 에 있는 Superior Court 에 과실, 의료과실, 사기 및 불공정행위를 근거로 손해배상을 청구하는 민사소송을 제기하였다.

원고가 소송장에서 피고들을 상대로 주장한 청구취지들은, (1) 과실 (Negligence), (2) 의료과실 (Veterinary Malpractice), (3) 물권침해

All-Care Animal Referral Center 과거 사진 (구글맵)

(Trespass to Chattel), (4) 동산손괴 (Conversion), (5) 기망 (Deceit)이었다.

원고 Bluestone 주장에 의하면, 자신의 반려견을 치료했던 담당 수의사들이 질병을 잘못 진단했고, 반려견의 상태에 대해서 자신에게 거짓말을 했고, 수의사들이 실시한 치료법에 따른 위험들에 대해서 충분히 설명하지 않았고, 담당 수의사들이 이런 치료를 할 수 있는 전문성도 갖추고 있지 않았으며, 부적절하고 불필요한 치료를 했다고 한다.

원고 Bluestone 은 죽은 반려견이 자신에게 특별한 가치가 있는 개라고 주장하였으나, 피고 변호사는 개는 단순한 물건이고 견주에게 특별한 가치가 있지는 않다고 주장하였다.

■ 법원의 판단은?

2004 년 1 월에 시작된 재판에서 원고 Bluestone 을 위해 전문가 증언을 한 독립적인 수의사는 "Shane"의 진료기록을 검토하고, 피고 수의사들이 의료과실이 있었다고 진술하였다.

2004 년 2 월, 재판은 배심원 심의에 회부되었으며, 배심원들은 하루 반나절의 논의를 거친 이후, 동물병원과 Rooks 수의사는 잘못이 없다고 판단하였고 Bergstrom 수의사는 과실이 있다고 판단하였다. 하지만, 배심원들은 Bergstrom 수의사가 고의적으로 불법행위를 하지는 않았고 수의사들이 고의적으로 거짓말을 하지는 않았다고 판단했다.

이런 판단에 기초해서, 배심원들은 Bergstrom 수의사가 배상할 손해배상 금액은, 불필요하게 청구된 치료비에 해당하는 $9,000 달러와 죽은 반려견 "Shane"이 Bluestone 에게 주는 특별한 가치(special value)에 해당하는 $30,000 불을 합산한 총 $39,000 달러라고 평결하였다.

배심원들은 비록 죽은 반려견의 시장가치는 $10 달러에 불과하지만 보호자 Bluestone 에게는 특별한 가치가 있었고 Bergstrom 수의사도 이런 사실을 알고 있었다고 판단하였다. 참고로, California 주 법률은 피고가 불법행위를 하기 이전에 해당 물건이 특별한 가치가 있다는 점을 알았다면 이런 물건의 시장가격을 초과하는 손해배상을 허용하고 있다.

1 심법원은 이런 배심원 평결에 기초하여 손해배상 판결을 내렸고, 피고 Bergstrom 수의사는 이런 판결에 불복하여 항소하였다.

당사자들의 소송종결 합의

이후, 2005 년 11 월, California Veterinary Medical Association 발표에 의하면, 쌍방은 소송을 화해하고 항소절차를 중단하기로 합의하였다. 이런 결과로, 이 사건은 선례로서의 의미를 남기지는 못하게 되었다.

AVMA 웹페이지에 보도된 재판결과 기사 (2004. 4. 15)

참고로, 수의사를 상대로 한 반려동물 의료사고 소송들은 일반적으로 small claims court 를 활용하는데, 원고 Bluestone 은, 일반 민사법원인 Superior Court 에 소송을 제기하였다.

또한, 피고 All-Care Animal Referral Center 동물병원은 일년에 약 300,000 건의 진료를 하는데, 이전에도 의료과실로 small claims court 에 소송을 당하고 수의사협회 징계절차에 회부된 사례들이 있었지만, 일반 민사법원에 제기된 소송은 이번이 처음이었다고 한다.

All Care Animal Referral Center 및 Robert Rooks 수의사는 기망적 행위와 미등록 보조원에게 의료행위를 시켰다는 이유로 수의사협회(Veterinary Medical Board)에 의해서 징계를 받고 면허가 일시정지되기도 하였다고 한다.

관련해서, 2003 년 7 월 1 일자 American Veterinary Medical Association 입장문은, 협회는 동물은 법률적으로 물건이라는 개념을 지지하지만 어떤 동물들은 보호자에게 그 동물의 시장가격을 넘어선 가치가 있다는 점도 인식하고 있으며, 이런 동물의 진정한 가치를 산정하기 위해서는 구매가격, 나이, 건강상태, 양육상태, 품종, 훈련여부 및 보호자에게 제공하는 실질적 기능을 고려해야 한다고 밝혔다.

당시 이 사건은 미국에서 역대 최고로 높은 반려견 손해배상금액이 판결로 나온 사건으로 언론과 관련 수의사 단체들의 관심을 받았었다.

원고 Bluestone 은 약 5 년동안 이어진 소송을 위해서 $375,000 불에 이르는 법률비용을 썼다고 한다.

법원기록에 의하면, 원고 Bluestone 은 2010 년 2 월에 판결금액을 모두 지급받고 최종적으로 소송을 종결하는 "ACKNOWLEDGMENT OF FULL SATISFACTION OF JUDGMENT" 서류를 법원에 접수하였다.

Los Angeles Times 신문에 보도된 재판결과 인터넷 기사 (2004. 2. 24)

■ 사건의 출처는?

▷ 사건출처: 미국 California 주 Los Angeles Times 신문기사들;
American Veterinary Medical Association 기사;
California Veterinary Medical Board 웹페이지

▷ 사건제목: Marc Bluestone v. Craig S. Bergstrom, DVM; Robert L. Rooks, DVM; All-Care Animal Referral Center (Orange County Superior Court Case No. 00CC00796)

▷ 재판부: Robert H. Gallivan 판사

▷ 변호인: 원고측 Terri Macellero 변호사, In Defense of Animals Board
Robert Newman, Newman & Newman, Santa Ana
피고측 R.Q. Shupe, Elaine Regan 변호사, Shupe & Regan, Santa Ana
Veterinary Medical Board: Linda K. Schneider Deputy Attorney General

> **에피소드 16 – 판사님, 저를 실제 가족구성원으로는 인정할 수 없다구요?**
>
> 수의사가 반려동물을 치료하는 과정에서 의료과실로 반려동물이 사망하자, 이런 반려동물 보호자가 수의사를 상대로 자신이 입은 정신적 고통에 대한 손해배상을 청구하는 소송을 제기한 사례
>
> 동물병원에서 치료를 받은 반려견이 수의사의 과실로 사망하였을 때, 반려견 보호자가 수의사를 상대로 자신이 입은 정신적 고통에 대한 손해배상을 청구할 권리는 없다고 판단한 Florida 주 항소법원 판례
> *Kennedy v. Byas d/b/a Agape Animal Hospital*

■ 사건의 발단은?

미국 Florida 주에 거주하는 Robert Kennedy는 자신이 키우던 Bassett Hound 품종 반려견을 치료하기 위해서 Agape Animal Hospital 동물병원을 찾아갔다.

Agape 동물병원에서는 Albert BYAS 수의사가 반려견을 치료하였는데 치료과정에서 의료과실 행위가 있었고, 이후, 반려견은 사망하게 되었다.

동물병원에서 Kennedy에게 청구한 진료비용은 $50 달러였고, 사망한 반려견의 시장가격은 $350 달러였다.

■ 소송의 전개는?

Kennedy는 BYAS 수의사의 의료과실에 따른 손해배상을 구하기 위해서 2개의 청구취지를 내용으로하는 민사소송을 Florida 주 지방법원에 제기하였다. 원고의 첫번째 청구취지는 과실(negligence)과 정신적 고통(emotional distress)이었고, 두번째 청구취지는 사기(fraud)였다.

이런 원고의 소송에 대해서, 피고 BYAS 수의사는 약식판결 신청을 하였다.

Florida 주 Panama City에 있는 동물병원 전경 (구글맵)

지방법원은, 수의사의 의료과실로 인한 반려견의 부상에 따른 정신적 고통을 주장하는 원고의 청구취지에 대해서, 설령 원고의 주장이 모두 사실이라고 해도 원고의 정신적 고통이나 아픔에 대해서는 법적으로 손해배상을 받을 권리가 없다고 하면서, 피고의 약식판결 신청을 받아들이고 정신적 고통을 주장하는 청구취지를 기각하였다.

이런 약식판결에 이어서, 피고는 원고의 남은 손해배상 청구가 반려견의 시장가격 $350 달러와 진료비용 $50 달러에 불과함으로 소송가액이 낮아서 지방법원의 관할이 아니고

소액사건을 담당하는 카운티법원의 관할이라고 주장하면서, 소송을 카운티법원으로 이송해달라고 신청하였다. 이런 신청에 반대하는 서면에서, 원고는 자신의 정신적 고통에 대한 손해배상을 제외하면 남은 손해배상 청구액은 지방법원의 소송가액 기준을 상회하지 않는다는 점을 인정하였다.[40]

지방법원은 피고의 소송 이송신청을 허락하였고, 원고는 이런 지방법원의 소송 이송명령에 불복하고 지방법원의 소송 이송명령을 취소해달라는 항소(petition for Writ of Certiorari)를 Florida 주 제 1 구역 항소법원(District Court of Appeal of Florida, First District)에 제기하였다.

■ 법원의 판단은?

2004 년 3 월, 항소재판을 맡은 Florida 주 제 1 구역 항소법원 Wolf 판사는, 당시 원고에게 유리한 2 개의 제 3 구역 항소법원 판례가 있었음에도 불구하고, 원고의 항소를 기각하는 판결을 내렸다.

Florida 법원관할 (Florida Courts 웹페이지)

이런 항소법원의 판결은, Florida 에서는 반려견을 실제 가족의 구성원으로 인정하지 않고 있으며, 반려견의 상해로 인한 보호자의 정신적 손해배상은 허용되지 않으며, 따라서 원고의 손해배상 청구액은 지방법원의 소송가액 기준에 미달한다는 판단에 기초하였다.

이번 사건과 유사한 Johnson v. Wander 사건에서는, 1 심법원이 수의사 의료과실에 의한 정신적 고통에 대한 손해배상을 구하는 원고의 청구취지를 기각하는 약식판결을 내렸고 이어서 재판관할을 카운티법원으로 이송하는 결정을 내렸으며, 이어진 항소심 재판에서는, Florida 주 제 3 구역 항소법원은 중대한 과실(gross negligence)과 정신적 고통(mental pain and suffering)에 대해서 배심원이 결정할 수 있음으로 1 심법원이 원고의 청구를 기각한 것은 잘못이라고 판단하였다.

또한, Knowles Animal Hosp., Inc. v. Wills 사건에서는, Florida 주 제 3 구역 항소법원은, 수의사 의료과실 소송에서 피해를 입은 반려견 소유권자는 감정적 고통(emotional damage)에 대한 손해배상을 받을 권리가 있다고 판결하였다.[41]

하지만, 이 사건 항소법원은, 원고가 정신적 고통에 대한 손해배상을 받기 위해서는 원고에게 어느 정도의 물리적 충격이

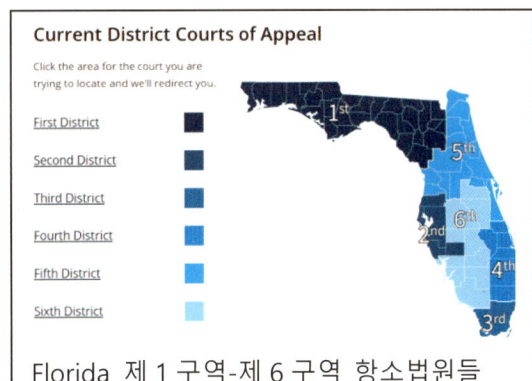

Florida 제 1 구역-제 6 구역 항소법원들 (Florida Courts 웹페이지)

---

[40] Florida 주 Circuit Court 관할 민사사건의 소송가액은 $50,000 이상이고, 그 이하는 County Court 관할이다.

[41] Johnson v. Wander, 592 So.2d 1225 (Fla. 3d DCA 1992); Knowles Animal Hosp., Inc. v. Wills, 360 So.2d 37 (Fla. 3d DCA 1978).

수반되어야 한다는 "impact rule" 원칙을 준수해야 한다는 법리를 재확인하였다.[42]

항소법원은, 물리적 충격이 없었음에도 정신적 고통에 따른 손해배상을 인정한 예외적인 사건들이 있지만, 이런 사건들에서도, 정신적 고통의 발생 가능성이 충분히 예견 가능했고, 정신적 피해가 심각할 것으로 보여지고, 인과관계도 비교적 분명하고, 예외를 인정하더라고 허구적이고 투기적인 손해배상 청구소송 홍수를 초래할 가능성이 없다는 요건들을 만족하는 공통점이 있는 경우들이었다고 설명하였다.

그리고, 항소법원은, 원고의 자녀가 의료과실로 상해를 입은 경우처럼, 가족처럼 친숙한 관계를 기반으로해서 발생하는 정신적 고통에 대해서는 "impact rule"의 예외적인 경우로 인정하는 판례들이 있다는 점과, 많은 사람들이 반려견을 가족의 일원으로 여기고 있는 상황이라는 점도 인정하였다. 또한, 수의사의 과실로 인한 반려견 보호자의 정신적 고통에 대한 손해배상 청구를 인정할지 여부에 대해서는 상반된 견해들이 있다는 점도 확인하였다.

그럼에도 불구하고, 항소법원은, Florida 법률상 개는 여전히 물건에 해당될 뿐이고, 이렇게 반려견 보호자의 정신적 고통에 대한 손해배상을 인정해주면 계속 증가하는 사람들 관련 사건들로 붐비고 있는 법원에게 불필요한 부담을 줄 수 있기 때문에, 가족관계에서 인정해주는 "impact rule"의 예외를 동물이 관련된 의료과실 사건들로 확대하여 적용할 수는 없다고 판시하였다.

그리고, 항소법원은 원고가 자신의 입장을 뒷받침하는 근거로 인용한 La Porte v. Associated Indeps., Inc. 사건은 이번 사건과는 사실관계가 상이하여 적용할 수 없다는 점도 설명하였다.[43]

La Porte 사건에서는, 반려견 보호자가 반려견에 대해서 갖는 애정은 실체가 있고 반려견을 악의적으로 상해하는 행위에 대해서 반려견 보호자는 손해배상을 청구할 권리가 있다라고 Florida 주 대법원이 판결하였다.

2025 년 Florida 제 1 구역 항소법원 판사들 (1DCA 웹페이지)

항소법원은, La Porte 사건에서는 반려동물에게 쓰레기통을 던진 피고의 행동이 악의적이었던 경우이었지만 이번 사건에서는 치료행위를 제공하려던 수의사의 행동이 단순한 과실이었던 경우라는 차이점이 있다고 두 사건을 구별하였다.

참고로, Kennedy 는 이런 항소법원의 판결에 불복하고 Florida 주 대법원에 상고하였으나, 2004 년 6 월 17 일에 상고포기서를 제출하고 소송을 종결하였다.

---

[42] "Impact Rule"을 다룬 사건은 Zell v. Meek, 665 So.2d 1048 (Fla.1995)이며, 이 소송은 아파트 폭발사고로 아버지가 죽는 것을 목격한 딸이 정신적 고통에 대한 손해배상을 청구한 경우이며, Florida 주 대법원은 다른 사람의 과실로 인한 정신적 고통에 대한 손해배상을 청구하기 위해서는 원고가 충격으로 물리적 상해를 입고 그런 상해로부터 정신적 고통이 초래되는 경우이어야 한다는 원칙을 판시하였다.

[43] La Porte v. Associated Indeps., Inc., 163 So.2d 267, 269 (Fla.1964)

■ 사건의 출처는?

▷ 사건출처: 미국 Florida 주 제1구역 항소법원(District Court of Appeal of Florida, First District) 2004년 3월 4일 판결문;
Kennedy v. Byas, 867 So.2d 1195 (Fla. Ct. App. 2004)

▷ 사건제목: Robert Bruns KENNEDY, Petitioner, v. Dr. Albert BYAS, d/b/a Agape Animal Hospital, Respondent

▷ 재판부: WOLF 주심법관, ALLEN and DAVIS 배심법관

▷ 변호인: Clayton R. Syfrett, of Syfrett & Kykes Law Offices, P.A., Panama City, for petitioner.
B. Richard Young and Elizabeth A. Parsons,
of Young, Bill, Fugett & Roumbos, P.A., Pensacola, for respondent

Bassett Hound 품종의 반려견 모습
(American Kennel Club Dog Breeds 웹페이지)

> **에피소드 17 – 엄마, 내가 림프종에 걸렸다고 안락사시킨 수의사를 응징해주세요!**
>
> 도로를 배회하던 유실견 "Joe-e"를 습득한 사람이 동물병원으로 그 유실견을 데려갔는데 수의사가 질병이 의심된다며 안락사를 권고했고, 결국 유실견은 안락사되었는데, 이후 죽은 유실견의 원래 주인이 수의사에게 손해배상을 청구한 사례
>
> 도로를 배회하는 유실견을 습득한 사람이 유실견을 동물병원에 데려갔다가, 중대한 질병이 의심되며 비용을 들여서 치료하던지 안락사시키는 것이 좋겠다는 수의사의 말을 듣고 안락사 시켰는데, 이를 알게된 죽은 유실견의 원래 주인이 수의사를 상대로 의료과실과 불법행위 등으로 제기한 소송에서, 수의사에게 손해배상의 책임이 있고 유실견의 시장가격을 초과하는 손해배상을 받을 수 있다고 판단한 Washington 항소법원 판례
>
> *Sexton v. Pet Emergency Center*

■ 사건의 발단은?

미국 Washington 주 시애틀 지역 Skagit County 에 거주하는 Valeri Sexton 은 Highline Veterinary Hospital 에서 수의사보조원으로 일하고 있었는데, Seattle Purebred Dog Rescue 단체에서 자원봉사를 하면서 Yorkshire terriers 품종대표자로도 활동하고 있었다.

2006 년 3 월경, Yorkshire terrier 를 키우던 사람이 자신의 반려견을 입양보내고 싶어했고, Valeri Sexton 과 Corey Recla 이 그 반려견을 입양하기로 하고 "Joe-e"라는 이름을 지어주었다. 입양 당시 반려견의 상태는 저체중이고 길고 엉키고 꼬인 털을 가지고 있었으며 구강청결이 매우 시급한 상황이었다.

3 월 9 일, Sexton 은 "Joe-e"를 자신이 일하던 동물병원으로 데려가서 중성화 수술을 했는데, 이 수술 중에 "Joe-e"는 선천성 간단락증 질환으로 거의 죽을 뻔했다. 이후, "Joe-e"는 간단락증을 고치기 위해서 수술을 받았지만, 매일 약을 복용하고 모니터를 받는 상태로 지내야 했다.

5 월 13 일, Sexton 과 Recla 는 자신들이 키우고 있던 7 마리 개를 데리고 Marblemount 지역 캠핑장에 갔는데, 캠핑장에 도착하고 얼마되지 않아서 "Joe-e"가 없어진 것을 발견하고 주변을 수색하였지만 찾지 못하였다.

같은 날, Marylue Martin 과 남편 Jim Martin 은 Cascade 고속도로를 운전하고 가던 중에 매우 수척한 개가 길에서 걸어가는 것을 발견했고, 차를 세우고 유실견을 구조해서 Mount Vernon 지역에 있는 Pet Emergency Center 로 데려갔다.

Pet Emergency Center 웹페이지 사진

당시 Pet Emergency Center 관리자였던 Mary Altman 증언에 의하면, 병원에 온 개는 말랐지만 온순하고 지시에 반응을 보였고 좋은 성품이었으며, 치료를 담당한 Jed Varney 수의사는 개가 무척 말랐고 먹는 것에 관심을 보이지 않아서 건강상태를 확인해보기 위해서 혈액검사를 제안했고, Martin 부부가 검사비용을 부담하기로 동의했다고 한다.

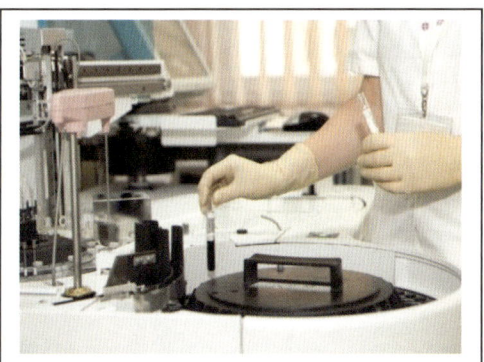

Image by Darko Stojanovic from Pixabay

Varney 수의사는 혈액검사에서 비정상적으로 높은 백혈구 숫자를 발견했지만 검사기구가 비정상적으로 작동했다고 판단하고 현미경으로 관찰을 했으며 그 결과 백혈구 수치가 정상이라고 판정했다.

이후, Varney 수의사의 근무시간이 끝나면서 Kenny Brown 수의사가 진료를 맡게 되었으며, Varney 수의사는 교대하면서 Brown 수의사에게 혈액검사 기구가 비정상 작동이고 현미경으로 보았을 때는 백혈구 수치가 정상이라고 말해주었다.

이어서, Brown 수의사는 추가로 혈액검사들을 진행하였고, 높은 백혈구 수치와 비정상적인 림프구 및 개의 수척한 상태와 음식을 거부하는 행동을 근거로 개가 악성림프종에 걸렸거나 다른 생명을 위협하는 질병상태라고 판정하고 일주일 이상 살지 못할 것이라고 판단했다.

Brown 수의사는 Martin 부부에게 개가 림프종에 걸렸다고 생각되고 전공 수의사가 개의 건강상태를 검사해보아야 한다고 설명했다. Martin 부부는 자신들이 더 이상 개가 치료를 받게 할 수는 없고 다음 단계로 어떻게 할 수 있는지를 문의했고, Brown 수의사는 추가로 검사를 하면서 진료비용을 부담하던지 개를 안락사해달라고 요청하는 선택이 있다고 설명해주었고, 결국, Martin 부부는 개를 안락사시키기로 결정하였다.

수의사보조원 Jennifer Holloman 에 의하면, 개를 안락사시키고나서 Brown 수의사는 개의 사체를 뒤집어보았는데 오래되지 않은 수술자국을 발견하고 놀라면서 몸 내부에서 어떤 일이 있었는지를 파악하기 위해서 부검을 하기를 원했고, 부검 이후에 개는 화장되었다고 한다.

5월 14일, Sexton 은 Marblemount 에 있는 숲관리인에게 "Joe-e" 분실을 보고했고, 이후 몇일동안에 걸쳐서 Sexton 과 Recla 는 벽보를 붙이고 Skagit County 동물관리소(Animal Control)와 개구조기관들을 찾아다녔고, 심령사들에게 자문을 구하기도 했으며, 개 추적전문가를 고용하기도 했다.

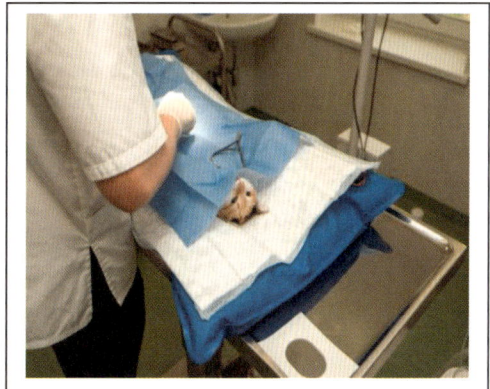

Image from Pixabay

5월 17일, Sexton 은 경찰에 "Joe-e"의 분실신고를 했다.

5월 23일, Pet Emergency Center 임원이 Sexton 에게 전화를 걸어서, "Joe-e"가 그곳에서 5월 13일에 안락사되었다고 알려주었다. 이후 몇주동안, Sexton 은 편두통, 불면증, 수면과다증, 근육통, 무감동증과 무기력증으로 병원치료를 받았다.

■ 소송의 전개는?

2006 년 7 월, Sexton 과 Recla 는 Brown 수의사와 Pet Emergency Center 를 상대로 Superior Court for Skagit County(1 심법원)에 과실 및 불법행위 등에 기반한 소송을 제기하였다.[44] 이들은 소송장에서 "Joe-e"의 사망에 따른 경제적 손실에 대한 손해배상과 반려관계 상실과 삶의 즐거움 상실에 대한 손해배상 및 정신적 고통에 대한 손해배상을 청구하였고, 반려견을 찾는데 들어간 비용과 변호사비용에 대해서도 손해배상을 요구하였다.

다음해 5 월, Sexton 은 Pet Emergency Center 와는 화해하였고, Brown 수의사에 대해서는 수정된 소송장을 접수하였다. 이에 대항해서, Brown 수의사는 몇 가지 적극적 항변들을 포함한 답변서를 제출하고, $1,000 달러를 법정 합의금(offer of judgment)으로 제안하였다.

Skagit County Superior Court, Mount Vernon, WA (구글맵)

이후, Brown 수의사는 몇 가지 신청서를 1 심법원에 제출하면서, (1) 원고의 위탁위반(breach of bailment) 청구취지를 기각하고, (2) 죽은 개의 시장가격인 $800-$1,000 달러로 손해배상을 제한하고,[45] (3) 환자가 의사를 상대로 제기하는 의료사고 청구절차와 범위를 제한하고 있는 Washington 주 의료사고법(RCW chapter 7.70)이 수의사에게도 적용된다는 결정을 내려달라고 요청하였다.

2008 년 2 월 22 일, 1 심법원의 Susan Cook 판사는, (1) Sexton 이 제기한 청구취지들 중에서 동산 손실과 불법침해(conversion and trespass to chattels) 청구취지를 제외한 나머지 청구취지들을 기각하였으며, (2) Washington 주 의료사고법은 수의사에게는 적용되지 않는다고 결정하였고, (3) 손해배상 범위는 사망한 개의 시장가격이나 대체가치이며 대체가치는 감성적 가치는 포함하지 않는다고 하면서, 구체적 손해배상 액수는 배심원들이 관련 증거들을 듣고나서 평가할 것이라고 밝혔고, (4) 5 월 17 일부터 23 일까지 발생한 원고의 수색비용은 손해배상 범위에 포함된다는 결정을 내렸다.

이런 1 심법원의 결정에 대해서, Sexton 은 자신의 위탁위반 청구취지를 기각한 결정과 손해배상 범위를 사망한 개의 감성적 가치를 고려하지 않고 시장가격이나 대체가치로 제한하는 결정에 불복하고 항소하였다.

---

[44] 원고는 무려 9 개의 청구취지를 손해배상 근거로 주장했는데, 과실, 고용과 감독의 과실, 위탁위반, 허위보장, 동산 손실과 불법침해, 신탁의무위반, 시신관리권 불법침해, 정신적 고통 가해, 소비자보호법 위반을 포함시켰다. (negligence, negligent hiring and supervision, breach of bailment, negligent misrepresentation, conversion and trespass to chattels, breach of fiduciary duty, wrongful invasion of right to custody of a corpse, negligent infliction of emotional distress, and violation of the Consumer Protection Act (CPA), chapter 19.86 RCW)

[45] Yorkshire terrier 품종 개사육사로 20 여년간 일한 경험에 근거해서 전문가 증언서를 제출한 Carol Confer 는 "Joe-e"가 순종이라고 전제하고 사고당시 시장가격은 $800-$1,000 달러 사이라고 밝혔다.

Brown 수의사도, Washington 주 의료사고법이 수의사에게는 적용되지 않는다는 1심법원 결정과, 원고의 동산 손실과 불법침해 청구취지를 기각하지 않은 1심법원 결정과, 원고의 수색비용이 손해배상범위에 포함된다는 1심법원 결정에 대해서 불복하고 항소하였다.

■ 법원의 판단은?

원고의 위탁위반 청구취지 (Breach of Bailment Claim)

항소법원은, 위탁(bailment)행위는 특정한 목적을 위해서 다른 사람에게 물건을 전달하면서 이런 특정한 목적이 성취되면 다시 물건을 되돌려 받는다는 명시적 또는 묵시적 합의가 있는 경우에 성립되며, 위탁행위는 합의에 기반한 거래이고 위탁자(bailor)가 물건의 소유권은 유지하되 점유권을 피위탁자(bailee)에게 의도적으로 전달하고 피위탁자는 이런 물건의 점유를 받아들이고 그에 수반된 책임을 부담한다고, 위탁에 관한 일반 법률원칙을 설시하였다. 또한, 유실물의 경우에는, 원래 소유자가 소유권을 포기한 것이 아니고, 유실물 습득자는 원래 소유자에 대해서 피위탁자이며, 무상의 피위탁자는 해당 유실물을 원래 소유자에게 돌려주어야하는 의무가 있고, 중대한 과실이 있는 경우에만 배상책임이 있다고 설시하였다.

Court of Appeal of Washington, Division One, Seattle (구글맵)

이런 법리에 입각해서, 항소법원은, 이 사건에서는 Martin 부부가 유실견 "Joe-e"를 구조함으로서 무상의 피위탁자가 되었고 원래 소유자를 찾아서 개를 돌려주어야할 의무가 있었다고 판단했다. 또한, Martin 부부가 "Joe-e"를 Pet Emergency Center 로 데려가서 Brown 수의사에게 넘겨줄 때, 개를 다시 돌려달라는 명시적 또는 묵시적 합의를 하고 넘겨주었다는 증거는 없어서, Brown 수의사와 위탁행위가 있었다고 볼 수 없다고 판단하였다.

Brown 수의사가 "Joe-e"가 유실견임을 알고 있었기 때문에 관련법률에 따라서 Brown 수의사는 유실물 습득자가 되었고, 유실물 습득자는 7일 이내에 관할 치안부서에 신고했어야 한다는 원고의 주장에 대해서는, 항소법원은, Brown 수의사가 "Joe-e"를 발견한 것이 아니라서 유실물 습득자에 해당되지 않는다고 판단하였다.

Brown 수의사가 공동 피위탁자 또는 공동 유실물 습득자 지위에 있었다는 원고의 주장에 대해서는, 항소법원은, 최초 위탁계약에서 피위탁자가 위탁자의 대리인으로서 위탁 목적을 달성하기 위해서 다른 피위탁자(sub-bailee)가 필요하다고 상정하고 있는 경우에만 재위탁(sub-bailment)이 허용된다고 설시하면서, 이런 원고의 주장을 받아들이지 않았다.

손해배상 범위 (Measure of Damages)

사망한 개에 대한 손해배상 범위를 시장가격이나 대체가치로 한정하고 감성적 손해를 배제하는 1심법원의 결정이 잘못되었다는 주장에 대해서, 항소법원은, 물건의 손상에 따른 손해배상 범위을 결정한 대법원 판례를 인용하면서, 과실로 인한 손해배상 사건에서 원고는 감성적 손해나 동반자관계 손해를 주장할 수 없다는 원칙을 재확인하였다.

하지만, 같은 법원의 판례를 인용하면서, 죽은 반려견의 시장가격(market value)이 없는 경우에는 그 반려견이 가진 본질적 가치(intrinsic value)를 손해배상으로 받을 수 있다고 밝혔다.[46]

또한, 고의성이 없는 동산 손실에 대한 손해배상은 손실 당시 물건의 시장가격이지만, 정당성이 없고 의도적인 불법행위 경우에는 감성적 손해에 대한 손해배상도 가능할 수 있다고 설명하였다.

원고의 동산 손실과 불법침해(conversion and trespass to chattels) 청구취지

항소법원은, 동산 손실과 불법침해(conversion and trespass to chattels) 청구취지를 기각하지 않은 1심법원의 판단도 잘못이 없다고 확인하였다.

항소법원은 법률원칙에 대해서, 동산 손실(conversion)은 물건에 대해 의도적이고 정당성이 없는 간섭을 하여 물건 소유권자의 소유를 박탈하는 행위이며, 부당한 의도가 없고 선의로 간섭을 해도 성립되는 불법행위이고, 동산 불법침해(Trespass to chattels)는 동산 손실보다는 정도가 약한 것으로, 다른 사람의 물건에 의도적으로 정당성없이 간섭해서 소유권자의 점유나 활용을 박탈하는 불법행위라고 설명하였다.

이와 관련해서, Brown 수의사는 자신의 치료행위는 Washington 주 법률에 의해서 정당한 것이어서 Sexton 의 동산 손실과 불법침해 청구취지는 기각되었어야 한다고 주장했다.[47]

하지만, "Joe-e"를 처음 치료했던 Varney 수의사는, 개가 저체중이었지만 질병이라고 할 수는 없었고, 털이 손질이 되있었고 복부에 수술자국이 있어서, 외관으로 볼 때 돌봄을 받고 있는 개로 믿었으며, 또한, "Joe-e"는 놀기 좋아했고 놀아주면 경쾌하게 점프했고, 밝았고 기민하고 반응적이었다고 증언했다.

Varney 수의사는, 자신의 전문가적 견해로는 "Joe-e"가 가까운 장래에 죽을 위험에 처해있지 않았고 어떤 고통을 겪고 있지도 않았으며, 그날 저녁에 안락사될 이유는 없었고, 밤 동안에 데리고 있으면서 물을 주고 모니터하면서 아침에 주인이 나타나기를 기다리거나 지역 동물보호소에 데려다 줄 생각을 했다고 증언했다.

Pet Emergency Center 관리자인 Mary Altman 은 경험있는 수의사보조원이었는데, "Joe-e"가

Yorkshire terrier (Image by Josch13 from Pixabay)

---

[46] Sherman v. Kissinger, No. 60137-7 (Wash.Ct.App. September 29, 2008)

[47] Washinton 주 법률(WAC 246-933-060)에 의하면, 수의사는, 동물을 치료해달라고 승인한 사람이 해당 동물의 소유권자가 아니더라도, 해당 동물을 치료할 수 있다고 규정하고 있다. 또한, Washinton 주 법률(WAC 246-933-050)은, 수의사는, 동물이 고통을 겪고 있다면, 해당 동물의 소유권자나 대리인이 현장에 없다고 하더라도, 이런 동물의 고통을 경감할 수 있는 최소한의 치료를 제공하도록 노력해야한다고 규정하고 있다. 또한, 수의사는 어떤 환자를 받을지 여부에 대해서 자유롭게 결정할 수 있지만, 일단 치료가 시작되었다면, 치료를 요청받고 허용받았다면 환자를 방치하면 안되고, 소유권자의 동의가 없는 응급조치는 환자를 받아들인 행위로 간주되지는 않는다.

기민하고 귀엽고 청결하고 털 손질이 되있었으며 아주 말랐다는 점을 제외하고는 행복한 작은 강아지였고, 환자분류 관점에서는, 트라우마나 부상을 입은 케이스가 아니고 즉각적인 수의사의 도움이나 참기힘든 고통을 덜어주기 위해 안락사가 필요한 상황이 아니었다고 증언했고, 몸이 마른 원인들을 가지고 있었겠지만 그 외에는 사교적이고 반응력있고 기분 좋은 상태였다고 증언했다.

Varney 수의사를 도와줬던 Jennifer Holloman 수의사보조원은 "Joe-e"가 말랐지만 밝고 기민했으며 걸어다녔고 어떤 통증이나 고통을 느끼고 있는 것으로 보이지 않았고 치아색깔도 좋았으며 맥박도 정상수치였다고 증언했다.

사고 한달 전에 "Joe-e"를 수술했던 수의사는 개의 목, 사타구니, 다리 등에 부픈 림프를 발견하지 못했고 복강 수술 중에 복부를 길게 절개했었지만 악성림프종 증세가 없었다고 말했다.

안락사를 제안했던 Brown 수의사 마저도, "Joe-e"가 림프종에 걸렸다고 믿었지만 초기 단계였고 그렇게 나쁜 상태라고 생각하지는 않았고 몇일동안은 생존했을 수 있고 다른 치료법들도 있었다고 인정했다.

결론적으로, 항소법원은, Brown 수의사의 행동이 정당하였는지에 대한 상반된 증거들이 존재함으로 동산 손실과 불법침해 청구취지를 기각하는 약식판결은 적절하지 않았고 이런 청구취지들을 기각해달라는 신청을 받아주지 않은 1심법원의 판결에는 잘못이 없었다고 1심법원의 판결을 인용하였다.

기타 항소심 쟁점들

추가로, 항소법원은, Washington 주 의료사고법은 수의사에게는 적용되지 않는다는 1심법원의 판단은 기존 판례들과 일치하며 잘못이 없다고 확인하였다.

1심법원이 Sexton이 "Joe-e"를 찾으려고 사용한 비용을 Brown 수의사가 배상하라고 판결한 부분에 대해서는, 항소법원은, 1심법원의 판결이 유실물을 습득한 사람의 의무에 관한 Washington 주 법률(RCW 63.21.010)에 근거를 하고 있지만, Brown 수의사는 "Joe-e"를 습득한 습득자가 아니였기 때문에, 1심법원의 판결은 잘못되었다고 밝혔다.

참고로, 항소법원 재판은 항소인 변호인과 피항소인 변호인에 추가해서, Animal Legal Defense Fund 입장을 대변하는 변호인과 Animal Health Institute 및 Pet Industry Joint Advisory Council 입장을 대변하는 변호인들이 변론에 참여하였다.

특히 Animal Legal Defense Fund 는 참고의견서(amicus brief)를 제출하고 사망한 반려견의 "market value"를 넘어서 보호자가 반려견에 대해서 가지고 있는 "intrinsic value"를 보상해주어야 한다는 입장을 표명했다.

이번 사건처럼, 다른 사람의 요청으로 수의사들이 유기견에 대해서 치료나, 중성화수술, 마이크로칩 이식, 안락사 같은 의료행위를 하는 경우가 있을 수 있으며, 나중에 유기견의 원래 소유자가 나타나서 여러가지 형태의 손해배상 소송을 수의사에게 제기할 수도 있다.

만약 주정부나 지방자치정부가 운영하는 동물보호소의 요청으로 수의사가 유기견을 치료하거나 중성화시키거나 안락사시켰다면, 대부분, 해당 법률에 명시적으로 수의사의 책임을 면책해주는 규정을 두고 있다.

Colorado 주 법률은 동물보호소에 있는 유기견이 심한 고통이나 아픔을 겪지 않도록 수의사가 안락사를 시킬수 있다고 허용하고 있다. Colorado Revised Statutes §35-80-106.3.

Illinois 주에서도 신의성실하게 소유자에게 연락한 경우에는 수의사나 동물보호소는 자신들의 행동에 대해서 형사책임이 없고 고의나 중대한 과실이 아닌 경우에는 민사적 책임도 없다고 규정하고 있다. Illinois Codified Statutes 510 § 5/35.

Court of Appeal of Washington Division One (Image from American Courthouses by John Deacon)

■ 사건의 출처는?

▷ 사건출처: 미국 Washington 주 항소법원 (Court of Appeal of Washington, Division One) 2008 년 10 월 22 일 판결문; Sexton v. Brown, 147 Wn. App. 1005 (Wash. Ct. App. 2008)

▷ 사건제목: Valeri SEXTON and Corey Recla, Appellants, v. Kenny L. BROWN, DVM, and Kenny L. Brown, DVM, Inc., Respondents

▷ 재판부: SCHINDLER C.J.; BECKER and LEACH JJ

▷ 변호인: John W. Schedler, Eric L. Lewis Lee Smart PS Inc., Seattle, WA, for Respondents and Respondent/Cross-Appellant.
Adam Phillip Karp, Animal Law Offices, Bellingham, WA, for Appellant/Cross-Respondent.

Claire Loebs Davis, Attorney at Law, Seattle, WA, Matthew G. Liebman, Animal Legal Defense Fund, Cotati, CA,
Amicus Curiae on behalf of Animal Legal Defense Fund.

Kimberly Kamel, Witherspoon Kelly, Spokane, WA,
Phil Goldberg, Victor E. Schwartz, Shook, Hardy, & Bacon, Washington, DC,
Amicus Curiae on behalf of Animal Health Institute and
Pet Industry Joint Advisory Council

> **에피소드 18 – 엄마 아빠, 이 동물병원 히팅패드는 너무 뜨거워서 싫어요!**
>
> 동물병원에서 반려견을 수술한 후에 히팅패드 위에 너무 오랫동안 방치해놓아서 심한 화상을 입혔고 결국 안락사하게 되자, 반려견의 보호자가 자신들이 입은 정신적 고통에 대한 손해배상과 징벌적 손해배상을 청구하는 소송을 제기한 사례
>
> 동물병원에서 반려견을 수술하고 나서 히팅패드가 있는 케이지에 하루 이상 반려견을 방치해두어서 반려견이 심한 화상을 입었고, 결국, 안락사하게 되었다면, 반려견의 보호자가 수의사와 동물병원을 상대로 반려견에 대한 중대한 과실로 인해서 자신들이 입은 정신적 고통에 대한 손해배상과 징벌적 손해배상을 청구할 권리가 있다고 판단한 Florida 주 항소법원 판례
> *Wills v. Knowles Animal Hospital*

■ 사건의 발단은?

미국 Florida 주에 거주하는 Helen Wills 와 Howard Wills 부부는 자신들이 키우던 반려견을 치료하기 위해서 Knowles Animal Hospital 을 찾아가서 반려견을 맡겨놓았다.

동물병원에서는 이 반려견을 수술하고 나서 케이지 내부에 히팅패드를 놓고 그 위에 반려견을 놓아둔 채로 하루 반나절정도를 돌보지 않고 방치하였다.

그런 결과로 이 반려견의 한쪽 신체 부위가 심각하게 화상을 입었고 신체에 변형이 발생했다. 이후, Wills 부부는 다른 동물병원에서 자신들의 반려견을 치료해보았지만 이런 화상으로 인한 부상과 다른 질환의 발병으로 결국 반려견을 안락사 시키게 되었다.

■ 소송의 전개는?

Wills 부부는 Knowles Animal Hospital 을 운영하던 Knowles Animal Hospital, Inc. 회사와 치료를 담당했던 Robert Knowles 수의사를 상대로 Florida 주 Dade County 에 있는 Circuit Court 에 손해배상 소송을 제기하였다.

이 소송에서, Wills 부부는 피고들이 중대한 과실을 저질렀으며 그 결과 자신들의 반려견이 심각한 화상을 입고 신체변형을 겪게 되었다고 주장하면서, 반려견이 입은 상해에 대한 손해배상과 자신들이 겪은 물리적 정신적 고통에 대한 손해배상에 추가해서 징벌적 손해배상까지를 요청하였다.

1 심재판에서 배심원들은 Knowles 수의사는 배상책임이 없다고 평결하고, Knowles Animal Hospital, Inc. 회사는 일반적 손해배상으로

Miami-Dade County Courthouse (구글맵)

$1,000 달러와 징벌적 손해배상으로 $12,000 달러를 합친 총 $13,000 달러를 배상할 책임이 있다라는 평결을 내렸다.

1심법원 Donald Stone 판사는 이런 배심원들의 평결대로 판결을 내렸다. 원고는 수의사 Knowles 피고는 손해배상 책임이 없다는 판결에 불복해서 항소하였고, 피고 동물병원 회사는 자신에 대한 손해배상 판결에 불복해서 항소하였다.

■ 법원의 판단은?

항소법원은, 1심법원이 반려견 소유자인 Wills 부부가 겪은 정신적 고통과 괴로움(mental pain and suffering)을 배심원들이 심의할 항목들에 포함시킨 것은 기존 판례들을 고려할 때 법리를 위반한 것이 아니라고 판단하였다. 또한, 자신들의 반려견에 대한 불법적인 사고로 인해서 원고들이 겪은 물리적 정신적 고통은 증거로서 입증이 되었다고 판단하였다.

또한, 항소법원은, 증거로 제출되어서 배심원들이 보게된 피고의 과실행위와 그 결과 초래된 반려견의 화상 부상을 살펴보면은, 원고들의 재산에 심각하게 무관심한 피고의 성향을 보여주고 있어서, 배심원들이 내린 평결을 정당화시켜주고 있다고 판단하였다.

이와 관련해서, 항소법원은, 이번 사건 이전에, Robert Knowles 수의사를 상대로 진행되었던 또 다른 불법행위와 의료과실 사건을 판결문에 참고로 적시하였다.

그 사건에서는, 원고 Levine 이 키우던 "Tiki"라는 이름의 Chihuahua 품종 반려견이 Robert Knowles 수의사의 동물병원에서 일반적인 피부질환 치료를 받다가 죽는 사고가 발생했었다.

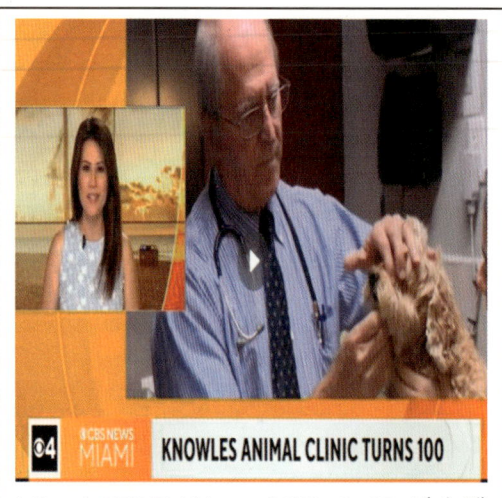

Miami CBS TV News 2023. 5. 12 방송에 소개된 Knowles Animal Clinic 100 주년

원고 Levine 은 죽은 반려견을 부검하기 위해서 사체를 보존해달라고 요청했다. 그럼에도 불구하고, Robert Knowles 수의사는 반려견을 화장시켰다.

이후, 원고 Levine 은 이 수의사가 의료과실을 은폐하기 위해서 화장을 시켰다고 주장하면서, 불법행위 또는 의료과실에 따른 손해배상과 징벌적 손해배상을 청구하는 소송을 제기하였고 긴 법정 다툼이 벌어졌었다.[48]

---

[48] Saul LEVINE, Petitioner, v. Robert KNOWLES, Respondent, 197 So.2d 329 (Fla. 3d DCA 1967): Kelner & Lewis, Miami, for petitioner; Fowler, White, Collins, Gillen, Humkey & Trenam and A. Blackwell Stieglitz, Miami, for respondent.   Saul LEVINE, Appellant, v. Robert KNOWLES, Appellee, 218 So.2d 217 (Fla. 3d DCA 1969): Kelner & Lewis, Miami, for appellant; Frates, Fay, Floyd & Pearson, Fowler, White, Collins, Gillen, Humkey & Trenam, and Henry Burnett, Miami, for appellee.   Saul LEVINE, Petitioner, v. Robert KNOWLES, Respondent, 228 So.2d 308 (Fla. 3d DCA 1969): Kelner & Lewis, Miami, for petitioner; Fowler, White, Collins, Gillen, Humkey & Trenam, Frates, Fay, Floyd & Pearson, and James Little, Miami, for respondent.

결론적으로, 항소재판을 맡은 HENDRY, HUBBART, CARROLL 판사는 항소를 기각하고 1심법원의 판결을 인용하는 결정을 내렸다.

■ 사건의 출처는?

▷ 사건출처: 미국 Florida 주 제3구역 항소법원 (District Court of Appeal of Florida, Third District) 1978년 6월 13일 판결문;
Knowles Animal Hospital, Inc. v. Wills, 360 So.2d 37 (Fla. Dist. Ct. App. 1978)

▷ 사건제목: KNOWLES ANIMAL HOSPITAL, INC., Appellant, v. Helen WILLS and Howard Wills, her husband, Appellees;
Helen WILLS and Howard Wills, her husband, Appellants, v. Dr. Robert KNOWLES, Appellee

▷ 재판부: HENDRY and HUBBART and CHARLES CARROLL (Ret.) Associate Judge JJ.

▷ 변호인: Goldstein & Goldstein and Caron Balkany, Miami, for Wills.
Corlett, Merritt, Killian & Sikes, Greene & Cooper and Sharon L. Wolfe, Miami, for Knowles

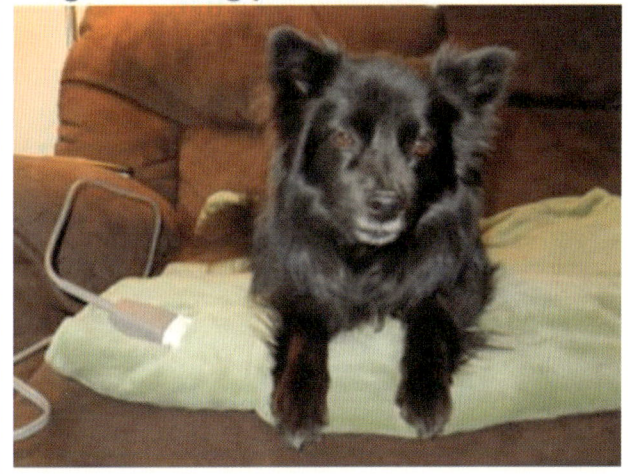

"A Hot Mess: Heating Pad Injuries-
Heating pad burns can be horrific" By Tony Johnson, DVM, DACVECC (VetzInsight Web Page)

> **에피소드 19 – 꼬마야, 산책 중에 도망치고 있는 나를 함부러 붙잡으려고 하지마!**
>
> **치료을 위해 동물병원에 맡겨놓은 반려견 "Gucci"가 탈출하여 사람을 무는 사고가 발생하자, 사고 피해자가 동물병원 뿐만 아니라 반려견의 법적 소유권자를 상대로 손해배상 청구소송을 제기한 사례**
>
> 반려견 보호자가 치료를 위해서 동물병원에게 맡겨놓은 반려견이 동물병원의 실수로 탈출하여 8살 여자 어린이의 손가락을 무는 사고가 발생하였는데, 비록 반려견 보호자에게 소유권자로서 책임을 지게하는 무과실책임 법률이 있지만, 사고현장에 없었고 개를 통제할 수 있는 위치도 없었던 소유권자에게는 손해배상 책임이 없다고 판단한 Illinois 주 항소법원 판례
> *Hayes v. Cariage House Animal Clinic*

■ 사건의 발단은?

미국 Illinois 주 Du Page County 에 거주하고 있는 Tina L. Adams 는 Lhasa Apso 품종 반려견 "Gucci"를 10 여년간 집에서 키우고 있었는데, Adams 에 의하면, "Gucci"는 예쁘고 차분한 성격이었고 아이들과 잘 어울렸으며 다른 개를 쫓아가거나 사람에게 입질을 한 적도 없고 어떤 사고도 일으킨 적이 없었다.

1997 년 4 월 23 일, Adams 는 수술을 받게하기 위해서 "Gucci"를 William J. Hearle 수의사가 운영하는 Carriage House Animal Clinic 동물병원으로 데리고 갔다. Adams 는 "Gucci"를 동물병원에 내려놓고 자신은 직장으로 가면서, 반려견에게 채워주었던 목걸이와 체인은 벗겨서 가지고 갔고, 동물병원에서는 목걸이와 체인 대신에 반려견 목에 줄을 묶어주었다.

평소 동물병원의 절차는 수술에 앞서서 반려견을 산책시켜주는데, 산책을 할때는 동물병원의 올가미와 체인을 사용하였다. 동물병원의 수의사 보조원이 절차대로 반려견 "Gucci"를 산책시켜주었는데, 수의사 보조원이 반려견을 데리고 풀이 많은 지역에서 산책을 하던 중 반려견의 목줄이 풀어졌고 반려견이 도망을 쳤다.

Lhasa Apso Dog Breed Image
(American Kennel Club 웹페이지)

수의사 보조원이 반려견을 잡으려고 쫓아갔는데, 당시 8 살이던 Hayes 여자 어린이가 학교통학버스를 기다리고 있는 곳으로 반려견이 접근했고, 수의사 보조원이 Hayes 에게 개를 붙잡아달라고 큰 소리로 외쳤다. Hayes 는 반려견을 잡아주려고 시도했고, 이때 반려견이 Hayes 의 오른손 엄지 아래부분을 물었다.

이런 개 물림사고로 Hayes 는 고통을 겪었고 상처부위가 부풀어올랐으며 각종 활동을 하는데 지장을 받게 되었다. 이후, Hayes 는 2000 년 1 월, 2006 년 12 월, 2008 년 여름에 걸쳐서 3 번의 수술을 받았다.

■ 소송의 전개는?

Hayes는 반려견의 보호자 Adams와 Carriage House Animal Clinic 동물병원을 운영하던 William Hearle 수의사와 Sekowski Veterinary Service LLC 법인을 상대로 Du Page County Circuit Court에 소송을 제기하였다.

이런 원고의 소송에 대해서, 피고 Adams는 약식판결신청(motion for summary judgment)을 제기하였다.

2012년 2월 14일, 1심법원은, 사고를 낸 반려견의 소유권에만 기초해서 사고에 대한 무과실책임을 반려견 소유권자에게 부담시킬 수는 없고, 피고 Adams가 사고 당시에 그녀의 반려견 "Gucci"에 대한 관리나 지배권을 행사하고 있지 않았다는 이유로, 피고 Adams의 약식판결신청을 받아들여서 원고 Hayes의 소송을 기각하였다.

Carriage Animal Hospital (구글맵)

원고 Hayes는 이런 1심법원 판정에 불복해서 항소하였다.

■ 법원의 판단은?

2013년 2월 28일, 항소법원 Schostok 주심판사는 원고 Hayes의 항소를 기각하는 판결을 내렸다.

항소법원에서 유일한 법률쟁점은 Illinois주 Animal Control Act 법률의 해석 문제였으며, 피고 Adams가 자신의 반려견을 동물병원에 맡겨두었고, 사고 당시에는 사고현장에 없었고 반려견에 대한 통제권도 없던 상태였음에도 불구하고, 사고를 낸 반려견의 법률상 소유권자라는 이유로 반려견이 낸 물림사고에 대한 무과실책임(strict liability)이 있는지 여부였다.

Animal Control Act 법률에 의하면, 만약 개나 다른 동물이, 합법적으로 출입할 수 있는 권한이 있는 장소에서 평화롭게 머물고 있는 사람을, 어떤 도발행위도 없었는데, 공격하거나 상해를 입히면, 이런 개나 동물의 소유권자(owner)는 사고를 당한 사람이 입은 부상 전부에 대한 손해배상 책임이 있다고 규정하고 있다.[49]

이 법률에서는, 소유권자를, 해당 개나 동물에 대해서, 재산적 권한을 가졌거나, 이들을 보호하거나 데리고 있거나, 이들을 돌봐주고 있거나 보호자로 행동하거나, 자신이 점유하고 있는 장소에 이들이 있는 것을 인지하고 머물 수 있도록 허용해주는 사람으로 규정하고 있다.

---

[49] Illinois Animal Control Act 관련 조항: "[i]f a dog or other animal, without provocation, attacks or injures any person who is peaceably conducting himself in any place where he may lawfully be, the owner of such dog or other animal is liable in damages to such person for the full amount of the injury sustained." 510 ILCS 5/16 (West 1996).

따라서, 이 법률에 근거해서 보상을 받기 위해서 원고가 입증할 요건들은, 원고는 피고가 소유한 동물에 의해서 상해를 입었고, 자신은 아무런 도발도 하지 않았으며, 자신은 사고가 난 장소에 합법적으로 출입할 권한이 있었고 평화롭게 체류하고 있었다는 점들이다.

항소법원은, 이 법률이 외관상으로는 반려견이 사람에게 상해를 입히면 반려견 소유권자의 과실여부와 상관없이 반려견 소유권자에게 무과실책임(strict liability)을 지우는 것처럼 보이지만, 이 법률이 그렇게 소유권자에게 무과실책임을 지우는 것은 아니라고 설명하였다.

항소법원은, 대중을 위험으로부터 보호하기 위하여 자신의 반려견을 철저하게 관리하도록 강제하려는 입법취지와, 순전히 반려견을 소유하는 것에 대한 페널티로 배상책임을 부여하는 방식의 해석은 반대하는 판례들과, 자신의 반려견이 공격성향이 있다는 점을 피고가 사전에 알고 있었다고 원고가 입증해야만 피고에게 손해배상을 청구할 수 있다고 한 판례들을 고려하면, 이 법률에 의해서 반려견 소유권자에게 배상책임을 지우기 위해서는 그렇게 책임을 추궁할 사실적이고 합리적인 근거들이 있어야 한다고 해석하였다.

항소법원은 이런 법률해석의 근거로, 개에 걸려서 넘어졌다고 개의 소유권자에게 배상책임을 청구했지만, 개를 소유했다는 이유만으로 손해배상 책임을 지게 할 수 없고, 개가 어떤 문제되는 행동을 했어야 한다면서, 손해배상 청구를 기각한 Bailey v. Bly 판례를 인용하였다.[50]

Du Page County Courthouse (구글맵)

또한, 항소법원은, 어머니와 떨어져서 따로 아버지와 같이 살고 있는 아들에게 어머니가 개를 구매해서 선물하였는데, 개물림사고를 입은 원고가 개의 소유권자인 어머니를 상대로 개물림사고에 대한 손해배상을 제기한 사건에서, 해당 개를 어머니가 돌보거나 통제하거나 보호하고 있지도 않았는데, 단지 이 개의 법적 소유권자라는 이유만으로 배상책임이 있다고는 할 수 없다고 한 Papesh v. Matesevac 판례도 인용하였다.[51]

그리고, 항소법원은, 이런 판례들과 대비해서 동물의 소유권자에게 무과실 책임을 인정한 사례들도 있지만, 그 사례들은 이번 사건과는 구분된다고 설명하였다.

구체적으로, 원고가 피고의 말을 타다가 부상을 입고 말의 소유권자인 피고에게 손해배상을 청구한 Carl v. Resnick 사건을 소개하면서,[52] 그 사건에서는, 피고가 자신이 없는 상황에서는 다른 사람이 자신의 말을 타도록 절대 허용하지 않았고 사고 당시에도 원고의 옆에서 피고가 같이 말을 타고 갔다는 사실에 기반해서, 피고가 해당 말에 대해서 소유권에 더불어 보호, 점유, 통제권을 가지고 있었다고 판단하고 손해배상 책임을 인정하였다고 설명했다. 하지만, 이번 사건에서는, 피고 Adams 가 사고당시에 해당 반려견을 돌보거나 보호하거나 통제하고 있지 않았기 때문에, Carl v. Resnick 판례는 적용할 수 없다고 항소법원은 밝혔다.

---

[50] Bailey v. Bly, 87 Ill.App.2d 259, 261–62, 231 N.E.2d 8 (1967)

[51] Papesh v. Matesevac, 223 Ill.App.3d 189, 192, 165 Ill.Dec. 370, 584 N.E.2d 549 (1991)

[52] Carl v. Resnick, 306 Ill.App.3d 453, 239 Ill.Dec. 443, 714 N.E.2d 1 (1999)

그리고, 항소법원은 Wilson v. City of Decatur 사건을 언급하면서,[53] 그 사건에서는 지방정부 경찰서의 경찰관이 통제하고 있던 경찰견에 물린 원고가 지방정부에게 손해배상을 청구하였는데, 지방정부는 개의 소유권자였고 동시에 자신의 근로자인 경찰관을 통해서 개를 보호, 점유, 통제하고 있었다는 이유로, 개의 소유권자인 지방정부가 물림사고에 대한 손해배상 책임이 있다고 인정한 사례로서, 피고가 사고를 낸 개를 통제하고 있지 않았던 이번 사건과는 구분된다고 설명하였다.

결론적으로, 항소법원은, 이 사건에서도, (1) 피고 Adams가 비록 사고를 낸 반려견의 법적 소유권자였지만 사고 당시에는 자신의 반려견에 대한 보호, 점유, 통제권한(care, custody and control)을 완전히 동물병원에게 넘겼고, (2) 피고 Adams가 자신의 반려견을 통제하거나 사고를 막을 수 있는 위치에 있지도 않았으며, (3) 동물병원에서 반려견을 탈출하도록 허용하거나 반려견이 다른 사람을 물 것이라고 피고 Adams가 믿을 이유가 없었기 때문에, 피고에게 책임을 추궁할 어떤 사실관계나 합리적인 근거가 없었다고 판단하였다.

따라서, 피고 Adams는 "Gucci" 반려견에 대한 법적 소유권을 이유로 무과실책임이 있지 않고, 원고 Hayes의 손해배상 청구를 기각한 하급법원의 판결은 정당하였다고 항소법원은 결론내렸다.

Illinois Appellate Court (구글맵)

Schostok, Mary S.
Title: Appellate Court Justice
판결문 작성한 주심판사 (항소법원 웹페이지)

■ 사건의 출처는?

▷ 사건출처: 미국 Illinois 주 항소법원 (Appellate Court of Illinois, Second District) 2013년 2월 28일 판결문; Hayes v. Adams, 2013 IL App (2d) 120681

▷ 사건제목: Kirsten N. HAYES v. Tina L. ADAMS, William J. Hearle, d/b/a Carriage House Animal Clinic, and Sekowski Veterinary Service, LLC, d/b/a Carriage House Animal Clinic, 987 N.E.2d 402 (Ill.App. 2 Dist., 2013)

▷ 재판부: Justices SCHOSTOK, McLAREN and ZENOFF

▷ 변호인: John C. Ambrose, Bradley M. Cosgrove, Ambrose & Associates, P.C., Chicago, for Plaintiff-Appellant
Michael Resis, Ellen L. Green, SmithAmundse LLC, Chicago,
Thomas P. Scherschel, St. Charles, for Defendant-Appellee

---

[53] Wilson v. City of Decatur, 389 Ill.App.3d 555, 556–57, 329 Ill.Dec. 597, 906 N.E.2d 795 (2009)

> **Law & Cases:** 동물병원에 맡겨놓은 반려동물을 보호자가 찾아가지 않으면 소유권을 포기한 반려동물로 간주되는 경우 *(Abandoned Animal)*
>
> 치료을 위해서 수의사에게 맡겨놓은 반려견을 보호자가 장기간 찾아가지 않는 경우에, 수의사가 이렇게 방치된 반려견을 처분할 수 있는 권한이 있을까?

■ 미국에서는, 반려동물 보호자가 수의사에게 진료를 위해서 맡겨놓은 반려동물을 장기간 찾아가지 않는 경우에는, 수의사가 계속해서 해당 반려동물을 돌봐주어야 하는 책임은 없고, 절적한 절차를 거쳐서 해당 반려동물을 처분할 수 있다.

- 미국 수의사협회의 표준절차규정(Model Veterinary Practice Act)에 의하면, 반려동물 보호자에게 서면통지 이후 10일이 지나도 찾아가지 않는 반려동물은 반려동물 보호자가 버린 것으로 간주하고 수의사가 절차에 따라서 처분할 수 있도록 규정하고 있다.

- 미국 California 주에서는, 수의사가 진료를 위해서 맡고 있는 반려동물에 대해서 미지급된 진료비를 담보하기 위한 유치권(lien)이 있다고 규정하고 있으며, 만약 반려동물 보호자가 수의사 진료비용을 지불하지 않으면, 수의사는 자신이 보관하고 있는 반려동물을 매각하겠다는 서면통지를 반려동물 보호자에게 한 이후에 해당 반려동물을 매각할 수 있도록 허용하고 있다. CAL. CIV. CODE §3051, §3052.

- 미국 Connecticut, Indiana, Louisiana, Massachusetts, Missouri, Nevada, New York, Rhode Island, Texas, West Virginia, Washington, Wyoming 주를 포함한 대부분의 주에서는 반려동물 소유권 포기 간주와 관련하여 미국수의사협회의 표준절차규정과 동일하거나 비슷한 내용의 법률들을 채택하고 있고 수의사 진료비용에 대한 담보권도 인정하고 있다.

■ 반려동물 보호자가 진료를 위해서 수의사에게 맡겨둔 반려동물에 대해서, 수의사가 진료비 담보권을 행사하거나 소유권 포기로 간주하여 처분하는 경우에는, 다음과 같은 사항들을 고려하고 관련 규정들을 준수하는 것이 바람직하다.

(1) 수의사가 반려동물을 치료를 위해서 맡게 될 때 담보권 행사나 소유권 포기 간주와 관련한 법률조항들을 반려동물 소유권자에게 경고해야 하는지 여부

(2) 수의사가 반려동물을 맡을 때 반려동물 보호자와 체결한 계약서에 수의사의 처분권한을 제한하는 내용이 있는지 여부

(3) 수의사가 반려동물을 치료를 위해서 맡게 될 때, 진료비용을 담보하기 위해서 선금이나 예치금을 청구할 수 있는지 여부

(4) 담보권을 행사하거나 소유권 포기로 간주되게 하기 위해서는 반려동물 소유자에게 어떤 내용의 통지를 어느정도 기간을 주고 사전에 발송해야 하는지 여부

(5) 담보권을 행사할 수 있는 시점이 도래하였는지 여부

(6) 소유권 포기로 간주해서 처분권이 발생하는 시점이 도래하였는지 여부

(7) 반려동물 소유권자에게 연락이 되지 않거나 연락되었지만 답변이 없거나 연락되었지만 진료비용에 대해서 분쟁이 있는 경우에도 담보권이나 처분권을 행사할 수 있는지 여부

(8) 담보권을 행사하거나 소유권 포기된 반려동물을 처분할 때 반려동물 소유권자에게 별도의 통지를 해야 하는지 여부

(9) 담보권을 행사하거나 소유권 포기된 반려동물을 처분할 때, 반려동물을 매각하거나 입양해주기나 기증 또는 안락사하는 것와 같은 처분방식에 제한은 없는지 여부

(10) 수의사가 맡겨진 반려동물을 처분해서 얻은 수익은 미지급 진료비와 반려동물 사료비와 보관비용을 충당하기 위해서 사용하고 잔여 금액이 있으면 반려견 소유권자에게 지급하면 되는지 여부

(11) 반려동물 매각금액이 발생한 진료비용을 충당하기에 부족한 경우에는 잔여 미지급금액을 반려동물 소유권자에게 계속 청구할 수 있는지 여부

American Veterinary Medical Association
2019 MODEL VETERINARY PRACTICE ACT

Section 22 – Abandoned Animal

1. Any animal placed in the custody of a licensed veterinarian for treatment, boarding or other care, which is not retrieved by the client within ten calendar days after written notice is sent by certified mail, registered mail, postage pre-paid return receipt requested, or courier with confirmation of receipt to the client at the client's last known address shall be deemed to be abandoned. Such abandoned animal may be turned over to a humane society or animal shelter, adopted, otherwise disposed of, or destroyed by the licensed veterinarian in a humane manner.

2. If notice is sent pursuant to subsection 1 of this Section, the licensed veterinarian responsible for such abandoned animal is relieved of any further liability for disposal. If a licensed veterinarian follows the procedures of this Section, the veterinarian shall not be subject to disciplinary action under Section 14 of this Act, unless such licensed veterinarian fails to provide the proper notification to the client.

3. The disposal of an abandoned animal shall not relieve the client of any financial obligation incurred for treatment, boarding, or other care provided by the licensed veterinarian.

> **에피소드 20 - 아빠, 치료끝났어요 빨리 동물병원으로 데리러 오세요!**
>
> 치료을 위해 동물병원에 맡겨놓은 반려견 "Jumor"을 보호자가 찾아가지 않자 동물병원에서 이 반려견을 동물보호소에 내보냈고 결국 그곳에서 안락사되었는데, 이후 반려견보호자가 동물병원에게 손해배상을 청구한 사례
>
> 반려견 견주가 치료를 위해서 동물병원에게 맡겨놓은 반려견을 찾아가지 않고 치료비용도 지불하지 않아서, 동물병원이 10일 이내에 치료비용을 지불하고 찾아가지 않으면 법대로 처분하겠다고 통지하였고, 이후 반려견 견주가 답변이 없자 동물병원은 추가적인 통지없이 반려견을 동물보호소에 내보냈고, 그곳에서 반려견이 안락사되었다면, 동물병원은 반려견 견주에게 죽은 반려견에 대한 손해배상의 책임이 있다고 판단한 New York 주 지역법원 판례
>
> *Animal Hospital of Elmont v. Gianfrancisco*

■ 사건의 발단은?

미국 New York 주 Nassau County 교외지역에 거주하는 Leonard GIANFRANCISCO 는 "Jumor"라는 이름의 Great Dane 품종 숫컷 강아지를 공짜로 받아서 키우고 있었는데, 집에서 이 강아지를 키우기 시작한지 몇일이 지난 주말에 이 강아지가 아프게 되었다.

GIANFRANCISCO 는 근처에 있는 수의사를 찾다가 마침내 Elmont 지역에 있는 "ANIMAL HOSPITAL OF ELMONT" 동물병원과 연락이 되었고, 이곳에 반려견을 데려가서 수의사에게 맡겼다.

이후, 이 동물병원에서는 "Jumor" 강아지를 4일동안에 걸쳐서 치료하였고, 병원치료 비용이 $199 달러 발생하였다.

이후, 청구된 병원치료 비용과, 진실인지 변명인지는 확실하지 않지만, 반려견 보호자가 이런 비용을 일시에 전부 지불하기는 힘들다는 점에 관해서 동물병원과 반려견 보호자 간에 직간접적으로 몇차례의 전화통화가 있었다.

이런 대화의 결과로, 반려견 보호자 GIANFRANCISCO 는 동물병원에서 자신의 반려견을 찾아가도록 허락하지 않을 것으로 느꼈고, 그래서 자신의 반려견을 찾으로 동물병원을 방문하지는 않았다.

그러자, 동물병원에서는 반려견 보호자에게 편지를 보내서, 병원치료 비용 $199 불을 지불하고 반려견을 10일 이내에 찾아가지 않으면 버린 개를

출처: Animal House of Elmont Facebook Image

처리하는 법적 절차에 따라서 반려견을 처리하고, 밀린 치료비용과 그때까지 발생한 보관비용을 포함하여 총 $309 불을 청구하는 법적절차를 진행하겠다고 통지하였다.[54]

이런 통지편지를 보낸후 예고한 10 일 이후에도 반려견 보호자가 동물병원에 나타나지 않자, 동물병원에서는 여자직원을 시켜서 반려견을 Queens County 에 있는 ASPCA (American Society for the Prevention of Cruelty to Animals) 동물구호단체에 보냈다.

ASPCA 웹페이지 이미지

하지만 동물병원의 직원은 이 반려견을 어떻게 동물구호단체에게 넘겨야 하는지에 대해서 구체적인 지침을 받지 못했고, ASPCA 동물구호단체가 발급한 수령증에는 그 직원이 반려견의 "소유자"로 기재되어 있었다.

더구나 동물병원 직원은 ASPCA 동물구호단체에게 이 반려견이 관련 법령에 의해서 소유권이 포기된 것으로 간주된 동물이라는 사실을 알려주지도 않았고 그렇게 알려주라고 지시를 받지도 않았다.

이후, ASPCA 동물구호단체에서는 반려견을 넘겨받고 48 시간이 경과되기도 전에, 해당 반려견을 안락사시켰다.

■ 소송의 전개는?

ANIMAL HOSPITAL OF ELMONT 동물병원은 Great Dane 강아지의 보호자 GIANFRANCISCO 를 상대로 병원치료 비용을 지급하라는 소송을 제기하였고, GIANFRANCISCO 는 동물병원을 상대로 안락사로 죽은 자신의 Great Dane 강아지에 대한 피해보상을 하라고 반소를 제기하였다.

재판을 맡은 New York 주 Nassau County 지역법원은, 원고 동물병원이 소유권 포기로 간주하는 동물과 관련한 절차를 규정하고 있는 뉴욕주 Agriculture and Markets Act 법률을 준수하지 않았으며, 결과적으로, 동물병원이 Great Dane 강아지의 사망에 책임이 있다고 판단하고,

New York Nassau County Distric Court (구글맵)

---

[54] 동물병원이 발송한 편지내용: "As per our conversation this afternoon, this is to notify you of our procedures. Your current balance on "Jumor" is $199. We will board him for the next 10 days at $11 per day, and then if you have not picked him up we will take care of the dog in accordance with the legal methods available to dispose of abandoned dogs. At that time, your bill will be $309 and we will advise our attorney to proceed to collect this amount."

Great Dane 강아지의 가치에 해당하는 $200 달러를 피고에게 배상하라고 판결하였다.

동시에 원고의 청구에 대해서는, 반려견 보호자는 동물병원에서 청구한 치료비 $309 달러를 지급하라고 판결하였다.

■ **법원의 판단은?**

재판에서 핵심 법률쟁점은 동물병원에서 반려견 보호자에게 발송한 편지가 New York 주 Agriculture and Markets Act 법률에서 규정하고 있는 소유권 포기간주 통지문에 해당되는지 여부였다.[55]

New York 주 Agriculture and Markets Act 법률은, 치료를 위해서 동물을 수의사에게 맡겨놓고 정해진 기간안에 찾아가지 않으면 해당 동물을 맡겨놓은 사람에게 10 일 이내에 찾아가라는 통지문을 보내고, 그래도 찾아가지 않는 경우에는 해당 동물을 소유권 포기한 것으로 간주할 수 있다고 규정하고 있다.

New York State Agriculture and Markets Act Section 331

An animal is deemed to be abandoned when it is placed in the custody of a veterinarian, veterinary hospital, boarding kennel owner or operator, stable owner or operator, or any other person for treatment, board, or care and:

1. Having been placed in such custody for a specified period of time the animal is not removed at the end of such specified period and a notice to remove the animal within ten days thereafter has been given to the person who placed the animal in such custody, by means of registered letter mailed to the last known address of such person, or:

2. Having been placed in such custody for an unspecified period of time the animal is not removed within twenty days after notice to remove the animal has been given to the person who placed the animal in such custody, by means of a registered letter mailed to the last known address of such person.

3. The giving of notice as prescribed in this section shall be deemed a waiver of any lien on the animal for the treatment, board or care of the animal but shall not relieve the owner of the animal removed of his contractual liability for such treatment, board or care furnished.

재판을 맡은 JOSEPH GOLDSTEIN 판사는, 동물병원이 발송한 편지는 관련 법률에서 규정한 소유권 포기간주 통지문이 갖추어야 하는 요건들을 충족하지 못해서 이런 통지문에 해당되지 않는다고 판단하였다.

구체적으로, 동물병원의 편지는 치료비용 지불을 촉구하는 내용이 포함되어 있으며, 동시에, 일정기간이 지나면 견주가 소유권을 포기한 것으로 간주하겠다는 내용이 포함되어 있는데, 관련 소유권포기 법률조항 전체를 첨부하지 않았다면, 이렇게 두가지 내용을 같이 포함하는 것은 적절하지 않다고 Goldstein 판사는 지적하였다.

---

[55] 반려견 보호자가 동물병원 대기실에서 벽에 부착된 경고문을 보았는지 여부와, 반려견을 동물병원에 맡기면서 보관기간을 정해서 맡겨서 최고기간이 10 일인지, 아니면 기간을 정하지 않고 맡겨서 최고기간이 20 일인지 여부는, 재판에서 쟁점이 되지 않았다.

또한, Goldstein 판사는, 동물병원이 편지에서 사용한 표현들은, 해당 법률에서 규정하고 있는 반려동물 소유권자를 보호하기 위해서 규정하고 있는 경고를 제공하기 위한 목적으로 기안되었다기보다는, 치료비용을 받기위해 법률절차를 시작하겠다는 통지를 하는 목적으로 작성되었다고 평가하였다.

그리고, 비록 편지에는 "버려진 개"라는 단어를 사용하였지만, 이 편지를 읽은 어떤 반려견 보호자도 자신의 반려견이 소유권 포기간주될 것이고 자신의 반려견에게 큰 재앙이 곧 닥칠 것이고 이것이 자신의 반려견을 구해낼 마지막 기회라고 느낄 것으로 보여 지지는 않는다고 보았다.

법원은, 통지문이 충족해야 하는 기준을 설명하면서, 반려견 보호자가 자신의 반려견을 되찾는데 유일한 장애물은 돈이기 때문에, 법률에서 규정하고 있는 경고편지는, 반려견 보호자가 즉시 수의사를 찾아가서 자신의 반려견을 되찾고 미지급 치료비용은 별도로 고민하도록 반려견 보호자를 자극할 정도로 명확한 표현을 사용해야 한다고 설시하였다. 그리고, 법원은, 뉴욕주 Agriculture and Markets Act 법률에서 반려견 견주를 보호하기 위해서 요구하고 있는 추가적인 절차도 동물병원이 전혀 준수하지 않았다고 판단하였다.

뉴욕주 Agriculture and Markets Act 법률은, 소유권 포기 간주된 동물을 보호하고 있는 사람은, 자신의 유치권을 포기하고 해당지역에 있는 동물보호단체나 동물보호소에 이런 동물을 내보낼 수 있으며, 이렇게 동물을 내보내면, 같은 날, 원래 자신에게 동물을 맡겼던 소유권자에게 해당 동물을 내보낸 동물보호단체나 동물보호소의 이름과 주소를 통지해주어야 한다고 규정하고 있다.

해당 법률은, 이렇게 통지문을 발송한 이후 5일이 지나도 원래 소유권자가 맡겨진 동물을 찾아가지 않는 경우에는, 해당 동물보호단체나 동물보호소에서는 입양을 보내거나 절차에 의해서 처분할 수 있다고 규정하고 있다.

New York State Agriculture and Markets Act Section 332

Any person having in his care, or control any abandoned animal, as defined in section three hundred thirty-one of this chapter, **may deliver such animal to any humane society or society for the prevention of cruelty to animals** having facilities for the care and eventual disposition of such animals, or, in the case of dogs, cats and other small animals, **to any pound** maintained by or under contract or agreement with any county, city, town, or village within which such animal was abandoned.

The person with whom the animal was abandoned shall, however, on the day of divesting himself of possession thereof, **notify the person who had placed such animal in his custody** of the name and address of the animal society or pound to which the animal has been delivered, such notice to be by registered letter mailed to the last known address of the person intended to be so notified.

If an animal is not claimed by its owner within five days after being so delivered to such humane society or society for the prevention of cruelty to animals, or pound, such animal may at any time thereafter be placed in a suitable home or otherwise disposed of according to law.

결론적으로, Goldstein 판사는, 동물병원이 관련 법률에서 규정한 소유권 포기간주 통지문의 요건들을 충족한 통지문을 제대로 보내지 않았고, 소유권 포기간주 동물을 처분할 때

준수해야하는 규정도 전혀 이행하지 않았다고 판단하였으며, 이런 근거들에 기반해서 동물병원이 Great Dane 강아지의 사망에 책임이 있고, 강아지 보호자에게 손해배상을 해야한다고 판결하였다.

관련해서, Goldstein 판사는, 사망한 강아지의 가치를 산정하기 위해서는 강아지의 나이, 구입가격, 품종, 훈련여부, 보호자와 같이 산 기간 등을 고려하여야 한다고 밝혔다.

그리고, 이 사건에서는, 반려견 보호자 GIANFRANCISCO 는 자신의 강아지가 아파서 동물병원에 데려가기 불과 몇일 전에 이 강아지를 무상으로 받아서 키우게 되어서 자신의 반려견과 아직 특별한 애정관계가 형성되지 않았고, 원고측 전문가 증언에 의하면 이 강아지는 Great Dane 순종으로 시장가격이 $200 달러에서 $400 달러라는 점을 감안하여, 사망한 Great Dane 강아지의 가치로 동물병원은 반려견 보호자에게 $200 달러를 지급하라고 판결하였다.

이미지 출처: American Kennel Club Web Page, Dog Breeds, Great Dane

이런 판결과 동시에, Goldstein 판사는, 반려견 보호자는 동물병원에게 사망한 강아지의 병원치료 비용으로 청구된 $309 달러를 지급하라고 판결하였다.

■ 사건의 출처는?

▷ 사건출처: 미국 New York 주 Nassau County 지역법원 (District Court, Nassau County, New York, Second District, Hempstead Part) 1979 년 7 월 20 일 판결문; Animal Hospital of Elmont, Inc. v. Gianfrancisco, 418 N.Y.S.2d 992 (N.Y.Dist.Ct., 1979)

▷ 사건제목: ANIMAL HOSPITAL OF ELMONT, INC., v. Leonard GIANFRANCISCO

▷ 재판부: JOSEPH GOLDSTEIN, Judge

▷ 변호인: Lerner & Lippe, Elmont, for plaintiff; by Melvin Lippe, Elmont, of counsel
Eliot J. Deutsch, East Meadow, for defendant

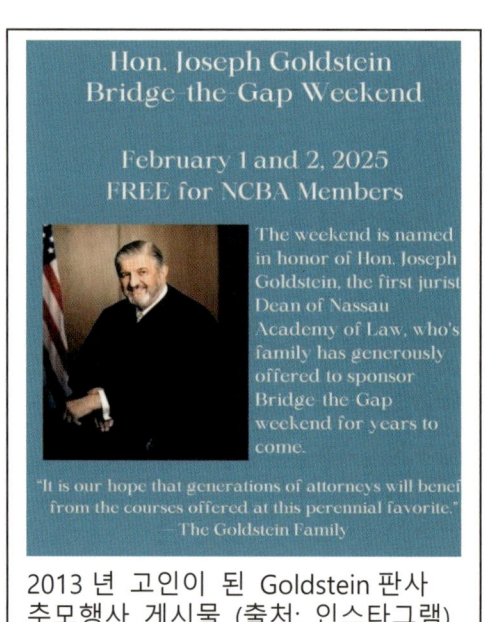

2013 년 고인이 된 Goldstein 판사 추모행사 게시물 (출처: 인스타그램)

<제 3 편 - 동물보호기관과 반려견 소유권 분쟁 >

Animal Control Center and Ownership Dispute Cases

에피소드 21 – *Johnston v. Atlanta Humane Society* 119

에피소드 22 – *Lamare v. North Country Animal League* 124

에피소드 23 – *Green v. Animal Protection League of Mercer County* 132

에피소드 24 – *Graham v. Notti* 137

에피소드 25 – *Lira v. Greater Houston German Shepherd Dog Rescue, Inc.* 143

에피소드 26 – *Birmingham Humane Society v. Dickson* 150

> **에피소드 21 – 아빠, 제 개목걸이에 인식표찰도 꼭 같이 채워주세요!**
>
> 동물보호소에서 보관하던 Keeshond 유기견을 원래 보호자가 의무 보관기간이 지나도록 찾아가지 않자 다른 사람에게 입양을 보내주었는데, 이후에 이런 유기견의 원래 보호자가 이런 사실을 알고 자신의 개를 돌려주거나 손해배상을 해달라고 동물보호소를 상대로 소송을 제기한 사례
>
> 동물보호소는 주인이 찾아가지 않는 유기견을 보호기간이 경과되면 지방정부 조례에 따라서 다른 사람에게 입양보낼 권한이 있고, 원래 주인은 동물보호소를 상대로 손해배상을 청구하거나 입양받은 사람의 신원을 공개하라고 요청할 수 없고, 입양자로부터 유기견을 돌려받을 권리도 없다고 판단한 Georgia 주 항소법원 판례
>
> *(Johnston v. Atlanta Humane Society)*

■ **사건의 발단은?**

Georgia 주 Fulton County 에 거주하는 Johnston 은 약 $1,000 달러 정도의 가치가 있는 Keeshond 품종 반려견을 키우고 있었는데, 1983 년 8 월 16 일, 이 개가 Johnston 의 집을 빠져나가서 실종되었다.

행인 Valente 는 방황하고 있는 Johnston 의 개를 근처에 있는 쇼핑센터에서 발견하였고, 다음날 Atlanta Humane Society 동물보호소에 데려다 주었다. 당시 이 개는 이름표 목걸이나 백신접종표식표를 착용하지 않고 있어서 Valente 나 동물보호소가 이 개의 주인이 누구인지를 알 수가 없었다.

Atlanta Humane Society 는 County 지방정부와 계약을 체결하고 County 지방정부를 위해서 동물보호서비스를 제공해주고 있었다. Atlanta Humane Society 에서는 지역신문에 매일 안내광고를 게재하고 개를 잃어버린 사람은 혹시 동물보호소에서 자신의 개를 보관하고 있는지를 확인해보라는 안내를 하고 있었다.

Fulton County Pet Registration 웹페이지

Fulton County Code §30-3-9 지방정부 조례는, 개를 키우는 사람이 개의 목걸이에 라이센스 tag 와 백신접종 tag 를 부착하지 않으면 위법이라고 규정하고 있다.

또한, 이 지방정부 조례는, tag 가 없는 개가 보호자없이 밖에서 배회하면 그런 개를 포획할 수 있고, 이런 유기견을 3 일 이내에 원래 보유권한이 있는 사람이 찾아가지 않으면, 보건담당관은 그런 개를 처분하거나 적격요건을 갖춘 사람에게 입양을 보낼 수도 있다고 규정하고 있다.

Atlanta Humane Society 는 이런 Fulton County 지방정부 조례규정들을 모두 준수하면서 해당 Keeshond 유실견을 보호하다가, 이 유실견을 보관한지 9 일이 지난 1983 년 8 월 26 일에도 원래 주인이 나타나지 않자, 이 유실견을 다른 사람에게 입양보내주었다.

이후, Johnston 은 Atlanta Humane Society 가 자신의 개와 비슷하게 생긴 개를 보관하고 있다가 입양보낸 사실을 알게 되었다.

■ 소송의 전개는?

Johnston 은 Atlanta Humane Society 를 상대로 소송을 제기하고, 자신의 개를 돌려주던지 개의 가치에 상당하는 손해배상을 해 달라고 요구했다. 또한, 개를 입양한 사람의 신원을 자신에게 알려주어서 자신이 개를 반환받거나 개의 가치를 보상받는 문제를 그 입양자와 협의할 수 있게 해달라고 요청했다.

1 심법원은 피고 Atlanta Humane Society 가 신청한 약식판결명령을 받아들여서 원고패소 판결을 내렸고, 입양자의 신분을 밝혀달라는 원고의 신청도 공공정책을 근거로 기각하고 입양자의 신분을 공개되지 않도록 해달라는 피고의 보호명령 신청을 받아들였다.

원고는 이런 1 심법원의 판결과 결정에 불복하고 항소하였다.

■ 법원의 판단은?

항소법원 재판은 3 명의 합의부 재판으로 진행되었는데, BIRDSONG 주심판사는 Johnston 의 항소이유가 모두 근거가 없다면서 항소기각 판결을 내렸고, Carley 배석판사는 이런 판결에 동의했고, Beasley 배석판사는 별도의견을 내고 판결에는 동의하였다.

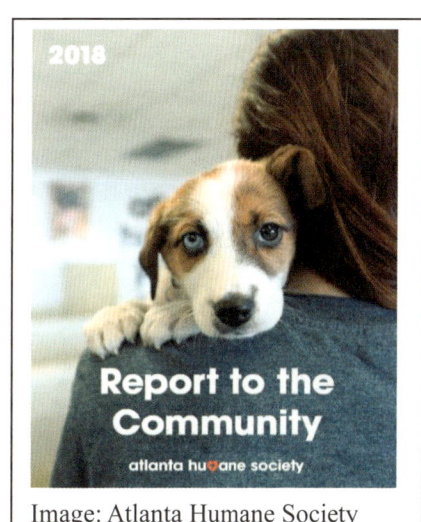

Image: Atlanta Humane Society

원고 Johnston 이 항소심에서 펼친 주장은,

(1) 반려견은 동산(personal property)이며 그 동산에 대한 소유권(title)은 자신이 가지고 있어서 Atlanta Humane Society 는 임시적 보관(possession) 권한 만을 가지고 있고,

(2) Atlanta Humane Society 는 반려견을 처분하겠다는 계획을 Johnstone 에게 적절하게 알려주고 Johnstone 이 자신의 소유권을 보호할 수 있는 기회를 제공하기 이전에는 입양받는 사람에게 반려견 소유권을 넘겨주고 Johnston 의 반려견 소유권을 박탈할 수는 없고,

(3) 반려견에 대한 소유권은 자신에게 있음으로, 자신이 Atlanta Humane Society 와 입양자에게 반려견의 소유권이 이전된 상황에 대해서 질의할 수 있는 근본적인 권한이 있고,

(4) 자신의 반려견에 대한 재산권을 적절한 보상없이 박탈하는 것은 자신의 적법절차권리(due process right)를 위반한다는 것이었다.

Johnston 주장을 분석하기에 앞서서, 항소법원은 먼저 관련된 법리를 아래와 같이 설명하였다.

(1) 해당 Fulton County 조례는 반려견의 주인(owner)이나 소유권(title)이란 용어를 사용하지 않고 보유권(right to possession)이란 용어를 사용하고 있는데, 이것은 반려견에 대한 재산권의 성격이 특별하고 제한적인 보유권한 성격을 가지고 있다는 법리와 일치하는 접근법이다.

(2) 반려견에 대한 재산권은 불완전하고 유보적이어서 주정부가 공공안전을 위해서 치안권을 행사하여 보유권한을 대폭 제한할 수 있고, 이런 제한이 헌법에서 보장하는 재산권이나 적법절차권리를 침해하는 것은 아니라는 연방대법원 판례들이 정립되어 있다.

(3) 따라서, Georgia 주에서는, 반려견을 보유하는 행위를 규제하는 권한과 과태료나 벌금 또는 몰수와 같은 방법으로 이런 규제권한을 집행하는 것은 적절한 치안권의 행사라고 인정되고 있으며, 치안권의 특별경계 대상으로 반려견들을 통제하는 것이 적절하다고 인정되고 있다.

항소법원은, Johnston 이 자신의 반려견에 대해서 보유권한을 가지고 있고 절도나 손괴로부터 보호받을 권한이 있다는 것은 인정하였지만, 이런 보유권한이 주정부가 시민들을 보호하기 위해서 적절하게 행사하는 치안권에 우선할 수는 없다고 지적했다.

Georgia Court of Appeals 현직 재판관들. 법정위에 세겨진 글씨는, "Upon the integrity, wisdom and independence of the judiciary depend the sacred rights of free men and women." (출처: 항소법원 웹페이지)

항소법원은, 만약 Johnston 의 재산권 주장을 받아들이면, 공공안전을 보호하려는 조례의 취지가 무력화하게 되며, 사나운 개나 광견병에 걸린 개에 대한 재산권이나 주인의 관리를 벗어나서 배회하는 개에 대한 재산권까지도 보호해주어야 한다는 결과가 초래된다고 우려를 표명하였다.

항소법원의 해석에 의하면, 해당 조례의 취지는, 모든 시민들에게 반려견을 보유할 권한을 부여하되 이런 보유권한을 가진 사람이 반려견에게 라이선스 태그와 백신접종 태그를 착용시키라는 규정을 준수하지 않으면 보유권한을 몰수하여 동물보호소에게 이전하고, 원래 보유권한을 가졌던 사람은 그때부터 3일 이내에 되찾을 권한이 있으며, 만약 이런 권한이 행사되지 않으면 보유권한은 동물보호소에게 귀속되고, 동물보호소는 해당 반려견을 처분하거나 입양보내는 권한을 갖는다는 내용을 규정하고 있으며, 이 조례는 소유권한 문제가 아니라 보유권한의 이전 문제에 대해서 규정하고 있을 뿐이라고 분석하였다.

마지막으로, 항소법원은, 해당 지방정부 조례가 자신의 재산권을 적법절차없이 박탈하였다는 원고 Johnston의 주장도 근거가 없다고 배척하였다. 원고 Johnston은 해당 지방정부 조례가 주 헌법을 위반하였다고 대법원에 위헌법률 신청을 하였는데 대법원은 심리를 거부하고 신청을 기각하였는데, 항소법원은, 이것이 원고 Johnston의 위헌주장이 근거가 없다는 점을 확인해주었다고 판시하였다.

피고 Atlanta Humane Society가 입양자의 신분을 공개해야한다는 원고 Johnston 요청과 관련해서는, 항소법원은, 만약 반려견을 입양한 사람의 신원을 원래 보호자에게 알려주게 되면 입양자가 괴롭힘을 당할 수 있고 이런 문제들로 인해서 입양이 줄어들면 더 많은 유기견을 안락사시켜야 하는 바람직하지 않은 결과가 초래될 수 있다고 지적하였다.

이런 이유에서, 항소법원은, 입양자의 신원을 공개하지 않는 것이 공공정책과 조례의 취지에 부합한다고 판단하고, 입양자의 신원을 공개하지 않도록 해달라는 피고 Atlanta Humane Society의 신청을 받아들인 1심법원의 결정에는 잘못이 없다고 판결하였다.

Fulton County Pet Registration 온라인등록을 대행하고 있는 외주업체 Pet Data 웹페이지

주심판사와는 다른 별도의견을 낸 Beasley 항소법원 판사는, 입양자의 신원을 공개하는 것을 거절해야하는 정당성은 입양자를 괴롭힘으로부터 보호해야 한다는 이유에 더불어서, 그런 신원 정보가 이 사건의 쟁점과는 상관이 없는 이슈이기 때문이라고 밝혔다.

Beasley 판사는, 이 사건의 쟁점은 Atlanta Humane Society가 개를 입양시킬 권한이 있는지 여부이지 입양자의 신분 공개여부는 사건의 쟁점과는 관련이 없으며, 만약 동물보호소가 권한이 있다면 그것으로 사건은 종결이며, 만약 권한이 없다면 해당 반려견을 회수해서 돌려주던지 손해배상을 해야하는 것이며, 어떤 경우든 입양자의 신분은 불필요한 정보라고 설명했다.

자신에게 충분한 통지가 주어지지 않아서 적법한 절차를 위배하였다는 원고 Johnston의 주장에 대해서는, Beasley 항소법원 판사는 해당 조례에서 통지절차를 규정하고 있고 이런 규정이 준수되었다고 판단하고 그런 주장을 배척하였다.

Beasley 항소법원 판사의 지적에 의하면, 만약 원고 Johnston이 자신의 반려견에게 지방조례가 규정한대로 태그를 부착했다면 반려견을 습득한 사람이 반려견 보호자에게 직접 통지를 하게 되었을 것이고, 반려견 보호자가 반려견이 목줄없이 탈출하도록 방치함으로서 지방조례를 위반했고, 반려견이 집을 나가서 떠돌아다니게 된 어떤 정당한 이유도 반려견 보호자가 제시하지 못하였고, 신문에 매일 분실반려견에 대한 안내 광고가 실렸는데 이것은 법원 앞 게시판에 안내문이 붙어있는 경우보다 반려견을 분실한 보호자의 눈에 띌 가능성이 있었다고 지적했다.

■ 사건의 출처는?

▷ 사건출처: 미국 Georgia 주 항소법원(Court of Appeals of Georgia) 1985년 2월 1일 판결문; Johnston v. Atlanta Humane Soc., 326 S.E.2d 585, 173 Ga. App. 416 (Ga. Ct. App. 1985)

▷ 사건제목: Johnston v. Atlanta Humane Society et al.

▷ 재판부: BIRDSONG, Presiding Judge; Carley, J., concurs in the judgment only; Beasley, J., concurs specially

▷ 변호인: G. Roger Land, for appellant
Caryn R. May, Robert D. Burton, for appellees

Fulton County Pet Registration 등록신청서류 (Fulton County 웹페이지)

> **에피소드 22 – 엄마 아빠, 저 잃어버리면 공공기관의 분실견 공고게시판도 꼭 확인하세요!**
>
> 목줄이 풀려서 집을 빠져나간 반려견 "Billy"를 지역 동물보호소에서 보관하다가 새로운 보호자에게 입양보냈고 나중에 이것을 알게된 원래 보호자가 자신의 반려견을 돌려받고 손해배상을 받아내기 위해서 동물보호소를 상대로 소송을 제기한 사례
>
> 동물보호소가 취득한 유기견의 특징을 일정기간 동안 지방조례에서 지정된 장소에 공고문을 게시하였으나 원래 보호자가 개를 찾아가지 않으면 동물보호소는 다른 사람에게 유기견을 입양보내거나 처분할 수 있다고 규정한 지방조례가 헌법에 보장된 원래 보호자의 적법절차 권리를 위반하지 않는다고 판단한 Vermont 주 대법원 판례
>
> *(Lamare v. North Country Animal League)*

■ 사건의 발단은?

미국 Vermont 주 Town of Wolcott 지방도시에 거주하는 Chasidy Lamare 와 Charles Arnold 는 "Billy"라는 이름의 5 년 6 개월된 German shepherd 품종 암컷 반려견을 키우고 있었는데, 이들은 "Billy"를 어린 강아지 시절에 구입해서 키워왔으며, 자신들의 반려견을 "American Kennel Club"이란 단체에 등록도 하였다.

1997 년 6 월 3 일, "Billy"와 5 개월된 새끼 강아지가 묶어놓은 개 줄이 풀리면서 원고들 집 밖으로 빠져나가는 사건이 발생했고, 다행히 새끼 강아지는 몇시간이 지난뒤에 집으로 돌아왔지만, 어미 "Billy"는 끝내 돌아오지 않았다.

Wolcott Town Office (구글맵)

원고들은 "Billy"를 Town of Wolcott 지방정부에 사육허가등록을 하였는데, "Billy"가 집을 탈출할 당시에는 지방정부에서 발급한 라이센스 태그를 목에 착용하고 있지 않았다.

원고들은 혹시 자신들의 반려견이 다른 사람의 집으로 갔을까하는 희망에서 이웃집과 친구들 및 가족들에게 연락해보았지만 찾지 못했고, 이후, 한달동안 시간이 있을때마다 "Billy"를 찾으러 다녔지만 찾지 못했고, 결국, 자신들의 반려견이 부상을 당하거나 죽거나 도난당한 것으로 추정을 하게 되었다.

실제로는, "Billy"는 집을 나간지 몇시간 후에 길을 배회하고 있다가 지나가던 부부에게 붙잡혔고, 이 부부는 "Billy"를 "Lamoille Kennel"이란 반려견 상점으로 데려다주었고, 이 상점의 종업원이 Wolcott 동물통제 담당관인 Gilbert Goff 에게 연락을 해서 "Billy"를 데려가도록 했었다.

이후, 동물통제 담당관 Goff 는 "Billy"를 시설로 데리고가서 돌봐주면서 관련 Wolcott 지방조례에 규정된데로 마을의 상점과 우체국 및 지자체 사무실에 "Billy"의 특징을 기재하고 이런 개를 습득하였음을 알리는 공고문을 부착했다. "Billy"를 반입한지 9 일이 지나도록 아무런 연락이 없자, 동물통제 담당관 Goff 는 "Billy"를 North Country Animal League 라는 단체로 넘겼고 "Billy"는 그곳에서 약 3 주 정도를 지냈다.[56]

7 월 6 일 일요일에, 원고 Charles Arnold 의 어머니가 Goff 에게 연락을 했고, Goff 는 자신이 유실견 한마리를 North Country Animal League 단체에게 넘겨주었다고 알려주었다.

같은 날, 원고들은 North Country Animal League 단체에 전화를 했고 자신들이 잃어버린 반려견과 관련해서 전화를 했다고 자동응답기에 녹음 메세지를 남겨두었다.

7 월 7 일 월요일에, 원고들은 North Country Animal League 단체에 다시 연락을 하였고 그 단체에서 아직도 그런 반려견을 보관하고 있다는 말을 들었다.

이후, 원고들은 이 단체를 직접 찾아갔고 그곳에서 보관하고 있는 개가 자신들의 반려견이라는 것을 확인하였다. 원고들은 자신들의 소유권을 증명하기 위해서 American Kennel Club 의 서류를 제시하면서 반려견을 돌려달라고 요청했고 그동안 발생한 보관비용을 모두 보상하겠다고 제안하였다.

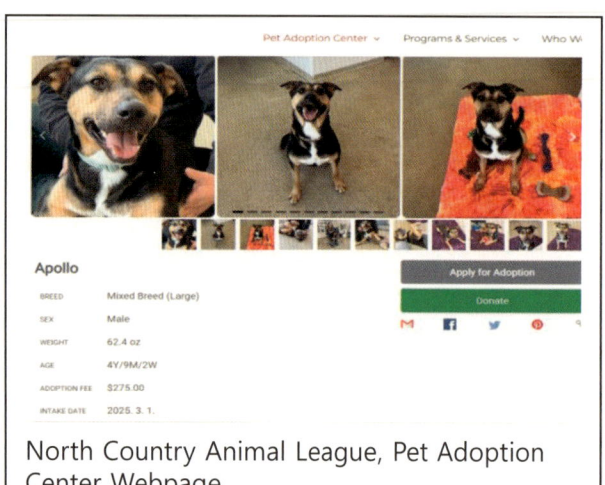

North Country Animal League, Pet Adoption Center Webpage

하지만, North Country Animal League 단체의 종업원인 Darcy Fitzgerald 는 그 개는 자신의 단체가 소유하게 되었으며 원고가 그 개를 다시 돌려받을 수 있는 유일한 방법은 입양신청을 하는 것이라고 원고들에게 말해주었다.

원고들은 즉시 입양신청서를 작성했는데, North Country Animal League 단체에서는 절차적으로 원고가 입양신청서에 기재한 추천인들을 자신들이 연락해서 확인해보아야 한다고 설명했다.

이틀 후, 원고들은 그 단체에 연락해서 자신들의 입양신청서 상태에 대해서 문의하였고, 그 단체에서는 원고들의 입양신청이 거절되었다고 알려주었다.

---

[56] Town of Wolcott Dog Control Ordinance, §7(C). If the owner of the dog is unknown, the officer shall, within forty-eight (48) hours of impoundment, post an advertisement in the Town Clerk's Office and at least one public place in the Town. Said notice shall describe the dog, state when and where the dog was impounded and declare that unless the owner or person entitled to possession of the dog shall claim the same and pay all charges set forth below within seven (7) days after posting of such notice, **the dog office shall sell the dog, give the dog away or dispose of it in a humane way**.

원고들은 거절된 이유가 무엇인지를 문의하였고, 해당 반려견을 원고들에게 돌려주는 것이 반려견의 이익을 위해서 최선이 아니라는 설명을 그 단체로부터 들었다.

나중에 알려진 사실에 의하면, 원고들의 입양신청서 제출일보다 앞선 7월 5일에 이미 North Counrty Animal League 단체에서는 익명의 가족에게 "Billy"를 입양해주기로 승인했었고, 7월 8일에 "Billy"는 중성화 수술을 받았고 같은 날 익명의 가족에게 입양되었다. 또한, North Country Animal League 단체에서는 원고가 입양신청서에 기재한 추천인들에게 아무런 연락도 해보지 않았다.

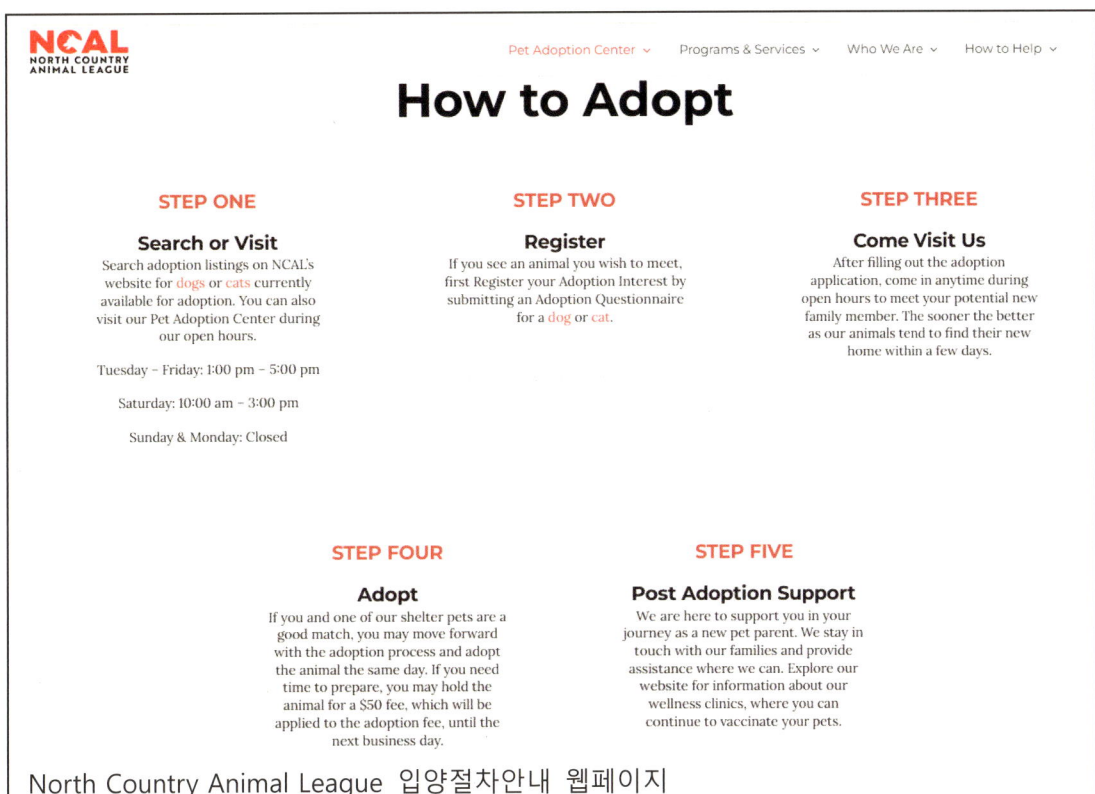

North Country Animal League 입양절차안내 웹페이지

■ 소송의 전개는?

Chasidy Lamare 와 Charles Arnold 는 Lamoille Superior Court 법원에 소송을 제기하고, 자신들의 반려견을 입양한 익명의 가족(Jane Doe and John Doe)을 상대로는 반려견을 돌려달라고 요구하였고, North Country Animal League 단체를 상대로는 미국헌법에서 보장하고 있는 자신들의 적법절차 권리를 위배한 것에 대한 손해배상을 하라고 요구하였다.

하급심소송 과정에서, 원고들은 입양가족의 신원을 공개하라고 서면질의를 했지만 거절당하자 법원에 강제 공개명령(motion to compel)을 구하는 신청을 하였고, 이에 대항해서 피고들은 입양가족의 신원을 보호해달라는 비공개 명령(protective order)을 구하는 신청을 하였다. 하급법원은 이런 신청들을 심리한 이후에, 원고들의 신청을 기각하고 피고들의 손을 들어주었다.

이후, 당사자들은 약식판결명령을 구하는 신청을 서로를 상대로 제기하였고, 하급법원은 피고들의 신청을 받아들여서 원고패소판결을 내렸다.

하급법원은, 유실견의 소유권에 관한 Vermont 주 대법원 판례에 기반해서,[57] 동물통제담당관은 지방조례를 준수해서 안내문을 부착함으로서 유기견의 원래 주인을 찾기위한 합리적인 노력을 하였다고 판단했고, 원고들은 잃어버린 개를 찾기위한 성실한 노력을 하지 않았다고 판단하였으며, 따라서, 동물통제담당관이 North Country Animal League 단체에게 유기견을 넘겼을 때 그 유기견에 대한 원고들의 재산권은 소멸되었고 그 단체가 정당한 소유권자가 되었다고 판결하였다.

또한, 하급법원은 원고들이 지방정부를 소송 당사자로 포함시키지 않았기 때문에, 해당 지방정부조례의 위헌여부와 유효성 여부는 이번 소송에서는 다툴 수 없다고 판시하였다.

원고들은 이런 하급법원의 판결에 불복하고 항소를 제기하였다.

■ 법원의 판단은?

Vermont 주 대법원은 AMESTOY, DOOLEY, MORSE, JOHNSON, SKOGLUND 4 명의 대법관들이 재판을 진행해서, 1999 년 11 월 12 일에 항소를 기각하는 선고를 내렸다.

먼저, 대법원은 하급법원에서 Morgan v. Kroupa 판례를 적용한 것은 잘못이라고 지적하면서, 그 판례는 사인간의 소유권 분쟁에 대해서 보통법 원리를 적용한 것이고 이번 사건은 공공기관과 유실견의 소유자 사이의 분쟁으로, 관련된 주 법률과 지방정부의 조례를 적용해서 결정했어야 한다고 설명했다. 그럼에도 불구하고, 이 사건은, 다른 이유들에 근거해서도 동일한 결론이 도출됨으로 굳이 하급심 판결을 뒤집을 필요가 없다고 대법원은 밝혔다.

또한, 대법원은, 동물통제담당관이 관련 지방조례를 준수해서 유실견 공고문을 부착했고 입양을 내보냈다는 하급법원의 판단에는 잘못이 없고, 원고들도 이런 하급법원의 판단에는 이의를 제기하지 않고 있다는 점을 지적했다.

Wolcott 타운 우체국 (구글맵)

다만, 원고들은 관련 지방조례가 주법률에 의해서 권한이 허용된 것이 아니고 헌법에서 보장된 적법법률절차도 위배해서 무효라는 주장을 하였지만, 하급법원은, 원고들이 지방정부를 소송당사자로 포함시키지 않았기 때문에 이와 같은 주장을 할 수 없다는 이유로 원고들의 이런 무효 주장을 배척한다고 판결하였고, 이런 하급법원의 판결이 잘못되었다는 것이 대법원에서 심리해야하는 원고들의 주된 항소취지라고 대법원은 확인하였다.

그리고, Vermont 주 법률에 의하면, 지방정부 조례의 유효성 여부를 다투는 소송에서는 해당 지방정부가 당사자로 포함되어야 하고, 조례가 위헌이라는 주장을 하는 경우는 검찰총장도

---

[57] Morgan v. Kroupa, 167 Vt. 99, 104, 702 A.2d 630, 633 (1997). 유실견을 습득한 사람이 주인을 찾으려는 합리적 노력을 했고 상당한 기간동안 책임감있게 개를 돌봐주었다면 그 개에 대한 보유권한를 획득할 수 있고, 주인을 찾으려는 습득자의 노력과 개를 찾으려는 주인의 노력이 얼마나 합리적이었는지와 습득자가 개를 돌봐준 기간을 고려해서 이런 결정을 해야한다는 판결.

소송에 참여할 권리가 있으며, 소송에 필수적으로 포함되어야 하는 당사자가 빠져있는 경우에는 법원은 다른 당사자의 신청이나 직권으로 이런 필수 당사자가 소송에 참여하도록 명령해야 한다고 관련된 법리를 정리하였다.

따라서, 하급법원이 지방정부가 필수적인 소송당사자라는 점을 확인하였다면, 하급법원은 관련 쟁점을 심리하지 않는 방식보다는 해당 지방정부를 당사자로 포함시키도록 했어야 한다고 대법원은 지적하였다.

하지만, 하급법원이 지방정부를 당사자로 포함시키지 않는 잘못을 했다고 해서 반드시 하급법원의 판결을 뒤집을 필요는 없으며, 만약, 필수당사자의 참여가 없어도 그 당사자에게 편견이 없거나 편견을 경감시키거나 피할수 있는 방식으로 판결을 내릴 수 있다면 그냥 재판을 진행해도 무방하다고 대법원은 설명하였다.

Wolcott 타운 Village Store (구글맵)

그리고, 지방정부를 당사자로 참여시키지 않은 하급법원의 절차가 잘못되었다고 재심을 명령하고 다시 항소가 필연적으로 진행되면 그때 대법원에서 본안쟁점들에 대해서 판단할 수도 있지만, 이미 하급법원에서 본안쟁점들에 대해서 충분이 논의되었고 심리하였다면, 절차적으로는 아직 이르지만, 대법원에서 이런 본안쟁점들에 대해서 판단을 할 수도 있다는 법리도 대법원은 설시하였다.

또한, North Country Animal League 단체가 관련 지방조례가 유효하다는 주장을 충분히 하였고, The Humane Society of the United States 및 다른 구조단체들도 이런 주장을 지지하는 참고 의견서(amicus curiae brief)들을 제출하였기 때문에, 대법원에서 이번에 본안 쟁점들을 심리한다고 해도 해당 지방정부의 입장에 피해를 입히지는 않을 것이라는 점도 대법원은 지적하였다.

원고들은 첫번째 항소이유로, Wolcott 지방조례는 주정부 법률에서 위임한 권한을 넘어선 것으로 위법하다고 주장하였다. Vermont 주정부 법률은[58] 집에서 기르는 애완동물의 사육과 유기동물을 통제하는 권한을 지방정부에게 위임한다고민 규정하고 있는데, Wolcott 지방조례에서는 보호기간이 종료되면 유기견을 판매하거나 기증하거나 안락사시킬 수 있다라고 규정하고 있다.

이런 원고들의 주장에 대해서, 대법원은, 해당 주정부 법률이 지방정부에게 유기견을 포획할 권한을 위임했다는 것은 명백한데, 원고들의 해석대로 지방정부가 이렇게 포획된 유기견을 처분할 권한은 없다라고 하면, 만약 유기견의 보호자가 나타나지 않으면 동물보호소에서는 유기견을 영구적으로 키워야 한다는 결과가 초래되는데 이것은 합리적인 정책이라고 할 수 없다라고 지적하였다. 따라서, 해당 지방조례에 규정된 권한들은 주정부 법률에서 위임받은 권한을 행사하는데 필요하고 정책목표를 실현하는데 필수적인 권한들이여서 위임된 권한을 넘어섰다고 할 수 없다고 대법원은 판단하였다.

---

[58] Vermont 주정부 법률(20 V.S.A. §3549) 규정: towns are authorized only to "regulate the keeping of domestic pets or wolf-hybrids and their running at large."

San Diego Humane Society 분실견게시판(출처 CBS8 2024.7.5 뉴스)

두번째 항소이유로, 원고들은 Wolcott 지방조례가 자신들에게 적절한 통지와 항변할 기회를 주지 않고 사유재산을 박탈해서 헌법에서 보장한 적법절차권리를 위반하였다고 주장하였다.

이런 주장에 대해서, 우선, 대법원은 관련 법리를 정리하면서, 어떤 절차가 적법절차를 만족했는지 여부를 판단할때는 문제가 된 정부의 행동으로 영향을 받게되는 개인적 사적 이익, 관련 절차에 의해서 개인적 이익이 잘못 침탈될 가능성 및 재정이나 행정부담과 같은 정부의 관련된 이익을 고려해서 결정해야한다는 연방대법원의 판례를 인용하였다.

이런 법리에 따라서, 대법원은 이번 사건에 관련된 사적 이익은 제한적 성격이라는 점을 먼저 지적하였다. 즉, 연방대법원도 개에 대한 재산권은 불완전하고 제한적인 성격이고 정부의 특별하고 극단적인 경찰권에도 종속된다고 확인하였고, 주 대법원도 개에 대한 재산권과 사육권은 입법에 의해서 엄격하게 통제될 수 있고 어떤 상황에서는 경찰권 행사를 위해서 사법절차없이도 신속하게 처분할 수 있다고 설시하였다고 밝혔다.[59]

또한, Morgan 판례에서는 집에서 키우는 애완동물들에 대한 재산권은 매우 제한적이고 이들을 보유하는 것을 제한하고 통제할 수 있다는 원칙을 재확인하였으며, 주법률은 수의사나 보호소에 일정 기간동안 방치된 동물은 버려진 것으로 간주한다고 규정하고 있고, 광견병에 감염되었다고 의심되는 애완동물은 포획, 분리 또는 사살될 수 있으며, 사나운 개는 보호자로부터 빼앗아서 인도적인 방식으로 살처분할 수 있다고 규정하고 있다는 사실도 지적하였다.

특히 대법원은 Morgan 판례는 유기견을 엄격하게 통제하는 것을 정당화하는 중요한 공공이익이 있다는 점도 확인하였다고 언급했다. Morgan 판례에서 법원은, 유기견들을 방치하면 교통에 위험을 주고 광견병을 전파할 수 있고 개체수 과잉증가 문제가 있어서 유기견들을 돌봐주고 보호소를 제공하는 것이 필요하지만, 개는 본질적으로 사회적 동물로서 사람과의 동반관계에서 가치가 생성되기 때문에, 유기견들을 장기간 보호소에 보관하는 것은 공공의 이익이나 유기견들의 이익에도 부합하지 않다고 밝혔다. 또한,

---

[59] Nicchia v. New York, 254 U.S. 228, 230, 41 S.Ct. 103, 65 L.Ed. 235 (1920); McDerment v. Taft, 83 Vt. 249, 250, 75 A. 276, 276 (1910)

Morgan 판례는 동물보호단체가 제출한 자료들에 의하면 개를 장기간 보호소에 가두어두면 개의 건강에 심각한 영향을 주고 보호소의 재정에도 상당한 부담을 준다고 판단했다.

결론적으로, 대법원은, 개를 보유할 수 있는 권리는 제한적 성격이고 비임시적인 적절한 보호처를 확보해주려는 공공정책을 고려할 때, 7일이 지나도 찾아가지 않는 유실견들을 매각이나 처분하도록하는 지방조례는 합법적이라고 판단했고, 다른 지역 법원들은 7일보다도 짧은 기간 이후 유실견을 처분하거나 보유권을 이전하도록하는 지방조례들을 유효하다고 판결했다고 밝혔다.[60]

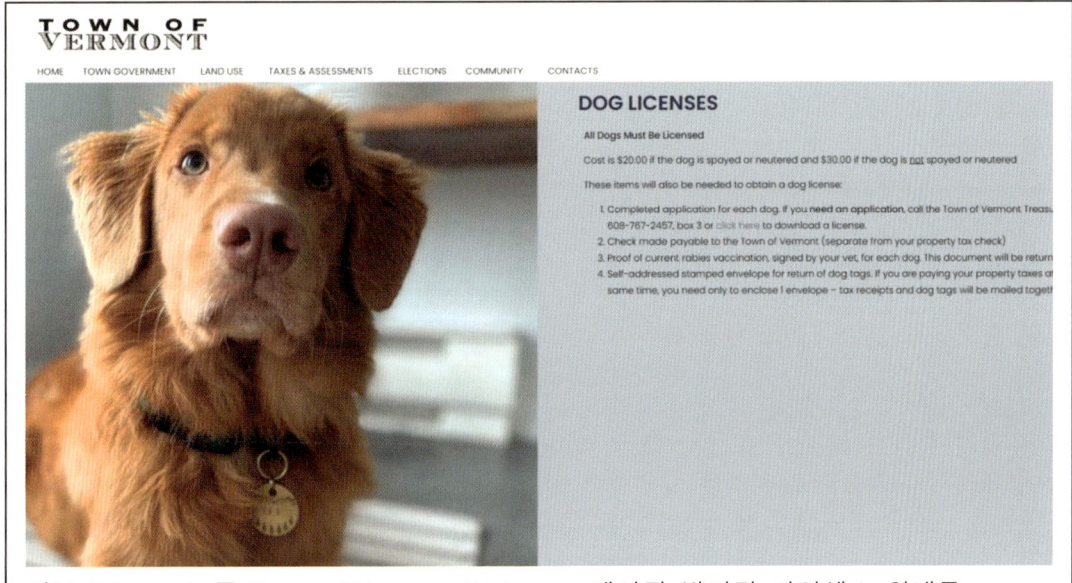

미국 Wisconsin 주 Town of Vermont Webpage 게시된 반려견 라이센스 안내문

또한, 이번 사건의 지방조례보다도 훨씬 느슨한 통지절차에 대한 적법절차 위반청구들도 기각되었다는 점도 지적하면서[61], 이런 판결들은 개를 잃어버린 보호자는 동물보호단체들과 동물보호소를 연락해보고 유실견 공고가 붙었는지를 확인해보는 것처럼 개를 찾으려는 합리적 노력을 해야하고, 적법한 통지였는지 여부는 유실견 보호자에게 기대되는 이런 행동과 개연성을 고려해서 판단해야한다는 판결들과도 논리를 같이한다는 점을 지적하였다. 이 사건에서 원고들이 개를 찾기위한 합리적인 노력을 하지 않았다고 해서 해당 지방조례가 위헌적이 되는 것은 아니라는 점도 지적하였다.

더구나, 해당 지방조례는 개의 보호자는 라이센스 태그를 개에게 착용시키도록 하고 동물통제담당관은 포획된 개의 확인된 보호자에게는 직접 연락하도록 규정하고 있어서

---

[60] Thiele v. City & County of Denver, 135 Colo. 442, 312 P.2d 786 (1957) (3일 후 유기견 처분을 허용한 지방조례에 대한 적법절차 위반청구를 기각); Johnston v. Atlanta Humane Soc., 173 Ga.App. 416, 326 S.E.2d 585 (1985) (3일 후 유기견 처분을 허용한 지방조례가 헌법을 위반한 재산수용이 아니라는 판결); Professional Houndsmen of Miss., Inc. v. County of Boone, 836 S.W.2d 17 (Mo.Ct.App.1992) (5일 후 유기견 처분을 허용한 지방조례에 대한 적법절차 위반청구를 기각); Jenkins v. City of Waxahachie, 392 S.W.2d 482 (Tex.Civ.App.1965) (72시간 이후 유기견을 처분하는 지방조례에 대한 위헌청구를 기각).

[61] Thiele (지역 동물보호소에 부착한 유실견 게시물이 합리적이고 적절하다고 판결); Waxahachie (통지나 청문절차 규정이 없는 지방조례에 대한 적법절차 위반청구를 기각); City of Water Valley v. Trusty, 343 So.2d 471 (Miss.1977) (5일동안 게시물을 부착하면 처분허용한 지방조례가 적법하다고 판결)

재산권을 잘못 박탈할 가능성이 적으며, 보호자가 라이선스 규정을 준수하지 않고 동물보호소에 연락해보지 않고 공공장소에 부착된 게시물도 확인하지 않는 특별한 상황에서만 규정된 7일 통지기간동안에 보호자가 통지를 받지 못하는 결과가 발생할 수 있다는 점도 지적했다.

이런 이유들에서, 대법원은 유실견에 대한 공고문을 지역보안관 사무실, 우체국과 상점에 게시하도록 한 지방조례가 원고들의 헌법상 적법절차 권리를 박탈하지 않았다고 판시하였다.

원고들은 Porter v. DiBlasio, 93 F.3d 301 (7th Cir.1996) 판결이 자신들의 입장을 뒷받침한다고 주장하였는데, 대법원은, 그 사건은 동물학대를 이유로 압류된 말들의 소유자는 영구적으로 소유권을 박탈당하기 이전에 청문절차를 요구할 수 있다는 판결인데, 이번 사건은 라이선스 테그를 부착하지 않은 유기견이 관련된 사건으로 명백히 사실관계가 구분된다고 지적했다. 원고들은 유기견 입양자의 신원을 공개하라는 청구를 하급법원이 기각한 것은 잘못이라고 주장하였는데, 대법원은, 입양자 신원이 어떻게 쟁점들과 연관점이 있는지를 원고들이 입증하지 못했고, 입양자의 신원을 공개하면 괴롭힘을 당할 수도 있고 입양을 제한 또는 축소되고 유기견들이 살처분되는 바람직하지 않은 결과가 초래될 수 있어서, 하급법원의 결정이 잘못되지 않았다고 판단했다.

마지막으로, 대법원은, 반려동물의 소유권에 대한 사건들에 대해서는 사회적으로 많은 관심을 갖게 된다고 하면서, 이 사건에서 North Country Animal League 단체가 원고들의 입장에 대해서 둔감했다고 우려를 표명했고, 비록 헌법위반에 기반하여 보유권을 되찾고 손해배상을 구하는 원고들의 청구는 실패하였지만, 후일에, 유실견을 취급하는 과정에서 발생한 귀책사유에 기반한 정신적 고통이나 다른 손해배상을 청구하는 사건도 받아들여지지 않을 것이라고는 할 수 없다는 점을 지적했다.

■ 사건의 출처는?

▷ 사건출처: 미국 Vermont 주 대법원 (Supreme Court of Vermont) 1999년 판결문; Lamare v. North Country Animal League, 743 A.2d 598 (1999)

▷ 사건제목: Chasidy LAMARE and Charles Arnold v. NORTH COUNTRY ANIMAL LEAGUE, Darcie Fitzgerald, and John and Jane Doe.

▷ 재판부: Amestoy, C.J., Dooley, Morse, Johnson and Skoglund, JJ.

▷ 변호인: Clarke D. Atwell, Law Office of Robert A. Gensburg, St. Johnsbury, for Plaintiffs-Appellants
Jeff W. Lively of Olson & Associates, Stowe, for Defendants-Appellees
Beth Robinson of Langrock Sperry & Wool, Middlebury, and
Roger A. Kindler and Paul J. Tanis, Washington, D.C., for Amici Curiae
The Humane Society of the United States, et al.

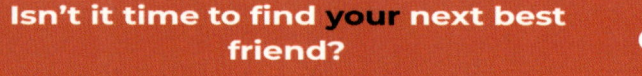

North Country Animal League Webpage Banner Image

> **에피소드 23 – 아빠, 저를 두고 소유권 싸움이 나면 신속하게 법률전문가의 도움을 받으세요!**
>
> 목줄없이 집을 빠져나간 반려견을 지역 동물보호소에서 포획하여 보관하다가 동물보호단체에게 넘겼고, 동물보호단체에서는 새로운 보호자에게 입양을 보냈는데, 이것을 알게된 원래 보호자가 자신에게 해당 반려견을 돌려달라고 동물보호단체를 상대로 소송을 제기한 사례
>
> 동물보호소가 조례에서 규정한 절차대로 유기견 공고를 하고 원래 소유자가 나타나지 않아서 동물보호단체에게 해당 유기견을 매각했고 이 동물보호단체에서 새로운 입양자에게 유기견을 넘겼다면, 해당 유기견에 대한 소유권은 새로운 입양자에게 넘어갔고, 원래 보호자에게 해당 유기견을 돌려주지 않아도 된다고 판결한 Ohio 주 항소법원 판례
>
> *(Green v. Animal Protection League of Mercer County)*

■ 사건의 발단은?

미국 Ohio 주 Mercer County 에 거주하는 Carl L. Green III 은 반려견을 키우고 있었는데, 2015 년 11 월 21 일, 이 반려견이 집을 빠져나갔다.

집에서 나간 반려견은 그 지역 지방정부가 발급한 동물등록 태그를 착용하지 않은 상태였고 길거리를 배회하다가 Mercer County 동물통제관(Dog Warden)에 의해서 포획되었다.

이후, 동물통제관은 지방조례 규정을 준수해서 반려견 습득 안내문을 게시하고 3 일 동안 기다렸다.

그러나, 반려견 보호자가 나타나지 않자, 2015 년 11 월 25 일, 그 지역에서 동물보호소를 운영하면서 동물구조활동을 하고 있는 비영리기관인 Animal Protection League of Mercer County 단체에게 해당 유기견을 매각했다.

Animal Protection League of Mercer County 단체에서는 해당 유기견을 입양보낼 수 있는 반려견으로 공지했고, Lori Winner 가 입양을 희망한다고 신청했다.

Winner 는 2015 년 12 월 11 일에 이 유기견을 입양받아서 집으로 데리고 갔다.

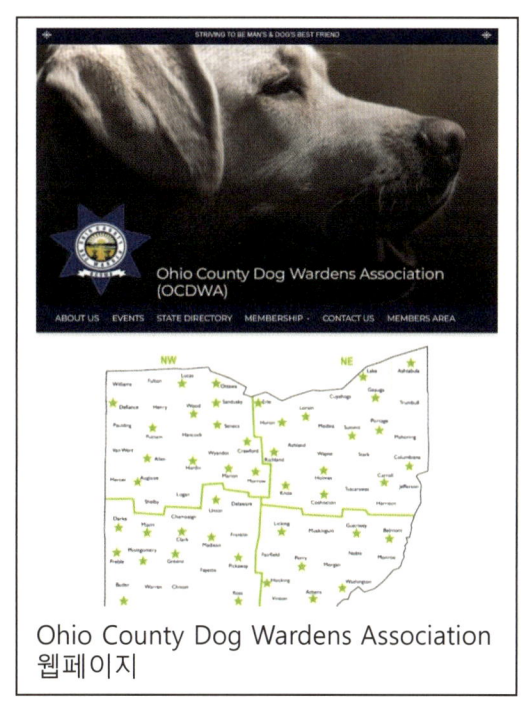

Ohio County Dog Wardens Association 웹페이지

이후, 2015년 12월 20일에 Animal Protection League of Mercer County 단체의 관련 입양절차가 최종 종결되었다.[62]

■ 소송의 전개는?

이런 사실을 알게된 원고 Green은, 2015년 12월 16일, Celina County에 소재한 지방법원(Celina Municipal Court)에 Animal Protection League of Mercer County 단체를 상대로 물품반환(replevin)과 손괴(conversion)라는 두가지 청구취지를 제기하면서 소송장을 접수하였다.

소송장 접수와 동시에, 원고 Geen은 임시가처분명령을 청구하고 사건이 종결될때까지 Animal Protection League of Mercer County 단체가 해당 개를 다른 사람에게 양도하지 못하도록 하는 임시명령을 내려달라고 지방법원에 요청하였다

원고의 소송장은 2015년 12월 21일에 피고 Animal Protection League of Mercer County 단체에게 송달되었고, 2015년 12월 28일, 피고 Animal Protection League of Mercer County 단체는 청문회 절차를 지방법원에 요청하였다.

2015년 12월 31일, 입양자 Winner는 자신이 원고가 제기한 소송에 소송당사자로 참가할 수 있도록 허락해달라는 소송참가신청을 지방법원에 제출하였고, 이런 신청이 받아들여지자 원고 소송장에 대한 답변서를 접수하면서 원고 소송을 각하해달라는 신청도 하였다.

2016년 1월 4일, 지방법원은 Winner의 소송참가신청을 승인하였다.

2016년 1월 5일, 지방법원은 배심원없이 판사가 주관하는 재판절차를 진행하였다.

Celina Municipal Court (구글맵)

이 재판에서 지방법원은 Mercer County 동물통제관이 소송의 필수당사자가 아니라고 결정하였고, 해당 유기견의 소유권이 원고 Green에게 있다고 판결하고 입양자 Winner에게 유기견을 원고 Green에게 돌려주라고 명령하였고, 추가적으로, 당사자 간에 상호 청구한 금전적인 손해배상은 모두 허용하지 않는다고 판결하였다.

다음날인, 2016년 1월 6일, Winner는 이런 지방법원의 판결에 불복하고 즉시 항소를 제기하였다.

이런 항소와 동시에, 유기견을 원고 Green에게 돌려주라는 지방법원의 명령을 잠정적으로 효력을 정지시켜달라는 신청도 하였지만, 지방법원은 이런 Winner의 신청을 기각하였다.

---

[62] Animal Protection League of Mercer County 단체는, Winner의 입양신청서와 비용을 받았지만 신청서가 잠정적으로 서명되었고 법원판결까지 보류하고 있었다고 증언했지만 지방법원에서는 Winner가 입양을 받았다라고 판단했고 항소법원도 그런 판단을 유지했다.

■ 법원의 판단은?

항소법원에서 Winner가 주장한 첫번째 항소이유는, 원고 Green의 소유권은 법에 의해서 이미 종료되었기 때문에 원고 Green의 물품반환 청구취지를 받아들인 지방법원의 판결과 원고 Green에게 개를 돌려주라는 지방법원의 명령은 잘못되었다는 주장이었다.

이런 주장에 대해서, 항소법원은, 먼저, 물품반환 청구취지는 소송제기 시점을 기준으로 어떤 물건에 대해서 권리가 있는 사람이 이런 물건을 부당하게 점유하거나 통제하고 있는 사람에 대해서 해당 물건을 돌려달라는 소송이라고 관련된 법리를 설명하였다.

그리고, 항소법원은, 이 사건에서는 소송접수 시점에 원고가 해당 개에 대해서 소유권을 보유하고 있었다는 증거가 없었기 때문에 지방법원의 판결은 잘못되었다면서 항소를 인용하고 지방법원으로 사건을 파기 환송하였다.

항소법원은, 지방법원이 (1) Mercer County Dog Warden이 관련 지방조례절차를 준수하였고, (2) 법률적으로 해당 유기견을 Animal Protection League of Mercer County 단체에게 매각해서 소유권이 넘어갔고, (3) 그 단체는 해당 유기견을 Winner에게 입양해주었다라고 사실관계를 확정하였음에도 불구하고, 지방법원이 해당 유기견을 Green에게 돌려주라고 명령한 것은 이런 사실관계 증거들과 명백하게 상충한다고 평가했다.

구체적으로, 항소법원은, Ohio주 법률에서는,
(1) 3개월 이상된 개가 등록 태그를 착용하지 않고 길거리를 배회하면 동물통제관이 포획해서 가둘 수 있고,
(2) 이렇게 포획된 개의 모습과 포획된 장소를 동물보호소에 게시해야 하고,
(3) 3일 이후에도 소유권자가 포획된 개를 찾아가지 않으면 소유권자의 권리가 박탈되며,
(4) 동물통제관은 이렇게 포획된 개를 절차에 따라서 매각하거나 처분할 수 있다라고 규정하고 있다고 관련 법률들을 재확인하였다.

Ohio주 제3구역 항소법원(구글맵)

그리고, 이번 사건에서는, 해당 개가 3개월 이상되었고 등록 태그를 착용하지 않고 길거리를 배회하고 있었으며, 동물통제관은 동물보호소에 조례에서 규정한 공지를 게시하였으나, 원고가 그 기간동안에 개를 찾으러 오지 않았고, 이후, 동물통제관은 해당 개를 Animal Protection League of Mercer County 단체에게 매각했다는 사실에는 다툼이 없다는 점도 재확인하였다.

따라서, Animal Protection League of Mercer County 단체는 개의 법적 소유권을 취득했고 자신들의 내부절차에 따라서 입양자를 선정해서 입양을 줄 권한이 있었고, 원고 Green의 증언에 의하면 자신도 이 단체에 입양을 신청할 수 있었지만 그렇게하지는 않았고, 설령 원고 Green이 입양을 신청했어도 Animal Protection League of Mercer County 단체가 원고 Green의 입양신청을 우선적으로 받아줘야하는 의무는 없었다고 항소법원은 설시했다.

결론적으로, 항소법원은, 소송 접수 당시에 원고 Green이 해당 개에 대해서 점유할 권리가 있었다는 증거는 없었으며, 따라서 원고의 물품반환 청구는 기각되었어야 한다고 판단하였다.

그럼에도 불구하고, 지방법원은, 개를 원래 주인인 원고에게 돌려주지 않아야 할 이유가 없고 그렇게 하는 것이 개를 위해서 가장 좋은 것("in the best interest of the dog")이라는 형평성 기준을 적용하면서, 개의 소유권을 원고에게 반환하라는 명령을 내렸는데, 이것은 잘못된 명령이라고 항소법원은 판결하였다.

항소법원은, 지방법원에서 언급한 "the best interest of the dog" 같은 형평성 기준은 성문법 규정에 근거한 물품반환청구소송에서는 적용할 수 있는 법률 기준이 아니라고 지적했고, 원고에게 개를 반환하라는 지방법원의 명령은 명백한 증거들에도 반한다고 평가하였다.

항소법원은, 판결문의 주석에서, 지방법원이 Animal Protection League of Mercer County 단체가 Winner에게 입양절차를 종결한 것은 2015년 12월 20일이고, Green의 소송장은 2015년 12월 16일에 접수가 되었기 때문에, Animal Protection League of Mercer County 단체가 Winner에게 입양을 준 것은 물품반환 소송을 위배하였을 수도 있다고 한 지방법원의 판단을 반박하였다.

항소법원은, Green의 소송장이 이 단체에게 송달된 것은 2015년 12월 21일이었고, 소송접수일부터 이 때까지 이 단체가 해당 개를 처분하는 것을 금지하는 어떤 법원의 가처분이나 명령 또는 통지도 없었기 때문에 지방법원의 판단은 근거없는 추정에 불과하다고 지적하였다.

"Who gets the dog in the divorce? Now a judge might decide" By Sara Murphy, The Washington Post Webpage

피고 Winner는 두번째 항소이유로, Mercer County 동물통제관이 소송의 필수당사자가 아니라고 판단하고 소송당사자로 참가시키지 않은 지방법원의 결정이 잘못되었다고 주장하였다.

피고 Winner는 원고 Green이 소송의 필수당사자인 Mercer County 동물통제관을 소송당사자로 소송장에 포함시키지 않았기 때문에 원고의 소송을 각하해달라고 지방법원에 신청하였었다. 하지만, 지방법원은 Mercer County 동물통제관이 소송의 필수당사자가 아니라고 보고 피고의 소송각하 신청을 거절하였다.

이런 피고 Winner의 두번째 항소 이유에 대해서는, 항소법원은 아래와 같은 이유로 받아들이지 않고 배척했다.

(1) 원고 Green은, Mercer County 동물통제관이 Animal Protection League of Mercer County 단체에게 해당 개를 부당하게 매각하였다고는 주장하지 않았기 때문에, 동물통제관은 이 소송의 결과에 아무런 이해관계가 없다.

(2) 법률적으로 해당 개의 소유권은 Winner에게 있으며, 당사자들도 Winner가 해당 개의 소유자라는 사실을 인정하고 있기 때문에, 이 소송에서 법원이 완전한 구제책을 제공하기 위해서 동물통제관은 꼭 필요한 소송당사자가 아니다. 원고 Green도 동물통제관이

불법적으로 해당 개를 Animal Protection League of Mercer County 단체에게 매각했다고 주장하지는 않았고, 비록 이 단체가 정당하게 해당 개를 동물통제관으로부터 매입하였다고 해도 이 단체가 자신에게 해당 개를 돌려줄 의무가 있다라고 주장하고 있다.

(3) 따라서, 동물통제관이 이 소송의 결과에 이해관계가 없고 동물통제관이 소송당사자로 참가하지 않았다고 해도 소송에서 법원이 완전한 구제책을 낼 수 있기 때문에, 동물통제관을 소송당사자로 포함시키지 않았다는 이유로 소송을 각하해달라는 피고 Winner 의 신청을 거절한 지방법원의 결정에는 잘못이 없다.

■ 사건의 출처는?

▷ 사건출처: 미국 Ohio 주 제 3 구역 항소법원 (Court of Appeals of Ohio, Third District, Mercer County) 2016 년 5 월 2 일 판결문; Green v. Animal Protection League of Mercer County, 51 N.E.3d 718 (Ohio Ct. App. 2016)

▷ 사건제목: Carl L. GREEN III, Plaintiff–Appellee, v. ANIMAL PROTECTION LEAGUE OF MERCER COUNTY, Defendant–Appellee, and
Lori Winner, Defendant–Appellant

▷ 재판부: PRESTON, J., SHAW, P.J., and WILLAMOWSKI, J.

▷ 변호인: John Poppe, Wapakoneta, 피고/항소인 (Defendant-Appellant)
Carl L. Green, III, 원고/피항소인 (Plaintiff-Appellee)

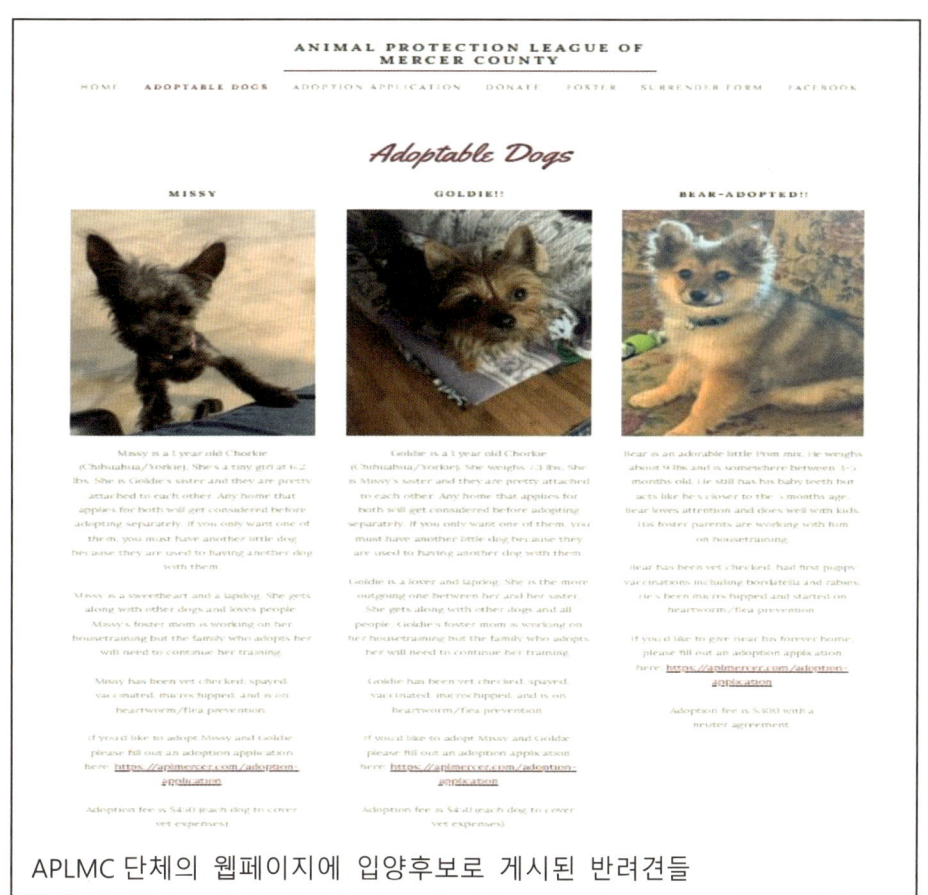

APLMC 단체의 웹페이지에 입양후보로 게시된 반려견들

> **에피소드 24 – 엄마, 동물보호소 컴퓨터 화면에 저를 입양해간 사람의 개인정보가 띄워져 있어요!**
>
> 길을 배회하는 반려견을 발견한 주민이 인근 동물보호소에 데려가서 맡겼고, 동물보호소에서는 입양을 보냈는데, 이를 알게된 원래 보호자가 입양자를 상대로 반려견을 돌려달라고 소송을 제기한 사례
>
> 동물보호소가 자기 관할구역이 아닌 다른 행정구역에서 발견된 유기견을 받았다가 입양을 내보내는 경우에는, 이런 동물보호소의 처분권한을 넘어서는 행위로, 유기견의 원래 소유자가 입양자로부터 반환을 요구할 권리가 있다고 판단한 Washington 주 항소법원 판례
>
> *(Graham v. Notti)*

■ 사건의 발단은?

미국 Washington 주 Spokane County 에 있는 Marshall 지역에 거주하는 Marcia Graham 가족은 2005 년 12 월에 검정색 Pomeranian 강아지를 취득해서 "Harlee"라고 이름을 붙여주고 키워왔는데, 2007 년 7 월 17 일 밤에, Marcia Graham 이 실수로 강아지를 Spokane County 에 있는 집밖에 두었다가 이 강아지가 다른 곳으로 가게 되면서 잃어버렸다.

다음날 바로, Graham 은 Spokane County 지자체에서 운영하는 "Spokane Regional Animal Protection Services" 동물보호소와 Spokane City 에서 운영하는 "SpokAnimal C.A.R.E." 동물보호소를 연락해보았고, SpokAnimal 동물보호소의 웹사이트에 개분실 공고를 게시했다.

7 월 말경, Graham 의 집에서 멀리 떨어지지 않은 곳에서 거주하는 Jolee Wilke 는 이웃을 헤메고 다니는 "Harlee"를 발견하였고, "Harlee"가 자신의 집쪽으로 들어오자, 7 월 29 일에 이 개를 붙잡아서 Spokane City 의 SpokAnimal 동물보호소로 데려다주었다.[63]

Wilke 의 집은 Spokane County 구역과 Spokane City 구역의 경계지역에 있으며, 행정적으로는 Spokane County 구역에 속해 있었다.

Wilke 주장에 따르면, 자신은 SpokAnimal 동물보호소에게 이 개를 Spokane County 에 있는 자신의 집에서 발견했다고 신고했다고 한다.

그리고, SpokAnimal 동물보호소 직원이 통상적으로 자기들은 Spokane County 에서 온 유기견들은 보관해주지 않는다면서, 자신들이 Spokane County 동물보호소에 연락해서 혹시 누가 검정색

Spokane City 동물보호소 SpokAnimal 웹페이지

---

[63] 지역 신문기사에 의하면, Wilke 는 Spokane County 에 있는 자신의 집 뒷마당에서 닭을 쫓아다니는 "Harlee"를 발견했다고 말했다고 한다.

Pomeranian 개를 잃어버렸다고 그 동물보호소에 신고하였는지를 알아보겠다고 Wilke 에게 말했다고 한다.

하지만, "Harlee"를 접수를 담당했던 SpokAnimal 직원 Hope Merkison 의 증언에 따르면, Wilke 가 44th Avenue 길의 Spokane City 구역쪽에서 헤메고 다니는 "Harlee"를 발견했다고 자신에게 말했다고 하며, 이 Avenue 가 Spokane County 와 Spokane City 의 경계선이며 Wilke 는 이 Avenue 길 옆에 살고 있고, 자신들은 통상적으로 Spokane County 구역에서 발견한 유기견은 Spokane County 가 운영하는 동물보호소로 이관한다고 말했다.

SpokAnimal 동물보호소가 "Harlee"를 접수한 날에 James Notti 가 그 개를 보고 바로 입양을 희망하였다. SpokAnimal 동물보호소는 의무 보관기간인 72 시간을 기다렸다가, 8 월 1 일에, "Harlee"를 Notti 에게 입양시켜주었다.

9 월 3 일, 반려견의 원래 주인인 Graham 은 Wilke 가 "Harlee"로 추정되는 개를 SpokAnimal 동물보호소에 데려다 준 것을 알게 되었고,[64] 9 월 4 일에 "Harlee"의 상황을 확인하기 위해서 SpokAnimal 동물보호소에 전화를 하고 방문하였다.

그곳에서 Graham 의 남편 Richard Graham 은 동물보호소의 컴퓨터 스크린에 띄워있는 입양자 Notti 의 정보를 일부 보게 되었다.

Spokane Regional Animal Protection Services (SCRAPS) Facebook 이미지

그날, SpokAnimal 동물보호소는 입양자 Notti 에게 원래 주인이 개를 반환받고 싶어한다고 알려주었다. 하지만, 9 월 8 일, SpokAnimal 동물보호소는 입양자 Notti 가 "Harlee"를 돌려주거나 매각하는 것을 원치 않는다고 Graham 에게 알려주었다.

같은날, 원래 주인 Graham 부부는 입양자 Notti 의 집을 찾아가서 자신의 반려견을 돌려달라고 요청했으나 Notti 는 이를 거절하였다.

9 월 21 일, Graham 은 Notti 에게 편지를 보내서 자기 가족들과 "Harlee"의 유대감을 설명하면서 개를 돌려달라고 요청했다. 그리고, 9 월 27 일, Graham 은 변호사를 통해서 다시 편지를 보내고 개를 돌려주면 보상을 하겠다고 제안했다. 하지만, Notti 는 Graham 의 편지에 답장을 하지 않았다.

■ 소송의 전개는?

"Harlee" 반려견의 원래 보호자인 Graham 은 입양을 받아간 Notti 를 상대로 유체동산반환(replevin) 청구소송을 Spokane Superior Court 지방법원에 제기하였다.

Spokane County Superior Court (구글맵)

---

[64] 반려견 행방은 Graham 의 딸과 같은 반 친구였던 Wilke 의 딸을 통해서 알게되었다.

2008년 3월 10일, 1심법원 재판을 맡은 Gregory David Sypolt 판사는 피고 Notti가 신청한 약식판결신청(motion for summary judgment)을 받아들여서 원고의 소송을 기각하는 판결을 내렸다.

원고 Graham은 이런 1심법원의 판결에 불복하고 항소하였다.

■ 법원의 판단은?

원고/항소인의 항소이유들

항소법원에서, 항소인 Graham은, SpokAnimal 동물보호소는 민간 주식회사이며 이런 민간단체의 권한은 이 민간단체가 계약한 Spokane City 지방자치단체의 권한을 넘어설 수 없고, Spokane City의 규제권한은 그 지리적 구역으로 한정되기 때문에, SpokAnimal 동물보호소가 자기 구역이 아닌 Spokane County에서 발견된 개를 Notti에게 넘기는 거래는 권한을 넘어선 부적절한 것으로 이런 거래를 통해서 "Harlee"에 대한 유효한 소유권을 넘겨줄 수 없었고, Notti도 유효한 소유권을 취득하지 못했다고 주장했다.

또한, 항소인 Graham은, 자신이 SpokAnimal 동물보호소에게 반려견 "Harlee"를 매매거래로 넘기거나 위탁을 준 것이 아니고 비자발적으로 개를 잃어버린 경우여서, 이 동물보호소는 Washington주 통일상법전(UCC)법률에 근거한 취소가능한 소유권 마저도 취득하지 못했다고 주장했다. 그리고, 판례법에서 선의취득자(bona fide purchaser)를 보호하기 위해서 제공하는 권리도 Notti에게는 적용되지 않는다고 주장했다.

피고/피항소인의 반박주장들

피항소인 Notti는 미등록된 유실견의 원래 보호자가 자발적으로 이런 반려견을 동물보호소에게 넘기지 않았어도 동물보호소는 이런 반려견에 대한 유효한 소유권을 이전할 수 있고, 반려동물에 대한 동물보호소의 보유권리가 개별 시민의 소유권에 우선한다고 주장하였다.

그리고, 피항소인 Notti는 Washinton주에서 반려견에 대한 재산권은 절대적이라기 보다 제한적이고 유보적인 성질이며, 이런 점을 고려할 때, 동물보호소가 원래 소유자에게 대가를 지불하거나 자진 포기권을 획득하지 않았어도 유효한 소유권을 취득할 수 있다고 항소인 주장을 반박했다.

또한, SpokAnimal 동물보호소는 해당 유기견에 대해서 최소한 취소가능한 소유권을 보유하고 있었으며, 이렇게 취소가능한 소유권을 가진 사람도 선의취득자에게는 유효한 소유권을 넘겨줄 수 있다고 항소인의 주장을 반박했다.

Washington주 항소법원 (구글맵)

마지막으로, 피항소인은, 반려견들이 집을 나가서 헤메는 성향이 있고, 이런 유기동물들을 거리에서 포획해서 동물보호소에서 보관하고 새로운 보호자를 찾아서 동물보호소에서 내보내야하는 공공정책적인 목표를 고려하면, 반려견들에 대한 재산권 권리는 유보적이고 제한적이어야 한다고 주장했다.

항소법원의 판단

이런 당사자들의 주장들에 대해서, 항소법원은 아래와 같은 이유들을 거론하면서, 1심법원이 내린 피고 승소판결을 취소하고 다시 재판을 하라고 1심법원으로 사건을 돌려보냈다.[65]

➢ 반려견 보호자가 반려견에 대해서 가진 권리는 재산권이며, 이런 재산권은 주정부의 치안권에 종속되는 권리이고, 만약, SpokAnimal 동물보호소가 주정부로 부터 위임받은 치안권한의 범위 이내에서 유기견을 붙잡아서 의무 보관기간동안 보관하다가 입양을 내보냈다면, 원래 소유자의 소유권은 종료되며 원래 소유자는 유기견을 반환받을 권리가 없다.

➢ 이 사건에서, "Harlee"는 다른 지역에서 Spokane City 지역으로 데리고 들어왔고 SpokAnimal 동물보호소가 접수를 받았을 때는 분명히 City 경계선 내부에 있었다. 하지만, SpokAnimal의 권한이 유기견이 발견된 곳을 기준으로 해야하는지 접수되는 곳을 기준으로 정해야하는지는 불분명하다. Spokane County 조례나 Spokane City 조례에서도 명확한 기준이 명시되지 않았다.

➢ 그럼에도 불구하고, 유기견이 발견된 장소가 중요한 변수이다. SpokAnimal 동물보호소가 지방자치정부와의 계약을 통해서 위임받은 권한은 계약서 조항에 명시된 것처럼, City 구역에서 발생하는 유기견을 관리하는 업무이다.[66] 따라서, "Harlee"가 "City 구역에서 발생한 유기견"이라면, SpokAnimal 동물보호소는 위임받은 권한 이내에서 적법하게 행동한 것으로 볼 수 있다.

➢ 또한, 유기견을 보관하는 동물보호소의 처분권과 유사한 Washington 주 분실물 법률(RCW 63.21.060)은, 유실물을 발견하고 일정기간 이후 주인이 나타나지 않으면, 유실물이 발견된 곳을 관할하는 County의 경찰책임자에게 유실물을 전달하도록 규정하고 있어서, 발견된 장소가 중요한 변수임을 알 수 있다.

➢ 하지만, 이 사건에서는, Jolee Wilke가 "Harlee"를 발견한 장소가 Spokane County구역인지 Spokane City구역인지는 사실관계 다툼이 있다.

Spokane County (하단) Spokane City (상단)과 Wilke 주택(빨강색) 표시 구글맵

해당 개를 발견했던 Jolee Wilke는 City 거주자가 아니었고, 개를 Spokane County에서 발견했다고 주장했지만, SpokAnimal 직원 2명은 Jolee Wilke가 접수창구 직원에게

---

[65] 파기환송되어 진행된 재판에서, 2010. 10. 11일, Superior Court Sam Cozza 판사는 애초에 SpokeAnimal 동물보호소가 입양내보낼 권한이 없었기 때문에 반려견을 원래 주인인 Graham 에게 돌려주라고 판결했다.

[66] The contract between SpokAnimal and the city of Spokane provides that SpokAnimal shall furnish and maintain a shelter for the handling of **all animals from the City**, whether they are stray, impounded, or otherwise turned over to SpokAnimal by City residents or City employees acting in their official capacity.

해당 개를 44th Avenue 길의 Spokane City 구역쪽에서 발견했다고 말했다고 증언했다.

SpokAnimal 동물보호소의 내부서류에는 개가 교차로 길에서 발견되었다고 적혀있지만 적혀있는 교차로 길들은 실제로 존재하지 않는 길로 판명되었으며, 최초 접수서류에 적혀있는 길들은 Spokane City가 아니라 Spokane County에 있는 길들이었다.

➢ Washington주의 분실물 관련 법률은 분실물을 60일동안 널리 공고하는 절차와 발견자를 보상하는 규정을 마련함으로서 분실물을 원래 주인에게 돌려주는 것을 선호하는 공공정책 목표를 표방하고 있다.

원고는 이런 분실물 법률에 특별히 반려견에게는 적용되지 않는다는 조항이 없음으로 이 법률을 적용해서 반려견 보호자의 재산권을 존중해주어야 한다고 주장했다.

하지만, 항소법원은 이런 분실물 관련 법률을 유기견에게 적용할 수는 없고, 가능하면 분실물을 원래 주인에게 돌려주는 것을 선호하는 공공정책 목표가 있다는 점을 참고할 수는 있지만, 그렇다고 이런 이유만으로 1심법원의 판결이 잘못되었다고는 할 수 없다.

➢ Washington주 통일상법전(UCC)법률은 취소가능한 소유권(voidable title)을 보유한 매매자에게 대가를 지불하고 물건을 취득한 선의취득자(goodfaith purchaser)에게는 유효한 소유권을 인정해주고 있다.

하지만, 이 사건에서는 원래 주인 Graham이 자발적으로 매매거래를 하거나 SpokAnimal 동물보호소나 Notti에게 "Harlee"를 맡겨둔 것이 아니고 비자발적으로 부주의하게 개를 잃어버린 경우여서, 입양자 Notti를 선의취득자로 볼 수 없다.

재판승소로 5살된 반려견을 돌려받은 원고부부 모습
(The Spokesman-Review, 2010. 10. 13 인터넷 기사)

> 마찬가지로, 판례법에서의 선의취득자(bona fide purchaser) 이론은, 원래 소유자가 자신의 재산에 대한 점유와 소유권을 자발적으로 다른 사람에게 이전하고 그 사람이 다른 선의취득자에게 매각했을때 선의취득자의 소유권을 인정해주는 이론이다.
>
> 하지만, 원래 소유자의 과실에 의해서 재산이 넘어가는 경우나 정부기관이 권한을 넘어서 이전을 하는 경우는 이런 이론을 적용할 수 없으며, 이 사건에서 Notti를 선의취득자로 볼 수 없다.
>
> 피항소인의 공공정책에 기반한 주장에 대해서는, 비록 그런 주장이 호소력이 있다고 해도, 사법부가 법률을 해석한다는 미명아래 입법을 할 수는 없고, 그런 법률을 만드는 것은 입법부의 기능이다.

■ 사건의 출처는?

▷ 사건출처: 미국 Washinton 주 항소법원 (Court of Appeals of Washington, Division 3) 2008 년 12 월 2 일 판결문; Graham v. Notti, 196 P.3d 1070 (Wash. Ct. App. 2008)

▷ 사건제목: Marcia GRAHAM, Appellant, v. James NOTTI, a single man, Respondent

▷ 재판부: Dennis J. SWEENEY; John A. Schultheis; Stephen M. Brown

▷ 변호인: George Arthur Critchlow, University Legal Assistance, Spokane, WA, for Appellant[67]
Karen Gwen Schweigert, Attorney at Law, Arlington, WA, for Respondent
Adam Phillip Karp, Animal Law Offices, Bellingham, WA, for Amicus Curiae on behalf of Animal Legal Defense Fund

원고 소송대리를 맡았던 Gonzaga University Legal Clinic Web Page

항소법원에 의견서를 제출한 Animal Legal Defense Fund Web Page

---

[67] 파기환송재판에서는, legal clinic 을 운영하는 Gonzaga University Legal Assistance 소속인 법대 3 학년 Jason Perdue 학생이 Terry Sawyer 의 감독을 받아서 소송대리를 하였다.

> **에피소드 25 – 엄마, 동물보호소 직원이 저를 German Shepherd 가 아니라 Belgian Malinois 품종이라고 잘못 분류했어요!**
>
> 집을 빠져나가서 잃어버린 German Shepherd 품종 반려견 "Monte"를 지역에 있는 동물보호소에서 유치했다가 보관기간이 종료된 이후 동물구호단체에게 내보냈고, 뒤늦게 이를 알게된 원래 주인이 동물구호단체에게 자신의 반려견을 돌려달라고 소송을 제기한 사례
>
> 동물보호소에 유치된 유기견을 보관기간이 지나도록 원래 주인이 찾아가지 않아서 동물구호단체에게 내보냈지만, 이후 유기견의 원래 주인이 나타나서 권리를 주장하는 경우에는, 규정된 기간내에 찾아가지 않으면 유기견 원래 소유자의 권리가 종료된다는 명시적 규정이 지방자치단체 조례에 없다면 원래 소유자가 자신의 반려견을 동물구호단체로부터 돌려받을 수 있다고 판단한 Texas 주 대법원 판례
>
> *(Lira v. Greater Houston German Shepherd Dog Rescue)*

■ 사건의 발단은?

미국 Texas 주에 사는 Alfonso Lira 와 Lydia Lira 남매는 "Monte Carlo"라는 이름의 German Shepherd 반려견을 소유하고 있었다. 이 반려견은 오빠 Alfonso 가 $2,500 달러를 주고 구입해서 $1,000 달러를 들여서 훈련을 시켰고, Lira 남매는 이 반려견을 가족들의 반려견으로 강아지때부터 7 년동안 키워왔다. 오빠 Alfonso 는 San Antonio 에서 일을 하고 있어서 여동생 Lydia 가 Houston 에 있는 집에서 "Monte"와 같이 살고 있었다.

2013 년 1 월 1 일, "Monte"가 열린 차고문을 통해서 Lydia 의 집밖으로 탈출을 하는 사고가 발생했다. Lydia 는 보상을 제안하는 분실견 게시물을 동네에 붙이고, 여러 웹사이트들을 찾아보았다. 또한, 유기견들을 게시하는 "Pet Harbor"라는 웹사이트를 자주 확인하였고, 그곳에서 "Monte"라고 생각되는 게시물 2 건을 발견하고 해당 동물보호소들을 찾아가보았지만 그 개들은 "Monte"가 아니였다.

한편, 1 월 2 일, Houston 시의 동물관리부서인 BARC(Bureau of Animal Regulation and Care)는 길을 배회하고 있는 "Monte"를 포획하여 유치하였다.

당시, "Monte"는 Houston 시 조례에서 모든 반려견에게 착용시키도록 규정하고 있는 라이센스 태그나 광견병 태그를 착용하지 않았고 보호자 신원확인용 태그도 없었고 마이크로칩도 이식하지 않은 상태였다.

동물관리부서 BARC 는 "Monte"를 "Pet Harbor"라는 웹사이트에 유기견으로 게시를 하면서 사진을 올렸지만, 품종을 German Shepherd 가 아니라 Belgian Malinois 품종으로 잘못 표시했고, 분류유형을 보호자가

City of Houston BARC 페이스북 이미지

포기한 반려견으로 표시하였다. Lydia 는 "Pet Harbor" 웹사이트를 확인할 때 German Shepherd 품종 유기견 목록부분을 찾아보았다.

동물관리부서 BARC 의료진은 "Monte"를 접수하면서 진행한 검사에서, 이 개가 중성화수술을 받지 않았고 약한 심장사상충 양성이라고 판정하였고, 심장사상충을 가진 유기견은 건강하지 않다고 여겨지기 때문에 일반에게는 분양하지 않는 내부방침에 따라서, 1월 7일에 안락사시키기로 하였다.

재판에서, Lydia 는 "Monte"에게 심장사상충 약을 투약해왔다고 했지만, 그런 약이 심장사상충 성충에는 효과가 없다는 증언도 있었다.[68]

Houston SPCA 단체가 운영하는 웹페이지에 있는 유실견 게시물

동물관리부서 BARC 는 반려견 보호자들이 잃어버린 반려견을 찾으러 올 수 있도록 일주일 내내 문을 열고 있었다. 하지만, "Monte"가 포획되어 유치된 이후 조례에서 규정한 보관기간인 3일째되는 날인 1월 5일까지 보호자가 찾아오지 않았고, 안락사가 예정된 1월 7일까지도 보호자가 찾으러 오지는 않았다.

1월 5일, 동물관리부서 BARC 는 지역에 있는 동물구호단체들에게 혹시 "Monte"를 데려가서 중성화수술을 해주고 심장사상충을 치료하고 건강해지면 입양보낼 의향이 있는지 문의를 하였고, 1월 6일, Greater Houston German Shepherd Dog Rescue (GHGSDR) 동물구호단체가 구조의사(rescue hold)를 표명하고 안락사 진행은 중지가 되었다.

Greater Houston German Shepherd Dog Rescue Web Page

1월 7일, GHGSDR 동물구호단체의 자원봉사자 Cindy Milstead 이 동물관리부서 BARC 를 찾아가서 "Monte"를 넘겨받았고, 자원봉사자는 즉시 "Monte"를 동물병원으로 데리고 가서 중성화 수술을 하고 심장사상충 치료를 받고 인식용 마이크로칩을 이식해주었다.

1월 9일, Lydia 는 한 분실견 웹사이트에서 그녀의 반려견이 동물관리부서 BARC 에 있을지 모른다는 메시지를 보고 그곳을 찾아갔고, 그곳에서 "Monte"의 사진을 확인하였다. 동물관리부서 BARC 는 "Monte"가 GHGSDR 동물구호단체로 이관되었다고 알려주었다.

같은날, Lydia 는 Milstead 에게 연락을 해서 "Monte"가 자신의 반려견인데 집을 탈출했다고 하면서 개를 돌려달라고 요청하였지만, Milstead 는 거절하였다. 이후, Lydia 가족과 변호사는 "Monte"를 돌려달라고 추가적으로 요청을 했고, GHGSDR 동물구호단체에게 지금까지 발생한 모든 비용을 보상해주겠다고 제안했지만, GHGSDR 동물구호단체는 "Monte"의 반환을 거절했다.

---

[68] 대법원에서는, 반려견이 심장사상충에 걸린 상태여서 동물학대를 근거로 보호자의 소유권을 박탈하는 조례규정이 언급은 되었지만, 피상고인이 이런 주장을 정식으로 제기하지 않았기 때문에 대법원은 이런 쟁점에 대해서는 판단을 하지 않았다.

결국, Lydia Lira 와 Alfonso Lira 는 GHGSDR 동물구호단체를 상대로 소송을 제기하고 물품반환청구(claim for conversion)를 주장하면서, 자신들이 "Monte" 반려견의 주인이라는 판정과 그 반려견을 반환하라는 법원명령을 요청하였다.

이 소송에서, 원고는 Houston 시와 동물관리부서 BARC 를 피고로 포함시키지는 않았다.

■ 소송의 전개는?

배심원없이 판사가 진행한 2 일간의 재판에서 1 심법원은, 해당 반려견에 대한 원고들의 소유권을 박탈하도록 하는 주법이나 지방자치단체 조례가 없고, 결과적으로, 피고가 원고의 물건을 손괴하였다고 판단하고, 원고승소 판결을 내렸다.

그리고, 1 심법원은 피고 GHGSDR 동물구호단체에게는 2013 년 2 월 27 일까지 "Monte"를 Lira 가족에게 돌려주라고 명령했다. 하지만, 1 심법원은 원고에게 손해배상이나 변호사비용을 배상하라는 판결은 내리지 않았고, 원고의 실제 지출비용만을 배상하라고 판결하였다.

피고 GHGSDR 동물구호단체는 이런 1 심법원 판결에 불복하고 항소하였다.

2014 년 8 월 26 일, Texas 주 항소법원(Texas Court of Appeals)의 McCALLY, BUSBY, DONOVAN 재판관은 1 심법원 판결을 뒤집고, Lira 가족이 "Monte"의 소유권을 피고로부터 반환받기 위해서 준수해야하는 Houston 시 지방자치단체 조례규정 절차와 기간을 따르지 않아서, 반려견을 반환받을 수 있는 권리를 상실하였다고 판단했다.[69]

원고들은 이런 항소법원 판결에 불복하고 Texas 주 대법원에 상소하였다.

Texas Court of Appeals (구글맵)

■ 법원의 판단은?

Texas 주 대법원은, 아래와 같은 이유로, 원고 Lira 가족이 피고 GHGSDR 동물구호단체에게 "Monte"의 반환을 요청했을때 "Monte"는 Lira 가족의 소유였다고 판단하고, 항소법원 판결을 뒤집고 원고 Lira 가족 승소판정을 한 1 심법원 판결에 다시 효력을 부여하는 판결을 내렸다.

(1) Lira가족은 자신의 반려견 "Monte"를 포기한 적이 없고 열심히 찾아다녔으며, "Monte" 를 발견하고 즉시 반환을 요청하였다. 반려견이 탈출해서 잃어버리고 몇일동안 찾지를 못했다고 해서 반려견 주인의 재산권이 상실되었다고 결정한 판례는 없다. 또한, 판례 법에 의하면, 분실한 물건을 습득한 사람은 그 물건의 원래 주인이 요청하면 반환해야

---

[69] 항소법원은, 원고가 조례에서 규정된 3 일 기간이내에 반려견을 찾으러 가지 않았고, 설령, 원고가 BARC 를 찾아갔을 때 개가 그곳에 아직 있었다고 해도, 원고가 조례에서 규정한 반환절차를 준수하지는 못했을 것이라고 판단했다. 원고는 자신의 개를 중성화수술하는 것에 동의하지 않았을 것이라고 증언했고, 심장사상충 양성결과에도 불구하고 자신의 개에 어떤 의료절차도 가하지 말라고 요청하였다. Greater Houston German Shepherd Dog Rescue, Inc. v. Lira, 447 S.W.3d 365 (Tex. App. 2014).

한다.

(2) 지방자치정부는 반려동물 관리와 관련한 조례를 제정하여 반려동물 보호자의 소유권을 적법절차를 거쳐서 제한할 수도 있지만, 이 사건 유기견과 관련한 Houston시의 조례를 살펴보면 그렇게 소유권을 종결하는 규정이 없다.

(a) 관련 법률이나 조례를 해석할때는, 법의 원칙은 재산을 몰수하는 결과를 싫어하기 때문에 이런 결과를 초래하는 것보다 방지하는 방향으로 법을 해석해야 하고, 사유재산권은 근본적인 자유이며, 법에서는 반려견을 물건이지만 특별한 형태의 물건이고 사랑받는 반려견은 대체 가능하고 생명력이 없는 토스터 기계와 같은 물건이 아니라고 인식되고 있다는 점을 감안하여 법을 해석해야 한다.

(b) Houston 조례 Article IV, section 6-102(a)는, 유기견을 붙잡으면 3일 동안 "impounded" 한다고 규정하고 있는데, 이런 용어는 원래 주인의 소유권이 이전되거나 원래 주인이 자신의 물건을 돌려달라고 요구할 권리를 상실한다는 의미를 포함하고 있지는 않다.

(c) Houston 조례 Article V, section 6-137(a)는, 유기동물에 대한 소유권이 있는 사람은 관련 비용을 지불하고 동물보호소에서 보관하고 있는 반려동물을 돌려달라고 요청할 수 있다고 규정하고 있는데, 이 규정에는 유기동물의 보호자가 BARC에게 유기동물 반환을 요청해야 하는 시간제한을 두고 있지 않으며, BARC가 유기동물을 보관하고 있다면 원래 주인은 반환을 요청할 수 있다.

이런 규정을 보면, BARC가 보관하고 있는 유기동물에 대한 소유권은 원래 주인에게 있다고 볼 수 있다.

(d) Houston 조례 Article V, section 6-137(b)는, 동물보호소가 유기동물을 판매한 경우에는 원래 주인은 30일 이내에 되찾을 수가 있고 이 기간이 지나면 유기동물은 매수자의 절대적 물건이 된다고 규정하고 있다.

이 사건에서는 BARC가 "Monte"를 판매한 것이 아니고 양도했기 때문에 이 규정이 적용되지는 않는다.

하지만, 이런 규정을 보면, 유기동물이 동물보호소에 보관하다가 다른 사람에게 팔려도 30일 동안은 원래 주인의 소유권이 박탈당하지 않는다는 점을 알

Supreme Court of Texas 재판정 모습
(출처: American Courthouses, A photo archive by John Deacon)

수 있다. 만약, 시에서 조례를 제정할 때 원래 주인의 권리를 박탈하려고 했다면, 그렇게 명시적으로 표현했을 것이다.

(e) Houston 조례 Article V, section 6-138는, 원래 주인이 되찾아가거나 다른 사람에게 매각되지 않은 유기견은 입양시키거나 안락사한다고 규정하고 있으며, 이렇게 입양을 보내는 경우에도 명시적으로나 묵시적으로 원래 소유자의 권리가 박탈된다는 표현은 조례에 없다.

(3) 결론적으로, Huston시의 조례를 전체적으로 보면, 직접 또는 간접적으로 "Monte"에 대한 Lira가족의 소유권을 박탈하는 규정이 없으며, Lira가족이 GHGSDR 동물구호단체에게 "Monte"의 반환을 요청하였을 때 "Monte"는 Lisa가족의 소유였으며, GHGSDR 동물구호단체는 이런 반환요청을 받아들였어야 한다.

> **Houston Code of Ordinance cited in the Supreme Court Opinion**
>
> **Article IV, section 6-102:**
> (a) It shall be the duty of the animal control officers to take up and take charge of all dogs found to be running at large . . . and to take such dogs to the animal control center or other suitable place, there to be impounded for a period of three calendar days.
> (b) . . . . Dogs wearing a city license tag . . . shall be held in designated pens for the owner for six days from the date the owner was notified by telephone or notice was mailed to the owner. On the seventh day following such notice, the animal may be offered for adoption or euthanized at the discretion of the director.
>
> **Article V, section 6-137:**
> (a) The person entitled to the possession of any animal delivered to the animal control center shall be entitled to have the animal delivered to him at the animal control center upon presentation of satisfactory evidence of ownership . . . and payment of the applicable charges and fees . . . .
> (b) It shall be the duty of the officer in charge of the animal control center to offer for sale any and all healthy animals impounded under the terms of section 6-102 and not redeemed within three days . . . . The person entitled to the possession of any animal shall be entitled to redeem the same upon paying the purchaser double the amount paid by him for such animal and his reasonable expenses for keeping the same. Any animal not so redeemed within 30 days from the date of the sale shall become the absolute property of the purchaser.
> (d) The owners of all animals impounded in the animal control center shall be required to redeem the same as provided for in subsection (a) hereof and shall not be permitted to purchase such animal in lieu of paying the redemption fee.
> (g) . . . [T]he release of the animal shall be conditioned upon an owner's execution of a written agreement that he will have the animal sterilized . . . .
>
> **Article V, section 6-138:**
> Animals taken up and impounded under the terms of this chapter that are not redeemed as provided in this article shall be disposed of by the city as follows:
> (1) Any animal that is vaccinated and sterilized and is otherwise deemed suitable for adoption may be offered for adoption through a city facility. . . .
> (2) Any animal that is suitable for adoption as a pet and is not placed for adoption through city facilities, may be placed for adoption through a private nonprofit humane shelter. . . .
> (4) All animals that are not placed for adoption shall be destroyed by use of humane euthanasia . . . .

관련 단체들의 참고의견서들

이 사건과 관련해서, 많은 기관들과 동물보호단체들이 대법원에 참고의견서를 제출하였다.

동물보호단체들의 입장은, 만약, 유기견 의무 보관기간이 끝나도 원래 주인의 소유권이 종결되지 않고 계속 지속된다면, 동물보호소나 동물구조단체에서 유기동물을 받아서 자체적으로 치료나 훈련을 해서 일반에게 분양을 내보낸 이후 원래 주인이 나타나서 분양해 준 유기동물을 돌려달라고 요구하는 불확실성에 직면하게 되어, 유기동물에게 새로운 보호자를 찾아주는 구조활동이 위축되고 유기동물을 안락사 시킬 수밖에 없는 부정적 상황이 증가할 것이라고 주장하였다.

다른 단체들은 이런 조례규정을 적용해서 원래 보호자의 소유권을 쉽게 박탈한다면 많은 사랑받는 반려견들이 원래 보호자와 헤어지게 되는 위험에 빠질 수 있다고 주장했다.

참고로, 이런 Texas 주 대법원 판결 이후에, Houston 시는 해당 조례를 개정해서, 72 시간 의무적 보관기간이 끝나면 유기견의 소유권은 BARC 에게 이전되고, BARC 는 유기견의 유일한 소유자가 되며, BARC 는 적절한 방식으로 처분할 수 있다고, 명시적으로 원래 소유자의 소유권을 종결시키는 조항을 조례에 포함시켰다. Houston, CODE OF ORDINANCES §6-102(c).

> **Sec. 6-102. - Impoundment generally.**
> (a) It shall be the duty of the animal control officers to take up and take charge of all dogs found to be running at large in contravention of section 6-101 of this Code, and to take the dogs to BARC or any other suitable place to be impounded and detained for a period as provided in subsection (b) or (c) of this section.
> …
> (c) Except as provided in section 6-138(6) of this Code, any dog without an identification tag, a microchip, or a current local veterinarian vaccination tag, or any dog with a city license tag more than one year past the expiration date shall be held at a BARC shelter facility for a period of 72 hours, after which title and sole ownership of the dog transfers to BARC, the dog becomes the sole property of BARC, and becomes subject to disposition as BARC deems appropriate.

■ 사건의 출처는?

▷ 사건출처: 미국 Texas 주 대법원 (Supreme Court of Texas) 2016 년 4 월 1 일 판결문; Lira v. Greater Houston German Shepherd Dog Rescue, Inc., 488 S.W.3d 300 (Tex. 2016)

▷ 사건제목: Lydia Lira and Alfonso Lira, Petitioners, v. Greater Houston German Shepherd Dog Rescue, Inc., Respondent

▷ 재판부: Nathan Lincoln Hecht, Chief Justice from 2013 to 2024.

▷ 변호인: Byron C. Keeling, Keeling & Downes, P.C., Zandra Anderson, Attorney at Law, Houston, for Petitioners.

George R. Gibson, Jason B. Antrican, Nathan Sommers Jacobs, P.C., Houston, for Respondent.

Jeffery Janar Shaver, White-Shaver PC, Houston TX, for amicus curiae American Rottweiler Club, Colonial Rottweiler, Conroe Kennel Club, E-Rescue Houston, Inc., German Shepherd Dog Club of America, Inc., Greater Collin County Kennel Club, Hoosier Rottweiler Club, Hounds of Vision, Houston Kennel Club, Indiana Purebred Dog Alliance, Inc., Lonestar Dobermans, Lunendogs Training, Rottweiler Recovery Foundation, South Texas Gun Dogs, Texas Dog Commission, Trinity Bay Aussies, Trinity Valley Weimaraner Club of Texas, Triumphant Tails, Inc., Wild Rose Rescue Ranch, Inc.

Mary Beth Duerler, San Antonio TX, pro se.
Guinnette Peebles, Houston TX, pro se.

Steven W. Thornton, Dallas, for amicus curiae Response Pet Owners Alliance

Jesse Moore, Cox Smith Matthews, Inc., Austin TX, for amicus curiae Texas Humane Legislation Network.

German Shepherd 품종과 Belgian Malinois 품종에 대한 유사점과 차이점을 설명하는 전문가의 글 (출처: Article by Stephanie Gibeault, MSc, CPDT, Jun 30, 2023, American Kennel Club Webpage)

> **에피소드 26 – 아저씨, 우리 아빠가 저를 입양해가려고 다시 동물보호소에 찾아올 때까지 제발 저를 중성화수술하지 말아주세요!**
>
> 브리딩 목적으로 사육하던 "Rocky"가 집을 빠져나가서 동물관리부처에게 붙잡혀서 보관소에 갖혀있다가 동물보호소로 넘겨졌는데, 이를 알게된 보호자가 동물보호소를 찾아가서 입양절차를 진행하는 과정에, 보호자의 요청에도 불구하고 개를 중성화수술을 해버린 동물보호소를 상대로 손해배상 소송을 제기한 사례
>
> 동물보호소에서 보관하던 유기견을 원래 주인이 되찾으러 와서 입양을 진행하는 경우에는, 동물보호소는 입양을 내보내는 개는 모두 중성화 수술을 해야한다는 자신들의 정책에도 불구하고, 원래 주인이 합당한 이유를 제시하면서 이런 중성화 수술을 원하지 않는다고 요청하면, 임의로 중성화 수술을 하면 안된다고 판결한 Alabama 주 항소법원 판례
>
> (Birmingham Humane Society v. Dickson)

■ 사건의 발단은?

미국 Alabama 주에 거주하는 Michael A. Dickson 은 1984 년에 Rottweiler 품종 "Rocky"를 독일에서 $900 불에 구입해서 미국으로 데려와서 키워왔다. "Rocky"는 독일에 등록이 되어있는 챔피언 혈통으로 이런 표식이 귀부분에 타투로 새겨져 있었다. Dickson 은 "Rocky"를 공격적인 경비견으로 훈련시켰고 상업적으로 이윤이 있는 개 번식 목적으로 사육을 하였다.

Dickson 은 "Rocky"를 울타리가 있는 집 마당에서 키우고 있었는데, 1990 년 3 월 12 일, Dickson 의 자녀가 개 집의 문을 미처 닫지 않았고 그런 사이에 개가 집을 탈출해서 밖으로 나간 것을 알게 되었다.

같은 날, 지역에 있는 Jefferson County Rabies Control Unit 동물관리부처는 개가 길거리에 풀려있다는 신고를 받고 출동해서 그 개를 잡아서 가두어두었다. 증언에 의하면, 포획 당시 개는 인식표를 착용하고 있지 않았다.

Rabies Control Unit 동물관리부처는 포획한 개를 유기견으로 보관하다가, 1990 년 3 월 19 일, Birmingham Humane Society 동물보호소에게 개를 넘겨주었다.

Birmingham Humane Society 동물보호소 소장이었던 Harrison Lloyd 증언에 의하면, 동물보호소가 1990 년 3 월 19 일 경에 이 사건 유기견을 넘겨받았고, 그때부터 약

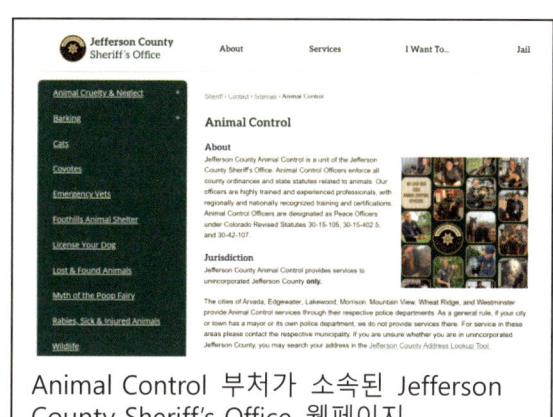

Animal Control 부처가 소속된 Jefferson County Sheriff's Office 웹페이지

한달 이후에 Dickson 이 동물보호소로 찾아와서 그 개가 자신의 개라고 주장하였다고 한다.

Dickson 주장에 의하면, 개를 잃어버리고나서 자신은 개를 찾기위해서 동네주변을 찾아다녔고 신문에 광고를 냈다고 하며, 개가 탈출했을 당시에 개는 인식표가 달린 목걸이를 착용하고 있었다고 한다.

또한, 자신이 Birmingham Humane Society 동물보호소에 전화를 했지만 그곳에서는 자신들은 유기견들을 잡아가지는 않는다는 답변을 들었다고 하고, Rabies Control Unit 동물관리부처에도 몇번 전화를 했지만, 그곳에서는 Rottweiler 개를 보관하고 있지 않다는 답변을 들었다고 한다.

자신의 개를 잃어버리고 일주일 정도 지난 이후에 Dickson 은 Rabies Control Unit 동물관리부처에 들러보았지만, 그곳에서 "Rocky"를 발견하지는 못했다고 한다.

분실사고가 발생하고 몇주가 지난 이후에, Dickson 의 친구가 Birmingham Humane Society 동물보호소에 "Rocky"가 있다고 Dickson 에게 알려주었고, 4 월 13 일 금요일에, Dickson 은 Birmingham Humane Society 동물보호소를 찾아갔고 그곳에서 "Rocky"를 발견했다.

Greater Birmingham Humane Society 웹페이지

Birmingham Humane Society 동물보호소 직원은 Dickson 에게 개를 찾아가기 위해서는 입양을 해야하고 입양시키기 전에 개를 중성화시켜야 한다고 말해주었다. Birmingham Humane Society 동물보호소 Lloyd 소장은 입양을 보내는 모든 개를 중성화시키는 것이 자신들의 정책이고 Dickson 의 개에게도 이런 정책이 예외없이 적용된다고 알려주었다.

Dickson 은 "Rocky"가 breeding 목적으로 키우는 개여서 중성화시키는 것을 원치 않는다고 동물보호소 직원들에게 설명했지만, 그런 설명에도 불구하고 동물보호소에서는 중성화 수술없이는 입양을 내보내지 않을 것이라는 인상을 받았다고 한다.

Dickson 은 자신이 변호사와 상의할 동안 중성화수술을 하지 말아달라고 요청하고 집으로 돌아왔다.

그리고, Dickson 은 Birmingham Humane Society 동물보호소의 이사회 멤버 2 명에게 전화를 해서 상황을 설명했고 동물보호소가 자신의 개를 돌보아준데 들어간 비용을 보상하겠다는 제안도 했지만, 이들은 모든 개를 중성화시키는 것이 자신들의 정책이라고 답변했다.

Dickson 은 주말이 지나서 월요일에 다시 Birmingham Humane Society 동물보호소를 찾아갔는데, 이미 자신의 개를 중성화시켰다는 것을 알게 되었다. Dickson 은 매우 속상했지만 할수 없이 입양비용을 지불하고 개를 찾아왔다.

기록에 의하면, Birmingham Humane Society 동물보호소는 금요일에 Dickson 이 그곳을 떠난 이후에 "Rocky"의 중성화 수술을 진행한 것으로 밝혀졌다.

■ 소송의 전개는?

1990 년 4 월, Dickson 은 Birmingham Humane Society 동물보호소를 상대로 소송을 제기하고 과실과 재물손괴를 청구취지로 주장하면서 손해배상을 청구하였다. 피고 Birmingham Humane Society 동물보호소는 원고도 과실에 기여를 했다는 취지로 답변서를 제출하였다.

이후, 배심원 재판이 진행되었고 배심원들은 피고 Birmingham Humane Society 동물보호소의 과실로 원고 Dickson 이 손해를 입었고 손해배상 금액은 $7,500 불이라고 평결을 했고, 1심법원은 이런 내용으로 원고 승소판결을 내렸다.

피고 Birmingham Humane Society 는 이런 판결에 불복하고 Alabama 주 민사 항소법원(Court of Civil Appeals)에 항소하였다.

Alabama 주 대법원과 항소법원이 있는 Heflin-Torbert Judicial Building (구글맵)

■ 법원의 판단은?

항소법원에서 진행된 재판에서, Birmingham Humane Society 는 아래와 같은 주장을 펼쳤다.

> - Birmingham City Code § 6-1-18에 의거해서, Rabies Control Unit 동물관리부처는, 유기견을 잡아서 시설에 보관할 수 있고, 조례에서 정한 3일 동안의 보관기간이 끝나면, 유기견에 대한 권리와 소유권을 Birmingham Humane Society에게 양도할 수 있다. 따라서, 이 사건 개가 중성화되었을때는 그 개에 대한 권리와 소유권은 이미 Birmingham Humane Society로 넘어온 상태였다.
> - 원고 Dickson은 조례에서 정한 보관기간 동안에 자신의 개를 찾아가지 않아서, 개에 대한 소유권을 박탈당했다.
> - Birmingham Humane Society는 개를 한달정도 보관하고 있었는데, 그동안에, 개를 안락사시킬 수도 있고, 중성화시킬 수도 있고, 입양보낼 수도 있는 권리가 있다.
> - 원고 Dickson도 문을 열어놓아서 개가 탈출하도록 한 과실이 있고, 개를 빨리 찾아가지 않은 과실이 있는데, 1심법원은 부당하게 배심원들이 이런 Dickson의 기여과실(contributory negligence)을 고려하도록 허용하지 않았다.

이런 피고의 주장에 대해서, 항소법원은 아래와 같은 이유를 들면서, 1심법원의 판결을 인용하고 원고 Dickson 에게 승소판결을 내렸다.

- Birmingham Humane Society는 모든 개를 중성화시키는 것이 자신들의 확고한 정책이고 Dickson에게 개를 중성화하지 않고는 입양을 시켜줄 수 없다라고 말했다고 하지만, Birmingham Humane Society Lloyd 소장은, 예외적으로, 만약 개의 보호자가 소유권 증빙서류를 제시한다면 중성화하지 않고도 개를 찾아갈 수 있다고 증언하였다.

Greater Birmingham Humane Society 건물 (구글맵)

  이런 예외적인 정책이 있는 것을 보면, Birmingham Humane Society가 자신들이 취득한 유기견에 대해서 가진 자신들의 권리나 소유권이 진짜 주인("true owner")의 권리에 종속된다는 점을 인식하였다는 것을 증명해준다.

- 따라서, Dickson이 자신이 진짜 주인이라고 주장하면서 개를 돌려달라고 하였고 구체적이고 타당한 이유를 들면서 개를 중성화시키지 말라고 요청하였으면, Birmingham Humane Society는 중성화를 시키지 않고 분쟁이 해결될 때까지 기다릴 수 있었다.

- 만약, Dickson이 나타나서 소유권을 주장하기 이전에 Birmingham Humane Society가 이미 유기견을 안락사, 중성화 또는 입양시켰다면, Dickson은 아무런 권리가 없었을 것이라는 점은 인정하지만, 이 사건에서는 Dickson이 Birmingham Humane Society를 찾아와서 권리주장을 할때까지, Birmingham Humane Society는 유기견을 한달정도 보관하고 있었지만 이런 처분행위를 아직 하지 않고 있었던 상태였고, Dickson의 소유권 주장과 중성화 반대의견을 알고난 이후에 중성화를 시켰다.

- Dickson의 과실로 개가 탈출했다는 피고의 주장은 아무런 증거가 없고, 따라서, 배심원들에게 Dickson의 기여과실(contributory negligence) 문제를 고려하라는 지침을 주지 않은 1심법원의 결정에는 잘못이 없다.

- Dickson이 개를 찾으려는 과정과 빨리 되찾아가지 않은 과정에서 과실이 있었다는 피고의 주장에 대해서는, Dickson에게 이런 과실이 있었다고 볼 수 없다.

  Dickson이 월요일에 다시 Birmingham Humane Society를 찾아온 것이 불합리하게 지체된 행동이라고 할 수 없고, Dickson이 금요일에 다시 찾아왔다고해도 이미 개는 중성화가 되었을 것이다. 설령, 이런 원고의 과실이 있었다고 해도, 이런 과실은 Birmingham Humane Society가 Dickson의 소유권 주장을 알게 된 이후에 중성화를 한 행위와는 아무런 관련이 없고 이런 행동에 기여하지도 않았다. 따라서, 이런 기여과실에 대해서 배심원들에게 지침을 주지 않은 1심법원의 결정에는 잘못이 없다.

■ 사건의 출처는?

▷ 사건출처: 미국 Alabama 주 민사항소법원 (Court of Civil Appeals of Alabama) 1994년 9월 7일 판결문; Birmingham Humane Society v. Dickson, 661 So.2d 759 (Ala.,1994)

▷ 사건제목: BIRMINGHAM HUMANE SOCIETY v. Michael A. DICKSON

▷ 재판부: Robertson Thigpen Yates

▷ 변호인: J. Haran Lowe, Jr. and Matthew S. Ellenberger, Birmingham, for appellant
James E. Harris, Birmingham, for appellees

< 제 4 편 – 사고로 상해를 입은 반려견과 손해배상 >

Dog Accident & Fair Market Value, Emotional Distress and Other Types of Damages

에피소드 27 – *Irwin v. Degtiarov* 158

에피소드 28 – *Saratte v. Schroeder* 162

에피소드 29 – *Strickland v. Medlen* 165

에피소드 30 – *Brousseau v. Rosenthal* 172

> **Law & Cases:** 사고로 부상을 당하거나 사망한 반려견에 대한 손해배상의 범위
>
> 사고로 부상을 입거나 사망한 반려견의 시장가격을 기준으로 한 일반적인 손해배상 산정방식과 달리, 반려견을 치료하면서 들어간 의료비용, 견주의 정신적 고통이나 상실감 등을 손해배상으로 인정받을 수 있을까?

자신이 키우는 반려견이 다른 사람이나 동물의 공격이나 사고 등으로 부상을 입거나 사망하게 된다면 사고에 대한 책임소재를 가리는 문제에 추가해서 법률적으로 쟁점이 많은 부분은 손해배상의 산정 문제이다.

미국에서는, 손해배상 산정에 대해서 법원이 많은 재량권을 가지고 있음에도 불구하고, 법률상 반려견은 아직 물건으로 간주되고 있기 때문에, 이런 물건에 손상이 발생하는 경우에 적절한 손해배상의 범위는 손상으로 하락한 해당 물건의 시장가치(Fair Market Value)이고 해당 물건의 교체비용을 초과할 수 없다는 것이 일반적인 원칙이다.

하지만, 반려견은 단순한 물건이 아니어서 이런 전통적인 손해배상 산정방식이 부적절하다는 주장이 계속되고 있다.

특히, 부상당한 반려견을 치료하는 의료비용이 과도하게 발생한 경우, 반려견의 사고로 반려견 보호자가 정신적인 고통(pain and suffering)과 피해를 호소하는 경우, 반려견 보호자 다친 반려견을 돌보는 동안 일을 하지 못해서 벌지 못하게 된 임금손실(lost wage), 반려견의 사망으로 인한 반려견 보호자가 겪게되는 동료 상실감(loss of companionship) 등을 어느 정도까지 보상해주어야 하는지가 법적 분쟁이 되고 있고, 다양한 사례들과 접근법들이 나타나고 있다.

1. 일반적 손해배상(Damage) 산정 이론: Fair Market Value

▶ 일반적으로, 다른 사람의 과실이나 수의사의 잘못으로 반려동물이 부상을 입거나 죽는 경우에 손해배상은 해당 반려동물의 시장가격을 기준으로 결정된다.

▶ 반려동물이 부상을 당한 경우는, 해당 반려동물이 부상을 입기 전의 시장가격과 부상을 입고 난 후의 시장가격 사이의 차액이 손해배상으로 인정받는다.

▶ 미국 California 주에서는, 다른 사람의 개가 피해자의 개에게 부상을 입히는 경우에 피해자가 청구할 수 있는 손해배상은, 부상으로 인해서 감소된 피해 동물의 시장가격과, 부상으로 인해서 발생한 피해 동물의 합리적인 치료비용 중에서 큰 액수를 청구할 수 있다.

▶ Maryland 주에서는, 불법행위로 다른 사람이 반려동물을 살해했다면 죽은 반려동물의 시장가격과 죽기전에 발생한 합리적이고 필요했던 수의사 치료비용을 손해배상으로 청구할 수 있고, 불법행위로 상해를 입혔으면 합리적이고 필요했던 수의사

Image by Indigophotos, Pixabay

치료비용을 손해배상으로 청구할 수 있는데, 이런 손해배상 액수는 총 $7,500 달러을 초과할 수 없다고 제한하고 있다. MD. CODE ANN., CTS. & JUD. PROC. § 11-110 (2002). 통상, 개물림 사고, 수의사의 의료사고, 동물학대 행위 등으로 반려동물이 죽거나 상처를 입었을 때 발생할 수 있는 추가적인 손해로는 수의사 치료 비용, 치료약 값, 병원입원비, 장례비용, 추가로 발생한 교통비와 같은 기타 경비들이 들어갈 수 있다.

▶ 반려동물이 사망하거나 영구적으로 불구가 된 경우에는, 그런 반려동물의 시장가격을 손해배상으로 받을 수 있다. 시장가격을 산정할때는 해당 반려동물과 유사한 품종, 연령, 신체상태이면서 유사한 기능과 훈련정도를 보유한 반려동물을 구입하는 비용을 시장가격으로 인정하게 된다.

2. **예외적인 손해배상 산정 이론들**: Emotional Distress, Mental Anguish, Loss of Companionship, Intrinsic Value, Exemplary Damage

반려동물의 부상이나 사망에 대한 일반적인 손해배상 이론에도 불구하고, 이로 인해서 반려동물 보호자가 겪는 정신적 고통이나 분노감, 동반관계의 상실로 인한 피해, 반려동물에 대한 주관적 가치 등을 보상받으려는 청구가 빈번하게 발생한다.

Image by Steve Buissinne, Pixabay

하지만, 일반적으로는, 반려동물은 법률적으로는 물건에 해당되며, 이런 반려동물에 대해서 보호자가 특별하게 부여하는 감성적 가치는 손해배상으로 인정하지 않는다.

또한, 단순한 과실로 인해서 반려동물이 상해를 입고 이런 결과로 반려동물의 보호자가 겪은 정신적인 아픔과 고통에 대해서 손해배상을 청구하는 경우에도 대부분 법원에서는 이런 손해배상은 인정하지 않고 있다. 참고, Kennedy v. Byas, 867 So.2d 1195 (Fla. Ct. App. 2004); Strickland v. Medlen, 397 S.2d 3d 184 (Tex. 2013)

▶ 만약 어떤 반려동물이 측정 가능한 금전적 가치를 창출하는 특정되고 검증할 수 있는 특성을 가지고 있다면, 그런 반려동물은 시장가치 이상을 손해배상으로 인정받을 수도 있다. 예를 들면, 반려동물이 쇼를 하는 개이고 일정한 소득을 벌어들일 수 있다는 점을 보여줄 수 있다면, 이런 반려동물이 상해를 입는 경우에는, 이런 반려동물의 시장가치 이상을 손해배상으로 청구하는 것이 가능할 수 있다.

▶ 부상당한 반려동물을 치료하는 의료비용이 해당 반려동물의 시장가격을 초과하는 정도로 많이 발생하였지만 이런 의료비용을 손해배상으로 인정해준 사례도 있다. Irwin v. Degtiarov, 85 Mass.App.Ct. 234 (2014); Saratte v. Schroeder, 2009 Ohio 1176 (Ohio Ct. App. 2009)

▶ 동물보호소에서 입양한 잡종견처럼, 반려동물의 시장가격이 없는 경우에는, 이런 반려동물이 견주에게 주는 감성적인 가치를 포함하여, 이런 반려동물이 견주에게 실제로 얼마의 가치가 있는지를 손해배상으로 인정하기도 한다. Jankoski v. Preiser Animal Hosp., Ltd., 510 N.E.2d 1084 (Ill. App. Ct. 1987).

▶ 반려견이 견주에게 실제로 얼마의 가치가 있는지를 산정할 때, 해당 반려견과 보호자간에 상실된 동반관계(Loss of Companionship)와 안전(Loss of Protection)도 감안할 수 있다고 판단한 사례도 있다.   Brousseau v. Rosenthal, 110 Misc.2d 1054 (N.Y. Civ. Ct. 1980).

▶ 만약 수의사나 동물병원의 행동이 중대한 과실이거나, 의도적이고 터무니없이 분개할 정도라면 징벌적 손해를 허용하거나 반려견의 보호자가 겪은 정신적 고통에 대해서도 보상을 허용할 수도 있다.   Knowles Animal Hospital, Inc. v. Wills, 360 So.2d 37 (Fla. Ct. App. 1978)

3. 손해배상 산정과 관련한 입법

▶ 2019년 1월 14일, New York 주 의회에서는, 고의나 과실로 반려동물을 부상시키거나 살해하는 경우에는, 수의사 비용이나 의료비용에 추가해서, 반려동물 보호자에게 초래된 동반관계 상실이나 위안, 보호, 서비스 상실 등에 따른 손해배상도 해야한다는 법안이 발의되기도 하였다. (New York State Assembly Bill A1113).

▶ California 주에서는, 고의나 중대한 과실로 인간성을 무시하고 반려동물에게 부상을 입히면 징벌적 손해(exemplary damages)를 허용할 수 있다고 규정하고 있다.   California Code, Civil Code - CIV § 3340

▶ 2000년에 Tennessee 주에서는, 고의나 실수로 다른 사람이나 다른 사람의 동물이 원고의 "pet"을 사망하게 하는 경우에는 비경제적 손해배상으로 $5,000 달러까지 청구하는 것을 허용하는 법안을 만들었는데, 이 법안에서는 대상이 되는 "pet"을 집에서 기르는 개와 고양이로 한정하였고, 손해배상을 주장할 수 있는 사람을 사망한 반려동물의 소유권자나 보호자로 제한했으며, 수의사와 동물보호소에게는 과실에 따른 책임으로부터 면책을 부여하였다.   이 법안은 법안을 발의한 상원의원의 배우자가 키우던 Shih Tzu 품종 반려견 이름을 따서 "T-Bo Law"라고 불렸다.   Tenn.Code Ann. § 44-17-403 (2012).

▶ Illinois 주 법률에서는 비경제적 손해배상을 제한적으로 허용하고 있는데, 심각한 동물학대나 고문이 가해진 경우나 포획하면서 악의로 상해를 가하거나 살해하는 경우에는 이런 동물의 소유권자는 손해배상을 청구할 수 있는데, 손해배상은 해당 동물의 시장가치와 수의사 비용 및 동물소유자가 겪은 감정적 고통을 포함할 수 있으며, $500 달러 이상 $2,500 달러 이하의 범위에서 징벌적 손해배상도 청구할 수 있다고 규정하고 있다. Illinois Statutes Chapter 510. Animals § 70/16.3. Civil actions

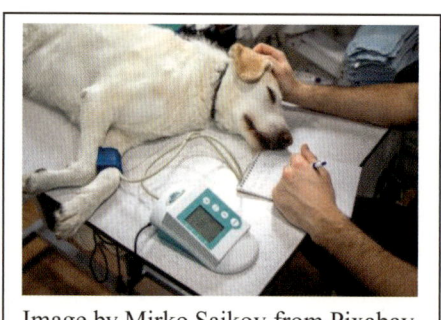

Image by Mirko Sajkov from Pixabay

> **에피소드 27 – 수의사 선생님, 저를 긴급하게 수술해서 상처를 치료해주고 살려주셔서 감사합니다!**
>
> **이웃집 German Shepherd 개에게 물려서 심각하게 부상당한 Bichon Frise 품종 반려견 "Peppermint"의 보호자가 반려견 치료을 위해 들어간 병원비용 전액을 손해배상으로 청구한 사례**
>
> 목줄이 풀린 이웃집 German Shepherd 개에게 공격을 당해서 심각하게 부상을 당한 Bichon Frise 반려견을 살리기 위해서 응급병원에서 긴급하게 수술을 받았다면, 이런 동물병원 치료비용은 합리적으로 발생하였고, 피해를 입은 반려견 보호자는 상해를 입힌 German Shepherd 개의 견주에게 이런 동물병원 치료비용 전부를 손해배상으로 청구할 수 있다고 판단한 Massachusetts 주 항소법원 판례
>
> *(Irwin v. Degtiarov)*

■ **사건의 발단은?**

미국 Massachusetts 주 Middlesex County 에 사는 John Irwin 은 비숑프리제(Bichon Frise) 품종의 반려견 "Peppermint"를 키우고 있었는데, 2007 년 2 월 17 일 오후, 자신의 집 앞마당을 산책하고 있는 중에 "Peppermint"가 근처에 있던 German Shepherd 품종의 개에게 공격을 당하는 사고가 발생하였다.

"Peppermint"를 공격한 German Shepherd 의 견주는 Arkady Degtiarov 였는데, 사고 당시 두마리의 개를 데리고 가고 있었는데, 사고를 낸 German Shepherd 는 목줄을 풀어놓은 상태로 데리고 가고 있었으며 다른 German Shepherd 한마리는 목줄을 채운 상태였다.

German Shepherd 는 도발을 당하지 않았고 특별한 이유도 없었는데 공격을 했다. 공격을 받았을 때 "Peppermint"는 견주인 John Irwin 의 집 경계를 벗어나지 않고 앞마당에 있었으며, John Irwin 도 다른 불법행위를 범하고 있거나 다른 사람의 땅에 무단으로 들어갔거나 German Shepherd 를 약올리거나 괴롭히거나 학대하는 행위를 하고 있지 않았었다.

German Shepherd 는 "Peppermint"의 목을 물고 "Peppermint"를 앞뒤로 흔들었으며 "Peppermint"는 고통으로 울부짖었다. 이후 Degtiarov 가 공격 중인 German Shepherd 를 겨우 떼어놓았고 목줄을 채워서 그곳에서 데리고 갔으며, "Peppermint"는 집안으로 도망쳐 들어가서 방에 있는 침대 밑에 숨었다. 이후, 경찰이 출동하였다.

John Irwin 은 2003 년에 발작으로 쓰러져서 불구가 되었고 지팡이를 써서 걸어다녔는데, 이날 사고를 보고 쓰러졌고, 마침 이웃집 사람의 부축을 받고 다시 일어설 수 있었다.

오후 4 시쯤, Marcia Irwin 이 집에 와서 "Peppermint"를 Waltham 에 있는 Veterinary Emergency & Specialty Center of New England 응급시설로 데려갔다.

"Peppermint"는 심각한 내상, 외부 타박상 및 머리, 목, 배 및 가슴 부위의 물림상처들로 인해서 위중한 상태였다. 담당 수의사의 증언에 따르면, 공격으로 인하여, "Peppermint"는 저혈량성 쇼크가 발생했고, 복부에서 상당히 심각한 정도의 출혈이 있었고, 가슴과 복부에 가해진 압박 상처들로 간 일부에 출혈이 발생해서 수술로 절제해야 했다.

수술은 병원에 도착하고 한시간 이내에 긴급하게 실행되었으며, 이런 상처들을 봉합하고 간의 일부를 제거하였다.

이후 "Peppermint"는 4 일동안 동물병원에 입원해 있다가 퇴원했고 통원치료를 2 차례 받았다.

Veterinary Emergency & Specialty Center of New England (구글맵)

Irwin 이 부상당한 자신의 반려견 "Peppermint"의 치료를 위해서 지불한 동물병원비용은 총 $8,608.05 달러에 이르렀다.

■ 소송의 전개는?

2008 년 12 월 18 일, 부상당한 "Peppermint" 반려견의 보호자 John Irwin 과 Marcia Irwin 은 "Peppermint"를 공격한 German Shepherd 개의 보호자 Arkady Degtiarov 를 상대로 Middlesex County 에 있는 지역법원(District Court Department, Newton Division)에 손해배상 소송을 제기하였다.[70]

배심원없이 진행된 재판에서 Dyanne J. Klein 지방법원 판사는 German Shepherd 가 이유없이 도발하여 "Peppermint"를 공격하였으며, 부상당한 개를 치료하기 위해 들어간 병원비용이 합리적이고 필요했다고 판단하고, 병원비용 전부를 손해배상액으로 인정하였다.

이런 지역법원 판결은 지역법원 항소부(District Court Appellete Division) 재판에서도 그대로 인용되었다.

Newton District Court (출처:구글맵)

---

[70] 원고 소송의 근거가 된 법률(Massachusetts General Laws Chapter 140, Section 155)은 개 공격으로 인한 피해에 대해서 과실여부와 상관없이 배상책임을 부여하는 무과실책임(strict liability) 원칙을 규정하고 있다. "If any dog shall do any damage to either the body or property of any person, the owner or keeper, or if the owner or keeper be a minor, the parent or guardian of such minor, shall be liable for such damage, unless such damage shall have been occasioned to the body or property of a person who, at the time such damage was sustained, was committing a trespass or other tort, or was teasing, tormenting or abusing such dog." 추가로, 원고는 과실(negligence), 불법침해(trespass), 민폐(nuisance) 청구취지들도 주장했고 이들 청구취지들은 기각되었지만 이에 대해서는 항소하지 않았다.

피고는 부상당한 개의 시장 가격보다도 많은 금액을 손해배상 금액으로 인정하는 것은 부당하다고 주장하면서 항소법원에 항소하였다.[71]

■ **법원의 판단은?**

Massachusetts 주 항소법원과 대법원이 있는 John Adams Courthouse (출처:구글맵)

Massachusetts 항소법원은, 먼저, 관련 주법률에서는, 개가 물건을 훼손하거나 사람을 해치면 그 개의 주인이나 관리자는 자신의 과실여부나 해당 개의 공격성을 알고 있었는지 여부와 상관없이 피해자에게 손해배상을 해야하는 책임이 있다고 규정하고 있으며, 이것은 견주로 하여금 자신의 개를 적절히 통제하도록 유도하려는 취지라고 설명하였다.

그리고, 이런 주법률은 피해를 입은 사람은 사고를 낸 개로 인해서 입은 모든 손해를 보상받도록 규정하고 있지만, 손해를 어떻게 산정할지에 대해서는 언급이 없다는 점을 항소법원은 지적하였다.

따라서, 개의 공격으로 입은 반려견의 부상에 대한 적절한 손해배상을 산정하는 문제와 관련해서는 일반 관습법을 적용해야 한다는 입장을 항소법원은 밝혔다.

그리고, 판례에 의하면, 일반적으로는, 물건의 훼손으로 인한 손해배상액은 해당 물건의 시장가격의 하락가치를 산정하는 방법을 활용하지만, 해당 물건이 통상적이지 않거나 일반적 가치평가방법이 정의롭지 않는 결과를 초래하여 시장가격 하락이란 방법을 적용할 수 없거나 불만족스러운 경우에는 훼손된 물건의 교체비용이나 수리비용을 활용하기도 한다고 항소법원은 관습법 법리를 설명하였다.

구체적으로 반려견과 관련해서는, 항소법원은, 비록 법률적으로는 개가 물건으로 분류되지만, 판례는, 부상당한 개에 대한 손해배상을 해당 개의 시장가격 하락 금액으로 한정하고 있지는 않다고 분석하였다. 따라서, 만약, 반려견이 부상을 입었다면, 이것을 적절하게 치료해주고 악화되지 않도록 하는 것이 견주의 의무이고, 이런 의무를 부여하면서 의무를 이행하면서 발생한 비용을 보상해주지 않는 것은 부당하며, 이런 치료과정에서 분별력 있는 판단으로 필요한 치료를 하면서 합리적으로 발생된 치료비용은, 치료의 실제 효과 또는 성공 여부나 해당 반려견의 시장가격을 초과하는지 여부와 상관없이, 통상적인 손해배상에 추가해서 받을 수 있다는 견해를 밝혔다.

결론적으로, 항소법원은, 판례들에 근거해서, 다른 개의 공격으로 부상을 입은 개를 치료하면서 합리적으로 발생하게 된 적정한 수의사 치료비용은, 이런 비용이 해당 개의 시장가격이나 교체비용을 초과한다고 해도 손해배상액으로 보상받을 수 있다고 판시하였다.

그리고, 치료비용이 합리적인지 여부는, 개별 사건들의 상황에 따라서 판단해야 하며, 해당 반려견의 품종과 나이 및 특성, 시장 판매가격, 부상의 정도, 적용된 치료법이 통상적 치료방식이었는지 여부와 그런 치료방식의 성공확률, 해당 반려견의 재능와 소득창출의

---

[71] 비숑프리제는 작고 긴털을 가진 인기 품종으로 2024년 기준 미국에서 분양가격은 약 백만원에서 2백만원 정도로 알려져 있다. 소송중 시장가격에 대한 증거는 제시되지 않았다.

가능성, 가족의 일원으로 키웠는지 여부 등을 고려해야 한다고 항소법원은 적시하였다. 하지만, 반려견에 대한 견주의 애정 정도는 반려견을 치료하는 결정의 합리성 여부를 평가하는데 고려할 사항이지만, 견주의 정신적 고통과 감정적 피해나 동반관계 상실에 따른 피해를 보상해줄수는 없다는 점도 분명하게 밝혔다.

이런 법리를 적용하여 본 사건을 검토한 항소법원은 하급법원의 판결이 잘못이 없다고 그대로 인용하였다.

참고로, 항소법원은 수의사 치료비용이 부상당한 반려견의 시장가격보다 훨씬 많았지만 그런 수의사 치료비용 전부를 손해배상액으로 인정한 근거로서, 아래와 같은 점들을 구체적으로 거론하였다.

(1) 피고가 개의 시장가격이나 교체가격보다 많은 비용을 치료비용으로 사용한 것이 불합리하다고 주장했지만 막상 발생된 치료비용의 합리성은 다투지 않았으며,

(2) 응급병원에서 부상을 입은 개를 치료한 수의사는 경험이 많은 수의사였는데 개가 부상이 심각했고 출혈이 많았고 치료를 못받았다면 죽었을 것이라고 증언하였으며,

(3) 개가 동물병원에 도착한 뒤 한시간 이내에 급하게 수술을 받았고 수술 후 며칠동안 동물병원에 입원해 있었으며, 이후에는 집에서 치료를 계속했고,

(4) 응급병원은 24 시간 운영하는 응급치료 전문병원이며, 치료비는 미국동물병원협회 가이드라인에 기반하고 있고 Massachusetts, Connecticut, Rhode Island 주에 있는 비슷한 시설의 치료비용들과 비교했을때도 경쟁적이었으며, 병원 관리비용이 높아서 이윤이 적었고,

(5) 치료비용 청구내역서를 검토한 수의사는 그런 비용이 필요했고 공정하고 합리적이라는 의견을 밝혔다.

■ **사건의 출처는?**

▷ 사건출처:　미국 Massachusetts 주 항소법원(Appeals Court of Massachussetts)
　　　　　　2014 년 4 월 24 일 판결문, Irwin v. Degtiarov, 85 Mass.App.Ct. 234 (2014)

▷ 사건제목:　JOHN IRWIN Marcia Irwin vs. ARKADY DEGTIAROV and Irina Deresh,
　　　　　　doing business as Boston Kennels

▷ 재판부:　　Gabrielle R. Wolohojian, AGNES, & SULLIVAN, JJ.

▷ 변호인:　　John G. Neylon, Boston, for the defendants.
　　　　　　Joseph I. Rogers, Newton, for the plaintiffs.

German Shepherd 개 (출처: American Kennel Club Dog Breeds 웹페이지)

Bichon Frise 개 (출처: American Kennel Club Dog Breeds 웹페이지)

> **에피소드 28 –** 엄마, 저를 살리기 위해서 수의사 선생님의 만류에도 불구하고 수술까지 받게해주셔서 감사해요!
>
> 다른 개에게 물려서 심하게 부상을 당한 Yokshire Terrier 품종 반려견을 안락사시키지 않고 수술했지만 결국 사망하자, 공격한 개의 주인에게 수술비용을 손해배상으로 청구한 사례
>
> 산책중에 보호자가 목줄을 놓친 개가 근처에 있던 Yokshire Terrier 품종 반려견을 물어서 심각하게 부상을 입혔고 수의사의 안락사 권유에도 불구하고 수술을 받게했지만 결국 사망한 경우, 이렇게 죽은 Yokshire Terrier 반려견의 보호자는 이 반려견의 시장가격에 추가해서 수술비용까지를 손해배상으로 청구할 수 있다고 판단한 Ohio 주 항소법원 판례
>
> *(Saratte v. Schroeder)*

■ 사건의 발단은?

2008년 3월 15일, 미국 Ohio 주 Belmont County Bridgeport 주택가 지역에서 Lacey Schroeder 는 자신이 키우고 있던 Weimaraner 품종의 반려견을 데리고 산책을 하고 있었다.

마침 근처에는 Barbara Saratte 가 키우는 Yokshire Terrier 품종의 반려견이 Saratte 집의 마당에 있었는데, 그곳을 지나가던 Schroeder 의 반려견이 Yokshire Terrier 를 보고 그 개를 향해서 달려들었다.

산책 중에 Schroeder 는 자신의 반려견에 목줄을 채워서 잡고 있었는데, 반려견이 뛰쳐나가면서 줄을 놓쳤고 Schroeder 가 통제를 하지 못했다. Schroeder 의 반려견은 Saratte 반려견의 가슴부위를 물었고 갈비뼈와 허파 및 혈관에 상처를 입혔다.

Saratte 는 다친 반려견을 응급 수의사병원으로 데려갔고, 수의사는 상처가 심각해서 안락사를 고려하는 좋겠다고 제안했다. 하지만, Saratte 는 수술을 해달라고 요청했고, 수의사가 수술을 진행하였지만 성공적이지 못했고, 결국, 반려견은 사망하게 되었다.

사고가 발생한 Bridgeport 주택가 (출처: 구글맵)

■ **소송의 전개는?**

Saratte 는 Schroeder 를 상대로 Belmont County Northern Division Court 소액사건법원에 소송을 제기하고, 죽은 반려견의 가치 $600 달러와 자신이 지출한 수의사 치료비용 $2,063 달러를 손해배상으로 청구하였다.

재판에서 원고와 피고가 모두 증언을 하였으며, 피고는 자신의 개가 원고의 개를 공격하였다는 것을 인정하였다. 원고는 치료를 담당했던 수의병원 진료차트와 청구서를 증거로 제출하였다. 수의사는 보고서에서 자신은 안락사시키는 것을 고려하라고 원고에게 추천했으나 원고가 수술을 해서 치료해달라고 요청했다고 밝혔다.

소액사건법원은 원고승소판결을 내렸는데, 죽은 개의 시장가격은 $200 달러라고 판단했으며, 원고가 지불한 수의사 치료비용도 배상받을 권리가 있다고 판단하였다. 결론적으로, 소액사건법원은 피고에게 $2,263 달러와 이자를 원고에게 배상하라고 판결하였다.

2008 년 6 월 12 일, 피고는 소액사건법원의 판결에 불복하고 항소를 제기하였다.

■ **법원의 판단은?**

항소재판은 3 명의 판사로 구성된 합의부에서 진행되었고, Gene Donofrio 판사가 주심판사를 맡았다.

항소재판에서 피고는 소액사건법원이 물건에 해당하는 죽은 개의 시장가격에 추가해서 수의사 치료비용을 손해배상을 배상하라고 판결한 것은 위법이라고 주장하였다. 또한, 원고가 부상을 입은 반려견을 안락사시켰어야 했고, 죽은 반려견 시장가격의 10 배가 넘는 비용을 들인 것은 비합리적이었기 때문에, 원고는 손실경감 의무를 위반했다고 주장하였다.[72]

항소법원은, 개가 다른 사람을 해치거나 물건을 훼손하면 개의 소유자가 배상을 해야하고, 물건의 손상에 따른 손해배상은 훼손된 물건의 시장가격이라는 법리를 재확인하면서, 집에서 키우는 반려견이 사망하면 이런 반려견의 시장가격이 거의 없거나 존재하지 않아서 손해배상하라고 판결하는 경우가 아주 드물다고 지적했다.

그럼에도 불구하고, 수의사가 부적절하게 수술을 해서 발생한 비용을 손해배상으로 인정한 사례가 있고 (Oberschlake, 151 Ohio App.3d 741), 전기울타리 때문에 부상을 입은 개의 치료비용을 손해배상으로 인정한 사례도 있으며 (Pacher v. Invisible Fence of Dayton, 154 Ohio App.3d 744, 2003-Ohio-5333), 개의 귀에 있는 종양을 잘못 진단하여 발생한 수의사 비용을 손해배상으로 인정한 사례도 있어서 (Lewis v. Hendrickson, 4th Dist. No. 02CA18, 2003-Ohio-3756), 항소법원은, 다른 개의 공격으로 부상을 입은 개의 수의사 치료비용을 손해배상으로 인정하는 것이 비합리적이지 않다고 판단하였다.

또한, 소액사건법원은 수의사 치료비용이 피고 개가 원고 개를 공격한 행위의 직접적 결과로서 초래되었고, 원고가 수술을 요청한 행동이 당시 상황을 고려하면 불합리하지

---

[72] 원고는 재판을 직접 수행하였고 (pro-se), 피고는 변호사를 선임해서 진행하였는데, 항소재판에서 원고는 답변서면을 제출하지 않았고, 항소법원은, 이런 경우에, 피고-항소인의 서면을 기초로 항소인의 주장이 합리적이라고 판단되면 원심파기 판결을 내릴 수도 있었다는 점을 지적하였다.

않았으며, 발생한 전체 치료비용이 과도하지도 않았다고 판단을 내리고 이런 판단에 기반해서 손해배상 판결을 내렸다는 점을 지적하면서, 항소법원은 이런 소액사건법원의 판결이 재량권을 남용하였다고 볼 수 없다고 판단하였다.

추가로, 수의사 보고서에 의하면 수의사는 원고에게 안락사를 고려하라고 했지 다른 대안이 없고 반드시 안락사를 시켜야 한다고 강조한 것은 아니라는 점과, 원고가 죽은 반려견의 시장가격이 $600 달러라고 주장했지만 법원은 $200 달러로 감축했다는 점을 보면, 소액사건법원이 증거에 입각해서 합리적인 판단을 내렸다고 항소법원은 평가하였다.

결론적으로, 2009년 3월 10일, 항소법원 Donofrio 판사는 소액사건법원의 판결이 자의적이거나 불합리하거나 비상식적이라고 할 수 없어서 재량권을 남용한 불법이 있다고 할 수 없다고 밝히면서, 항소를 기각하고 원심을 인용하는 판결을 내렸다.

■ 사건의 출처는?

▷ 사건출처: 미국 Ohio 주 항소법원 (Court of Appeals Seventh District)
               2009년 3월 10일 판결문,
               Saratte v. Schroeder, 2009 Ohio 1176 (Ohio Ct. App. 2009)

▷ 사건제목: BARBARA SARATTE, PLAINTIFF-APPELLEE, VS.
               LACEY SCHROEDER, DEFENDANT-APPELLANT

▷ 재판부: Hon. Gene Donofrio; Hon. Joseph J. Vukovich; Hon. Cheryl L.

▷ 변호인: For Plaintiff-Appellee Barbara Saratte, pro-se, Bridgeport
               For Defendant-Appellant Attorney Michelle G. Miller, St. Clairsville, Ohio

독일 사냥개; 성견 무게 30-40Kg
(진출처: Wikipedia CC BY-SA 4.0)

영국 Toy Dog; 무게 3.2Kg 이하
(진출처: Wikipedia CC BY-SA 4.0)

> **에피소드 29 – 아빠, 동물보호소 직원이 실수로 저를 안락사 대상자 리스트에 포함시켜서 내일 안락사 당하게 되었어요!**
>
> **동물보호소 직원의 실수로 믹스견 "Avery"가 안락사되어 발생한 민사소송에서, 죽은 반려견의 소유자가 사망한 반려견의 시장가격이 아니라 반려견과의 동반관계 상실감에 기반한 감정적 가치를 손해배상으로 청구한 사례**
>
> **동물보호소 직원의 실수로 믹스견이 안락사된 경우에, 이렇게 사망한 반려견에 대한 손해배상은, 반려견 소유자가 주장하는 반려견과의 동반관계 상실이나 자신이 반려견에 대해서 가진 감성적이고 본질적인 가치가 아니라, 죽은 반려견의 시장가격으로 제한된다고 판단한 Texas 주 대법원 판례**
>
> *(Strickland v. Medlen)*

■ 사건의 발단은?

미국 Texas 주 Fort Wort 지역에 거주하는 Medlen 가족은 "Avery"라는 6 살된 Labrador retriever 믹스견을 반려견으로 키우고 있었다. 2009 년 6 월 2 일, 천둥이 치고 폭풍우가 오는 날씨에, "Avery"가 Medlen 집 뒷마당을 빠져나가서 집 밖으로 도망쳤고, 이후 Fort Worth 지역 동물통제부서에서 "Avery"를 포획하여 동물보호소에 가두어두었다.

남편 Jeremy Medlen 은 자신의 반려견을 찾아오기 위해서 동물보호소를 찾아갔지만, 규정된 관리비용을 지불할 돈을 가져가지 않아서 반려견을 찾아오지 못하고 그냥 집으로 돌아왔다.

당시 동물보호소에서는 Medlen 에게 6 월 10 일에 다시 개를 찾으러 오라고 알려주었다. 그리고, 동물보호소에서는, 개의 주인이 개를 찾으로 올 것이니 개를 안락사시키지 말라는 주의를 직원들에게 환기시켜 주기위해서, "Avery"를 가두어둔 케이지에 "hold for owner"라는 표찰을 부착해두었다.

이런 경고 표찰에도 불구하고, 6 월 6 일, 동물보호소 직원 Carla Strickland 는 다음날 안락사시킬 동물명단을 작성하면서 실수로 "Avery"를 안락사 명단에 올려놓았고, 결국 "Avery"는 다음날 안락사되고 말았다.

Texas 주 Fort Worth Animal Care & Control 기관에서 운영하는 개 분실 검색 웹페이지

며칠 후 Jeremy Medlen은 두 어린 자녀들과 함께 자신들의 반려견을 찾으러 동물보호소에 갔다가 놀랍게도 자신들의 반려견이 안락사되었다는 사실을 알게 되었다.

■ 소송의 전개는?

안락사로 죽은 반려견 "Avery"의 소유권자인 Kathryn Medlen과 Jeremy Medlen은 Carla Strickland의 과실로 자신들의 반려견이 죽게되었다면서 Carla Strickland를 상대로 손해배상 소송을 제기하였다.

Medlen 부부는 소장에서 죽은 "Avery"의 시장가치는 거의 없거나 존재하지 않지만 대체될 수 없는 존재로서 감성적이고 본질적인 가치(sentimental or intrinsic value)를 가졌다고 주장하면서 이런 가치에 대한 손해배상을 청구하였다.

피고 Strickland는 반려견에 대한 감성적 가치나 본질적 가치는 법률상 인정되지 않는 손해배상이라고 반박하였고, 1심법원 판사는 Medlen이 주장하는 반려견의 가치는 법률상 인정되지 않는 가치임으로 소장을 수정하라고 지시하였다. 하지만, Medlen은 수정된 소장에서 "감성적 가치"를 청구하는 부분은 삭제하였지만 "본질적 가치"는 계속 손해배상으로 청구하였고, 피고 Strickland은 다시 이런 소송을 기각해달라고 요청하였다.

1심법원은 Medlen이 청구하는 유형의 손해배상은 Texas 주 법률상 인정되지 않는다고 하면서 Medlen의 소송을 기각하였고, Medlen은 이런 1심법원 판결에 불복하고 항소하였다.

2011년 11월, Court of Appeals for the Second District of Texas 항소법원은 1심법원 판결을 뒤집고, Texas 주에서 최초로, 반려견을 잃은 반려견 소유자가 동료관계 상실(loss of companionship)이라는 무형의 손해를 배상받을 수 있다는 판결을 내렸다.[73]

항소법원은, 반려견 관련 손해배상을 반려견의 시장가치나 반려견이 제공하는 서비스나 유용성과 연관해서 금전으로 확인이 가능한 가치로 한정한 1891년 Texas 주 대법원 판례(Heiligmann v. Rose, 81 Tex. 222, 16 S.W. 931)를 언급하면서, 그때 이후로 Texas 주 법률이 엄청나게 변화되었으며, 시장가치가 거의 없거나 존재하지 않지만 주된 가치가 감성적

항소심의 주심판사 Lee Gabriel (출처: Texas State Directory 웹페이지)

가치에 있는 물건에 대해서는 그런 물건의 본질적 가치나 감성적 가치에 기반해서 손해배상을 허용하는 판례들이 있다고 지적하였다.[74]

---

[73] 항소심 판결문: MEDLEN v. STRICKLAND, 353 S.W.3d 576 (2011, Tex.App.-Fort Worth)

[74] 시장가치는 없지만 감성적 가치가 주된 가족편지, 가족사진, 가족 기념품에 대해서 감성적 또는 본질적 가치에 기반한 손해배상을 다룬 사례는, City of Tyler v. Likes, 962 S.W.2d 489 (Tex.1997); 집에 있는 나무의 장식적 용도와 그늘에 대해서 본질적 가치를 다룬

또한, 항소법원은, 반려견은 주인에게 무조건적으로 충성하고 주인도 이런 반려견에 깊은 애착을 가지고 있어서 반려견은 주인에게 특별한 가치를 주고 있으며, 인간에게 가장 좋은 친구인 반려견의 특별한 가치는 보호되어야 하고, 반려견이 가정에서 차지하고 있는 특별한 위치를 고려할 때, 다른 물건들의 상실에 대해서 판례에서 손해배상을 허용하고 있는 정도와 최소한 동일한 정도로 반려견의 상실에 대한 손해배상을 허용하지 않을 이유가 없다고 설시하였다.

결론적으로, 항소법원 재판을 맡은 Lee Garbriel 판사는 감성적 가치를 가진 물건들의 손실에 대해서 소유권자가 손해배상을 청구할 수 있는 것처럼, 반려견도 물건에 해당되기 때문에, 반려견 소유권자는 반려견의 손상에 대해서 반려견이 가진 감성적 가치를 손해배상으로 청구할 수 있다고 판단하였다.

피고 Strickland 는 이런 항소법원 판결에 불복하고 상고를 제기하였으며, 대법원 상고심에서 유일한 쟁점은 과실로 죽은 반려견에 대해서 반려견 소유권자가 가진 감성적 가치를 손해배상으로 배상받을 수 있는지 여부였다.[75] Texas 주 대법원은 1891 년 이래 반려견은 물건에 해당되며 이런 물건의 손상에 대한 손해배상은 해당 물건의 시장가치로 한정된다는 입장을 유지해오고 있었다.

■ 법원의 판단은?

Texas 주 대법원에서는 2013 년 1 월 10 일 구두변론을 열었고, 4 월 5 일 판결문이 나왔다. 대법원에서 주심을 맡은 WILLETT 대법관이 작성한 판결문은, 1808 년 영국시인 Lord Byron 이 자신이 키우던 Landseer 품종 반려견 "Boatswain"이 병으로 사망하자 이를 기리기 위해서 영국 Nottinghamshire 에 있는 Newstead Abbey 에 세워진 반려견 무덤 묘비에 세긴 문구의 일부를 인용하면서 시작되었다.[76]

그리고, WILLETT 대법관은 본격적인 법리분석에 앞서서, 아래와 같은 반려동물 현황을 판결문에서 소개하였다.
- 미국에는 308,000,000 명의 인간과 377,000,000 마리의 반려동물이 살고 있음.

Boatswain's Monument at Newstead Abbey (출처: Trevor Rickard, Wikipedia CC BY-SA 4.0)

사례는, Porras v. Craig, 675 S.W.2d 503 (Tex.1984); 결혼식 베일, 포인트 레이스 칼라, 신발, 시계, 잠옷 같은 물건의 손실에 대해서 감성적 가치를 인정한 사례는, Brown v. Frontier Theatres, Inc., 369 S.W.2d 299 (Tex.1963)

[75] 피고 Strickland 는 지방정부 고용자로서 업무범위 이내에서 행동하였기 때문에 법률상 불법행위 소송 면책권이 있었지만 (Section 101.106(f), Texas Tort Claims Act), 피고가 이런 면책특권을 주장하지 않아서 대법원에서 법률쟁점이 되지는 않았다.

[76] 묘비에 세겨진 문구는, "Near this Spot are deposited the Remains of one who possessed **Beauty without Vanity, Strength without Insolence, Courage without Ferosity, and all the virtues of Man without his Vices**. This praise, which would be unmeaning Flattery if inscribed over human Ashes, is but a just tribute to the Memory of Boatswain, a Dog who was born in Newfoundland May 1803 and died at Newstead November 18th 1808."

- 미국에는 반려동물이 어린이 숫자보다 4 배가 많음.
- 약 62%의 가정에서 반려동물을 가지고 있고, 78,000,000 마리의 반려견과 86,000,000 마리의 반려묘와 160,000,000 마리의 물고기를 기르고 있음.
- 많은 반려동물 소유자들은 자신의 반려동물을 단지 물건으로 보지 않고 가족의 일원으로 여기고 있고 그렇게 대우해주고 있음.
- 조사에 의하면 약 70%의 반려동물 소유자들은 반려동물을 가족으로 여기고 있음.
- 45%의 반려견 소유자는 휴가때 반려견을 데리고 간다고 함.
- 50% 이상의 반려동물 소유자는 고립된 무인도에 사람보다는 개나 고양이와 함께 있기를 원한다고 함.
- 50% 이상의 반려동물 소유자는 자신의 반려동물을 구하기 위해서 자신의 생명이 위험에 처하는 것을 기꺼이 감수할 수 있다고 하고, 33%는 자신의 생명이 위험에 처하는 것을 감수할 수도 있다고 함.
- 2012 년에 미국인들은 반려동물을 위해서 약 $53 billion 달러를 소비하였음.

이런 배경설명에 이어서, WILLETT 대법관은 1891 년 Heiligmann 판례에서 설시된 반려견과 관련한 손해배상 원칙에 대해서 재차 설명하면서,[77] 원고의 주장처럼 이 선행 판례에서 대법원이 반려견이 가진 금전적 가치에 추가해서 반려견이 주인에게 주는 주관적이고 특별한 감성적 가치를 인정했다고 해석할 수 없고, 대법원은 반려견이 객관적으로 측정될 수 있는 경제적 가치를 주인에게 주는 경우만을 특별한 가치라는 유형으로 인정한 것이라고 Heiligmann 판례에서 설시된 법리를 재확인하였다.

Texas 주 대법원 Willett 대법관 (출처: The Federalist Society 웹페이지)

그리고, 사망한 반려견에 대한 감성적 피해를 손해배상으로 허용하지 않는 원칙을 Heiligmann 이후 내려진 판례들이 완화하였다는 원고의 주장도 배척하였다.

원고가 인용한 Brown 판례는 결혼식 베일, 권총, 보석, 수제 침대용품 등 몇 세대를 거쳐 내려온 대체불가한 가보들이 관련된 사건으로, 이런 하나밖에 없는 가족 기념품들은 그 주된 가치가 감성에 기초하고 있고 소유자에게는 특별한 가치를 주고 있어서, 손해배상을 산정할 때 소유자가 이런 재산에 대해서 가지고 있는 특별한 감정을 고려할 수 있다고 판결하였다. Brown v. Frontier Theatres, Inc., 369 S.W.2d 299 (Tex.1963)

하지만, WILLETT 대법관은 집안의 가보가 관련된 Brown 판례를 과실로 죽은 반려동물에게까지 확대해서 적용할 수는 없다고 설시하였다.

---

[77] Heiligmann 판례에서 채택한 반려견 상해에 대한 손해배상 원칙은 (1) "market value, if the dog has any," or (2) "some special or pecuniary value to the owner, that may be ascertained by reference to the usefulness and services of the dog"

또한, WILLETT 대법관은, 원고가 인용한 Porras 판례도 이번 사건과는 다르다고 구분하였는데, Porras 판례에서 대법원은 토지소유자가 자신의 땅에 심어진 큰 나무들이 훼손됨으로 인해서 입은 피해에 대한 손해배상을 산정하면서 베어진 나무들의 본질적 가치를 인정하였지만, 이런 본질적 가치는 나무 주인이 나무들에 대해서 가진 감성적 가치나 주관적 감정에 기반한 것이 아니라 나무가 제공한 미적 가치와 그늘을 만들어준 유용성에 기반하였던 것이라고 지적하였다.   Porras v. Craig, 675 S.W.2d 503 (Tex.1984)

이와는 달리, 이번 사건은 가족과 같던 반려견이 사망함으로서 주인인 Medlen 이 입은 동료관계 상실감을 보상받기 위해서, 반려견 주인이 자신의 반려견에 대해서 갖고 있는 주관적 가치를 사망한 반려견의 본질적 가치로 인정해 달라는 주장으로, 감성적 측면을 배제한 본질적 가치를 인정한 Porras 판례를 이번 사건 Medlen 주장의 근거로 확대해석할 수는 없다고 설시하였다.

마지막으로 원고가 근거로 제시한 Likes 판례는 피고 지방자치단체의 실수로 원고의 집이 홍수를 입고 수많은 대체불가한 개인용품들이 파손된 사건으로, 이 사건에서 대법원은 과실로 개인용품들이 파손된 것에 따른 정신적 분노에 대해서는 손해배상을 허용하지 않았다.   City of Tyler v. Likes, 962 S.W.2d 489 (Tex.1997)

WILLETT 대법관은, 통상적인 개인물품이 과실로 파손된 것에 기반한 정신적 분노에 대해서는 손해배상을 허용하지 않는 판례들처럼, 이 사건 Medlen 의 손해배상 청구는 물품이 과실로 손상된 것에 기반하여 발생한 감정적 손해배상을 청구하는 것으로 이런 손해배상은 허용되지 않는다고 판시하였다.

WILLETT 대법관은 Medlen 의 청구는 본질적으로 동료관계의 상실에 기반하고 있으며 재산손실에 대한 손해배상 청구라기보다는 개인상해에 대한 손해배상 청구라고 평가하고, 이런 동료관계 상실(loss of companionship)은, 사랑, 애정, 보호, 감정적 지지, 서비스, 동료관계, 돌봄과 사회모임의 상실을 모두 포괄하는 개념인 동반관계 상실(loss of consortium)의 한 부분을 구성하는 요소라고 설명하였다.

Texas Supreme Court 재판정 모습 (출처 American Courthouses, A photo archive by John Deacon 웹페이지)

그리고, 판례들에 의하면, 동반관계 상실에 따른 손해배상은 남편과 부인 사이나 부모와 자식 사이와 같이 매우 가까운 가족관계에 대해서만 허용하고 있으며, 형제, 사촌, 조부모와 같은 가까운 가족이나 아주 친한 친구가 과실로 사망했어도 동반관계 상실은 인정하지 않고 있다고 지적하였다.

그럼에도 불구하고, 반려동물이 인간의 가장 좋은 친구라고 하면서 반려동물 상실에 대해서 손해배상을 확대하는 것은 사람과 사람의 관계보다 사람과 반려동물의 관계를 우선순위로 올려놓는 것으로 법률적으로 타당하지 않다는 우려를 표명하였다.

또한, WILLETT 대법관은, 반려동물 상실에 대한 손해배상을 허용하면 이것을 어디까지 확대할 것인지에 대한 우려가 있다는 점도 지적하였다.   사람들은 많은 종류의 반려동물과 교감을 형성할 수 있으며, 반려견과 반려묘를 손해배상 대상으로 포함하면서 다른 종류의 반려동물을 대상에서 배제할 논리적 타당성은 없으며, 이런 감정적 손해배상의 금액을 어떻게 제한할 수 있는지에 대한 적절한 방안도 없고, 감정적 손해배상 금액의 산정은 부정확하고 한계가 없고 인위적 조작이 가능하다는 문제점들도 지적하였다.

그러면서, WILLETT 대법관은, 이렇게 손해배상을 제한하는 것이 반려견이 특별하고 독특한 물건이라는 점을 부인하는 취지는 아니고, 반려견이 주는 혜택은 금전적인 것이 아니라 주인과의 동반관계로부터 형성된다는 점을 부정하는 입장도 아니라고 부연 설명했다. 하지만 반려견이 주인에게 어떤 의미가 있고 어떤 가치(worth)가 있는지를 산정하는 것은 감성적 평가이지만 반려견의 가치(value)를 산정하는 것은 법률적인 평가이고, 법률적으로는 반려견에 대한 주인의 애정은 보상할 수 있는 항목이 아니라고 강조하였다.

WILLETT 대법관은 반려동물 복지와 사회공공정책 측면에서도 반려동물의 사망에 따른 감정적 손해배상을 허용하지 않는 것이 바람직하다는 입장을 피력하였다.

결론적으로, WILLETT 대법관은, 반려견을 통상적인 물건으로 분류하는 선행 판례를 유지하면서, 반려견과 반려견 소유자 유대감에 기반한 감성적 손해배상을 허용하지 않고, 반려견의 사망에 따른 손해배상은 반려견의 시장가격으로 한정한다는 기존 판례 입장을 고수하면서, 항소법원의 판결을 뒤집고 피고 Strickland 승소판결을 내렸다.

참고로, Texas 주 대법원이 이 사건을 심리하는 과정에서 많은 언론의 관심을 받았고, 수많은 동물복지 단체들과 반려동물과 관련된 서비스를 제공하는 정부기관들 및 직능단체들이 원고의 입장을 찬성 또는 반대하는 의견서들을 제출하였다.

대법원 판결 직후 American Kennel Club 에서 보도한 대법원 판결기사 (출처: AKC 웹페이지)

American Kennel Club 과 Cat Fanciers' Association 같은 비영리 동물복지단체들은, 동료관계상실에 대한 손해배상을 인정하면, 반려동물 관련 소송이 증가하게 되고, 배상책임이 증가하면 동물복지 서비스 제공자들이 축소되고 입양률은 저하되고 안락사 비율은 증가하게 된다고 경고하였다.

수의사협회는, 수의사들이 잠재적 배상책임에 대응하여 방어적 시술을 하게되어 진료비용이 상승하고 치료를 위해서 수의사를 찾는 반려동물 숫자가 줄게되고 아픈 반려동물에게 치료와 돌봄을 제공하기보다는 안락사를 택하는 사람들이 증가하는 부정적 결과를 초래할 수 있다고 우려하였다.

정부기관들은, 현장에서 반려동물 관련 문제들에 대처하는 경찰관이나 동물통제부서 종사자들이 소송을 당하는 걱정을 하지 않고 즉각적 판단과 조치를 취할수 있어야 하며 소송이 증가하면 세금을 축내게 된다는 우려를 표명하였다.

보험관련 단체들은, 손해배상을 확대하면 반려동물 관련 보험료가 급격하게 증가되고 보험이 필요한 사람들이 적정한 보험에 가입하는 것이 더 어려워질 수 있다는 입장을 밝혔다.

이런 의견서들과 관련하여, 대법원은, 반려동물 사망에 따른 감정적 피해에 대해서 손해배상을 확대할지 여부는, 기존 불법행위 법률이론과 법률체계를 크게 바꿀수 있는 문제로, 개별사건 분쟁을 다루는 법원보다는 입법기관에서 다양한 의견을 수렴하고 사회공공정책 측면에서 장단점을 따져서 판단하고 구체적인 대안을 마련하는 것이 적절하다는 입장을 피력하였다.

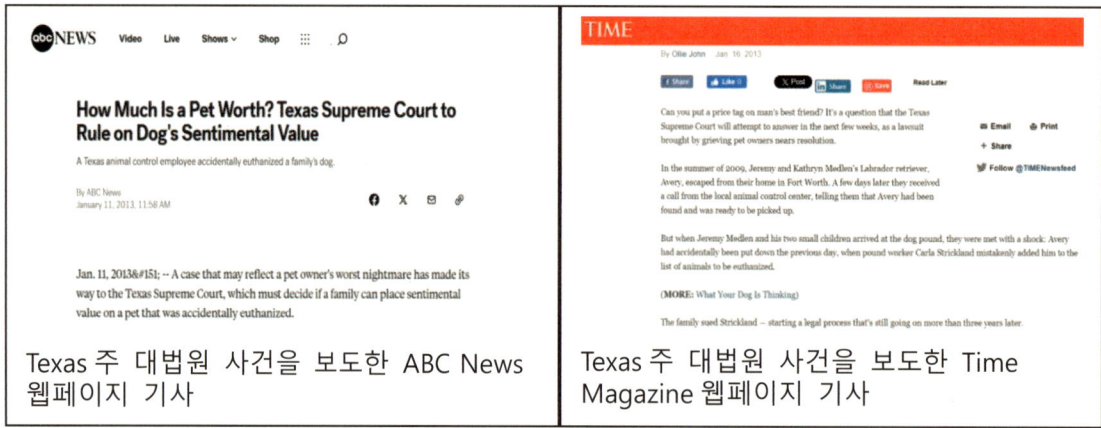

Texas 주 대법원 사건을 보도한 ABC News 웹페이지 기사

Texas 주 대법원 사건을 보도한 Time Magazine 웹페이지 기사

■ 사건의 출처는?

▷ 사건출처: 미국 Texas 주 대법원 2013 년 4 월 5 일 판결문.
Strickland v. Medlen, 397 S.2d 3d 184 (Tex. 2013)

▷ 사건제목: CARLA STRICKLAND, PETITIONER v. KATHRYN AND JEREMY MEDLEN, RESPONDENTS

▷ 재판부: Justice Don R. Willett; Chief Justice JEFFERSON (joins all but footnote 58 and Part II-C of this opinion); Justice JOHNSON (joins all but Part II-C)

▷ 변호인: Alison M. Rowe, John Hill Cayce Jr., Mallory Ann Beagles, Paul Boudloche, for Petitioner
Randall E. Turner, Sondrea King, Susan Bleil, for Respondent[78]

Texas 주 대법원 사건을 보도한 The Wall Street Journal 웹페이지 기사

---

[78] Randall Turner 변호사는 무보수로 1 심부터 원고 소송대리를 맡았다고 알려졌고, 원고도 돈보다는 사회가 반려동물에 부여하는 가치를 법원이 인정하도록 소송을 진행했다고 한다.

> **에피소드 30 – 엄마, 저를 찾아가려고 오시는 엄마를 다시보지 못하고 여기 동물병원에서 죽게 되어서 너무나 슬퍼요!**
>
> **동물병원의 숙박시설에 맡겨놓은 반려견이 동물병원의 과실로 사망하자, 이렇게 죽은 반려견의 보호자가 자신이 겪은 동반자 상실감에 대한 손해배상을 동물병원에게 청구한 사례**
>
> **동물병원의 숙박시설에 8년동안 키우던 건강한 반려견을 맡겼는데 동물병원의 과실로 이 반려견이 사망하였다면, 동물병원은, 죽은 반려견의 시장가격을 초과해서, 반려견의 사망에 따라서 반려견 소유자가 겪은 동반자 상실감에 대해서도 손해배상을 해야 한다고 판결한 New York City 민사법원의 판결**
>
> *(Brousseau v. Rosenthal)*

■ 사건의 발단은?

미국 뉴욕주 뉴욕시에 거주하는 Junelle Brousseau 부인은 남편을 사별한 직후 1970년 8월에 German Shepherd 잡종견 강아지를 선물로 받아서 계속 키워왔다.

1979년 7월 28일, Brousseau 부인은 당시 8살된 자신의 반려견을 Benjamin ROSENTHAL 수의사가 운영하는 Metropolitan Dog & Cat Hospital 동물병원의 숙박시설에 맡겨두었다. 이후, 8월 10일, Brousseau 부인이 자신의 반려견을 되찾으러 동물병원을 찾아갔는데, 뜻밖에도 동물병원에서는 이 반려견이 8월 6일에 사망했다고 알려주었다.

Brousseau 부인은 자신이 반려견을 동물병원에 맡겼을 때는 반려견이 건강했었으며, 따라서, 동물병원의 잘못으로 반려견이 죽었다고 주장하였다. 동물병원에서는 사망한 반려견을 부검하자고 제안했고 Brousseau 부인도 부검에 동의했지만, 부검을 통해서 확실한 반려견의 사망원인을 밝혀내지는 못했다.

■ 소송의 전개는?

Brousseau 부인은 New York 시 소액사건 민사법원에 Rosenthal 수의사를 상대로 손해배상 소송을 제기하였다.

Brousseau 부인은 변호사없이 자신이 직접 소송을 수행하였고, 피고 Rosenthal 수의사는 Fitzgerald, McGahan & Travis 법률사무소의 Edward Fitzgerald 변호사를 선임하여 소송을 대리하도록 하였다.

■ 법원의 판단은?

재판은 맡은 MARGARET TAYLOR 판사는 수탁자(Bailee)이론에 근거해서 죽은 반려견에 대한 손해배상 책임 여부를 분석해야 한다고 밝혔다.

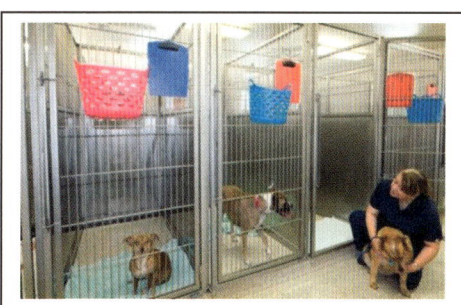

반려견 Boarding 시설 (출처: Pine Grove Vet Clinic 웹페이지)

TAYLOR 판사는, 원고 Brousseau 부인이 건강한 반려견을 피고 Rosenthal 수의사에게 맡겼지만 피고 Rosenthal 수의사가 이렇게 맡은 반려견을 돌려주지 못했다면, 피고 Rosenthal 수의사의 과실이 있었다고 추정되고, 피고 Rosenthal 수의사는 자신이 통상적인 정도의 주의를 기울였고 과실이 없었음을 입증할 책임이 있다라고 수탁자 법리를 설명하였다.

그리고, 이런 수탁자 법리에 의거해서, TAYLOR 판사는,

(1) 반려견 사망과 관련한 사실과 상황들은 피고 Rosenthal 수의사의 지식과 통제권 아래에 있었고 과실추정을 반박할 입증책임이 피고 Rosenthal 수의사에게 있었음에도 불구하고,

(2) 반려견 부검에서는 분명한 사인이 밝혀지지 않았으며,

(3) 피고 Rosenthal 수의사가 자신의 과실 추정을 반박하는 설득력있는 증거들을 제시하지 못했다라고 판단했다.

결론적으로, TAYLOR 판사는 피고 Rosenthal 수의사에게 과실에 따른 손해배상 책임이 있다고 판결하였다.

손해배상금액 산정 관련

다음으로, 피고 Rosenthal 수의사가 배상해야하는 손해배상 금액과 관련해서는, TAYLOR 판사는, 물건과 관련한 손해배상 금액 산정은 해당 물건의 시장가격을 평가해서 결정하는 것이 일반적인 원칙이라고 관련 법리를 재확인하였다.

하지만, 이 사건의 반려견은 원고 Brousseau 부인이 선물로 받은 것이었고 잡종견이어서 확인할 수 있는 시장가격이 있다고 보기가 어렵다고 하면서도, 그렇다고해서 원고 Brousseau 부인이 손해배상을 받을 수 없는 것은 아니라는 견해를 밝혔다. TAYLOR 판사는, 일반적으로 손해배상을 산정하는데 불확실성이 있다거나 손해배상을 정확하게 산정하는 것이 어렵다고 해서 원고가 손해배상을 받을 수 없는 것은 아니라고 설명하였다.

그리고, TAYLOR 판사는, 일반적으로는 상해를 입은 반려동물에 대한 소유자의 감성적 가치를 손해배상으로 인정하는 것은 법원이 제한적 입장을 취하고 있지만, 반려동물 소유자를 적절하게 보상해주기 위해서는 법원이 반려동물 소유자에 대한 반려동물의 실질적 가치(actual value)를 평가해보아야 한다는 입장을 밝혔다.

이런 법리에 근거해서, TAYLOR 판사는 이 사건에서 원고 Brousseau 부인이 큰 손실을 입었다고 판단하였다.

원고 Brousseau 부인은 남편과 사별한 직후 이 사건 반려견을 선물받았고, 은퇴하고 홀로 살고 있는 원고에게는 이 반려견이 유일한 동반자였고, 이런 반려견이 죽고나서 원고는 심리적인 트라우마를 겪었다고 증언하였다.

"The Benefits of Pets for Older Adults"
The Osborn Webpage

이런 상황에서, TAYLOR 판사는, 반려견 소유자에 대한 반려견의 실질적 가치를 산정하는데 있어서, 원고가 겪은 이런 동반자 상실감이 고려되어야 한다고 설시하였다.

또한, TAYLOR 판사는 이 사건 반려견이 원고에게 주었던 안전 담보자로서의 가치(protective value)도 고려하였다.

증언에 의하면, 이 반려견은 잘 훈련된 경비견이었으며, 원고는 이 반려견과 함께가 아니면 야간에 밖으로 외출하지 않았고, 반려견이 사망한 이후에는 원고는 야간에 외출을 하지 않았다. 원고가 침실에서 텔레비전을 보고 있는 동안 도둑이 들어와서 원고가 은퇴선물로 받은 시계를 훔쳐간 사건도 있었는데, TAYLOR 판사는, 만약 반려견이 살아있었다면 몰래 들어오는 외부인에 대해서 짖었을 것이고 이런 도난사건도 발생하지 않았을 것이라고 판단하였다.

그리고, TAYLOR 판사는, 반려견의 가치는 반려견이 나이를 먹어가고 훈련을 받을 수록 증가한다고 밝히면서, 이 사건 반려견 나이가 8 살이었다는 점은 손해배상 액수를 축소해야 하는 요소라기보다 증가시키는 요소라고 판단하였다.

결론적으로, TAYLOR 판사는, 원고 Brousseau 부인이 8 년동안 키워왔던 '인간의 가장 좋은 친구'인 자신의 반려견이 사망함으로서 상실하게 된 동반자 관계(companionship)와 안전감(protection)을 손해배상 산정에서 고려하지 않을 수 없고, 이런 상실감을 금전으로 환산하기 어렵다고 해서 피고의 보상책임을 면책해줄 수는 없다고 설시하면서, 피고 Rosenthal 수의사는 원고 Brousseau 부인에게 $550 달러와 소송비용을 배상하라고 판결하였다.

■ 사건의 출처는?

▷ 사건출처: 미국 뉴욕주 뉴욕시 민사법원 (Civil Court of City of New York, New York County) 1980 년 6 월 20 일 판결문. BROUSSEAU v. ROSENTHAL, 110 Misc. 2d 1054, 443 N.Y.S.2d 285 (N.Y. Civ. Ct. 1980)

▷ 사건제목: Junelle BROUSSEAU, Plaintiff v. Benjamin ROSENTHAL, d/b/a Metropolitan Dog & Cat Hospital, Defendant

▷ 재판부: MARGARET TAYLOR, J.

▷ 변호인: Junelle Brousseau, plaintiff pro se.
              Fitzgerald, McGahan & Travis (Edward W. Fitzgerald of counsel), for defendant.

<제 5 편 – 반려견이 낸 사고를 책임져야 하는 주변 사람들 >

Persons liable for Dog Accident

에피소드 31 – *Terral v. Louisiana Farm Bureau Casualty Insurance Company* 180

에피소드 32 – *Lorrain v. Branscombe* 188

에피소드 33 – *Anderson v. Christopherson* 194

에피소드 34 – *Auster v. Norwalk United Methodist Church* 202

에피소드 35 – *Lewis v. Chovan* 209

에피소드 36 – *Houghtaling v. Benevides* 214

에피소드 37 – *Falby v. Zarembski* 228

에피소드 38 – *Frost v. Robave, Inc.* 235

에피소드 39 – *Austin v. Jimmy's Contractor Services, Inc.* 241

에피소드 40 – *Brown v. FMW RRI NC, LLC* 246

> **Law & Cases:** 반려견이 낸 사고에 법적으로 손해배상 책임이 발생할 수 있는 반려견의 법적소유권자, 보호자, 돌봄제공자, 편의제공자들
>
> 반려견에 의해서 상해를 입거나 물건이 훼손되는 사고가 발생하면, 이렇게 사고를 낸 반려견의 법적 소유권자, 보호자, 돌봄제공자, 편의제공자들과 다른 주변 사람들은 어떤 경우에 법적으로 손해배상 책임을 부담하게 될까?

미국에서는, 반려견에 물리거나 반려견으로 인해서 상해를 입는 사고가 발생하였을 경우에는, 피해자는, 일반적으로, 아래와 같은 법리에 근거해서 민사상 손해배상을 청구할 수 있다.

(1) 견주의 부주의나 잘못으로 인해서 사고가 발생하였을 경우에 손해배상을 인정해주는 과실법리(Negligence Theory),

(2) 비록 견주가 과실이 없었고 견주가 자신의 반려견이 위험할 수 있다는 점을 몰랐다고 해도 자동적으로 손해배상 책임을 부여하는 무과실책임법률(Strict Liability Law) 또는 "Dog-Bite Law"라고 알려진 주정부 법률, 그리고,

(3) 견주가 자신의 반려견이 사고를 낼 위험성향이 있다는 것을 알았거나 알았어야 하는 경우에만 견주에게 손해배상 책임이 있다는 "One-Bite Rule"로 알려진 판례법 원칙

이런 손해배상 소송에서는, 법률적으로 사고에 책임이 있어서 손해배상을 해야하는 소송의 당사자가, 사고를 낸 반려견의 법적 소유권자(Owner) 뿐만 아니라, 이런 반려견의 보호자(Keeper), 편의제공자(Harborer), 돌봄서비스제공자, 일시적으로 반려견을 돌보아 주던 사람(Temporary Caretaker)들과 같은 주변인들에게까지도 확대될 수 있다.

■ **반려견의 사고에 대해서 손해배상 책임이 있는 소유권자, 보호자, 편의제공자**

(1) 반려견 소유권자(Owner)의 법률상 개념은?

- ✓ Oklahoma주 Dangerous Dog Statute법률에 있는 "Owner" 용어의 정의:
  "Owner" means any person, firm, corporation, organization, or department possessing, harboring, keeping, having an interest in, or having control or custody of an animal.

- ✓ Arizona주 Dog Bite 법률에 정의된 "Owner" 정량적 개념:
  "Owner" means any person keeping an animal other than livestock for more than six consecutive days.   Ariz. Rev. Stat. Ann. §§ 11-1001

(2) 반려견 보호자(Keeper)의 법률상 개념은?

- ✓ 일반적으로, "keeper"는 어떤 반려견에 대해서 명령을 통해서 "exercise care, custody, or control"을 행사하는 경우에 해당하며, 다른 사람의 반려견을 돌봐주기로 한 경우나 직업적으로 다른 사람의 반려견을 돌봐주는 경우에는 Keeper라고 할 수 있다. 단순히 어떤 반려견에게 명령을 한다고 control을 행사한다고 볼 수는 없다.

- ✓ Arizona Court of Appeals 판결문에 설시된 "keep"용어의 정의: "the definition of 'keeping' under the dog bite statutes requires a person to exercise care, custody or control of a dog …. when a person merely permits another individual who owns a dog to live on his or her property but does not include or treat the other individual as a member of the household, that person is not liable for injuries caused by the other individual's dog." Spirlong v. Browne, No.1 CA-CV 12-0763 (2014)

- ✓ New York주 법원은, 어머니가 아들집을 방문하는 동안 어머니가 아들이 키우는 반려견을 부르기도 하고 집 안밖으로 들락거리도록 해주었다고 해도, 어머니가 그 아들의 반려견에 대해서 "dominion and control"을 행사한다고 볼 수 없어서, 아들의 반려견이 낸 사고에 대해서 어머니에게 손해배상 책임이 없다고 판단하였다. 참고: Zwinge v. Love, 37 A.D.2d 874 (N.Y. App. Div. 1971).

(3) 반려견 임시돌봄 제공자 (Temporary Caretaker) 책임여부

dog sitter 또는 house sitter 가 다른 사람의 반려견을 임시로 돌봐주기로 했다면, 그렇게 반려견을 돌봐주는 동안에는 이 사람은 해당 반려견의 "keeper"로 간주된다.

- ✓ 이웃집이 여행을 하는동안 그 집의 반려견을 5일 동안 돌봐주기로 했다가 그 반려견에게 물린 10살 소년이 이웃집 반려견의 주인을 상대로 손해배상을 청구하였으나, Illinois주 법원은 사고 당시 소년은 그 반려견의 "keeper"였음으로 해당 반려견의 주인을 상대로 책임을 물을 수 없다고 판단하였다. 참고: Doherty v. Sadler, 689 N.E.2d 332 (Ill. App. Ct. 1997).

- ✓ Minnesota주 법원도, 같은 논리로, 사장이 휴가는 동안 종업원이 사장의 반려견에게 먹이를 주고 산책을 시켜주기로 했다면, 그 반려견이 종업원을 상해했어도 종업원은 사장에게 책임을 추궁할 수 없다고 판단하였다. 참고: Kent v. Block, 623 N.W.2d 906 (Minn. App. 2001.)

반대로, 임시로 돌봄을 제공한 사람이 보호자(keeper)에 해당하지 않는다고 판단한 사례

- ✓ Utah주 대법원은, 아버지가 아들이 휴가가는 동안 아들의 반려견에게 사료와 물이 충분한지를 확인하는 목적으로 반려견을 체크해주기로 약속했다면, 비록 해당 반려견이 줄이 풀려서 어린아이를 공격하는 사고를 냈다고 해도, 아버지는 그 반려견에 대한 보호권이나 통제권(custody or control)을 맡지 않았음으로 "keeper"가 아니고 손해배상 책임이 없다고 판단하였다. 참고: Neztsosie v. Meyer, 883 P.2d 920 (Utah 1994).

- ✓ 다른 사람의 반려견을 우발적 부탁으로 산책시켜주게 된 사람은 그 반려견의 "keeper"라고 볼 수 없다는 법원의 판단도 있다. 참조: American Family Mut. Ins. Co. v. Williams, 135 F.Supp.3d 834 (S.D. Ind. 2015); Prucinsky v. Evans, 822 A.2d 390 (Ct. Super. Ct. 2003).

(4) 반려견 전문 돌봄서비스 제공자 (Professional Caretaker) 책임여부

전문적으로 반려견을 산책시켜주는 사람, 반려견 미용사, 반려견 보관소 운영자, 수의사, 유기견 보호소 직원들처럼, 어떤 사람이 자신의 직업의 일부로서 다른 사람의 반려견을 맡게되는 경우에는, 그런 사람은 통상 그 반려견의 "keeper"로 간주된다.

(5) 반려견 편의제공자(Harborer)의 법률상 개념은?

"harboring" 기준은 "keeping"보다는 통제의 정도가 낮은 기준이지만, "harboring"했다고 판단하기 위해서는, 주인없이 떠도는 개에게 먹을 것을 한번 주는 행위나 잠시 동안 집안에 개를 들어오도록 한 것보다는 많은 행동이 필요하다.

- ✓ "Harboring" 행위가 있었다고 판단한 사건:
  한 여성이 자신의 지인을 몇달 자신의 집에서 지내도록 했고, 그 지인이 자신의 반려견 2 마리와 함께 여성의 집에서 지내는 동안, 자신이 소유한 반려견 2 마리를 집 밖으로 나갔다오도록 풀어준 사이에 다른 사람을 무는 사고가 발생한 사건에서, 법원은 비록 사고 당시에 집주인 여성이 그 반려견을 "control" 하고 있지는 않았지만 "harboring"하고 있었다고 판단하고, 개물림 사고에 대해서 집주인 여성도 책임이 있다고 판정하였다. 참고: Pawlowski v. American Family Mutual Ins. Co., 322 Wis.2d 21 (2009).

- ✓ "Harboring" 행위가 없었다고 판단한 사건:
  Illinois주 법원들은 "harboring"은 해당 반려견의 소유주가 아닌 사람이 그 반려견에게 음식과 쉴곳을 지속적으로 제공할때만 해당된다고 판정하였다. 참고: Frost v. Robave, 694 N.E.2d 581 (Ill. App. Ct. 1998); Whitten v. Luck, 6 N.E.3d 866 (Ill. App. Ct. 5th 2014).

■ 미성년자 자녀의 반려견에 대한 부모의 손해배상 책임

18 세 이하 미성년자가 반려견을 키우는 경우에는, 이런 미성년자의 부모는 미성년자의 반려견이 일으킨 상해사고에 대해서 책임이 있다. 이런 경우 미성년자 부모는 자신의 집에서 미성년자의 반려견을 "harboring or keeping" 한다고 볼 수 있다.

- ✓ 어머니가 14세 아들이 키우는 반려견을 병원에 맡기고 잠깐 외출한 사이에, 아들이 어떻게해서 반려견을 병원에서 꺼내왔고, 그 반려견이 어린아이를 무는 사고를 일으킨 사건에서, 법원은 어머니가 그 사고 당시에 해당 반려견의 "keeper"가 아니어서 손해배상 책임이 없다고 판단했다. 참고: Janssen v. Voss, 207 N.W. 279 (Wis. 1926).

- ✓ 집에서 키우는 반려견에 물린 아이들은 부모님을 상대로 소송을 제기 할 수 없는데, 이것은 많은 주에서 부모면책원칙(parental immunity doctrine)을 채택하고 있기 때문이다. 이 이론은 만약 아이들이 적절한 감독과 보호를 제공하지 못한 책임을 자신의 부모에게 묻는 소송을 제기하도록 허용하면 가족관계를 파탄시킬 수 있다는 우려심에 기반을 두고 있다. 일부 주에서는 아이들이 자신의 부모를 상대로 개물림 무과실책임 법률에 근거하여 소송하는 것을 허용하기도 한다.

■ 임차인의 반려견과 부동산 소유자와 임대인(Landlord)의 손해배상 책임

- ✓ 일반적으로 임차인의 반려견에 통제력을 행사하고 있지 않은 임대인은, 임차인의 반려견이 다른 사람을 상해했다고 해도 그런 사고에 대한 법적 책임이 없다. 하지만, 일부 주에서는, 임대인이 임차인이 키우는 반려견이 위험한 개라는 것을 알면서도, 임차인이 임대장소에서 그런 개를 키우는 것을 허용했다면 임차인의 반려견이 일으킨 사고에 대해서 임대인도 법적 책임이 있다고 규정하고 있다.

- ✓ New Jersey주 법원은, Shoprite 상점 출입문 옆에 다른 고객이 묶어놓은 개가 상점에

들어가는 4살짜리 소녀를 물은 사고에서, 그 상점을 소유한 회사가 그런 개가 사람을 물 수 있다는 것이 예견됨에도 그런 사고를 방지하기 위해서 합리적인 조치를 하지 않았다면 사고에 대한 책임이 있다고 판단하였다. 참고: Nakhla v. Singer-Shoprite, Inc., 500 A.2d 411 (N.J. Super. A.D. 1985).

- ✓ 마굿간을 방문한 고객의 개가 사고를 냈을때는, 마굿간 주인이 고객의 개가 위험한 성향이 있다는 것을 사전에 알고 있었던 경우에만 마굿간 주인에게 손해배상 책임을 물을 수 있다고 판단하였다. 참고: Lucas v. Kriska, 522 N.E.2d 736 (Ill. Ct. App. 1988).

- ✓ Minnesota주 대법원은, 아파트 입주자의 내부공간에 대해서 control 할 권한이 없는 아파트 관리자는 "harborer"가 아니다라고 판결했다. 이 사건에서, 대법원은, 반려동물이 머물고 있는 토지에 대한 점유권이 있고 반려동물을 나가도록 할 수 있는 권리가 있다는 사실만으로는, 비록 제3자에게 반려동물을 데리고 있도록 허락을 했다고 해도, 토지의 임대인을 "harborer"로 보기에 충분한 정도는 아니다라고 설명했다. 또한, 부인, 아들, 하인에게 개를 집안이나 가족이 보유한 땅 일부에 데리고 있도록 허락한 사람은 그 개에 대해서 "harborer"라고 할 수 있다고 하였으며; 자신이 휴가중일때 자신의 집에서 다른 사람이 개를 데리고 머물 수 있도록 허락한 사람은 그런 개에 대해서 "harborer"라고 할 수 있다고 언급하였다. Gilbert v. Christiansen, 259 N.W.2d 896, 897 (Minn.1977)

> **에피소드 31 – 모터사이클 타고 집앞으로 지나가는 아저씨, 모터사이클 조심해서 천천히 몰고가세요!**
>
> 동네에서 주인없이 떠돌아다니던 개가 길을 가던 모터사이클에 덤벼들어 모터사이클을 타고 가던 사람이 넘어져서 부상을 입자, 그 유기견에게 오랫동안 정기적으로 먹이를 내주고 돌봐주던 사람을 상대로 손해배상을 청구한 사례
>
> 동네에서 떠돌아다니던 유기견이 사람을 다치게 한 교통사고를 냈다면, 그런 유기견에게 오랜 기간동안 정기적으로 먹이를 주고 돌봐주던 사람은 비록 보호자는 아니라도 그런 유기견의 소유자로 간주되어서, 다친 사람에 대해서 손해배상을 해야하는 책임이 있다고 판단한 Louisiana 주 항소법원 판례
> (*Terral v. Louisiana Farm Bureau Casualty Insurance Company*)

■ 사건의 발단은?

미국 Louisiana 주 Parish of Caddo 지역에 있는 Mooringsport 타운에 살고 있는 Michael Terral 은 2003 년 4 월 10 일 저녁, 퇴근을 하고 집으로 돌아와서, 여자친구 Shannon Callen 과 함께 자신의 Suzuki motorcycle 을 타고 지인 Mr. Barney 집으로 가기위해서 집에서 출발했다.

Terral 의 집은 Sundown Drive 거리에 있었는데, 집에서 한 블록정도 모터사이클을 타고 가다가 Teal Glen Road 거리쪽으로 좌회전을 하자마자, 갑자기 Teal Glen Road 거리 왼쪽편에서 red chow 품종의 개가 짖으면서 모터사이클로 달려들었다.

Terral 은 이 개를 피하기 위해서 모터사이클 악세럴레이터를 놓으면서 길의 오른편쪽으로 모터사이클 방향을 틀었다.

교통사고현장 근처 Sundown Drive 와 Teal Glen Road 가 교차하는 거리 (구글맵)

Terral 의 증언에 따르면, 자신은 이렇게 운전하면서 계속 도로 왼쪽편에 있는 red chow 개를 주시하였는데, 그때 모터사이클이 무언가에 부딪혔고 그 충격으로 자신과 여자친구가 모터사이클에서 떨어졌다고 한다.

Terral 은 자신이 도로에 쓰러졌다 일어나 보니 검정색 개가 도로 위에 거의 죽은 상태로 드러누어 있는 것을 목격하였다고 말했다.

이 사고 직후 7988 Teal Glen Road 에 있는 트레일러 집에서 블론디 머리색깔을 가진 여자가 사고현장으로 나와서, "자신의 개들"이 무사한지와 Terral 과 여자친구가 무사한지를 물어보았다.

Terral은 자신이 red chow 개를 계속 바라보고 있어서 사고발생 전에는 검정색 개가 모터사이클로 다가오는 것을 보지못했다고 주장했다.

또한, Terral은 사고 직후 자신은 의식을 잃었었고 사고 이후에 어떤 경찰관과도 이야기를 나눈 기억이 없다고 말했다.

Terral은 죽은 검정색 개는 자신이 지난 2년동안 동네 이웃에서 보았던 개였고, 이 검정색 개는 대부분 시간을 7988 Teal Glen Road 길에서 보냈고 있었다고 증언했다.

7988 Teal Glen Road 트레일러 주택 (구글맵)

피고의 트레일러 주택 전경 (구글맵)

■ 소송의 전개는?

Terral은, 자신이 운전하던 모터사이클의 진행방향으로 갑자기 검정색 개가 뛰어들어와서 사고가 났다고 주장하면서, 7988 Teal Glen Road에 거주하는 Troyce Mangum을 검정색 개의 주인으로 지목하고, Troyce Mangum과 그의 보험회사인 Louisiana Farm Bureau Casualty Insurance Company를 상대로 First Judicial District Court (Parish of Caddo) 1심법원에 손해배상 소송을 제기하였다.

Louisiana 법률에 의하면, 어떤 개가 사고를 내는 경우, 만약 그 개의 주인이 자신의 개가 사고를 낼 수 있다는 것을 알거나 알 수 있었고, 개 주인이 합리적인 주의를 기울였다면 그런 사고를 방지할 수 있었는데 그렇게하지 않았다면, 개 주인은 손해배상책임이 있다고 규정하고 있고, 개 주인에게는 무과실손해배상책임(strict liability)이 있다고 규정하고 있다.[79]

따라서, 1심재판에서의 쟁점은, 피고 Troyce Mangum이 사고를 낸 검정색 개의 주인(owner)이었다고 볼 수 있는지 여부였다.

2004년 4월 8일, 1심법원 재판이 진행되었고, Roy L. Brun 판사가 재판을 맡았다.

---

[79] The owner of an animal is answerable for the damage caused by the animal. However, he is answerable for the damage only upon a showing that he knew or, in the exercise of reasonable care, should have known that his animal's behavior would cause damage, that the damage could have been prevented by the exercise of reasonable care, and that he failed to exercise such reasonable care. Nonetheless, the owner of a dog is strictly liable for damages for injuries to persons or property caused by the dog and which the owner could have prevented and which did not result from the injured person's provocation of the dog. Nothing in this Article shall preclude the court from the application of the doctrine of res ipsa loquitur in an appropriate case. (La. C.C. art. 2321)

첫번째 증인 Jay Duke 부보안관

1 심재판에서 원고 Terral 은 개의 소유권을 입증하기 위해서, 사고현장에 출동했었던 Caddo Parish Sheriff's Office 소속 Jay Duke 부보안관을 첫번째 증인으로 불렀다.

Jay Duke 부보안관 증언에 의하면, (1) Terral 은 자신이 Teal Glen Road 에서 동쪽방향으로 시속 35 마일 속도로 1996 년형 스즈키 모터사이클을 타고 갔었으며, 마당에서 개가 뛰쳐나와서 모터사이클 옆을 치었다고 말했다고 하며, (2) Terral 과 동승자는 그 개가

Red Chow dog (Image by anvel from Pixabay)

누구의 개인지를 말하지 못했으며, (3) 자신이 주변 주민들에게 개의 주인이 누구인지를 파악하기 위해서 탐문을 하지는 않았다고 인정했으며, (4) 중간크기의 검정색 개가 사고현장에 죽어있는 것을 자신이 목격했고, (5) 그 개가 목걸이를 착용하고 있었는지는 자신은 기억이 나지 않는다고 증언했다.

두번째 증인 Patricai Bowman 이웃주민

다음 증인으로 나온 Patricia Bowman 은 Teal Glen Road 사고현장에서 세번째 떨어진 집에서 6 년동안 거주하고 있는 주민이었다.

Patricia Bowman 은, (1) 자신이 교통사고 이전에 Labrador 품종과 유사한 검정색 개를 목격했고, (2) 그 개는 자신의 이웃인 7988 Teal Glen Road 에 있는 Shannon 과 Troy 의 집에서 대부분의 시간을 보냈고, (3) 그 개가 그곳에 가두어져 있지는 않았지만 자신은 그 개가 그곳에서 살고 있다고 생각했으며, (4) 그 집의 여자주인이 개에게 먹이를 주고 쓰다듬어 주는 것을 자신이 목격했다고 말했다.

또한, Patricia Bowman 은, (1) 그 검정색 개가 자동차들을 쫓아다니는 성향이 있어서 동네에서 골치거리였다고 말했고, (2) 피고 집에서는 red chow 한마리도 키우고 있었는데 줄을 풀어놓아서 개가 이웃을 돌아다니기도 했다고 증언했으며, (3) 자신이 사고를 목격하지는 못했지만, 이웃집에서 보았던 검정색 개가 사고 이후에 길바닥에 죽어서 누워있는 것을 보았다고 말했고, (4) 그 개는 빨간색 목걸이를 착용하고 있었다고 증언했다.

세번째 증인 Ernie Jacks 이웃주민

Teal Glen Road 에 살고 있는 다른 주민 Ernie Jacks 증인은, (1) 50 파운드에서 60 파운드 정도의 검정색 Labrador 품종의 개가 대부분의 시간을 7988 Teal Glen Road 에 있는 것을 목격했었고, (2) 확실하지는 않지만, 그 개가 빨간색 목걸이를 착용하고 있었고,

Labrador Retriever (Image by Adrienn Molnar from Pixabay)

(3) 그 개가 항상 7988 Teal Glen Road 앞마당이나 현관에 있었다고 증언했다.

또한, Ernie Jacks 증인은, (1) 그 개가 여러 차례 자신과 와이프에게 덤벼드는 공격적인 행태를 보였고, (2) 누가 그 개에게 먹이를 주는지는 목격한 적이 없었다고 말했으며, (3) 자신이 사고 상황을 목격하지는 않았으며, (4) 자신이 7988 Teal Glen Road 에서 보았던 검정색 개가 이번 사고에 관련된 개와 동일한 개였는지에 대해서는 자신이 알고 있는 점이 없다고 증언했다.

네번째 증인 Keith Barney 원고의 친구

동네 주민이자 원고의 친구인 Keith Barney 증언에 의하면, (1) 자신은 사고 이전에 동네에서 60 파운드 크기의 검정색 개를 목격한 적이 있었고, (2) 그 개는 대부분 시간을 7988 Teal Glen Road 에서 보냈다고 말했다.

Keith Barney 는, (1) 자신의 아이들이 친구인 Terral 의 아들 Kenneth 에게 가기 위해서 Terral 집으로 가는 중에, 여러 번 그 개가 자신들을 쫓아왔다고 불평했었다고 말했으며, (2) 자신은, 그 개가 7988 Teal Glen Road 거주자들의 개라고 생각했다고 증언했다.

또한, Keith Barney 는, (1) 사고 이후에 Terral 이 자신의 집까지 걸어왔는데 Terral 의 몸에 피가 묻어 있었고 찰과상을 입었고, (2) 구조대원이 치료를 하는 동안 Terral 은 의식을 잃고 있었다고 말했다. Keith Barney 는, (1) 자신이 사고현장에서 죽은 개를 목격했는데 그 개는 자신이 이웃에서 보았던 개였다고 말했고, (2) 그 개가 목걸이을 착용하고 있었는지는 보지 못했다고 증언했다.

다섯번째 증인 Glen Penick 이웃주민

피고 Mangum 의 이웃인 Glen Penick 는, (1) 자신은 길 건너편 집에서 1 년 조금 넘게 살고 있었으며, (2) 사고 이전에, 개목걸이를 착용하지 않은 검정색 강아지를 동네에서 보았지만 그 개가 누구의 개인지는 몰랐다라고 증언했다.

또한, 근거가 무엇인지는 분명하게 밝히지 않았지만, 자신이 목격한 동네를 배회하고 다니던 개목걸이없는 검정색 개가 이번 모터사이클 사고에 관여된 개와 동일한 개라고 말했다.

Labrador Retriever Puppy (Image by Joshua Choate from Pixabay)

피고 Mangum 증언

피고 Troyce Mangum 은,
(1) 자신이 7988 Teal Glen Road 집에서 4 년동안 살았고,
(2) 지난 3 년간 대부분 시간은 여자친구인 Shannon Callen 이 그곳에서 같이 살았으며,
(3) 자신들이 red chow, chihuahua, dachshund 품종의 개 3 마리를 키우고 있었고,
(4) 이 개들은 등록된 개들이며,
(5) red chow 품종 개는 14 살이고 관절염을 앓고 있었다고 증언했다.

피고 Troyce Mangum 은, (1) 사고 당시에 자신 집 마당에는 울타리가 없었고, (2) red chow 개를 자신이 감독하지 않은 채로 풀어두기도 했으며, (3) 그 개가 길로 나가서 돌아다니기도 했다고 인정했다.

피고 Troyce Mangum 은, (1) 사고 무렵 검정색 개가 자신의 마당에 있는 것을 보았지만 그 개가 자신이 소유한 개는 아니라고 주장했고, (2) 그 검정색 개가 자신 집 현관에 있는 음식을 정기적으로 먹었다는 점은 인정했고, (3) 자신은 red chow 을 위해서 음식을 내놓았다고 주장했지만, (4) 검정색 개도 그 음식을 먹는다는 것을 알았다고 인정했다.

피고 Troyce Mangum 은, (1) 자신이 키우고 있던 3 마리 개들에 대해서는, 이들이 집안으로 들어오는 것을 허용했고, 수의사에게 데려간 적도 있었고, 그 개들을 위해서 무언가를 사주기도 했고, 자동차에 같이 태워기도 했지만, (2) 이와는 다르게, 검정색 개를 위해서는 자신이 어떤 물건도 사준 것이 없으며, 그 개를 수의사에게 데려간 적도 없었고, 산책을 시켜준 적도 없으며, 자신의 집안으로 들어오게 한 적도 없었고, 다른 사람들에게 그 검정색 개가 자신의 개라고 한 적도 없었다고 증언했다.

모든 증인들의 증언이 끝나고, 1 심법원은 피고 Troyce Mangum 이 검정색 개의 소유권을 취득하였다고 보기에 충분한 정도의 기간동안 그 검정색 개에게 실제로 먹이를 제공하여 왔다고 판단하고, 피고 Troyce Mangum 이 그 검정색 개에 대해서 손해배상을 할 법적 책임이 있다고 판단하였다.

2004 년 5 월 26 일, 1 심법원은 원고 Terral 의 승소판결을 내리고, 피고 Troyce Mangum 과 보험회사 Farm Bureau Casualty Insurance Company 에게 $11,717.99 달러를 손해배상하라고 판결했다.

피고 Troyce Mangum 은 이런 1 심법원 판결에 불복하고 항소하였다.

First Judicial District Court, Parish of Caddo Shreveport (구글맵)

■ 법원의 판단은?

항소법원에서, 피고 Mangum 은 3 가지 항소이유를 펴면서 1 심법원의 판결이 잘못되었다고 주장했다. 하지만, 항소법원은 이런 항소이유가 모두 이유가 없다고 판단하고, 2005 년 1 월 26 일, 피고 Mangum 의 항소를 기각하는 판결을 내렸다.

피고 Mangum 이 사고를 낸 개의 보호자였는지 여부

먼저, 피고 Mangum 은 검정색 개는 주인없이 동네를 떠돌아다니던 유기견이었고, 자신이 그 개를 보유한 적이 없었고, 자신은 그 개를 자신이 소유한 다른 개들과는 다르게 취급했고, 그 개에게 먹이를 준 적도 없다고 주장하면서, 자신을 검정색 개의 법적 소유자로 본 1 심법원의 판단이 잘못되었다고 주장했다.

항소법원은, 이 사건에 적용되는 법률과 관련해서, 사고를 낸 개의 주인(owner)에게 책임을 묻는 법률은 실제 개의 소유권자뿐만 아니라 실질적 또는 간접적으로 개를 보유(possession)하고 통제하면서 개를 보호해주는 사람에게도 확대적용된다고 설명하였다.[80]

따라서, 항소법원은, 이 사건에서는, 피고 Mangum 이 검정색 개의 실제 소유권자였다는 것을 원고가 증명할 필요까지는 없고, 단지, 피고 Mangum 이 그 개를 보호하고 있었다는 것을 증명하기만 하면 된다고 판단기준을 제시하였다.

그리고, 항소법원은, 피고 Mangum 이 검정색 개가 현관에 놓아 둔 음식을 먹는다는 것을 알면서도 반복적으로 현관에 음식을 내 놓았기 때문에, 현관에 둔 음식은 자신이 기르는 red chow 를 위한 것이었고 검정색 개에게는 먹이를 준 적이 없었다는 피고 Mangum 의 주장은 설득력이 없다고 평가했다.

Image by Alessandra Crosato from Pixabay

항소법원은 피고 Mangum 이 상당기간동안 정기적으로 검정색 개에게 먹이를 제공함으로서 그 개를 보유하게 되었고 그 개의 복지에 대해서도 책임을 떠맡게 되었다고 판단하였다.

자신이 키우던 3 마리 개들은 등록을 하였고 검정색 개와는 차별된 대우를 제공해주었다는 피고 Mangum 의 주장에 대해서는, 항소법원은 이런 사실이 피고 Mangum 이 검정색 개에 대해서 소유권을 취득했는지 여부와는 상관없는 문제라고 설명하였다.

항소법원은, 3 마리 개를 등록하였다는 피고 Mangum 의 주장이 어떤 기관에 소유권을 확인하는 취지로 개를 등록하였다는 의미가 아니라 American Kennel Club 과 같은 품종판정기관에 순종품종으로 등록했다는 의미라고 해석하고, 피고 Mangum 이 이렇게 등록된 순종품종 개들을 검정색 개와는 다르게 차별적으로 대우했다는 점이 검정색 개에 대한 Mangum 의 소유권 여부와는 관련이 없는 사실이라고 판단하였다.

재판에서 증인으로 나온 동네 주민들 전부가, 사고발생 이전 2 년 정도부터 중간 크기의 검정색 개가 피고 Mangum 집에서 가두어두지 않은 상태로 머물고 있었고, 그 집에서 검정색 개에게 음식을 제공했고, 그 검정색 개가 지나가는 자동차나 아이들을 쫓아다니기도 했다고 증언했다.

반면에, 오직 Penick 증인 혼자만 이런 동네 주민들의 증언들과는 다르게, 자신이 6 개월 내지 8 개월 된 Labrador Retriever 품종 강아지가 동네를 배회하고 다니는 것을 보았고, 그 강아지는 목걸이를 착용하지 않았고 검정색이었으며 공격적이지는 않았고, 특별히 누가 그 검정색 강아지를 소유하고 있다고 보여 지지 않았으며, 자신이 목격한 검정색 강아지가 이번 충돌사고에 관여된 검정색 개와 같은 개였다고 증언했다.

하지만, 항소법원은 이렇게 엇갈리는 증언들이 피고 Mangum 에게 도움이 되는 증거로 보지 않았다.

---

[80] Thompson v. Sicard, 385 So.2d 334 (La.App. 1st Cir.1980)

항소법원은, 1심법원이 모든 증인들의 증언이 믿을만했다고 판단했었고, Penick 증인은 사고 당시에 동네에서 살았던 기간이 2개월 정도에 불과했고, 그가 목격했다는 검정색 강아지의 모습과 다른 증인들이 설명한 개의 모습이 서로 다르고, 그가 사고를 직접 목격하거나 사고 직후 현장에 와보지는 않았다는 점들을 고려하면, 다른 증인들이 목격한 검정색 개와 Penick 이 목격한 검정색 개는 동일한 개가 아니고 서로 다른 개로 판단된다고 분석했다.

피고 Mangum 은 검정색 개가 목걸이를 착용하고 있었는지에 대한 증언들도 엇갈린다고 주장했다. 하지만, 항소법원은, 목걸이에 대해서 증언을 한 모든 증인들은 사고를 낸 검정색 개가 빨간색 목걸이를 착용하고 있었다고 했고, 부보안관은 목걸이에 대한 기억이 없다고 증언했을 뿐이며, Penick 증인은 검정색 개가 목걸이를 착용하고 있지 않았다고 했지만 그 검정색 개는 사고에 관련된 개와는 다른 개여서, 결국, 엇갈린 증언은 없다고 판단했다.

원고의 과실로 사고가 발생했는지 여부

두번째 항소이유로, 피고 Mangum 은, 충돌사고 직전에 red chow 개를 발견했었다는 원고 Terral 의 증언은 허위이고 모터사이클을 몰고가면서 적절하게 주위를 살피지 않은 자신의 과실을 은폐하기 위해서 꾸며낸 이야기라고 하면서, 1심법원의 판단이 잘못되었다고 주장했다.

피고 Mangum 은 사고경위에 대한 원고 Terral 의 설명이 허위라는 증거로, Terral 이 사고를 조사하던 Duke 부보안관에게 red chow 개를 언급하지 않았다는 점과, Terral 이 사고 직후 Duke 부보안관이 사고현장에

Suzuki motocycle image by Robiul Islam Pailot from Pixabay

있었다는 점과 자신이 누구에게 사고 이야기를 했는지에 대해서 기억을 못한다고 증언한 점이 이상하다고 주장했다.

하지만, 항소법원은, 사고직후 작성된 Duke 부보안관의 사고보고서에 의하면, 갑자기 개가 마당에서 길로 달려들어서 모터사이클과 부딪혔고 Terral 과 여자친구는 길로 쓰러졌고 Terral 은 잠깐 의식을 잃었었다는 사실에는 다툼이 없고, 자신의 트레일러에서 red chow 가 살고 있었고 가끔 이 개가 보호자 감독이나 통제없이 혼자 길로 나가서 돌아다녔다고 피고 Mangum 이 인정했다는 점들을 고려하면, 원고 Terral 이 red chow 를 피하려다가 자신의 모터사이클로 다가온 검정색 개를 보지 못했다는 것이 원고 Terral 의 과실에 해당된다고 볼 수는 없다고 판단했다.

일반 증인들에게 사고를 낸 개의 소유자에 대한 의견을 증언하도록 허용한 결정이 잘못되었는지 여부

3번째 항소이유로, Mangum 은 1심 재판에서 Patricia Bowman, Ernie Jacks, Keith Barney, Michael Terral 에게 증인심문을 할 때, 이들이 전문가 증인이 아닌 일반 증인들이었고 피고 변호사가 반대하였음에도 불구하고, 이들에게 검정색 개의 주인이 누구라고 여겼는지라는 질문을 하고 증언하도록 1심법원이 허용한 것은 위법이라고 주장했다.

이런 피고의 주장에 관련해서, 항소법원은, 일반적으로 전문가 증인이 아닌 일반 증인은 의견이나 추정의 형태로 증언하는 것이 허용되지 않는다고 원칙을 밝혔다. 항소법원은, 하지만, 이런 증언이 증인의 인식에 기반하고 있고 증인의 증언을 명확히 이해하거나 사실을 밝히는데 도움이 된다면 허용될 수도 있으며, 어떤 의견을 증거로 채택할지와 전문가 증언으로 분류할지 일반인 증언으로 볼지 여부는 판사가 재량으로 결정할 수 있다고 관련 법리를 정리해서 밝혔다.

이 사건에서는, 증인들이 같은 동네에 살고 있는 주민들이고, 검정색 개가 피고 Mangum 의 현관과 마당에서 지내는 것을 목격할 기회가 충분히 있었으며, 검정색 개가 빨간색 목걸이를 착용하고 있어서 유기견은 아니라고 보여졌고, 어떤 개를 누가 소유하는지는 대체로 누가 그 개를 보유하고 있는지 여부로 증명되고, 가끔 인식은 현실이라고 할 수 있다는 점들을 고려해서, 항소법원은, 피고 이웃주민들이 검정색 개의 소유권에 대해서 자신들의 의견을 증언할 자격이 있다고 판단하였다.

사고발생지역 7988 Teal Glen Road, Mooringsport 위성지도 (출처:구글맵)

■ 사건의 출처는?

▷ 사건출처: 미국 Louisiana 주 항소법원 (Court of Appeal of Louisiana, Second Circuit) 2005 년 1 월 26 일 판결문; Terral v. Louisiana Farm Bureau Cas. Ins. Co., 892 So.2d 732 (La.App. 2005)

▷ 사건제목: Michael TERRAL, Plaintiff-Appellee v. LOUISIANA FARM BUREAU CASUALTY INSURANCE COMPANY and Troyce Mangum, Defendants-Appellants

▷ 재판부: STEWART, PEATROSS and DREW, JJ.

▷ 변호인: Hubley, Marcotte & Rhodes, by Craig O. Marcotte, Shreveport, Louisiana Farm Bureau Casualty Ins. Co., for Appellant.
W. Brett Cain, Shreveport, for Appellee.

> **에피소드 32 – 아줌마, 우리 아빠와 할아버지는 다른 주택에서 따로 살아요!**
>
> 아들이 키우던 반려견 "Brady"가 길로 뛰어들어서 원고의 모터싸이클에 부딪히는 사고를 내자, 아버지가 아들이 그런 반려견을 아버지가 소유한 주택에서 키우고 아버지의 사업장에 데려오는 것을 허용했음으로 아버지가 그런 반려견의 보호자였다고 주장하면서 아버지에게 손해배상을 청구한 사례
>
> 반려견이 사납거나 말썽스러운 행동을 해서 사고를 내면 그런 반려견의 소유자나 보호자는 배상책임이 있다는 법률에 근거해서, 아들이 키우던 반려견이 낸 사고로 부상을 입은 사람이 아버지를 상대로 제기한 소송에서, 반려견이 갑자기 길로 뛰어드는 행위는 사나운 행동이 아니고, 반려견을 아버지 소유 주택에서 키우도록 허용하거나 아버지 사업장에 데려오도록 허용하는 행동만으로는 아버지가 이런 아들 반려견의 보호자라고 할 수 없다고 판단하고 손해배상 책임을 부인한 연방법원 판례
> (*Lorrain v. Branscombe*)

■ 사건의 발단은?

미국 New Hampshire 주 Rochester 시에서 거주하고 있는 John Branscombe 은 다른 두명의 동업자들과 함께 "Colony Used Auto Parts"라는 사업장을 운영하고 있었으며, 이 사업장 바로 옆에 주택을 한 채 소유하고 있었다. John Branscombe 은 성년인 아들 Geoff Branscombe 이 이 사업장에서 일을 하도록 하고, 사업장 바로 옆에 있는 주택에서 무상으로 살도록 허용하였다.

이 주택에서 살면서 Geoff Branscombe 은 "Brady"라는 초콜렛 브라운 색깔의 Labrador retriever 반려견을 기르고 있었는데, Geoff 는 사업장에 일을하러 오면서 근무시간 중에 자주 "Brady"를 사업장으로 데리고 왔다.

사업장에는 "Brady"을 위한 급수용기와 사료들이 있었지만 사업장에서 특별이 "Brady"에게 어떤 역할이 있었지는 않았고 오로지 Geoff 가 자신의 반려견으로서 데리고 왔을 뿐이었고, "Brady"가 사업장에 있는 동안에는 통상 영업창구 뒤쪽에 있는 의자에 묶어놓은 상태로 있었다.

Colony Used Auto Parts, Rochester, New Hampshire (구글맵)

John Branscombe 은 Geoff 가 "Brady"와 함께 주택에 거주하는 것과 가끔 사업장에 데리고 가는 것을 허락해주었다. 하지만 Geoff 가 "Brady"를 취득하게 된 결정에 전혀 관여하지 않았고 Geoff 가 그 반려견을 취득하고 난 이후에야 그런 존재를 알게 되었으며, 이 반려견에게 사료를 주거나 산책을 시켜주거나 훈련을 시키거나 수의사에게 데려간 적이 전혀 없었다.

또한, John Branscombe 은 "Brady"를 자신의 반려견으로 등록한 적도 없었고 자신의 집에 살거나 체류하도록 허용한 적도 없었다. 그리고, John Branscombe 은 아들에게 "Brady"를 어떻게 통제하거나 관리하도록 방향을 제시하거나 지시한 적도 없었다.

2009 년 6 월 13 일, Geoff 는 자신의 직장동료 친구를 만나기 위해서 "Brady"를 데리고 Wakefield 시 Pine River Pond Road 에 있는 친구의 집을 방문하였다.

같은날 저녁 10 시경, Lisa Lorrain 은 모터싸이클을 타고 Pine River Road 길에서 동쪽방향으로 규정속도를 지키면서 가고 있었는데, 갑자기 "Brady"가 그녀의 모터싸이클 앞쪽으로 뛰어들었고, Lorrain 은 그 개를 피하기 위해서 오른쪽으로 방향을 틀었지만 결국 그 개의 뒷다리부분을 치고 지나갔다.

이후 Lorrain 은 모터싸이클을 통제하지 못하고 옆에 있는 전신주와 충돌하였고, 이 사고로 Lorrain 은 여러 곳에 영구적인 부상을 입었고, 개도 다행이 죽지 않았다.

Pine River Road, Wakefield, New Hampshire 거리모습 (구글맵)

■ 소송의 전개는?

이런 충돌사고 이후, 2011 년 3 월 28 일, Lisa Lorrain 은 John Branscombe 을 상대로 자신이 입은 부상에 대한 손해배상 소송을 연방지방법원에 제기하였다.[81]

Lorrain 이 "Brady"의 보호자인 아들 Geoff Branscombe 가 아닌 아버지 John Branscombe 을 피고로 손해배상 소송을 제기한 근거는, 사고를 일으킨 개를 "소유하거나 보호하거나 보유한" 사람에게 손해배상 책임을 추궁할 수 있도록 허용하고 있는 New Hampshire 주 "dog bite statute" 법률이었다.[82]

피고는, 자신이 이런 주법률에서 규정하고 있는 것처럼 사고를 일으킨 개를 "소유하거나 보호하거나 보유한" 사람이 아니고, 또한, 판례에서 요구하고 있는 것처럼 사고를 일으킨 개의 "사납거나 말썽스러운 행동"으로 이번 사고가 발생한 것도 아니였다는 점을 근거로, 원고가 언급한 주법률은 이 사건에는 적용되지 않는다고 반박하였다.

---

[81] 원고가 주법원이 아니고 연방지방법원에 소송을 제기한 관할권 근거는, 원고는 Maine 주 거주자이고 피고는 New Hampshire 주 거주자이었으며, 소송의 분쟁금액이 $75,000 이상이어서, 연방법원 관할권을 부여하는 diversity jurisdiction 요건에 해당되었기 때문이었다.

[82] New Hampshire Rev. Stat. § 466:19 (일명 "dog bite statute") Any person to whom or to whose property, including sheep, lambs, fowl, or other domestic creatures, damage may be occasioned by a dog not owned or kept by such person shall be entitled to recover damages from the person who **owns, keeps, or possesses** the dog, unless the damage was occasioned to a person who was engaged in the commission of a trespass or other tort. A parent or guardian shall be liable under this section if the owner or keeper of the dog is a minor.

그리고, 이런 취지에서, 피고는 원고의 소송을 기각하는 약식판결을 내려달라는 신청을 연방법원에 제기하였고, 연방법원은 아래와 같은 이유로 이런 신청을 받아들였다.

■ 법원의 판단은?

먼저, 연방지방법원은, 원고가 소송을 제기한 유일한 근거가 New Hamphshire 주의 "dog bite statute" 법률이며, 이 법률 조문에서는 개의 행실 여부에 중요성을 부여하고 있지 않고 피고의 과실여부에 상관없이 배상책임이 있다는 무과실책임(strict liability) 기준을 규정하고 있지만, New Hampshire 대법원의 판례는 사고를 낸 개가 "사납거나 말썽스러운 행위"를 한 경우에만 이 법률에 의한 손해배상을 허용해야 한다고 제한적으로 해석하고 있다고, 이 사건에 적용되는 법리를 정리하였다. Bohan v. Ritzo, 141 N.H. 210, 214 (1996)

그리고, 이 사건에서 개가 길로 뛰어 들어온 행동은 "사납거나 말썽스러운 행위"라고 할 수 없다는 피고의 주장에 대해서, 원고는 개가 길로 뛰쳐들어온 행동은 무모하고 부주의한 것으로 원천적으로 "말썽스러운 행동"이라고 반박하였는데, 연방지방법원은 이런 원고의 반박주장은 Noyes v. Labrecque 사건에서 표명한 New Hampshire 대법원의 입장과는 어긋난다고 지적했다.[83]

연방지방법원의 설명에 의하면, Noyes v. Labrecque 사건은 이번 사건과 마찬가지로, 원고의 모터싸이클 앞쪽으로 피고의 개가 길로 뛰어 들어와서 원고가 부상을 입었고, 원고가 이번 사건과 동일한 "dog bite statute" 법률조항에 근거해서 손해배상을 청구한 사건이다.

하지만, 그 사건에서 New Hampshire 대법원은 "dog bite statute" 법률조항은 합리적으로 해석해야 하고 "사납거나 말썽스러운 행위(vicious or mischievous act)"가 없은 경우에는 적용할 수 없다고 설시하였으며, 개가 단지 길로 뛰어 들어오는 행위는 "사납거나 말썽스러운 행위"가 아니라고 판단하였다고 설명하였다.

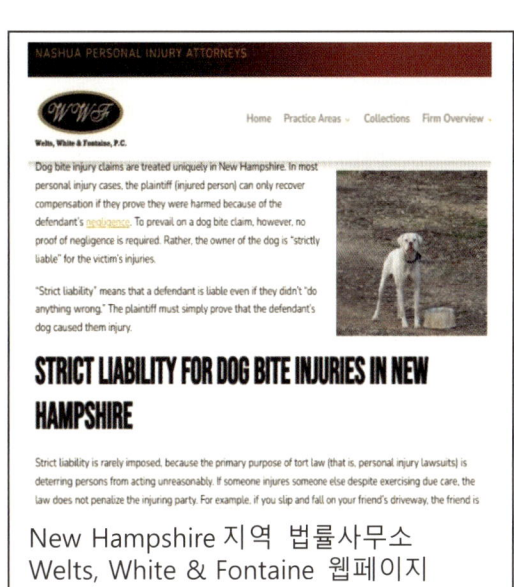

New Hampshire 지역 법률사무소
Welts, White & Fontaine 웹페이지

이에 대해서, 원고 Lorrain 은 Noyes v. Labrecque 판결이 수십년 전에 내려졌고 판결문에 사실관계나 어떻게 그런 결론에 도달했는지를 자세하게 적시하지 않았다고 비판하였다.

하지만, 연방지방법원은, New Hampshire 대법원이 동일한 쟁점에 대해서 이미 내린 결론을 오래되거나 분석이 빈약하다고 무시할 수 없으며, "원고 모터싸이클 앞쪽으로 피고의 개가 길로 뛰어 들어왔다"라고 비록 자세하지는 않지만 필수적인 사실관계를 판결문에 적시하고 있다라고 지적했다.

---

[83] Noyes v. Labreque, 106 N.H. 357 (1965)

또한, 연방지방법원은, 개가 길로 뛰어들어오는 행위만으로는 New Hampshire 무과실책임 법률에 근거해서 손해배상을 구할 수 없다는 결론을 뒷받침하는 사례로 Bohan v. Ritzo 판결을 추가로 거론하였다.[84]

그 사건에서는, 원고의 자전거 쪽으로 피고의 개가 길로 뛰어들어와서 원고가 부상을 입었는데, 피고의 개가 원고나 원고의 자전거와 접촉이 없었기 때문에 무과실책임 법률조항을 적용할 수 없다는 피고의 주장을 배척하면서, 대법원은 피고의 개가 원고의 발을 물 것처럼 달려들었다는 사실이 피고의 개가 "말썽스러운 행동"을 했다는 증거라고 판단했다.

연방지방법원은, 이런 Bohan v. Ritzo 판결이, 무과실책임 법률조항에 의해서 손해배상 판정을 받기 위해서는, 개가 길로 뛰어들어오는 행동만으로는 "사납거나 말썽스러운 행동"이라고 할 수는 없고, 개의 행동이 "사납거나 말썽스럽다"고 볼 수 있는 추가적인 점을 원고가 입증해야한다고 설시한 판례라고 설명하였다.

관련해서, 원고 Lorrain 은 사고를 낸 "Brady"가 그녀의 모터싸이클과 직접 부딪쳤다는 점과 "Brady"가 어두운 색깔의 털을 가졌고 밤중에 길로 뛰어들었다는 점들이 Noyes v. Labrecque 사건이나 Bohan v. Ritzo 사건과는 차별점이 있고, "Brady"의 경우에는 "사납거나 말썽스러운 행동"을 하였다고 주장하였다.

하지만, 연방지방법원은 개와 직접 접촉이 있었다는 사실만으로는 "사납거나 말썽스러운 행동"이 있었다고 할 수 없고, 원고가 개가 길로 뛰어들어서 접촉사고가 발생했다는 주장 이외에 아무런 추가적인 점을 제시하지 못하고 있어서, 대법원 판례에서 요구하는 "사납거나 말썽스러운 행동"이 있었다고 할 수 없다고 판단했다. 또한, 개의 색깔이나 사고가 발생한 시간도 "Brady"의 행동이 "사납거나 말썽스러운 행동"이었다라고 근본적으로 성격을 바꿀 수는 없다라고 판단했다.

추가적 쟁점에 관련해서, 연방지방법원은, 피고 Johm Branscombe 이 사고를 낸 "Brady"의 보호자("keeper")였기 때문에 New Hamphshire 주의 "dog bite statute" 법률에 의해서 손해배상책임이 있다는 원고 Lorrain 의 주장도 배척하였다.

New Hampshire 주 법률은 개가 사고를 내서 부상을 당한 사람은 사고를 낸 개를 "소유(own)하거나 보호(keep)하거나 보유(possess)한" 사람에 대해서 손해배상 책임을 청구할 수 있도록 하고 있고, 이 사건에서 원고는 피고 John Branscombe 이 사고를 낸 "Brady"의 보호자였다라고 주장했다.

연방지방법원은 관련된 New Hampshire 주 대법원 판례들을 인용하면서, 어떤 개의 보호자("keeper")라는 용어는 단순히 그 개를 제한된 목적이나 시간동안 돌봐주는 것 이상을 의미하며 개의 소유자("owner")는 아니지만 소유자를

New Hampshire Supreme Court
(출처: 구글맵)

---

[84] Bohan v. Ritzo, 141 N.H. 210 (1996)

대신해서 상당한 정도로 소유권을 표출하는 행동들을 하는 사람을 의미한다고 설시하였다.[85]

Chocolate Brown Labrador retriever
(Image by Artur Pawlak from Pixabay)

따라서, 자신의 장소에 어떤 개가 잠깐 들어오는 것을 허용한 경우나 임시로 먹이나 머물 곳을 제공하는 경우에는 그런 개의 관리자라고 할 수 없고, 개 소유자의 허락이 있었는지 여부를 불문하고, 통상적으로 개의 소유자가 자신의 개에게 해주는 것처럼, 어떤 개를 관리하고 통제하고 돌봐주는 행동을 하는 경우에는 그 개의 보호자라고 할 수 있다고 설명하였다.

연방지방법원의 분석에 의하면, 이 사건에서는, John Branscombe 이 "Brady"에 대해서 상당한 정도로 소유권을 행사하였거나 그 개를 관리, 통제 또는 돌봐주었다는 증거를 원고가 제시하지 못했고, 오히려, 그 반대의 경우라고 판단했다.

연방지방법원은, John Branscombe 은 "Brady"에게 먹이를 제공하거나 산책을 시켜주거나 훈련을 시키거나 수의사에게 데려가지 않았고, "Brady"를 자신의 이름으로 등록하지 않았고 자신의 집에 체류하는 것을 허락해주지도 않았고 자신의 아들에게 어떻게 "Brady"를 통제하도록 말하지도 않았다는 점들을 지적하면서, 이런 사실관계를 고려하면, 피고는, 개의 소유권자들이 통상적으로 하는 방식으로, 자신이 "Brady"의 소유권자거나 보호자라고 표출하지 않았으며, 따라서, Brainscombe 을 "Brady"의 보호자라고 볼 수 없다고 판단하였다.

원고 Lorrain 은 피고 John Brnascombe 이 자신의 사업체가 소유한 주택에서 아들이 거주하도록 허용했고, 아들이 그 주택에서 반려견 "Brady"를 키우는 것을 허용했고, 아들이

---

[85] Raymond v. Bujold, 89 N.H. 380 (1938); Gagnon v. Frank, 83 N.H. 122 (1927); Cummings v. Riley, 52 N.H. 368 (1872). Raymond v. Bujold 사건에서, 원고는 피고의 개가 길에서 배회하는 것을 발견하고 잡아서 헛간에 묶어놓고 피고에게 연락해서 개를 찾아가라고 했는데, 피고가 도착하기 전에 개가 풀려져 나와서 원고의 가축을 해쳤다. 원고의 손해배상 청구에 대해서 피고는 사고를 낸 개가 원고가 보호("kept")하고 있던 상태여서 자신의 책임이 없다고 주장했다 (New Hampshire statute, P.L. c. 150, §§23: "Any person to whom or to whose property damage may be occasioned by **a dog not owned or kept by him** shall be entitled to recover such damage…").

대법원은, "kept"는 제한된 목적과 시간동안 개를 돌봐주는 것 이상을 의미하고, 주인을 대신해서 상당한 횟수로 소유권을 행사하는 것을 의미하며, 가끔 개에게 음식을 주고 거처를 제공해주거나 가끔 집에 들어오게 허용하는 것으로는 "keeper"가 될 수 없고, 개의 소유자가 일반적으로 하는 것처럼 해당 개를 관리하고, 통제하고, 돌봐주는 일을 떠맡았을 때만 "Keeper"가 된다고 판단기준을 밝혔다.

대법원은, 원고가 개의 주인을 대체하려는 시도를 하지 않았고, 통상적으로 개의 소유자들이 자신의 개를 통제하는 것처럼 해당 개를 통제하려고 하지 않았고, 개의 주인이 와서 데려갈 때까지만 개를 데리고 있으려는 제한적 목적으로 제한적인 시간동안만 개를 보유하고 있었으며, 이런 목적을 달성하기에 합리적으로 필요한 정도의 통제만을 행사하였고, 더 이상의 지배력을 행사하려고 하지 않았다고 판단하고, 이런 상황에서는, 원고는 해당 개에 대한 "keeper"가 아니고, 따라서, 개의 원래 소유자인 피고에게 손해배상을 청구할 수 있다고 판결하였다.

근무시간 중에 "Brady"을 직장으로 데려오는 것을 허용했고, "Brady"가 아들의 직장에 있는 동안 물과 간식을 제공받았다는 점을 강조하였다.

하지만, 연방지방법원은 이런 사실들이 임대인이 임차인이 임대한 공간에서 개를 키우는 것을 허용한 경우나 사업주가 종업원이 직장으로 개를 데려오는 것을 허용한 경우와 유사점을 성립시켜주는 사실들이지만, 그럼에도 불구하고, 피고가 "Brady"의 소유권자로서 지위를 취득했다거나 개의 관리자가 되었다고 볼 수 있게 해주지는 않는다고 설시했다.[86]

결론적으로, 연방지방법원은, 어떤 개를 잠시 돌봐주거나 자신의 장소에 잠깐 체류하는 것을 허용하는 것만으로는 그 개에 대해서 손해배상 책임이 있는 보호자라고 할 수 없다고 확인하였다.

원고 Lorrain 은, 피고의 아들은 개를 사업장으로 데려와서 사무실 의자에 줄로 묶어두었는데, 그렇게 한 이유는 피고가 그 개가 사납다는 것을 알고 사고를 내면 자신이 책임을 지게 될까봐서 그렇게 하도록 했다고 주장했다.

하지만, 연방지방법원은, 피고가 자신은 개를 사무실 의자에 묶어 두는 것과는 아무런 개입이 없었다고 증언했고, 아들이 개를 사업장에 데려와서 어떻게 통제하였는지 여부를 자신에게 말한 적이 전혀 없다는 내용으로 자신과 아들의 진술서를 제출하였다는 점을 지적하였다.

그리고, 연방지방법원은, 피고가 자신의 사업장이나 사업체가 소유한 주택에서 개가 사고를 내면 자신이 손해배상 책임을 질 수 있다고 믿었는지 여부는, 개가 다른 장소에서 사고를 내었을 때 피고가 손해배상 책임이 있는지 여부와는 전혀 무관한 쟁점이라고 설명하였다.

■ 사건의 출처는?

▷ 사건출처: 미국 New Hamphsire 구역 연방지방법원 (US District Court District of New Hampshire) 2012 년 1 월 30 일 판결문; Lorrain v. Branscombe, Civil No. 11-cv-145-JL (D.N.H. Jan. 30, 2012)

▷ 사건제목: Lisa Lorrain v. John Branscombe

▷ 재판부: Joseph N. Laplante, United States District Judge

▷ 변호인: Daniel G. Lilley Law Offices, P.A., Paul A. Maggiotto, for Plaintiff Lisa Lorrain
Robert C. Dewhirst for Defendant John Branscombe

---

[86] 원고는 피고 스스로가 사업장에서 개에게 물 그릇과 간식을 제공하였다고 주장했지만, 연방지방법원은 누가 물 그릇과 간식을 제공했는지를 뒷받침하는 증거가 없다고 그런 주장을 배척하였다.

> **에피소드 33 – 아저씨, 이 주택은 제 보호자님이 어릴때 부모님과 같이 살았던 집이에요!**
>
> 아들이 자신의 반려견 "Bruno"와 함께 아버지의 집에 체류하는 동안에 집앞을 지나가는 다른 사람의 반려견 "Tuffy"를 "Bruno"가 공격하자 이를 말리던 "Tuffy"의 보호자가 넘어져서 부상을 입은 사고에서, "Bruno"의 보호자인 아들 뿐 아니라 아들과 "Bruno"가 집에 체류하도록 허용한 아버지에게도 손해배상을 청구한 사례
>
> 반려견이 사고를 내면 그런 반려견의 소유자나 보호자는 배상책임이 있다는 무과실책임법률에 근거해서, 아들이 키우던 반려견이 낸 사고로 부상을 입은 사람이 아버지를 상대로 제기한 손해배상 소송에서, 아들이 반려견을 데리고 아버지가 소유한 주택에 체류하도록 허용하고 그 주택에 있는 동안 반려견이 지켜야할 규칙을 정해주었다면 아버지도 아들의 반려견에 대한 보호자라고 볼 수 있다고 판단한 Minnesota 주 대법원 판례
> (*Anderson v. Christopherson*)

■ 사건의 발단은?

Gordon Anderson은 미국 Minnesota주 Andover지역에 거주하고 있었는데, 20파운드 정도 크기의 miniature schnauzer 품종의 반려견 "Tuffy"를 키우고 있었다.

2009년 9월 27일 오후 2시경, Anderson은 자신의 반려견 "Tuffy"에게 목줄을 채운 상태로 Kiowa Street 길을 산책하고 있었다.

그때, 길 건너편에 있는 집에서 품종을 알수 없는 50파운드 정도 크기의 대형견 "Bruno"가 뛰쳐나와서 Anderson이 있는 쪽으로 길을 건너와서 "Tuffy"를 공격하면서 그 개의 배 부분을 물었다.

Anderson은 개들을 떼어놓으려고 시도했고 그런 과정에서 "Bruno"를 발로 걷어 찼다. 그리고, 이렇게 개들을 분리시켜놓으려고 하던 중에 Anderson은 길 위로 넘어지면서 엉덩이에 골절상을 입었다.

이때 그 집에서 누군가가 나와서 "Bruno"를 통제하면서 돌발사고는 종결이 되었다.

이 돌발사고가 진행되었던 전체시간은 약 20초 정도로 짧았고, Anderson은 이런 사고과정에서도 "Tuffy"의 목줄을 놓치는 않고 붙잡고 있었다.

2016 년까지 Christopherson 부부가 소유했던 14631 Kiowa Street, Andover 집 (구글맵)

사고를 낸 반려견 "Bruno"의 법적 소유권자는 Neil Christopherson였는데, 사고 당시에 "Bruno"가 뛰쳐 나왔던 Andover 집은 Neil Christopherson의 아버지인 Dennis Christopherson과 어머니 Kathleen Christopherson이 소유권을 가진 주택이었다. 하지만 이들 부부는 몇년동안 이 Andover 집에서는 살고있지 않았고, South Dakota주 Sioux Falls 지역에서 살고 있었다.

Miniature Schnauzer 품종 (출처: American Kennel Club Dog Breeds 웹페이지 AKC Library and Archives)

Neil Christopherson도 Andover지역에서 거주하지 않고 Sioux Falls지역에서 살고 있었고, 사고 당시에 Neil Christopherson은 자신의 약혼자 Alice와 함께 비어있는 Andover 집을 방문해서 사용 중이었으며, 이 사고 이전에도 Neil Christopherson은 부모님의 허락을 받고 종종 이 Andover 집을 방문하고는 했었다.

Dennis Christopherson은 아들 Neil Christopherson이 자신의 반려견 "Bruno"를 데리고 Andover 집을 방문해서 사용하는 것을 허락했고, 비록 자신이 이전에 "Bruno"를 직접 본 적은 한번밖에 없었지만, 이 반려견이 Andover 집에 있는 동안 준수해야하는 규칙들을 정해주기도 했다.

사고 당시에, Neil Christopherson은 Andover 집에 없었다. 아버지 Dennis Christopherson도 사고 당시에 Andover 집에 없었으며, 사고가 발생한 날에 아들이 반려견과 함께 그 집에 머물고 있었다는 점은 알고 있었다.

■ 소송의 전개는?

피해자 Gordon Anderson과 부인 Maxine Anderson은 사고를 낸 반려견 "Bruno"의 법적 소유자인 Neil Christopherson과 그의 아버지 Dennis Christopherson을 상대로 Minnesota주의 무과실책임(Strict Liability)법률 위반과 판례법의 과실(Negligence)이론에 근거하여 Anoka County District Court 지방법원에 소송을 제기하였다.[87]

지방법원에서 피고들은 원고가 제기한 청구취지들의 문제점을 지적하면서 소송을 기각해달라고 약식판결신청을 제출하였다. 지방법원은, 사고를 낸 반려견 "Bruno"의 공격행위가 다른 반려견 "Tuffy"를 향한 것이었고 Anderson 을 대상으로 발생한 것이 아니어서, 피고들은 무과실책임법률에 의한 배상책임이 없다고 판결하였다.

또한, 지방법원은, 아버지 Dennis Christopherson 이 반려견 "Bruno"에게 머물 곳을 제공하였지만 제한된 시간과 제한된 목적을 초과하지 않는 범위로 머물 곳을 제공하였기 때문에, 무과실책임법률에서 규정하고 있는 것처럼 아버지 Dennis 가 "Bruno"를 "harboring"하고 있었다고 볼 수 없다고 판단하고 결과적으로 배상책임이 없다고 판결하였다.

---

[87] 소송장에는 부인 Maxine Anderson 이 제기한 동반자관계 상실(Loss of Consortium)에 따른 손해배상 청구가 포함되었는데, 이후, 이 청구취지는 당사자들의 협의로 철회되었다.

그리고, 아버지 Dennis 가 "Bruno"를 harboring 하고 있지 않았기 때문에 Dennis 는 Anderson 을 위해서 주의를 기울여야하는 의무가 없었다고 판단하고, 따라서, Anderson 의 판례법에 기반한 과실주장도 성립되지 않는다고 판결하였다.

원고는 이런 지방법원의 판결에 불복하고 Court of Appeals 항소법원에 항소하였다. 항소법원은, 반려견 "Bruno" 행위의 목표가 무엇이었는지와 상관없이 그런 행위로 인한 부상에 대해서는 "Bruno"의 소유권자("owner")들에게 배상책임이 있다고 지적하였다.

또한, 원고의 부상이 "Bruno"의 행위로 인해서 직접적으로 초래된 부상인지 여부와, 아버지 Dennis Christopherson 이 관련 법률에서 규정한 "owner"에 해당되는지에 대한 다툼의 여지가 있어서, 약식판결을 내리는 것은 부적절하였다고 지적하면서 지방법원 판결을 뒤집었다.[88]

피고들은 이런 항소법원 판결에 불복하고 대법원에 상고하였다.

Court of Appeals Chamber (출처: American Courthouses, A photo archive by John Deacon)

Supreme Court Chamber (출처: American Courthouses, A photo archive by John Deacon)

■ 법원의 판단은?

Minnesota 주에서 채택한 무과실책임법률(dog owner's strict liability statute) 관련조항은 아래와 같이 규정하고 있다 (Minn.Stat. § 347.22)

> If a dog, without provocation, attacks or injures any person who is acting peaceably in any place where the person may lawfully be, the owner of the dog is liable in damages to the person so attacked or injured to the full amount of the injury sustained. The term "owner" includes any person harboring or keeping a dog but the owner shall be primarily liable. The term "dog" includes both male and female of the canine species.

먼저, 대법원 다수의견을 쓴 Alan Page 대법관은, Minnesota 주 무과실책임법률에 의하면, 만약 개가 다른 사람을 공격하거나 부상을 입히는 경우에는, 그런 개의 소유자가 적절한 주의를 기울였는지와 과실이 있었는지 여부나 해당 개가 과거 행실이 좋았는지 여부나

---

[88] 항소법원 재판 담당판사는 Bjorkman, Halbrooks, Hudson 판사. Anderson v. Christopherson, 802 N.W.2d 832 (Minn.Ct.App. 2011)

피해자의 과실이 있었는지 여부를 따지지 않고, 그런 개의 소유자에게 절대적으로 손해배상 책임이 있다는 원칙을 재확인하였다.

그리고, "공격"은 개가 무는 것을 포함해서 어떤 형태로든 공격의도를 내포했다고 할 수 있는 움직임을 취할 때를 의미하며, "부상"은 개가 취한 비공격적 행위가 직접적으로 초래한 부상을 의미하며, 개가 의도하지 않았지만 뛰어들어서 사람과 맞닥치거나 열정적으로 사람에게 뛰어올라서 부상을 입힌 경우도 포함한다고 기존 판례들은 해당 법률규정을 해석해왔다는 점을 설명하였다.

그리고, 항소법원에서 "focus requirement"이라는 기준을 활용해서 개의 행동이 부상을 당한 사람을 향했어야 하고 그런 행동으로 부상이 초래되었어야 한다고 해당 법률을 분석한 것은 잘못되었다고 대법원은 지적하였다.

대법원은, 해당 법률 적용에서 핵심은, 개의 행동이 원고의 부상을 초래했다고 할 수 있는 직접적인 인과관계가 있는지와 원고의 부상이 개의 행동으로 인한 직접적이고 즉각적인 결과인지 여부라고 설시하였다.

이런 법리를 적용해서 이번 사건을 분석하면서, 대법원은, "Bruno"가 "Tuffy"를 공격한 행동이 Anderson 이 넘어져서 부상을 입는 결과를 초래했다는 추론이나, "Bruno"가 "Tuffy"를 공격한 행동이 Anderson 이 "Tuffy"를 보호하기 위해서 개싸움에 개입하는 것을 초래했고 그 결과 넘어져서 부상을 입었다는 추론이나, "Bruno"가 "Tuffy"를 공격한 행동이 Anderson 의 반응을 초래했지만 넘어지고 부상을 입은 것과는 인과관계가 없다는 추론처럼, 상이한 합리적인 추론들이 가능하다는 점을 설명하고, 이런 사실관계를 확정하는 것은 배심원의 역할이라고 지적하였다.

결론적으로, 대법원은, 이번 사건에서는, Anderson 의 부상이 반려견 Bruno 의 행동으로부터 직접적이고 즉각적으로 초래된 것인지에 대해서는 이견이 있을 수 있고, 그것에 대한 판단은 배심원이 내렸어야 했고, 따라서, 피고들이 무과실책임법률에 의한 손해배상 책임이 없다고 판단한 1심법원의 결정은 잘못되었다고 판정하였다.

그리고, Minnesota 주 무과실책임법률은 손해배상 책임이 있는 "owner"를 "any person harboring or keeping a dog"라고 규정하고 있는데, Dennis Christopherson 이 "Bruno"를 "harboring"하고 있다고 볼 수 있어서 손해배상 책임이 있는 "owner"에 해당되는지 여부에 대해서는, 대법원은 "owner"에 해당된다고 본 항소법원의 판단이 잘못되지 않았다고 판정했다.

대법원은, "keeping"하는 사람의 의미는, 해당 반려견 소유권자의 허락 유무와 상관없이, 반려견 소유권자들이 일반적으로 하는 것처럼, 해당 반려견을 돌보고 통제하고 관리하는 일을 떠맡은 사람을 의미하며, 마치 자신이 해당 반려견의 소유권자인 것처럼 행동하는 사람을 뜻한다고 규정하였다.

다수의견을 쓴 PAGE 대법관의 인터뷰 사진 (출처: MPR News)

또한, "harboring" 행위는, 제한된 시간이나 목적으로 개에게 숙소나, 쉴곳이나 피신처를 제공하는 행위이며, 유기견에게 먹을 것을 한번 주거나 가끔 어떤 개가 자신의 집에 들락거리도록 허용하는 정도를 넘어서는 행위라고 설시하였다.

구체적으로, 대법원은, 기존 판례들을 인용하면서, 임차인의 아파트 내부공간에 대해서 통제권한이 없는 아파트 관리자는 harborer 에 해당되지 않고, 다른 사람의 동물이 자신의 토지에 있도록 허락한 토지주인은 비록 토지 소유권이 있고 자신의 토지에서 나가도록 할 권한이 있다고 해도 이런 동물에 대해서 harborer 에 해당하지 않으며, 가족이 집단으로 사용하고 있는 토지나 집에서 가족의 일원이나 가정부가 개나 고양이를 키우도록 허락하는 집주인은 harborer 에 해당되고, 자신이 휴가 중일때 다른 사람이 개를 데리고 자신의 집에서 머물도록 허용한 사람은 harborer 에 해당한다고 설명하였다.

Lorie S. Gildea Chief Justice from 2010-2023 (출처: Minnesota State Law Library Web Page)

이런 법률기준을 이번 사건에 적용해서, 대법원은, 합리적인 배심원들이라면 아버지 Dennis Christopherson 이 아들이 키우고 있던 반려견 "Bruno"를 harboring 하고 있었다고 판단할 수도 있었다고 분석하고, 따라서, 사건을 1심법원으로 돌려보낸 항소법원의 판결에는 잘못이 없다고 판정했다.

이번 사건에서는, 아들 Neil Christopherson 이 반려견 "Bruno"의 법적으로 등록된 소유권자였고, 아버지 Dennis Christopherson 이 아들의 반려견 "Bruno"를 실제로 본 것은 한번밖에 없었고, 아버지는 사고 당시에 Andover 집에서 살고 있지도 않았고 그 집에 있지도 않았다.

그럼에도 불구하고, 아버지가 아들의 반려견을 "harboring"했다고 볼 수 있는 근거로 대법원은 아래와 같은 사실들을 열거하였다.

(1) 아버지가 아들에게 Andover 집에서 반려견 "Bruno"를 데리고 머물수 있도록 허락함으로서 반려견에게 숙소, 쉴곳, 피난처를 제공하였으며;

(2) 아들은 어린 시절을 Andover 집에서 보냈었고, 가족들이 매우 가깝게 지내고 있으며 Sioux Falls 에서는 서로 이웃집에서 살고 있고, 아버지가 아들이 Andover 집에서 머무는 것을 환영했으며;

(3) 아들이 반려견을 Andover 집에 데려가는 것을 아버지가 승인해주었으며, 반려견이 Andover 집에 있는 동안 준수해야 할 규칙들을 아들과 부모님이 같이 논의했으며,

(4) 아들은 Andover 집에 있는 동안에 그 집을 관리하는 것을 도와주는 책임이 있었다.

■ 소수의견

이런 다수의견에 대해서, Gildea 대법원장은 별도의 긴 소수의견을 내고 반대하였고, DIETZEN 대법관은 Gildea 대법원장의 소수의견에 동참하였다.

먼저, Gildea 대법원장은, 선행 대법원 사건 Lewellin v. Huber 판결에 근거해서, 무과실책임법률에 의하면 개의 소유자는 자신의 개가 원고를 "공격"하거나 원고에게 "부상"을 입히는 경우에 손해배상 책임이 있다는 점을 지적하였다.

하지만, 이번 사건에서는, "Bruno"가 원고 Anderson 을 공격한 것이 아니고 원고의 반려견 "Tuffy"를 공격했고, 이런 이유에서, 원고는 "Bruno"가 자신을 "공격"했기 때문에 피고들에게 손해배상 책임이 있다라고 주장하지 않고, "Bruno"가 자신에게 "부상"을 입혔기 때문에 피고들이 손해배상 책임이 있다고 주장하고 있다는 점을 Gildea 대법원장은 지적했다.

그리고, Gildea 대법원장은, Lewellin v. Huber 사건 판결에 의하면, 원고가 피고의 개가 부상을 입혔다고 손해배상을 청구하기 위해서는, 개의 행동이 원고가 부상을 입은 "직접적이고 즉각적인(direct and immediate)" 원인이어야 한다는 점을 강도하였다.

Gildea 대법원장은, 과실에 의한 손해배상과 관련한 판례법에서는 과실로부터 자연스럽고 근접하게 초래된 부상에 대해서 책임을 묻는 인과관계 기준을 사용하지만, 절대적 책임을 엄격하게 추궁하는 무과실책임법률 사건에서 이런 느슨한 인과관계 기준을 적용하면, 원래 입법취지와는 달리 개 소유자의 책임범위가 너무 확대하게 되기때문에, 이런 느슨한 인과관계 기준을 무과실책임법률 위반사건에서 적용하면 안된다고 Lewellin v. Huber 사건에서 분명하게 판시했다는 점도 지적하였다.

Lewellin v. Huber 사건은, 피고들이 타고가던 자동차의 뒷좌석에 있던 개가 자동차 운전자를 산만하게 만들었고, 운전자가 이런 개를 진정시키려고 시도하는 과정에서 운전자가 자동차를 통제하지 못하고 원고들의 아이를 치어서 사망하게 하였고, 원고들은 죽은 자신들의 아이를 대신해서, 개의 소유자와 자동차 운전자에게 손해배상을 청구한 사건이었다. Lewellin v. Huber, 465 N.W.2d 62 (Minn. 1991)

Lewellin v. Huber 사건에서 대법원은 비록 개의 행동이 아동의 사망으로 이어지는 사고를 시작되게 하였지만, 개의 행동은 운전자를 향한 것이었고, 이런 개의 산만한 행동을 억제시키려는 운전자의 후속된 시도가 사고를 초래하였다고 분석하고, 이처럼 느슨한 인과관계에 기반해서 엄격한 책임을 묻는 무과실책임법률을 적용해서 개 소유자에게 손해배상 책임을 물을 수 없다고 판결하였다.

이번 사건에서도, "Bruno"의 행동이 Anderson 의 부상으로 이어지는 사건들을 시작하게 하였지만, "Bruno"의 행동은 Anderson 을 향한 것이 아니었고, "Bruno"의 행동에 대응하여 취한 Anderson 의 반응이 Anderson 의 부상을 초래한 상황이었다. Anderson 은 재판전 증인심문절차에서, 자신이 개들의 싸움에 끼어들기로 결정하고 두 개를 떼워놓으려고 시도하였기 때문에 부상을 입게 되었다고 증언했다.

Gildea 대법원장은, "Bruno"의 행동에 대해서 개들을 떼어놓으려는 Anderson 의 행동이 Anderson 부상의 원인이 되었고 개의 행동이 Anderson 부상의 "직접적이고 즉각적인" 원인이었다라고 할 수 없으며, 이처럼 추가적인 연결고리가 들어간 느슨해진 인과관계에 기반해서 무과실책임법률에 의한 손해배상 책임을 추궁할 수 없다고 판단하였으며,

그럼에도 불구하고 다수의견은 선행 판례를 무시하고 다른 결론을 내렸는데, 이처럼 선행 판례를 뒤집어야하는 특별한 근거들도 제시하지 않았다고 비판하였다.

■ 사건의 출처는?

▷ 사건출처:　　미국 Minnesota 주 대법원 (Supreme Court of Minnesota)
　　　　　　　　2012년 7월 18일 판결문.
　　　　　　　　Anderson v. Christopherson, 816 N.W.2d 626 (Minn. 2012).

▷ 사건제목:　　Gordon Helmer ANDERSON, Respondent, Maxine Anderson, Plaintiff, v.
　　　　　　　　Courts of Appeals Neil Raymond CHRISTOPHERSON, Respondent,
　　　　　　　　Dennis Christopherson, Appellant

▷ 재판부:　　　대법관 Alan PAGE, Justice

▷ 변호인:　　　James S. Ballentine, William R. Sieben, Schwebel, Goetz & Sieben,
　　　　　　　　P.A.,Minneapolis, Minnesota, for respondent Gordon Helmer Anderson.

　　　　　　　　Chad D. Dobbelaere, Tewksbury & Kerfeld, P.A., Minneapolis, Minnesota, for
　　　　　　　　respondent Neil Raymond Christopherson.

　　　　　　　　Troy A. Poetz, Victoria A. Lupu, Rajkowski Hansmeier, Ltd., St. Cloud,
　　　　　　　　Minnesota, for appellant Dennis Christopherson.

　　　　　　　　Wilbur W. Fluegel, Fluegel Law Office, Minneapolis, Minnesota, for amicus
　　　　　　　　curiae Minnesota Association for Justice.

　　　　　　　　Dyan J. Ebert, Garin L. Strobl, Quinlivan & Hughes, P.A., St. Cloud,
　　　　　　　　Minnesota, for amicus curiae Minnesota Defense Lawyers Association

"How to Break Up A Dog Fight the Right Way" by Lindsay Stordahl (dogIDs.com 웹페이지)

The Minnesota Star Tribune | Obituaries

Gordon Helmer Anderson

Obituary   Events   Guestbook

Gordon Helmer Anderson Obituary

Anderson, Gordon Helmer age 93, of Andover, passed away Aug. 28th. Preceded in death by wife, Maxine. Survived by children Douglas (Joan), Bradley (Cheryl), Philip (Marcia) and Janet (Ron) Inberg; grandchildren, Kevin, Kristy (Brian), Brianne (Willy), William and Christine (Mike); step grandchildren, Jeffrey (Peg) and Joel (Mandi); great-grand daughters, Ingrid and Greta; nieces and nephews. Gordy loved time spent with his family and dog Tuffy at his cabin in Gordon, WI. Gordy was an avid Life Master bridge player for over 74 years, beginning play during World War II. He enjoyed playing weekly bridge games with his friends at the Bridge Center of St. Paul. We will miss him dearly. Memorial services Friday, Sept 2, 2016 at 11 AM at Zion Lutheran Church, 1601 4th Ave S., Anoka. Visitation 1 hour prior to services only. Memorials preferred to Zion Lutheran Church Thurston-Lindberg Funeral Home Anoka 763-421-0220

2016년 지역신문에 실린 원고 Gordon Anderson(향년 93세)의 부고기사. 유족들과 함께 반려견 "Tuffy"도 언급되어 있다 (출처: The Minnesoa Star Tribune)

Miniature Schnauzer 품종 반려견
(American Kennel Club Dog Breeds Web Page)

> **에피소드 34 –** 아줌마, 우리 아빠가 집사로 일하는 교회에서는 제가 교회아파트 건물 밖으로 나올 수 있는 시간을 엄격하게 통제하고 있어요!
>
> 교회건물에서 거주하면서 집사로 일하는 사람이 키우는 반려견 "Shadow"가 교회를 방문한 사람을 공격해서 부상을 입히자, 부상당한 사람이 교회가 사고를 낸 개의 보호자에 해당된다고 주장하면서, 교회를 상대로 손해배상을 청구한 사례
>
> 교회에서 일하면서 교회건물을 임대해서 거주하던 집사가 키우던 개가 교회를 방문한 사람을 공격해서 부상을 입힌 사고가 발생하자, 교회가 개를 키우는 것을 허용했고 사고가 난 장소에 대해서 소유권이 있고 집사에 대해서도 임대관계로 통제권이 있어서, 교회는 무과실책임법률에 의한 보호자에 해당되고 손해배상 책임이 있다고 주장한 소송에서, 교회가 이 개에 대해서 직접 통제력을 행사하거나 돌봐주거나 하지 않아서 교회는 해당 개에 대한 보호자라고 할 수 없다고 판단하고 손해배상 책임을 부인한 Connecticut 주 대법원 판례
> (*Auster v. Norwalk United Methodist Church*)

■ 사건의 발단은?

미국 Connecticut 주 Norwalk 지역에 있는 Norwalk United Methodist Church 는 718 West Avenue 에 있는 토지를 소유하고 있었는데, 이 토지 위에는 예배당과 교구건물 및 교육관이 있었다.

Pedro Salinas 는 이 교회에서 집사로 일하고 있었으며, 그 대가의 일부로, 교회에서는 교구건물 뒷쪽에 있는 아파트 한개를 Pedro Salinas 에게 임대를 주었고, Pedro Salinas 는 부인과 4 명의 아이들과 함께 그곳에서 거주하였다. 교회와 Pedro Salinas 사이에 체결된 서면으로 된 아파트 임대계약은 없었다.

Salinas 는 pit bull 잡종견 "Shadow"를 아파트에서 키우고 있었는데, 수년 전에 교회의 다른 종업원을 무는 사고를 낸 적이 있었다.

이후, 교회에서는, 아침 6 시부터 저녁 7 시까지는 개를 아파트 내부에 가두어두고 다른 시간동안에는 아파트로 올라가는 층계의 난간에 묶어두라고 Salinas 에게 지시하였으며, 개가 교회를 자유롭게 배회하도록 허용한 적은 없었다.

2000 년 7 월 27 일, Virginia Auster 는 저녁 7:30 분에 예정된 회의에 참석하기 위하여 교회에 왔는데, 그녀가 약속시간보다 일찍 도착해서 교구건물의 정문이 잠겨있었다.

Norwalk United Methodist Church
예배당과 교구건물 (구글맵)

Auster는 문을 열어줄 사람을 찾기 위해서 교구건물 옆쪽으로 걸어갔고, Salinas가 살고있는 아파트로 올라가는 계단을 올라갔다.

계단의 윗부분에는 Salinas 아파트의 부엌으로 연결되는 내부현관이 있었는데, Auster는 계단의 끝부분에서 아파트 내부에 누가 있는지를 살펴보기위해서 소리를 질렀다.

그때, 현관출입문에 개가 나타났고, 현관출입문의 밑부분은 부서졌거나 없어져있었고 이런 틈으로 개가 뛰쳐나와서 현관출입로에 올라온 Auster의 발을 물었다.

Auster는 왼쪽다리 종아리를 물렸는데, 병원에 입원 치료를 했어야 했고, 손상된 피부조직을 치료하기 위해서 왼쪽 허벅다리에서 피부이식을 하게 되었고, 이런 결과로 왼쪽 다리에 영구적인 흉터들이 생겼다.

이 사건 이후, 교회에서는 교회에서 "Shadow"를 키우지 못하도록 Salinas에게 지시했고, "Shadow"는 안락사 처분되었다.

■ 소송의 전개는?

Auster는 교회와 Pedro Salinas를 상대로 무과실책임법률위반(strict liability)과 과실(negligence) 및 민폐(nuisance)에 의한 책임을 청구취지로 주장하면서 1심법원인 Superior Court에 손해배상 소송을 제기하였다.

이후, 원고는 Pedro Salinas에 대한 소송은 철회하였다.

피고의 약식판결청구(Motion for Summary Judgment)와 1심법원의 판결

2003년 6월 12일, 피고 교회는 원고의 소송을 기각해달라고 약식판결청구를 제기했다.

피고 교회가 이런 청구를 한 근거는, 교회가 사고를 낸 개의 소유자나 보호자가 아니었고, 교회는 사고를 낸 개의 공격적 성향에 대해서 전혀 모르고 있었으며, 교회는 민폐에 해당할 수 있는 어떠한 위험한 상태도 창출하지 않았다는 주장이었다.

그리고, 피고 교회는 사고당시에 원고가 교회의 토지에 무단출입을 하고 있었던 상태였고, 무과실책임법률에서는 무단침입자에게는 손해배상을 명시적으로 배제하고 있기 때문에, 원고의 소송을 약식판결로 기각해야한다고 주장했다.

또한, 피고 교회는, 자신이 무과실책임법률에서 개의 사고에 대해서 책임이 있다고 규정하고 있는 개의 법적 소유권자나 보호자나 편의제공자가 아니라서, 원고의 소송을 약식판결로 기각해야 한다고도 주장했다.

무단침입자라는 주장 관련

이런 피고 교회의 주장에 대해서, 1심법원을 맡은 Hiller판사는 원고가 교회에 무단침입한 상태였는지 여부와 교회가 사고를 낸 개의 편의제공자에 해당하는지는 다툼의 여지가 있다고 판단했다.

참고로, 교회의 목사이자 행정총괄담당이었던 James Stinson 의 증언에 의하면, Auster 는 사고가 일어난 날 밤에 교회의 건물에 머물 수 있는 권한을 허락받은 상태였으며, Auster 가 Salinas 의 아파트에 접근한 이유는 교회 정문출입문을 열기위한 열쇠가 필요했기 때문이라고 했다. 또한, Bruce Root 증언에 의하면, Salinas 의 아파트에 방문하는 사람들은 교회에 무단침입자로 간주하지 않는다고 말했다.

피고 교회가 사고를 낸 개의 "keeper"였는지 관련

피고 교회가 "Shadow"의 "keeper"에 해당되는지 여부에 대해서는, 1심법원은, 우선, 임대주가 직접적으로 통제하는 마당의 일부분에 개가 보관되고 있었다면 임대주는 그런 개에 대해서 편의제공자라고 볼 수 있다고 판단했던 상급법원 선행사례와 고용주가 종업원의 개에 대해서 보호자라고 볼 수 있다고 판단했던 상급법원 선행사례가 있었음을 지적했다.

그리고, 이번 사건에서는, 교회에서 교회가 통제하는 공동구역을 해당 개가 자유롭게 배회하도록 허용했는지 여부에 다툼이 있다고 1심법원은 판단했다.

James Stinson은 개가 교회의 건물이나 공동구역에 머물지 않았다고 증언했지만, 교회의 유치원교사로 근무하던 Michele Langlois 증언에 의하면, 교회 건물의 화재비상탈출로 근처에 이 사건의 개가 줄에 묶여있지 않은 상태로 있는 것을 최소 한차례 이상 목격했으며, 교회 뒤쪽부분에 있는 계단의 아래부분에 개가 묶여져 있는 것을 가끔 보았다고 증언했다는 점을 1심법원은 언급했다.

더구나, Salinas와 교회가 정식으로 임대차계약을 체결하지 않아서 임대차계약에 명시적 조항이 없고, Salinas의 배타적인 통제권 아래에 있는 임차 구역과 공동 구역의 정확한 경계가 불분명하고, 결국, 어떤 특정지역에 대해서 임대인이 통제권을 유보하고 있었는지 임차인이 배타적으로 통제권을 보유했는지는 다양한 상황증거들을 통해서 결정될 수 밖에 없다고 1심법원은 밝혔다.

교회 뒤쪽에서 바라본 예배당과 유치원 모습 (구글맵)

1심법원은, 이런 상황에서 약식판결에 의한 소송기각은 적절하지 않다고 판시했다.

피고 교회가 과실이 있었는지 관련

원고의 과실이론에 기반한 청구취지에 대해서는, 피고 교회는 자신은 이 사건 개가 공격적 성향이 있었다는 것을 알고 있지 못했고 이 개가 사납다고 여기지 않았다고 주장했다.

하지만, 원고는 Salinas 개가 최소 2 차례에 걸쳐서 교회에서 사고를 낸 전략이 있었다고 주장하고 증거를 제출하였다. 먼저, Michele Langlois 증언에 의하면, 1998 년 5 월에, Salinas 개가 자신을 공격하였고, 자신은 이런 사실을 교회 목사님과 관리이사회 구성원 전원에게 편지로 알려주었다고 한다. 또한, 1998 년 8 월 22 일에는, 케이블 설치기사였던

Steve Richardson 이 교회에서 Salinas 개의 공격을 받은 사실이 있었다는 증거도 제출되었다.

따라서, 1심법원은, Salinas 개가 사나운 성향이 있었는지를 교회가 알고 있었는지 여부에 대해서는 다툼이 있고, 이런 상황에서는 원고의 청구를 약식판결로 기각하는 것은 타당하지 않다고 결정했다.

피고 교회가 민폐상황을 만들어내었는지 관련

원고의 민폐에 기반한 청구취지에 대해서는, 1심법원은, 이런 청구취지가 성립하기 위해서는, 원고는 자신이 민폐라고 제기한 상황이 사람이나 재산에 위험한 상황을 초래할 성향이 있고, 이런 위험은 일시적이지 않고 지속적인 위험이며, 이렇게 토지를 활용하는 것이 불합리하거나 불법적이며, 이런 민폐로 인해서 원고가 부상이나 손해를 입었다는 점을 주장해야 한다고 지적하였다.

또한, 공적 민폐가 성립되기 위해서는 일반대중이 누리는 권리가 침해되었다는 점도 입증해야 한다고 1심법원은 밝혔다.

하지만, 이 사건에서는, 원고는 자신이 사유지인 교회에 초대를 받아서 갔으며, 그곳에서 사고를 당했다고 주장하고 있어서, 공적 민폐 주장은 애초에 성립되지 않는다고 1심법원은 판단했다.

피고 교회의 무과실책임법률 위반 관련

이후, 1심법원은, 무과실책임법률 위반여부에 대해서만 배심원재판을 진행하였고, 배심원들은 원고승소 평결을 내렸고, 손해배상 액수는 $142,832.37 달러로 결정했다.

이런 배심원 평결에 기반해서 1심법원은 원고승소 판결을 내렸다.[89]

이런 1심판결에 불복하고, 피고는 Appellate Court 고등법원에 항소하였고, 고등법원에서는 교회가 무과실책임법률에서 규정한 "keeper"에 해당되는지에 대해서 증거가 충분하지 않다고 지적하면서 1심법원 판결을 파기하고 사건을 파기환송하였다.

하지만, BERDON 고등법원판사는 다수의견에 반대하는 소수의견을 냈다.[90]

원고는 이런 고등법원 판결에 불복하고 대법원에 상고하였으며, 2008년 3월, 대법원은 고등법원의 판결에 잘못이 없다고 판결하였으며, 일부 대법관들은 다수의견에 반대하는 소수의견을 냈다.

---

[89] 1심법원 판결문: Auster v. Norwalk United Methodist Church, 2004 WL 423189 (Conn.Super.,2004).

[90] 고등법원 판결문: Auster v. Norwalk United Methodist Church, 94 Conn. App. 617, 621, 624, 894 A.2d 329 (2006). 1심법원은, 원고의 과실에 기반한 청구취지에 대해서는 판단하지 않았는데, 고등법원은 파기환송심에서 원고의 과실에 기반한 청구취지에 대해서도 새로 재판을 해야한다고 명령했다.

■ 법원의 판단은?

대법원은, 이 사건에 적용되는 법리와 관련해서, 무과실책임법률에서는 개의 사고에 책임이 있는 "keeper"를 개의 법적소유권자는 아니지만 개에 대해서 편의를 제공하거나 소유하고 있는 사람으로 정의하고 있고, 판례들은, 편의제공은 개에게 거처, 쉴곳 또는 피난처를 제공하는 것이고, 소유는 법적소유권자가 통상적으로 하는 정도로 개에게 지배나 통제력을 행사하는 것으로 해석하고 있으며, "keeper"는 개를 자신의 집에 사는 것으로 여기고 그 행동을 통제하는 사람을 뜻하는 것으로 해석하고 있다고 정리하였다.

이어서, 대법원은, Falby v. Zarembski 사건에서, 대법원이 이런 원칙을 적용해서, 종업원이 작업장으로 데리고 온 개에 대해서 회사가 "keeper"였다고 할 수 없다고 판단하면서, 회사에서 해당 개에게 음식이나 물을 주거나 머물 곳을 제공하거나 다른 돌봄행위를 하였거나 행동을 통제하였다는 증거가 없는 상황에서, 단지 회사가 개가 사고를 낸 장소나 종업원에 대해서 통제권이 있다는 이유만으로 회사가 그 개의 "keeper"가 되었다고는 볼 수 없다고 설시한 점을 강조하였다.

그리고, 같은 논리에서, 임대인이 임대건물에 개가 있는 것을 묵인했다거나 임대건물에서 개를 내보내도록 할 권한이 있다거나 임대건물에서 개를 기르는 조건들을 부여할 수 있다는 점들 만으로는, 임차인의 개에 대해서 임대인이 "keeper"의 지위에 있다고 할 수 없다고 설시한 판례도 인용하였다.

대법원 판결문을 작성한 Palmer 대법관 약력소개 (출처: State of Connecticut Judicial Branch 웹페이지)

이런 법리를 적용해서, 대법원은, 이번 사건에서 Salina's 개에 대해서 교회가 "keeper"에 해당하는지 여부는, Salinas 와 교회 사이의 관계에 따라서 결정되지 않고 교회가 Salinas 개에 행사한 통제력의 성격과 정도에 따라서 판단해야한다고 설명하였다.

그리고, 대법원은, 이 사건에서 피고 교회가 상당한 정도로 Salinas 개를 통제하였다는 증거가 없어서, 피고 교회는 Salinas 개의 "keeper"에 해당하지 않는다고 판단했다.

대법원은, 만약 "keeper" 정의를 확대 해석해서 법적소유권자 뿐아니라 법적소유권자보다 훨씬 약한 통제권을 행사하는 사람에게까지 엄격한 손해배상책임을 동일하게 지게 하는 것은 부당한 결과를 초래하고 부적절한 입법해석이라는 점도 지적했다.

추가적으로, 1심법원에서 교회가 가입하고 있는 손해배상책임보험에 대한 증거를 원고가 배심원들에게 제출하는 것을 허용한 결정은 부당하였다고 판단한 고등법원의 판단에 대해서는, 대법원은 고등법원의 판결에 잘못이 없다는 입장을 취하였다.[91]

원고는 이런 배상책임보험과 관련한 증거가 교회가 Salinas 개에 통제력을 행사했는지 여부와 관련이 있는 증거라고 주장했다.

하지만, 대법원은, 이런 배상책임보험과 관련한 증거는 피고에 대한 편견을 줄 수 있어서 원칙적으로 부적절하다고 지적했다. 또한, 교회가 사고가 난 장소에 대해서 소유권이 있고 통제권이 있다는 사실에는 다툼이 없었으며, 이런 사실이 교회가 Salinas 개에 대해서 통제력을 행사했는지 여부와는 아무런 상관이 없기 때문에, 이런 배상책임보험 관련 증거는 이 사건의 쟁점과도 무관하다고 지적했다.

■ 대법관 소수의견

Norcott 대법관은, 이 사건의 증거들을 살펴보면, 교회가 Salinas 개 "Shadow"에 대해서 충분한 통제력을 행사하였고, 따라서, 무과실책임법률에서 규정하고 있는 "keeper"에 해당한다고 판단하였다.

우선, Norcott 대법관은 "Shadow"가 교회 유치원교사로 일하던 Langois를 공격한 사고와 이런 사고 이후에 교회가 취한 조치들에 주목하였다.

2013년 은퇴한 Norcott 대법관 관련 명예의전당 수상 기사 (CFOA 웹페이지)

사고 당시, Langois는 교회건물을 나와서 놀이터에서 놀고있던 유치원생들에게 가려는 순간 뒤에서 "Shadow"가 으르렁거리는 소리를 듣고 놀라서 돌아보았는데, 그때 "Shadow"가 Langois의 발을 입으로 물고 머리를 흔들었으며, 이 과정에서 개의 이빨이 운동화를 뚫고 들어와서 Langois 발의 피부를 다치게 했다.

Langois의 비명소리를 듣고 다른 유치원 선생님과 Pedro Salinas의 부인인 Carmen Salinas가 왔고, Carmen Salinas가 개를 잡아당기고 계속 때려서 무는 공격을 중단시켰다.

많은 유치원생들이 이런 사고를 목격하게 되었고, Langois는 교회가 Salinas에게 개를 처분하라고 명령하라고 당시 목사였던 Houston에게 요청했으며 이런 요청을 유치원 이사와 교회의 관리위원들에게도 하였다.

---

[91] 사고 이후 2001년 7월 16일에 개최된 교회관리이사회 회의록이 증거로 제출되었고, 이 회의록에는 개물림 사고로 소송이 제기되었고, 이런 소송이 보험회사에게 넘겨졌고, 보험을 유지하기 위해서는 개를 제거하는 것이 중요하다고 논의한 내용들이 포함되어 있다.

하지만 Houston 목사는 온화한 성품 때문에 Salinas 가족의 반려견으로서 "Shadow"의 가치를 인정하고, 대신에, 이 개를 오전 6 시부터 저녁 7 시까지는 교회교구건물 지하에 가두어 두고, 유치원이 열리는 시간에는 밖에 두지 말고, 저녁 7 시 이후에 개가 밖으로 나오는 경우에는 성인이 목줄을 잡거나 건물에 줄로 묶어두라는 편의를 봐주는 지시를 하였다. 당시, 교회에서는 "개 주의"라는 표지판을 세우지는 않았다.

Express Legal Funding 웹페이지

교회에서 이런 제한사항들을 지시했지만, "Shadow" 문제가 완전히 종식되지는 않았고, 1999 년 7 월, 이 개는 봉사회의에 참석하려 교회에 온 Barbara Gale 신도를 공격해서 병원에서 상처를 치료하는 사고를 냈다. 이런 사고 직후 교회 관리위원들은 월례회의에서 이 문제를 논의했고 새로 부임한 Jim Stinson 목사는 이 개를 성질이 고약하고 으르렁대는 개로 묘사하였다.

Salinas 는 "Shadow"를 교회의 경비견이라고 증언했으며, Salinas 의 친구이자 교회관리위원과 재무담당자였던 Bob Miller 는 이번 사고 이후에 "Shadow"를 안락사하는 비용을 부담하였다.

이런 사실들에 기반해서, Norcott 대법관은, 교회가 이 사건 개가 교회에 왔을때부터 표출해서 잘 알려진 공격성 문제에 대해서 교회가 자신의 문제로 생각하고 이 개에 대해서 단계적이지만 직접적인 권한과 통제권을 행사하여 왔다고 결론지었고, 따라서, 1 심법원의 판결에는 잘못이 없다는 소수의견을 냈다.[92]

■ 사건의 출처는?

▷ 사건출처: 미국 Connecticut 주 대법원 2008 년 3 월 25 일 판결문
AUSTER v. NORWALK UNITED METHODIST CHURCH,
286 Conn. 152943 A.2d 391

▷ 사건제목: Virginia Auster v. Norwalk United Methodist Church

▷ 재판부: PALMER 주심판사
ROGERS, C. J., and VERTEFEUILLE and SCHALLER, Js., concurred.
NORCOTT, J., dissenting.

▷ 변호인: Robert F. Maslan, Jr., Amy J. Boland, for the appellant/plaintiff
Robert C. E. Laney, Sarah F. DePanfilis, Charles A. Deluca, for the appellee/defendant

---

[92] Norcott 대법관은, 교회의 배상책임보험과 관련한 증거들도, 교회가 "Shadow"와 공격성 문제를 자신의 통제력 범위에 있다고 생각했음을 보여주는 증거들이고, 배심원들이 이런 증거들을 검토하는 것이 부적절하지 않다고 판단했다.

> **에피소드 35 – 판사님, 미용실 종업원 여러명이 함꺼번에 저를 붙잡아서 욕조에 넣으려고 해서 정말 무서웠어요!**
>
> **반려견 미용실 종업원이 손님이 맡긴 반려견 "Leroy"를 목욕시키려다가 손을 물리는 부상을 당하자, 사고를 낸 반려견 "Leroy"의 주인을 상대로 무과실책임법률에 근거한 손해배상을 청구한 사례**
>
> 반려견 미용실에서 종업원들이 반려견 "Leroy"를 목욕시키는 과정에서 "Leroy"가 미용실 종업원의 손을 물어서 부상을 입히자, 피해를 입은 미용실 종업원이 무과실책임법률에 근거해서 반려견의 주인을 상대로 제기한 손해배상 소송에서, 사고 당시에 미용실 종업원은 "Leroy"를 통제하고 있어서 그 개의 "keeper" 지위에 있었음으로 무과실책임법률에 의한 손해배상을 청구할 자격이 없다고 판단한 Ohio 주 항소법원 판례
>
> *(Lewis v. Chovan)*

■ 사건의 발단은?

미국 Ohio 주 Columbus 지역에 거주하는 William Chovan 은, 2003 년 12 월 31 일, 6 살짜리 golden retriever 품종 숫컷 반려견 "Leroy"를 목욕시키기 위해서 그 지역에 있는 "Shear Delite"라는 반려견 미용실에 데려갔다.

William Chovan 은 Shear Delite 의 주인 Shirley Dunham 에게 "Leroy"가 이 미용실에는 처음 와본다고 말해주었다. Dunham 은 "Leroy"가 공격적 성향이 있는지를 Chovan 에게 물어보았고, Chovan 은 자신의 개가 가끔 과잉행동 현상을 보일때가 있다고 알려져 있고 특히 개의 발톱을 다듬을 때 그렇다라고 답변했다.

Chovan 은 "Leroy"를 Dunham 에게 넘겨주고 그 미용실을 떠났다. Dunham 은 자신이 "Leroy"를 목욕시키는 업무를 맡았다고 증언했다.

Debby Lewis 는 30 년 정도의 반려견 미용실 경험이 있었는데, "Leroy"가 미용실에 도착했을때 고양이 한마리의 미용업무를 하고 있었다.

Dunham 과 다른 종업원 Lenore Jurg 가 함께 "Leroy"를 욕조로 들어올릴때, "Leroy"가 과잉흥분과 공격성향의 징후들을 보이기 시작했다.

Shear Delite 미용실 건물 (구글맵)

Jurg 의 증언에 의하면, "Leroy"가 이빨을 들어내고 으르렁거리는 소리를 내기 시작했다고 한다. Dunham 과 Jurg 는 "Leroy"를 올가미로 고정하는 작업에 어려움이 있자,

Debby Lewis 에게 개 입마개를 가져와 달라고 요청하고 올가미를 욕탕에 고정하는 것을 도와달라고 부탁했다.

이런 부탁을 받은 Lewis 는 개 입마개가 없는 상태에서 "Leroy"쪽으로 걸어가서 올가미를 잡으려고 손을 내밀었는데, 그 순간 "Leroy"가 Lewis 의 손을 물어서 부상을 입혔다.

정부 Agriculture 부처에 등록된 Shear Delite 사업자정보 (Ohio Agr. Services 웹페이지)

■ 소송의 전개는?

2004 년 10 월 14 일, Debby Lewis 는 William Chovan 과 Lynne Chovan 을 상대로 Franklin County Court of Common Pleas 1 심법원에 소송을 제기하였다.

Lewis 는 2 가지 청구취지를 주장했는데, 첫째는, Chovan 부부가 사고를 낸 반려견 "Leroy"의 법적 소유권자임으로 Ohio 주 무과실책임법률 R.C. 955.28(B)조항에 의거해서 손해배상 책임이 있다는 주장이었고, 둘째로, Chovan 부부가 그들의 사나운 개로부터 Lewis 를 보호하지 못한 과실(negligence)이 있어서 손해배상 책임이 있다고 주장했다.

2005 년 4 월 14 일, 원고는 정식 재판을 할 필요없이 자신에게 승소판결을 내려달라고 약식판결신청을 하였다.

이런 신청에 대응해서, 피고들은 Lewis 가 무과실책임법률에서 규정한 "keeper"에 해당되어서 손해배상을 청구할 자격이 없다고 주장하면서 Lewis 의 무과실책임법률에 기반한 청구취지를 기각해달라고 일부약식판결신청을 제기했다.

2005 년 9 월 21 일, 원고는 자신의 과실 청구취지를 자진해서 철회해서, 무과실책임법률 위반 청구취지만을 소송에서 유지하였다.

2005 년 9 월 27 일, 1 심법원은 피고들의 일부약식판결신청을 받아들이고, 원고의 약식판결신청은 기각하였다. 원고는 이런 1 심법원의 판결에 불복하고 항소하였다.

■ 법원의 판단은?

항소법원은, Ohio 주 무과실책임법률은 개가 사고를 내면 그 개의 법적소유권자(owner), 보호자(keeper) 또는 편의제공자(harborer)는 피해를 입은 사람에게 손해배상을 하여야 한다고 규정하고 있다고 확인하면서, 예외적으로, 개의 보호자(keeper)가 부상을 입은 사람인 경우에는 이렇게 부상을 입은 보호자는 무과실책임법률에 의한 손해배상을 청구할 수 없다고, 이 사건에 적용되는 법리를 정리하였다.[93]

항소심에서, 원고는, 첫째로, 어떤 개의 "keeper"는 해당 개에 대해서 실질적인 통제권을 가지고 있고 지속적으로 개에 접근하고 있으며 소유권자와 유사한 정도로 개를 파악하고 있는 사람을 의미한다고 주장했다. 하지만, 항소법원은 이런 원고의 주장을 배척하였다.

항소법원은, "keeper"는 어떤 개를 물리적으로 맡아서 통제하고 돌봐주는 사람을 의미하며, 이런 일을 단지 일시적으로 하는 경우에도 "keeper"가 될 수 있다고 설명하면서, 그런 취지로 판결한 몇개의 판례들을 인용하였다.

항소법원이 인용한 Marin v. Frick 사건에서는, 개의 주인이 전화를 받고 화장실에 가기 위해서 안으로 들어가 있는 동안 개의 목줄을 잡고 있었던 사람을 "keeper"에 해당한다고 판단했고, Johnson v. Allonas 사건에서는, 자진해서 개의 목줄을 잡고 개를 밖으로 데리고 나간 사람은 이렇게 목줄을 잡음으로서 물리적으로 개를 돌보는 책임을 맡았음으로 사고 당시에 "keeper"가 되었다고 인정했으며, Khamis v. Everson 사건에서는, 동물보호소에서

Advancing Justice: Judge Bill Klatt

When Foundation board member Judge Bill Klatt was a student at Notre Dame Law School, he dreamed of becoming a judge.

"I thought I would really enjoy serving the community in that way," he said. "But of course, I had no idea how someone becomes a judge."

Along the path to reaching his goal, Judge Klatt applied his work ethic and curiosity to every opportunity throughout his legal career. He started in private practice, eventually becoming a partner at Squire, Sanders & Dempsey (now Squire Patton Boggs). At Squire, Judge Klatt took the advice of his colleague and former Columbus mayor Greg Lashutka, who said that to become a judge, "you just have to get in the game." He ran for the Tenth District Court of Appeals in 1994, and although he lost, the experience opened a door to a new role, one that was a step closer to his dream.

"As a result of running, then-Chief Justice Thomas Moyer called and suggested that I might be good for a position working for Betty Montgomery, who had just been elected attorney general," he said.

He secured the position overseeing legal operations for Montgomery's office, where he remained for four years. Then, when newly elected Gov. Bob Taft took office, Judge Klatt became his chief legal counsel. When a vacancy opened on the Tenth District Court of Appeals in 2002, Gov. Taft appointed Judge Klatt to the bench, and the rest is history.

항소법원 판결문을 작성한 William Klattt 법관의 약력소개 (Ohio Access to Justice Foundation 웹페이지)

---

[93] The owner, keeper, or harborer of a dog is liable in damages for any injury, death, or loss to person or property that is caused by the dog, unless the injury, death, or loss was caused to the person or property of an individual who, at the time, was committing or attempting to commit a trespass or other criminal offense on the property of the owner, keeper, or harborer, or was committing or attempting to commit a criminal offense against any person, or was teasing, tormenting, or abusing the dog on the owner's, keeper's, or harborer's property.   Ohio R.C. 955.28(B)

자원봉사하던 사람이 개집을 청소하는 중에 물리는 사고가 발생했는데 법원은 자원봉사자가 "keeper"에 해당된다고 판단했다.[94]

이어서, 원고는, 자신이 "Leroy"를 미용해주는 업무를 명시적으로 맡지 않아서 자신이 행사할 수 있는 통제권의 범위에 제한이 있었고, 자신이 잠깐동안 "Leroy"와 접촉이 있었는데도 자신을 "keeper"라고 볼 수 있는지에 대해서는 다툼이 있었음으로, 1심법원이 자신의 소송을 약식판결로 기각한 것은 불법이라는 주장을 펼쳤다.

하지만, 항소법원은 이런 원고의 주장을 반박하면서, 다툼이 없는 사실들이 원고가 "keeper"에 해당된다는 점을 보여주고 있다고 지적했다. 구체적으로, 항소법원은 아래와 같은 사실들에 주목하였다.

(1) Shear Delite에 있던 미용사들은 과잉행동이나 공격성을 보이는 반려동물을 통제하는 일을 하나의 팀으로 작업했으며,

(2) 원고도 어떤 개가 미용실에서 배회하게 되면, 자신이 이 개의 미용을 특정해서 담당하고 있지 않더라고, 그 개를 케이지에 집어넣는 일을 도와줄 것이라고 인정했으며,

(3) Dunham은 어떤 개를 다루는 것이 힘들어지는 경우에는 그 개를 통제하는 일을 다른 종업원들이 도와줄 것으로 기대한다고 증언했고,

(4) 실제로, 이전에 원고도 이런 식으로 Dunham을 도와준 적이 있었으며,

(5) 원고는 구체적으로 "Leroy"를 통제하는 것을 도와주고 그 개를 욕조에 고정하기 위해서 자신이 "Leroy"에게 접근했다고 인정했으며,

(6) Dunham과 Jurg의 증언에 의하면, 원고가 개를 고정시키기 위해서 개에게 손을 뻗었을때 개가 그 손을 물었다.

추가적으로, 원고는 자신이 "keeper"에 해당된다고 해도, "Leroy"의 소유권자인 피고들이 무과실책임법률에 의한 손해배상 책임이 있다는 주장을 하였다. 그러나, 항소법원은 이런 주장은 근거가 없다고 반박하였다.

항소법원은, 입법자들이 무과실책임법률을 통해서 보호하려는 사람들은 해당 개를 통제할 수 있는 위치에 있지 않은 사람들이고, 해당 개를 통제할 절대적인 의무가 있는 owner, keeper, harborer 같은 사람들은 보호하려는 대상이 아니라는 점은 Ohio주 판례에서 명백하게 확립된 법리라고 밝혔다. 따라서, 항소법원은, 원고는 개물림 사고를 당한 시점에 그 개의 "keeper"였기 때문에, 무과실책임법률에 근거하여 손해배상을 청구할 수 없다고 판시했다.[95]

끝으로, 원고는 Bevin v. Griffiths 판결이 자신의 주장을 뒷받침해주는 판례라고 주장했다. 하지만, 항소법원은 그 사건의 사실관계는 이번 사건과는 달라서 적용할 수 없다고 지적했다.

---

[94] Marin v. Frick, Geauga App. No.2003-G-2531, 2004-Ohio-5642; Johnson v. Allonas (1996), 116 Ohio App.3d 447, 688 N.E.2d 549; Khamis v. Everson (1993), 88 Ohio App.3d 220, 623 N.E.2d 683.

[95] 항소법원은, 자신들이 돌보고 있던 개에 의해서 부상을 입은 keeper나 harborer는, 경우에 따라서는, 그 개의 법적 소유권자를 상대로 판례법 이론에 의한 손해배상 청구를 할 수는 있다고 밝혔다.

Bevin v. Griffiths 사건에서는, 가정부가 주인이 키우는 개가 덤벼들어 넘어지면서 부상을 입었는데, 주인이 집에 없는 동안에는 가정부가 해당 개에 대한 통제권을 행사하였지만, 사고 당시에는 주인이 집에 있었고 개에 대한 물리적인 통제권을 다시 가져갔기 때문에 가정부는 "keeper"가 아니였으며, 가정부가 개가 기거했던 장소에 대한 소유권이나 통제권이 없었기 때문에 그 개에 대한 "harborer"도 아니였다고 판단하고, 가정부가 주인을 상대로 무과실책임법률에 의한 손해배상을 청구할 수 있다고 판결했다. Bevin v. Grifths (1932), 44 Ohio App. 94, 184 N.E. 401

결론적으로, 항소법원은, 원고가 사고를 낸 반려견 "Leroy"의 "keeper"였고 "keeper"는 무과실책임법률에 의한 손해배상 청구권한이 없다고 판단하고 "Leroy"의 소유권자를 상대로한 원고의 소송을 기각한 1심법원의 판결에는 잘못이 없었다고 판시하면서 1심법원의 판결을 인용하였다.

■ **사건의 출처는?**

▷ 사건출처: 미국 Ohio주 항소법원 (Court of Appeals of Ohio, Tenth District, Franklin County) 2006년 6월 20일 판결문
Lewis v. Chovan, Slip Copy, 2006 WL 1681400 (Ohio App. 10 Dist.)

▷ 사건제목: Debby LEWIS, Plaintiff-Appellant, v.
William CHOVAN et al., Defendants-Appellees

▷ 재판부: KLATT, P.J.; PETREE and BROWN, JJ., concur

▷ 변호인: Wilcox, Schlosser, & Bendig Co., L.P.A., and Charles H. Bendig, for appellant.
Beau K. Rymers and J. Richard Brown, for appellees.

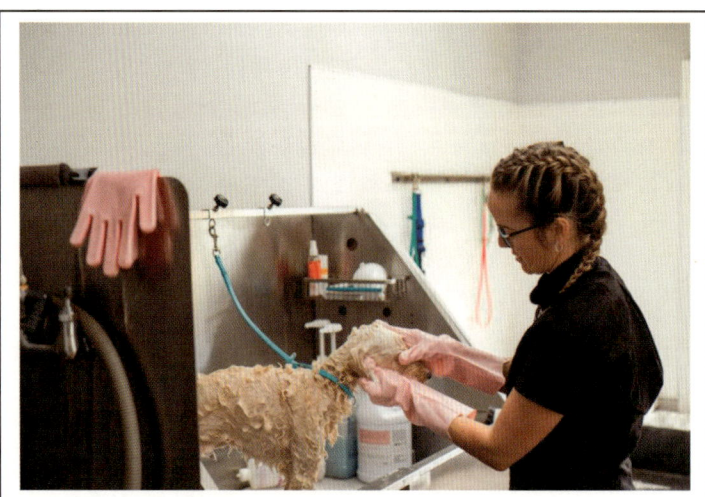

Photo by Goochie Poochie Grooming from Pexels

> **에피소드 36 – 판사님, 아줌마가 저를 엄마 차에 태우고 운전을 해서 멀리 떨어진 낯선 곳으로 데려갔어요!**
>
> 반려견 주인이 빌려준 자동차를 그 자동차에 타고 있던 반려견과 함께 다른 지역으로 운행한 운전자가, 자동차에서 뛰쳐나온 반려견 때문에 넘어져서 부상을 입은 사고가 발생하자, 자동차 운전자가 이 반려견의 소유권자와 그 동거남을 상대로 무과실책임법률에 근거한 손해배상을 청구한 사례
>
> 자동차 주인이 자동차를 빌려주면서 자신의 반려견도 자동차에 함께 태우고 운행해달라고 부탁했는데, 이 반려견이 자동차에서 뛰쳐나와서 목줄로 운전자 발을 휘어감고 넘어뜨려서 다치게 한 사고가 발생하자, 운전자가 반려견의 주인과 그 동거남이 사고를 낸 개의 소유자 또는 보호자라고 주장하면서 무과실책임법률에 근거해서 소송을 제기하였는데, 사고 당시에 운전자가 사고를 낸 개에 대해서 배타적인 점유와 통제권을 보유하고 있었다는 이유에서 운전자가 그 개에 대한 "keeper"에 해당되어서 무과실책임법률에 의한 손해배상을 청구할 자격이 없다고 판단한 Connecticut 주 항소법원 판례
> *(Houghtaling v. Benevides)*

■ 사건의 발단은?

2018 년 12 월 4 일, 미국 Connecticut 주 Colchester 지역에 거주하는 Aurora Houghtaling 은 Norwich 에 있는 보호관찰관과의 회의에 참석하기 위해서 147 South Main Street, Colchester 에 살고 있는 Kimberly Benevides 로부터 자동차를 빌렸다.

Benevides 는 2015 년부터 개를 구입하여 기르고 있었는데, 자신의 개를 Houghtaling 이 자동차에 같이 태우고 데려간다면 자동차를 빌려주겠다고 했고, Houghtaling 은 Benevides 의 개를 자동차에 태우고 가기로 약속했다.

사고 당일, Houghling 은 Benevides 집으로 걸어가서 자동차를 빌려서 목적지로 향했고, Benevides 의 개는 자동차가 운행하는 동안 줄로 묶여있었으며, Houghtaling 과 그 개 이외에는 자동차에 탑승한 사람은 아무도 없었다.

Houghtaling 은 보호관찰관과 회의를 하는 동안 그 개를 자동차에 남겨두고 갔고, 회의가 끝난 다음에는 자동차로 돌아왔다.

Houghtaling 이 다시 자동차에 타기 위해서 자동차 문을 약간 열었을때 줄에 묶여있던 개가 자동차에서 뛰쳐나와서 여러 방향으로 달려 다녔고, 개를 묶어놓은 줄이 그녀의 발을 휘감게 되었고, 결국, 그녀는 땅위로 넘어져서 부상을 입었다.

147 S. Main St. 주택 (구글맵)

Houghtaling은 자신이 사고를 낸 개를 약올리거나 괴롭히거나 달리 학대하지 않았으며 사고 당시에 자신이 무단출입을 하거나 다른 불법행위를 저지르지 않았다고 주장했다.

Houghtaling는, 이런 사고로 자신이 심각하고 영구적인 부상을 입었으며, 오른쪽 손목관절이 골절되었고 오른쪽 손목과 팔꿈치가 휘었고 피부에 흉터가 생겼으며, 오른손에 근력과 동작능력이 감소되었다고 주장했다. 또한, 이런 부상 때문에 병원비와 수술비용이 발생했으며 지속적인 고통을 겪었고 일상생활에서 즐거움을 잃어버리게 되었다고 주장했다.

■ 소송의 전개는?

2021년, Houghtaling은 Benevides와 Jakub Micengendler를 상대로 Connecticut 주 무과실책임법률에 근거해서 New London 지역의 1심법원(Superior Court)에 손해배상 소송을 제기하였다.

원고 Houghtaling은 소송장에서 Benevides 피고는 사고를 낸 개의 "owner" 또는 "keeper"였고, 따라서, 흔히 dog bite statute 라고 알려진 Connecticut 주의 무과실책임법률(General Statutes § 22-357)에 의해서 개가 낸 사고로 발생한 부상에 대한 손해배상을 할 책임이 있다고 주장했다.

또한, 원고 Houghtaling은 Jakub Micengendler 피고도 사고를 낸 개의 "owner" 또는 "keeper"였다고 주장하면서, 구체적으로, 사고 당시에, Micengendler는 Benevides와 같이 살고 있었으며, 사고를 낸 개에게 숙박장소와 음식을 제공했다고 주장했다.

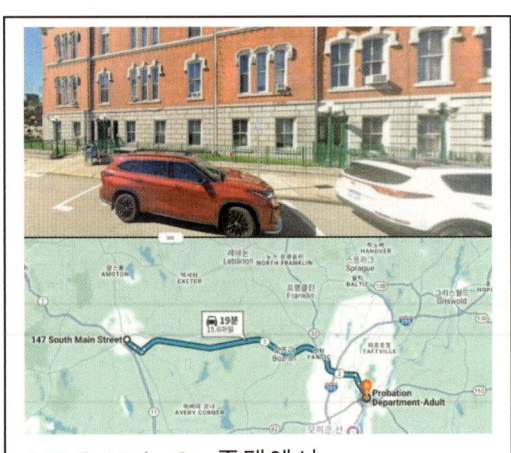

147 S. Main St. 주택에서 보호관찰소까지 이동경로 (구글맵)

이런 소송에 대해서, Benevides 피고는 답변서를 제출하지 않아서 궐석(default) 상태가 되었다.[96]

2021년 5월 3일, Micengendler 피고는 답변서를 제출하였고, 이 답변서에서 자신이 Benevides와 같이 살고 있었다는 주장과 이 사건 개에게 숙박장소와 음식을 제공했다는 주장을 부인했고, 따라서, 자신은 이 개의 "owner" 또는 "keeper"가 아니라고 답변했다.[97]

피고의 약식판결신청

2022년 2월 14일, Micengendler 피고는 자신에 대한 원고의 소송을 기각해달라고 약식판결신청을 제기하였다.

---

[96] 피고 Benevides는 답변서를 제출하지 않았고, 원고는 2022년 2월 10일 궐석을 확인해달라고 신청하였고 (motion for default for failure to plead), 1심법원은 2월 25일 이런 신청을 받아주었다.

[97] 피고 Micengendler는 원고의 부상이 자신의 잘못으로 초래되었다는 반박과 원고의 소송이 관련 시효를 넘겨서 제기되었다는 주장도 하였다.

피고는, (1) 자신이 이 사건 개의 "owner" 또는 "keeper"가 아니여서 무과실책임법률에 의한 손해배상 책임이 없으며, 또한, (2) 원고가 사고 당시에 이 개의 "keeper"였기 때문에 원고는 무과실책임법률에 의한 손해배상 책임을 청구할 자격이 없다라는 주장을 펼쳤다. 이런 주장을 뒷받침하기 위해서 피고는 자신의 진술서와 Benevides 의 진술서, 피고의 질문서에 대한 원고의 답변서를 증거로 제출하였다.

이들 증거에 의하면, Micengendler 는 사고 당시에 Colchester 지역에 살고 있었으며, Benevides 가 살고 있던 Mansfield 지역에 있는 집의 주인이지만 그 집을 Benevides 에게 임대해주었고, 자신이 이 사건 개를 소유하거나 돌봐준 적은 전혀 없었다고 밝혔다.

Benevides 는 자신이 Mansfield 집에서 살고 있고, Micengendler 는 Mansfield 집에서 산 적이 없었고, 이 사건 개는 자신이 구입했고 자신이 이 개를 단독으로 소유하고 돌보고 있으며, Micengendler 는 이 개를 구입하거나, 소유하거나, 돌보지 않았다고 밝혔다.

원고가 자신이 자동차를 Benevides 로부터 빌렸고, 해당 개는 이렇게 빌린 자동차 안에 있었으며, 자신은 이 자동차의 소유자가 Benevides 라고 믿었다는 점들을 인정했다는 서류들도 증거도 제출되었다.

피고의 약식판결신청에 대한 원고의 반박

2022 년 5 월 18 일, 원고 Haughtaling 은 피고 Micengendler 의 약식판결신청에 반대서면을 제출하면서, 자신과 해당 개와의 관계는 일시적이어서 자신을 그 개의 "keeper"로 보기에는 충분하지 않다고 주장했다.

또한, 원고는 Micengendler 가 이 개의 "keeper"였다고 주장하면서 그 근거로 자신의 진술서를 제출하였다.

원고의 진술서에 의하면, (1) 원고 자신은 Colchester 지역에 살고 있고, 사고 당일, 자신은 걸어서 Colchester 에 있는 주택에 가서 Benevides 로부터 자동차를 빌렸으며, (2) Micengendler 는 Benevides 와 연인관계이며, Colchester 에 있는 주택에서 Benevides 와 같이 살고 있고, (3) Micengendler 가 Benevides 에게 재정적 도움을 주고 있고, Benevides 의 개에게도 잠잘 곳과 돌봄을 제공하고 있었으며, (4) Benevides 가 감옥에 수감된 동안에는 Micengendler 가 그 개를 돌봐주었으며, (5) Colchester 에 있는 주택에서 Micengendler 가 혼자 개를 돌보고 있는 것을 자신이 목격하기도 했다고 밝혔다.

원고는 Benevides 가 147 South Main Street, Colchester 주택에서 살았다는 것을 증명하기 위해서 법원 범죄 및 교통법규위반 기록들, 경찰의 언론보도 등을 제출했고, 이런 자료들에 의하면 Benevides 는 여러차례 감옥에 갔고 그때는 Micengendler 가 홀로 이 개를 돌봐주었다고 밝혔다.

피고의 약식판결신청에 대한 1심법원의 결정

2022 년 5 월 24 일, 1 심법원의 Goodrow 판사는 기일을 열고 약식판결신청에 대한 구두변론을 들었고, 2022 년 6 월 3 일, Micengendler 피고의 약식판결신청을 받아주는 결정을 내리고 원고 패소판결을 내렸다.

1심법원은, 사고 당시에 원고가 이 사건 개를 독점적으로 점유(possession)하고 있었으며, 이 개를 돌봐주는 책임을 떠맡았으며, 이 개를 지배하고 통제력을 행사하였기 때문에 원고는 이 개의 "keeper"였다는 점에 이론의 여지가 없다고 판단했고, 따라서, 원고는 무과실책임법률에 의한 손해배상을 청구할 자격이 없다고 결론지었다. 1심법원이 원고가 무과실책임법률에 의한 손해배상을 청구할 자격이 없다고 판단했기 때문에, Micengendler가 이 사건 개의 "keeper"였는지 여부는 판단하지 않았다.

원고 Haughtaling은 이런 1심법원의 판결에 불복하고 항소하였다.

항소법원에서 주심을 맡은 William Bright 판사 약력 (State of Connecticut Judicial Branch 웹페이지)

■ **법원의 판단은?**

항소심에서 원고는, 자신이 단지 일시적으로 해당 개를 물리적으로 보관(custody)하고 있었기 때문에 이런 일시적 점유는 무과실책임법률에서 규정한 "점유(possession)"의 정도에 미치지 못하며, 따라서, 1심법원이 원고가 해당 개의 "keeper"에 해당한다고 판단한 것은 잘못이라고 주장하였다. 항소법원은 이런 원고의 주장을 배척하고 원고의 항소를 기각하고 1심법원의 판결을 인용하였다.

항소법원은 Connecticut주 무과실책임법률(General Statutes § 22-327)은 사고를 낸 개의 "owner" 또는 "keeper"에게 손해배상책임을 부담하게 하고 있으며, "keeper"는 해당 개의 법적 소유권자는 아니지만 그 개를 "harboring"하거나 "점유"(possession)하고 있는 사람을 뜻한다고 설명했다.

그리고, "점유"는 통상적으로 소유권자가 행사하는 것과 비슷한 정도로 지배력과 통제권을 행사하는 정도를 의미하며, 사고 당시에 해당 개에게 음식이나 물을 주고 거처를 제공하고 돌봐주었다는 등의 증거들을 통해서 그 개를 관리하고 통제할 책임이 있었다고 입증해야 "keeper"에 해당된다고 할 수 있다라고 판단한 대법원 사례를 인용하였다. Auster v. Norwalk United Methodist Church, 286 Conn. 152, 160, 943 A.2d 391 (2008).

그 사건에서, 대법원은, 어떤 장소에서 개의 소유권자가 개를 키우는 것을 그 장소의 소유권자가 허용했다는 이유만으로, 개의 소유권자가 이런 장소의 소유권자와 고용관계이던 임차인이던 단지 친구이던지 여부와 상관없이, 이런 장소의 소유권자가 해당 개를 돌봐주거나 실질적으로 행동을 통제하였다는 증거가 없는데도 해당 개의 "keeper"라고 보고 손해배상책임을 부담하게 할 수 없다고 설시하였다.

또한, 항소법원은, Hancock v. Finch 사건에서 대법원이 "keeper"를 어떻게 설명하였는지도 소개하였다.

Hancock 사건에서는, 피고가 5일동안 여행하는 동안 피고 주택 뒤편에 있는 개집에 있는 3마리 개들에게 음식과 물을 주겠다고 원고가 약속하였으며, 원고가 2째날에 개에게 줄 음식을 준비하면서 피고의 지시사항을 위반해서 개집의 문을 열어놓고 개들이 밖으로 나오도록 했고, 이 개들이 원고와 원고의 아내를 공격해서 부상을 입히는 사고가 발생하였다.

Connecticut 주 Supreme Court 대법관들
(State of Connecticut Judicial Branch 웹페이지)

그 사건에서 대법원은 통상 소유권자가 행사하는 정도의 지배력과 통제권을 원고가 행사하지 않았고, 원고가 해당 개들을 일시적으로 보관(custody)하고 있어고 이 개들을 보유(possession)하고 있다고 할 수 없고, 따라서, 원고는 "keeper"에 해당하지 않는다고 판단했다. Hancock v. Finch, 126 Conn. 121, 9 A.2d 811 (1939).

항소법원은, Falby v. Zarembski 사건에서 대법원이 내린 판시사항도 소개했다. 그 사건에서 대법원은 종업원에게 개를 직장에 데려와도 좋다고 허용한 회사가 종업원의 개에 대해서 음식이나 물을 주거나 거처를 제공하거나 달리 돌봐주었다거나 통제권을 행사하였다는 증거가 없음으로 회사는 해당 개에 대해서 편의제공(harbor)하였거나 보유(possession)하고 있지 않았고, 따라서, 해당 개의 "keeper"였다고 볼 수 없다고 판단했다. Falby v. Zarembski, 221 Conn. 14, 602 A.2d 1 (1992).

끝으로, 항소법원은 Murphy v. Buonato 사건을 인용하였는데, 그 사건에서는, 피고가 여행을 하는 동안 원고가 피고의 개를 돌보주기로 약속하였고, 피고는 여행을 떠나기 전날 밤에 자신의 개를 원고의 집으로 데려가서 개 사료와 목줄과 함께 원고에게 넘겨주면서 개를 풀어놓지 말라고 말했는데, 원고가 이렇게 개를 넘겨받은지 하루가 되기도 전에 개에게 물리는 사고가 발생하였다.

그 사건에서, 항소법원은 원고가 사고를 낸 개의 "keeper"였다고 판단하고 손해배상청구를 배제하였는데, 그 근거로는, 원고가 해당 개에게 음식과 물을 주고 자신의 집에서 있을 장소를 제공하고 산책을 시켜주는 책임을 떠안았고, 사고 당일에도, 원고가 해당 개를 나무어 묶어 두었다가 풀어주었고, 도망가지 못하도록 목줄을 잡고 있었으며 피고로부터 개를 넘겨받고 물림 사고가 날때까지 원고가 그 개에 대해서 배타적인 지배와 통제권을 행사하고 있었다는 점들을 지적하였다. Murphy v. Buonato, 42 Conn.App.239, 679 A.2d 411 (1996), aff'd, 241 Conn. 319, 696 A.2d 320 (1997).

이번 사건과 관련해서, 항소법원은, 이런 법리들과 판례들을 적용해서 볼때, 원고 Haughtaling 이 사고 당시에 Benevides 의 개를 점유(possession)하고 있었고, 따라서, 원고 Haughtaling 이 Benevides 의 개에 대한 "keeper"였다는 점에 다툼이 없다고 판단했다.

항소법원은 이렇게 판단한 근거로, 제한적인 정도로 돌봄과 통제권을 행사했던 앞에서 인용한 사건들과는 달리 이 사건 원고 Haughtaling 은 사고 당시에 개의 소유권자가 행사하는 정도와 비슷한 정도의 돌봄과 통제권을 행사하였다는 점을 지적했다.

그리고, 원고 Haughtaling 은 자진해서 해당 개를 Benevides 자동차에 태우고 약속장소까지 데리고 가기로 약속했고, 개를 넘겨받고 물림 사고가 날때까지 원고가 그 개에 대한 독점적 점유권과 통제권한을 행사하였고, 원고가 해당 개를 소유권자인 Benevides 가 있는 Colchester 지역으로부터 멀리 떨어진 Norwich 지역으로 데리고 가서 점유하고 있었다는 사실들이 그런 판단을 내린 구체적인 증거들이라고 항소법원은 설명하였다.

■ 사건의 출처는?

▷ 사건출처: 미국 Connecticut 주 항소법원(Appellate Court), 2023 년 2 월 28 일 판결문 Houghtaling v. Benevides, 217 Conn.App. 754, 290 A.3d 429 (AC 45568); 대법원 2023 년 4 월 11 일 판결문, Houghtaling v. Benevides, 346 Conn. 924, 295 A.3d 418 (2023) petition for certification denied.

▷ 사건제목: Aurora HOUGHTALING v. Kimberly BENEVIDES et al.

▷ 재판부: Bright, C. J., and Alvord and Moll, Js.

▷ 변호인: Christopher D. DePalma, for the appellant (plaintiff)
Daniel J. Krisch, Hartford, and Jesse D. Conrad, for the appellee (defendant Jakub Micengendler)

"How to Keep Your Dog Comfortable During Car Rides", By Stephanie Gibeault, MSc, CPDT (American Kennel Club Web Page)

Law & Cases: 확산되는 "Dog at Work" 현상과 직장에서 종업원의 반려견과 관련한 법률문제들

종업원이 자신의 반려견을 직장에 데려올 수 있는 권리가 있는지, 직장에서 반려견을 허용하거나 금지할 경우에 어떤 법적 문제가 발생할 수 있는지, 직장에서 종업원의 반려견이 사고를 내면 누가 손해배상 책임이 있는지?

■ 미국 기업에서 확산되고 있는 "Dog at Work" 현상들

미국에서는 종업원들이 자신의 반려동물을 직장 사무실도 데려오는 것을 허용하는 "Pet Friendly Policy"를 채택하는 기업들이 점차 증가하고 있다.

2017년 American Pet Products Association (APPA) 조사에 의하면 미국에서는 반려동물 소유자들의 약 11 퍼센트가 자신의 직장에서 반려동물을 허용하는 곳에서 일하고 있는 것으로 밝혀졌다. 2015년 Society for Human Resource Management 조사에 의하면 미국기업의 약 8 퍼센트가 직장에서 반려동물을 허용하고 있다고 한다.

또한 Pet Sitters International 이란 단체에서 반려동물 입양과 반려동물과 사람들간의 유대감을 증대하려는 목적으로 1999년부터 시작한 것으로 알려진 "Take Your Dog To Work Day" 행사가 매년 열리고 있고 수많은 회사들이 참여하고 있다고 알려지고 있다.

TYDTWDay 행사 Facebook 페이지

Google 회사는 종업원이 자신의 상급자 승인을 받고 자신과 같은 장소에서 근무하는 동료들의 허락을 받으면 반려견을 직장에 데려올수 있도록 허용하고 있으며, 회의장이나 휴게실에는 출입을 금지하고, one-strike-out 원칙으로 한번이라도 말썽을 피우거나 공격성을 보이면 허용을 철회하는 정책을 가지고 있다고 한다.

American Kennel Club 회사에서는 종업원이 반려견을 직장에 데려오기 위해서는 반려견의 나이가 최소 6개월 이상이 되어야 하고 "Canine Good Citizen Certificate" 이나 "AKC Obedience, Rally or Championship Title" 같은 회사가 지정한 행동검사를 통과해야 하고 반려견 보호자가 잠깐 자리를 떠날때 반려견을 돌보줄 직장친구가 있어야 하며, 회의실이나 휴게실에는 출입할 수 없다는 정책을 가지고 있다고 한다.

Amazon 회사 본사에서는 약 2만 5천명이 근무하고 있는데 그 중 약 2천명 정도가 정규적으로 반려견과 함께 근무하고 있고, 회사의 모든 리셉션 데스크들에는 반려견들을 위한 비스킷을 비치해놓았고, 30여개에 이르는 모든 회사빌딩 내부에는 반려견들을 위한 운동공간을 마련했고 회사 곳곳에 반려견들이 물을 마실수 있는 낮은 높이의 급수설비들까지 갖추어 놓았다고 한다.

Procter & Gamble 회사에서는 종업원들이 반려견을 직장에 데려오는 것을 허용하는 것은 물론이고 연간 400 파운드까지 반려견 사료를 무료로 제공하고 있다고 한다.

회사의 창업자이자 CEO 였던 Mark Pincus 의 블독 반려견 이름을 따서 회사이름을 지은 Zynga 회사에서는 반려견을 산책시킬수 있는 옥상공원이나 반려견을 위한 카페테리어 공간이 있는 것은 물론 종업원들의 반려견을 위한 건강보험을 제공하기도 한다고 한다.

반려견 보호자들을 위한 놀이그룹이나 반려견들을 위한 놀이공간을 제공하고 반려견들이 출입할수있는 문을 큐비클로 만들어 놓은 회사들도 있고 무료로 반려견 훈련을 제공하고 산책이나 반려견 유모 서비스 비용을 지원하거나 미용이나 스파 비용까지를 지원하는 회사도 등장했다고 한다.

더 나아가 직장에서의 반려견과 관련된 회사 내부조직도 생기고 있다. 2005 년 창업때부터 회사에 반려견을 데려오는 것을 허용하고 있는 Etsy 회사는 "canine operations team"을 운영하고 있고, Procter & Gamble 회사는 "vice president of canine communications"이란 임원직책을 가진 반려견을 선발하고 있으며, Build-A-Bear Workshop 회사에서는 CED(chief executive dog)를 임명하고 매년 이 반려견의 생일날에 파티를 개최해준다고 한다.

1980 년부터 1994 년 사이에 태어난 Millennials 세대 사람들은 베이비붐 세대이후 가장 많이 반려동물을 소유하고 있는 계층이며, 이들은 자신의 반려동물에게 organic 식품을 먹이고 집에 남겨두기보다는 day care 시설에 맡기고, 반려동물 건강보험에 가입하고, 반려동물에게 약을 먹일때도 약이 쓰지 않도록 향을 입힌 좀더 비싼 약을 구매하고, 반려동물을 위해서 파티를 열어주고 선물을 사주는 사람들이다.

이런 Millenials 세대 사람들은 자신의 반려동물을 가족 구성원으로 여기고 자신의 분신처럼 생각하며 다른 사람들도 자신의 반려동물을 그렇게 대해주기를 기대한다. 이들 계층은 자신의 반려동물이 잘 돌보아지고 대접받는 것에 관심이 높고 그런 목소리를 적극적으로 낸다.

이런 Millenials 계층이 2020 년 기준으로는 미국의 근로가능 인력의 절반을 구성하게 되고 미국 기업들은 이런 젊고 유능한 노동력을 유치하고 보유하기 위하여 직장에서 반려견을 허용하는 정책과 반려견과 관련한 다양한 복지정책을 확대해 나가고 있다.

2015 년, California 주 Emeryville 지방자치정부에서는 종업원이 자신의 가이드 개나 서비스 개가 아플 경우에 유급병가를 낼 수 있다는 조례를 미국에서 최초로 통과시키기도 하였다.

2024 년에는 New York City 의회에서는, 종업원이 자신의 "service animal" 뿐만 아니라 "companion animal"을 돌보기 위해서도 유급병가를 낼 수 있는 권리가 있다는 법안이 제출되었다.

근래에는, Mars Petcare, Mparticle, Brew Dog 같은 기업들이 새로 개를 입양하거나 구조하는 경우에 일정 기간동안의 유급휴가를 허용하는 정책을 자발적으로 채택하였고, Kimpton Hotel & Restaurants 회사와 일부 서부지역 소프트웨어 회사들은 종업원의 반려견이 죽었을때 유급휴가를 제공한다고 한다.

또한, 반려견이 아프거나 출산하거나 병원을 가야하는 경우에 유급휴가를 허용하거나 반려견과 관련한 보험을 제공하는 경우도 있고, 출산이나 육아휴가를 의미하는 "Paternity Leave" 용어를 반려견 관련 유급휴가를 지칭하는 "Pawternity Leave"라는 신조어로 변형해서 사용하는 트랜드도 등장하였다.

■ **직장에서 반려견을 허용하는 정책을 찬성하는 주장들**

1. 스트레스를 완화시켜준다. 연구에 의하면 직장에서 자신의 반려견과 같이 근무하도록 하면 종업원이 좀더 편안감을 느끼고 스트레스를 덜 받는다고 한다. 또한 이런 종업원과 교류하게 되는 다른 동업원들에게도 긍정적인 영향을 미친다고 한다.

2. 긍정적 교류를 증가시킨다. 직장에서 반려견을 허용하면 종업원의 만족감과 사기를 올릴수 있고 사람들간의 공동 관심사를 제공함으로서 팀워크와 교류를 증가시켜준다.

"We Gave Office Pets Free Rein in the Workplace – Here's How it Made Our Office Better" By Jeff Murphy, SnackNation Webpage

3. 경제적으로 반려견 관련 비용지출을 줄여준다. 종업원이 직장에서 일하는 동안 집에 남겨놓은 반려견을 잘 돌보기 위해서 가족이나 친구들에게 daycare 나 산책을 부탁하는 등 종업원이 지출해야하는 각종 비용을 줄일 수 있다.

4. 회사의 이미지를 개선할 수 있다. 회사의 고객들이 반려견을 허용하는 정책을 보고 그런 회사에 대한 선도적이고 진취적이라는 긍정적인 이미지를 갖게되고, 해당 회사를 방문했을때 종업원들의 반려견과 교류하면서 편안함과 즐거운 경험을 갖게 된다.

5. 좋은 인재를 충원하고 유지할 수 있다. 회사에서 반려견을 허용하는 정책을 채택하면 반려견을 키우는 사람들 입장에서는 그런 회사를 매력적으로 받아들이게 되고 회사는 우수한 인재충원의 좋은 수단으로 활용할 수 있다.

6. 종업원들의 근무성적을 향상시킬수 있다. 종업원들이 집에 남겨놓은 반려견을 돌보기 위해서 빨리 퇴근할 필요가 없기 때문에 반려견을 허용하는 회사들의 경우 종업원들이 늦게까지 오랜시간 근무하는 편이고 결근사례는 적다.

■ **직장에 반려견을 데려오는 정책을 반대하는 주장들**

1. 일하는 것에 방해가 된다. 직장에 반려견을 데려오도록 하면, 반려견이 돌아다니거나 짖거나 소리를 내서 반려견 보호자나 다른 동료들이 일하는 것을 방해할 수 있고 수시로 반려견과 놀기 위해서 사람들이 몰려들 수 있다.

2. 알레르기나 공포심을 유발할 수 있다. 반려견에 대해서 알레르기나 공포심을 갖고 있는 사람들이 있을 수 있으며, 이런 사람들이 직장을 떠날 수도 있고, 이들을 위해서 반려견이 접근하지 못하는 구역을 별도로 만들어줄 필요가 생긴다.

3. 기물을 파손할 수 있다. 반려견들이 사무실 용품이나 기계를 망가트릴 수 있고, 카펫이나 가구를 훼손할 수도 있다. 또한 반려견들이 다른 종업원들의 중요한 사물이나 발표 서류들을 훼손할 수도 있다.

■ **직장에서 반려견을 금지하는 No-Pet Policy 채택하는 경우에 발생할 수 있는 법률 이슈들**

회사의 종업원들이 자신의 반려견을 직장에 데리고 오는 것을 회사 내부규정으로 금지하는 경우에 발생할 수 있는 법률문제는 종업원의 개가 "Pet"으로 분류되는지, "Service Dog"으로 분류되는지, 또는, "Emotional Support Animal"로 분류되는지에 따라서 달라질 수 있다.

1. Pet 에 해당하는 경우:

종업원의 반려견이 단순한 "Pet"에 해당하는 경우에는 이런 반려견을 회사에 데려오지 못하게 한다고 법적으로 문제될 여지는 없다.

2. Service Dog 에 해당하는 경우:

미국 Americans with Disabilities Act 에 의하면 고용주는 장애를 가진 종업원을 위해서 합리적 편의시설(reasonable accommodation)을 제공할 의무가 있다. 따라서, 시각 장애를 가진 종업원이 일상활동을 위해서 맹인안내견이 필요한 경우라면 이런 맹인안내견은 service dog 에 해당되고, 이런 service dog 을 회사에 데려오지 못하게 하는 것은 '합리적 편의시설'을 허용하지 않는 행위로서 위법하다고 할 것이다.

"Five things to consider before you get an office dog" by Charlotte Pengelly, Fitzgerald Webpage

Americans with Disabilities Act 에서는 "service dog"을 장애(disability)가 있는 개인을 도와주기 위해 특정한 작업이나 일을 하도록 개별적으로 훈련된 개로 정의하고 있다.

그리고, "장애"는 움직임, 시각 또는 청각장애처럼 신체적인 것이나 post-traumatic stress disorder (PTSD)나 공황장애 같은 심리적인 것일 수도 있다. 신체적인 장애인을 위해서 service dog 은 휠체어 사용을 도와주거나 어떤 물건을 꺼내주기나 문을 열어주거나 복도나 길을 다니는 것을 도와주도록 훈련받을 수 있고, 공황장애와 같은 심리적 장애인을 위해서는 공황장애가 일어날 때 service dog 이 장애인의 무릎에 누어 있어주는 방식으로 공항장애가 지속되는 시간이나 불안감을 줄여주는 치유행동을 하도록 훈련받을 수 있다.

반려견과 같이 지내면 사람들의 스트레스나 불안감을 감소시켜준다고 알려져 있는데, 만약 어떤 종업원이 직장에서 근무하는 동안 스트레스나 불안감을 해소하기 위하여 이런 증세를 완화시켜주도록 훈련받은 개를 직장으로 데려온다면, 회사에서 이런 행위를 금지하는 것은 법적으로 문제가 될 수도 있다.

3. Emotional Support Animal 에 해당하는 경우:

Emotional Support Animal 은 service dog 처럼 특정 장애인을 위한 특별한 훈련을 받지는 않았지만 장애를 가진 사람들에게 정서적인 안정을 제공할 수 있는 반려견을 의미하며, 이런 반려견이 미국 ADA 법에서 규정한 "합리적 편의시설"에 해당될 수 있는지 여부는 논쟁이 있다.

종업원이 스트레스나 불안감을 해소하기 위하여 service dog 로서 훈련받지는 않은 자신의 반려견을 직장에 데려올수 있는지 여부에 대해서 미국법원은 아직까지는 신중한 접근을 하고 있다.

직장에서 받는 스트레스를 해소하기 위해서 종업원이 "service dog"로서 훈련받지 않은 10 주된 강아지를 직장에 데려올 수 있는지 여부가 쟁점이 된 사건에서, 미국 District of Columbia 연방법원은, 원고 종업원의 강아지가 원고의 불안감을 낮추어주고 더 일을 잘할수 있도록 해준다는 객관적 증거가 없다고 판단하면서, 회사가 원고 종업원이 자신의 반려견을 직장에 데려오지 못하게 하는 것이 ADA 법 위반이 아니라고 판시하였다. Edwards v. U.S. E.P.A., 456 F.Supp.2d 72 (D. D.C. 2006)

법원은 비록 반려견이 사람들에게 조건없는 사랑을 주고 이것이 사람들을 기분좋게 만드는 능력을 가졌지만, 그렇다고 장애나 병이 있어서 우울하거나 불안증세 또는 나약함을 보이는 모든 사람들이 개의 능력이나 훈련여부와 상관없이 자신이 선택한 개를 직장에 데려올 수 있도록 허용하면, 봇물처럼 터질 이런 현상을 어떤 기준을 정해서 통제하기도 힘들고, 만약 종업원이 개보다 고양이나 물고기 파충류 새를 더 좋아한다면, 이런 동물들을 직장에 데려오는 것도 금지할 논리적인 근거까지 없어질 것이라면서, ADA 법에 의거하면, service dog 이 아닌 이상 종업원이 자신의 반려견을 직장에 데려올 권리는 없다고 설시하였다.

- **회사의 종업원들이 반려견을 직장에 데리고 오는 것을 허용하는 경우에 발생할 수 있는 법률문제들**

일반적으로, 고용주가 종업원들의 편의를 위해서 종업원들이 반려견을 직장에 데려오는 것을 허용했다면, 고용주가 종업원들의 반려견에 대한 "keeper"가 아니라고 볼 수 있다.

하지만, 종업원이 반려견을 데리고 온 이유가 고용주를 위한 목적인 경우나, 종업원이 고용주의 장소에서 해당 반려견을 키우고 있었던 경우에는, 종업원의 반려견이 일으킨 사고에 대해서 고용주가 법적 책임을 지게 될 수도 있다.

종업원이 직장에서 고용주가 키우는 개에 물렸다면, 종업원이 고용주에게 손해배상 책임을 물을 수 있는지 여부는, 산업재해보상 클레임을 해야 하는지와 연관해서 분석해야 한다.
참고: Barrett v. Rodgers, 408 Mass. 614 (1990).

1. **어떤 회사가 Pet-Friendly Policy 를 채택해서 종업원들이 자신의 반려견을 직장에 데려오는 것을 허용한다면, 이런 정책이 다른 종업원의 권리를 침해할 가능성은?**

모든 사람이 개를 좋아하는 것은 아니며 어떤 사람들은 개가 주변에 있으면 알레르기가 생기기도 하고 불안해 하기도 한다. 만약 회사가 종업원들이 반려견을 직장에 데려오는 것을 허용한다면 개를 싫어하거나 알레르기나 불안감을 가진 다른 종업원들에 대한 대책도 함께 고민하여야 할 것이다. 사람에 따라서는 동물 알레르기나 공포심이 심각한 문제일 수 있으며, 회사에서 종업원이 직장으로 데려온 반려견의 동선을 적절히 통제하고, 반려견이 접근할 수 있는 장소와 시설을 구분하고, 알레르기 반응이나 공포심이 있는 종업원을 적절히 분리시키는 조치를 취하지 않으면 법적 리스크가 발생할 수도 있다.

참고로, 미국에서는 동물 알레르기는 Americans with Disabilities Act 법에서 보호하는 장애 유형 중의 하나로 여겨지고 있으며, 만약 고용주가 이런 장애를 가진 종업원에게 합리적인 편의시설을 제공하지 못하는 경우 법률위반이 될 수도 있다.

직장에서 반려동물을 허용하는 경우에 이런 동물들에 대해서 공포심을 가진 종업원들에 대한 특별한 배려가 있어야 하는지 여부도 법률적인 다툼이 될 수 있다.

미국 New Jersey 에 있는 Foodarama Supermarket 회사의 우편물취급부서에서 근무하는 한 여성종업원은 자신의 상사가 수시로 고양이들을 직장에 데려오자 자신이 "ailurophobia"라는 고양이 공포증이 있다고 직장상사에게 문제를 제기하였으나, 직장상사는 고양이들과 마주치지 않도록 우편물취급부서 사무실에서 나오지 말라고 지시하기만 했다.

이후 그 여성종업원이 고양이 공포증으로 일주일간 결근하게 되자, 회사는 이 종업원을 해고하였다. 그러자 해고된 종업원은 회사가 고양이 공포증이라는 자신의 장애를 이유로 차별하였고, 합리적인 편의시설을 제공하기를 거부하였다고 주장하면서, 회사를 상대로 ADA 법 위반소송을 제기하였다.

"Dogs Are Coming Back to the Office With Their People" February 05, 2023, by Deborah Block, VOA Webpage

법원은 소송제기 시효경과로 "ailurophobia"가 ADA 법에서 인정하는 장애인지 여부를 판단할 필요는 없었지만, 이런 주장이 인정될 가능성이 적다는 입장을 표명하였다.
CALHOUN v. FOODARAMA SUPERMARKETS, INC., 3:07-cv-00999 (D.N.J. October 22, 2008)

2. 회사의 종업원이 회사로 데려온 개가 회사 내부에서 다른 종업원이나 방문객을 물었거나 이들 물건을 훼손했을 경우에 회사에게 법적 책임이 발생할 수 있는지?

만약 회사가 종업원들이 개를 회사에 데려올수 있도록 허용하고 이런 개들이 회사에 있는 동안 다른 종업원들이나 방문객들을 무는 사고나 이들 물건을 훼손하는 사고가 발생하였다며, 이렇게 사고를 낸 반려견의 보호자 뿐만 아니라 회사도 법적으로 책임을 질 수 있다.

이런 법적 리스크를 줄이기 위해서는, 회사는 종업원이 자신의 반려견을 직장에 데리고 오는 경우에는, 어떤 견종을 직장에 데려올 수 있고, 얼마나 자주 데려올 수 있는지. 직장에 있는 동안 어떤 방식으로 반려견을 통제 및 보호해야 하고, 어떤 곳에 어떤 방식으로 출입을 할 수 있는지 등을 상세하게 규정하는 메뉴얼을 작성해서 실행하는 것이 바람직하다.

또한 다른 종업원들이나 방문객들이 쉽게 볼수 있는 장소에 반려견과 관련한 사고가 발생하지 않도록 주의할 사항들을 안내하는 안내문을 비치하는 것이 필요하다.

회사나 종업원이 가입한 보험이 반려견에 의한 이런 상해사고를 보상범위에 포함시키고 있는지 여부와, 이런 상해사고 발생시 회사와 종업원간에 어떻게 손해를 분담할지가 규정되어 있는지 여부를 확인할 필요가 있다

3. 회사의 종업원이 회사로 반려견을 데려와서 근무하면서 근무중에 수시로 반려견을 돌보는 일로 시간을 뺏겨서 회사가 근무성적이 저조해졌다는 이유로 반려견을 허용하지 않거나 종업원을 징계하는 경우에 법적문제가 발생할 수 있는지?

만약 종업원이 직장으로 데려온 자신의 반려견을 돌보는 일로 근무성적이 저조해져서 징계하는 경우 법적으로 문제될 여지가 없다.

그러나, 종업원의 근무성적이 저조해졌는지 여부와 그 원인이 종업원이 반려견을 돌보는 일에 너무 시간을 빼앗겨서 인지 여부가 분명하지 않을 수가 있고, 종업원이 부당하게 징계를 받았다고 회사를 상대로 각종 클레임을 제기할 여지가 있다.

따라서, 직장에서 반려견을 허용할 경우, 회사에 있는 동안 반려견을 어떻게 관리해야 하고, 회사에서 금지하는 반려견의 문제행동은 무엇이고, 이런 문제행동을 일으켰을때는 어떤 징계조치를 취할 것인지, 종업원에게 반려견을 돌보기 위해서 허용된 행동은

Should Your Company Welcome Dogs in the Workplace? Written by Dave Revis, insightful environments webpage

무엇이고, 휴식이나 산책은 얼마나 자주 할수 있고, 이런 허용범위를 초과할 경우에는 어떤 결과가 따라올 것인지 등을 상세하게 규정으로 만들어서 비치하는 것이 필요하다.

일반적으로, 종업원들에게 한번 부여된 권리를 박탈하는 것은 타당한 근거와 합리적이고 공정한 절차를 통해서 진행하는 것이 바람직하며, 직장에서 반려견을 허용하는 것과 관련하여 종업원에게 징계를 하는 것도 이런 원칙을 준수하는 것이 회사에게 발생하는 법적 리스크를 줄이는 최선의 방법이다.

■ 회사와 종업원들의 반려견과 관련하여 발생할 수 있는 다른 법률문제들

- 회사의 반려동물 정책을 위반하여 임의로 반려동물을 직장에 데려온 종업원을 징계할 수 있는지 여부,
- Job marked for Dog Lovers Only? 어떤 회사에서 직원채용 공고를 내면서 반려견을 사랑하는 사람들만이 지원자격이 있다고 지원자격을 제한할 수 있는지 여부
- 직장에서 반려동물을 허용하는 정책이 회사가 체결한 건물임대차계약서의 조항들을 위반하는지와 임대인의 동의가 필요한지 여부
- 직장에서 반려동물을 허용하는 정책이 회사가 체결한 보험계약서의 조항들을 위반하는지 여부
- 회사가 식품 의약품 등 규제산업에 종사하는 경우에 직장에서 반려동물을 허용하는 정책을 체택하는 경우에 문제가 없는지 여부
- 종업원이 직장에서 고용주가 키우는 개에 물렸다면, 종업원이 고용주에게 손해배상 책임을 물을 수 있는지 여부와, 산업재해보상 클레임을 할 수 있는지 여부
- 회사의 허락을 받아서 집에서 전화상담원으로 원격근무를 하던 종업원이 딸이 키우는 반려견을 잠시 돌봐주다가 이웃집 개와의 싸움을 말리는 과정에서 부상을 입었다면, 이런 종업원의 사고는 산업재해보험의 대상이 되어서 보상받을 수 있는지 여부? 참고: State of New South Wales (Western NSW Local Health District) v. Knight, [2023] NSWPICPD 63 (10 October 2023)

> **에피소드 37 - 아저씨, 우리 아빠가 일하는 회사의 작업장에서는 제게 간식이나 물도 주지않고 너무나 무관심해요!**
>
> 회사 작업장에서 일하던 인부의 반려견이 우편배달부를 공격해서 부상을 입히자, 인부가 반려견을 회사 작업장에 데려오도록 허용한 회사는 그 반려견의 보호자에 해당된다고 주장하면서, 인부와 인부의 회사를 상대로 손해배상을 청구한 사례
>
> 회사 작업장에 있던 인부의 반려견이 다른 사람을 공격해서 부상을 입힌 사고에서, 인부가 자신의 반려견을 회사 작업장에 데려오도록 허용한 회사는 해당 반려견에 대한 보호자에 해당하여 무과실책임법률에 의한 손해배상 책임이 있다고 주장한 소송에서, 회사가 단순히 종업원이 반려견을 회사에 데려오는 것을 허용했을 뿐 회사가 반려견을 돌보거나 통제하지 않은 경우에는 회사가 이런 반려견에 대한 보호자라고 할 수 없다고 판단하고 손해배상 책임을 부인한 Connecticut 주 대법원 판례
> *(Falby v. Zarembski)*

■ 사건의 발단은?

1985년 11월 1일, 우편배달부 Roy Falby 는 William Cree 와 John Cree 가 소유한 Connecticut 주 Stamford 지역에 있는 주택으로 우편물을 배달하러 갔는데, 그곳에 있던 pit bull terrier 품종의 개에게 공격을 받고 심각한 부상을 입었다.

사고 당시에 집주인 Cree 가족은 Home Improvement and Remodeling Company, Inc. 회사를 고용해서 집의 리모델링 작업을 하고 있었다.

사고를 낸 pit bull 개는 Home Improvement 회사의 종업원인 Richard Zarembski 가 소유자였으며, 당시 Zarembski 는 자신의 개를 Stamford 작업장으로 데리고 왔는데, Zarembski 는 이전에도 수차례 자신의 개를 다른 작업장들로 데리고 가곤 했었다.

Zarembski 가 Home Improvement 회사에 채용될 당시에, 회사의 사장인 Plonowski 는 Zarembski 가 자신의 개를 자신이 일하게될 작업장들로 데려갈 수 있도록 허용하였다.

Zarembski 는 자주 자신의 개를 작업장들로 데리고 왔는데, 대부분 그런 작업장들에 그냥 개를 풀어 놓은 상태로 두었다.

Home Improvement 회사의 사장이나 다른 직원들이 Zarembski 가 개를 데려오는 것을 반대하거나 개가 작업장에 있을때 준수해야하는 조건들을 부여한 적은 없었다.

Woodbury Ave. William Cree 집 (구글맵)

Zarembski는 Cree 주택 작업장의 감독관으로부터도 자신의 개를 그곳에 데리고 와도 좋다는 허가를 받았다.

Zarembski는 Cree 주택에서 작업이 있는 날에는 거의 대부분 자신의 개를 데리고 왔으며, 그곳에서 자신의 개를 묶어두거나 목줄을 채워주지는 않은 상태로 데리고 있었다. Plonowski 사장은 Zarembski가 개를 데리고 Cree 주택 작업장에 있다는 것을 알고 있었다.

■ 소송의 전개는?

1986년 6월 6일, 사고로 부상을 당한 Roy Falby와 그의 와이프 Barbara Falby는 사고를 낸 개의 소유권자 Richard Zarembski, Zarembski의 고용주 Home Improvement and Remodeling Company, Inc., 이 회사의 대표이사 Thadeus J. Plonowski, 해당 주택소유자 William Cree 및 John Cree를 상대로 손해배상 청구소송을 제기하였다.

원고 Roy Falby의 손해배상 청구는, 사고로 부상을 입히거나 재물을 손상하는 개의 소유자(owner)나 보호자(keeper)는 과실여부와 상관없이 손해배상을 해야한다는 주 무과실책임법률(General Statutes §22-357)에 근거해서 제기되었다.

> **State of Connecticut   General Statutes § 22-357**:
> "If any dog does any damage to either the body or property of any person, the owner or keeper, or, if the owner or keeper is a minor, the parent or guardian of such minor, shall be liable for such damage, except when such damage has been occasioned to the body or property of a person who, at the time such damage was sustained, was committing a trespass or other tort, or was teasing, tormenting or abusing such dog. If a minor, on whose behalf an action under this section is brought, was under seven years of age at the time the damage was done, it shall be presumed that such minor was not committing a trespass or other tort, or teasing, tormenting or abusing such dog, and the burden of proof thereof shall be upon the defendant in such action."

다른 원고인 부인 Barbara Falby의 손해배상 청구는 남편의 사고와 부상으로 인한 동반자관계 상실(loss of consortium)이란 이론에 기반해서 제기되었다.

1986년 9월 19일, 피고 Home Improvement 회사는 원고들의 소송장에 대한 답변서를 제출하였다.

1심법원 재판이 시작되기 이전에, 원고들은 Cree 가족을 상대로한 클레임은 철회하였고 종업원 Zarembski를 상대로는 아무런 응답도 제출하지 않았다는 사실에 기반해서 궐석결정(default)을 얻어냈다.

또한, 1990년 11월 6일, 1심법원 재판이 시작되기 이전에 진행된 배심원 선정절차 중에, 원고들은 자신들의 소장을 수정할 수 있도록 승인해달라고 1심법원에 구두로 신청하였다.

American Pit Bull Terrier (출처: National Kennel Club Web Page)

원고들의 소장수정신청은, 무과실책임법률 위반에 따른 손해배상이란 청구취지로만 구성된 청구취지 2항을 무과실책임법률 위반에 따른 손해배상 청구취지와 판례법의 과실(negligence)에 따른 손해배상 청구취지로 분할하겠다는 내용이었다.

피고들은 이런 신청에 반대하였고 1심법원은 이런 원고의 신청을 기각하였다. 1심법원은, 수정된 청구취지가 피고들에 대한 완전히 새로운 청구취지를 추가하는 내용이고, 재판시작 전날에 이런 수정 요청을 하는 것은 시기적으로 부당하다고 기각사유를 밝혔다.[98]

1심법원의 재판이 시작되고, 원고들은 Plonowski 사장에 대한 청구를 철회하였다.

유일하게 피고인으로 남겨진 Home Improvement 회사에 대해서 진행된 1심법원 재판에서, 배심원들은, 회사는 무과실책임법에서 규정한 "keeper"에 해당된다고 판단하고, 원고들에게 승소평결을 내렸다. 이런 배심원 평결에 대해서, 1심법원은, 원고 Roy Falby의 손해배상 청구에 대해서는, 피고 Home Improvement 회사가 $117,500 달러를 배상하라고 원고 승소판결을 내렸다. 하지만, 원고 Barbara Falby의 손해배상 청구에 대해서는, 무과실책임법률에서는 동반자관계 상실에 대한 손해배상은 허용되지 않는다고 판단하고, 배심원의 승소 평결을 취소하였다.

피고 Home Improvement 회사는 이런 1심법원의 판결에 대해서 불복하고 항소하였다.

Connecticut Supreme Court
(구글맵)

Home Improvement 회사의 주요한 항소취지는, (1)무과실책임법률은 개의 소유자 또는 보호자에게 책임을 지우고 있는데, 원고들이 개의 소유자인 Zarembski에 대해서 이미 궐석결정을 취득했기 때문에 회사는 책임이 없다는 주장과, (2) 회사가 무과실책임법률에서 규정한 보호자에 해당된다고 제시된 증거가 불충분하는 주장이었다.

원고들이 제기한 주요 항소취지는, (1) 자신들이 재판이전에 소장을 수정하겠다고 신청한 것을 기각한 1심법원의 결정은 잘못되었다는 점과, (2) 부인 Barbara Falby의 동반자관계 상실에 따른 손해배상 청구에 대한 배심원 평결을 취소한 1심법원의 결정이 잘못되었다는 주장이었다.

■ **법원의 판단은?**

➢ **Home Improvement 회사가 사고를 낸 개의 보호자에 해당되는지 여부**

Connecticut주 대법원에서 구두변론은 1991년 10월 29일에 열렸고, 다음해 1월 21일에 SHEA 대법관이 작성한 판결문이 나왔다.

대법원은, 먼저, 무과실책임법률에서 개의 사고에 대해서 책임이 있다고 열거한 "보호자(keeper)"는 "개의 소유자는 아니지만 개를 돌봐주거나(harboring)

---

[98] 원고들은 소장에서, Cree 가족에 대해서도 동일한 주장내용들과 동일한 청구취지를 제기하였고, 1988년 12월 13일, 청구취지를 2개로 분할하는 목적으로 소송장 수정신청을 1심법원에 제출하였으며, 이런 수정신청에 Cree 가족의 반대가 없어서, 그렇게 수정된 것으로 간주되었다. 이후, Cree 가족에 대한 청구는 철회되었다.

보관해주고(possession) 있는 사람"으로 법률에서 정의하고 있다는 점과,[99] 개를 돌봐준다는 것은 개에게 숙박이나 머물 곳이나 피난처를 제공해주는 행위이며,[100] 개를 보관한다는 것은 개에 대해서 지배력과 통제력을 행사하는 것 이상을 의미한다고[101] 해석하고 있다고 관련 법리를 정리하였다.

그리고, 이런 법리를 이번 사건에 적용하면, Home Improvement 회사가 사고를 낸 개의 "keeper"라고 보기에는 증거들이 불충분하다고 대법원은 판단하였다.

대법원은, 재판 기록에 의하면, (1) Home Improvement 회사는 그 회사의 사장인 Plonowski 를 통해서 Zarembski 가 자신의 pit bull terrier 품종 개를 여러 작업장들로 데려온다는 것을 알고 있었고, (2) Home Improvement 회사는 작업장들에 이렇게 개가 머물고 있는 것을 묵인해주었으며, (3) Home Improvement 회사가 Zarembski 가 작업장들에 개를 데려오는 것을 금지시키려면 그렇게 할 수 있었다는 사실들이 입증되었다고 지적했다.

대법원은, 이런 사실들이, 개가 원고를 공격한 사건과 Home Improvement 회사가 어떤식으로든 연루되었다고 보여 지게 할 수는 있지만, 그렇다고 Home Improvement 회사가 그 개를 돌보았다거나 보관하고 있었다는 점을 나타내고 있다고는 볼 수 없다고 평가했다.

따라서, 대법원은, 무과실책임법률에 의거하여 Home Improvement 회사에게 손해배상 책임을 지게하는 것을 정당화할 수는 없다고 판단하였다.

National Association of Landscape Professionals Webpage

대법원은, Home Improvement 회사가 그 개에게 먹이를 주거나, 물을 주거나, 거처를 제공하거나 다른 방식으로 돌보아주었다는 증거는 전혀 없고, 그 개의 행동에 어떤 형태로든 통제력을 행사하였다는 증거도 없다고 지적하였다.

따라서, 대법원은, Home Improvement 회사가 개가 사고를 낸 장소나 고용관계에 있는 Zarembski 종업원에 대한 통제력이 있었다고 해서, Zarembski 개가 작업장에 있는 동안 Home Improvement 회사가 그 개의 보호자가 되었다라고 할 수 없다고 판시하였다.

이런 결론을 뒷받침하기 위해서, 대법원은, 항소법원도 "보호자"의 의미를 비슷하게 해석하였다는 점을 언급하였다. Buturla v. St. Onge 사건에서, 항소법원은, 임차인이 소유한 개가 원고에게 부상을 입혔지만 임대인은 책임이 없다고 판결하면서, 임대인은 임대장소에서 임차인의 개가 있는 것을 단지 묵인해주었을 뿐이고 그 개에 대한 어떤 돌봄이나 개의 행동에 대한 실질적인 통제력이 없었던 경우여서, 임대인이 무과실책임법률에서 규정한 개의 보호자라고 볼 수 없다고 판단하였다. Buturla v. St. Onge, 9 Conn. App. 495, 519 A.2d 1235, cert. denied, 203 Conn. 803, 522 A.2d 293 (1987).

---

[99] A "keeper" is defined as "any person, other than the owner, harboring or having in his possession any dog." General Statutes 22-327.

[100] Malone v. Steinberg, 138 Conn. 718, 722, 89 A.2d 213 (1952)

[101] Hancock v. Finch, 126 Conn. 121, 123, 9 A.2d 811 (1939)

> **소송장 청구취지 수정요청을 기각한 것이 재량권 남용인지 여부**

원고들의 소송장 청구취지 수정요청을 기각한 1심법원 결정에 대해서는, 대법원은 이런 요청을 거절할 타당한 이유가 없었으며 따라서 1심법원은 재량권을 남용하였다고 판단하였고, 과실(negligence)에 기반한 클레임에 대해서는 재판을 다시하라고 1심법원으로 사건을 돌려보냈다.

대법원은 1심법원이 재량권을 남용했다고 판단하고 파기환송한 근거로 아래와 같은 점들을 지적하였다.

(1) 원고들의 소송장 내용을 살펴보면, 비록 한개의 청구취지로 기재하였지만, Home Improvement 회사에 대해서 무과실책임법률 위반 클레임과 판례법 과실에 의한 클레임을 명백하게 포함하고 있다.[102]

(2) 원고들의 소송장 수정요청을 승인해주는 것이 한가지 클레임을 한개의 청구취지에 포함시켜야한다는 소송절차법률규정을 더 잘 준수하는 결과가 도출되었을 것이다.

(3) 소송장 수정요청을 승인해주어도, 과실 클레임을 방어하는 것이 무과실책임법률 클레임을 방어하는 것과 실질적으로 유사해서, 피고들이 사실관계를 더 파악하기 위해서 재판을 연기해줄 필요가 없어서, 재판이 비정상적으로 지연될 가능성이 없었다.

(4) 소송장 수정요청을 받아주어도, 피고 Home Improvement 가 사전에 인지하지 못했던 갑작스러운 과실 클레임 때문에 피고 Home Improvement 에게 부당하게 불리함을 초래한다고 주장할 여지가 없다.

피고 Home Improvement 는 4년전에 소송장에 대한 답변서에서, 무과실책임법률에 대한 방어와는 상관없는 기여과실 방어주장 (special defense of contributory negligence)을 제기했는데, 이것은 피고가 원고들이 과실에 기반한 클레임을 했다는 점을 인지하고 있었으며 그런 클레임에 대한 방어주장을 했다는 점을 보여주기 때문에, 지금 소송장을 수정한다고 해서 피고에게 불리하게 될 이유가 없다.[103]

---

[102] 원고들의 1986년 6월 6일자 소장에 포함된 클레임들:
"...5. The defendant Home Improvement and Remodeling Co. Inc. was a keeper of the ferocious Pit Bull dog and is liable for the attack on Roy Falby and his injuries pursuant to Connecticut General Statutes Section 22-357. 6. **The plaintiff Roy Falby's injuries and losses were caused by the negligence or recklessness of the defendant Home Improvement and Remodeling Co. Inc. in that: a) it kept or permitted the ferocious Pit Bull dog to be kept on the premises; b) it knew or reasonably could know that the Pit Bull dog had vicious propensities; c) it failed to maintain control over or to restrain the Pit Bull dog or cause the dog to be controlled or restrained....**"

[103] 1986년 9월 19일 제출한 피고 Home Improvement 답변서의 방어주장:
"If the plaintiff suffered the damages and injuries in the manner and to the extent as alleged in the complaint, which is herein expressly denied, **then the same were proximately caused by his own carelessness and negligence in that he knew, or in the exercise of reasonable care, should have known that the dog was on the premises, and approached the premises from a direction and in a manner which he knew, or in the exercise of reasonable care should have known, would frighten, alarm and incite the dog.**"

> **원고 아들의 범죄내용에 대한 반대심문이 위법한 증거채택인지 여부**

원고들은 소송장에서, pit bull terrier 공격으로 인해서 Roy Falby 는 전체 신경체계에 놀라움과 두려움 및 충격과 스트레스를 입었고 급성 정신 및 감정 트라우마를 겪었다고 주장했다.

재판에서, Roy Falby 는, 사고 이후에 정신병원 의사로부터 장기간 심리치료를 받았어야 했고, 1 년 6 개월동안 심리치료사의 치료를 받았고 $5,000 달러 이상의 비용이 발생했다고 증언했다.

또한, Falby 는 심리치료사와의 심리치료 세션 중에 가끔 다른 주제들에 대해서 이야기하기도 했지만 대부분은 개의 공격에 대해서 치료가 진행되었다고 증언했다.

반대심문에서, Home Improvement 회사는 심리치료 시간의 대부분이 개의 공격에 대한 부분이었다는 Falby 의 증언을 탄핵하기 위해서, Falby 가 자신의 자녀들과 관련한 상황에 대해서 가지고 있는 스트레스에 대해서도 논의했다는 사실을 추궁하려고 했다.

당시, Falby 의 아들 Eddie 는 9 살 어린 여자아이를 살해한 죄로 15 년 이상 종신형 징역을 살고 있었고 그 사건은 지역에서 많은 언론보도와 사람들의 분노를 일으켰었다. 또한, Falby 의 다른 아들 Allen 도 강도죄로 기소되어 감옥에 있었고 HIV 바이러스에 양성반응을 보였다.

원고들은, 본안 사건과 관련이 없고 비방적이라면서 이런 취지들의 반대심문을 하는 것을 반대하였다.

원고의 아들 Eddie 살인사건과 징역 및 가석방 신청 논란문제를 다루고 있는 지방언론
(출처: Fairfield County Weekly, 2008 년 5 월 8 일)

양쪽의 주장들을 모두 청취한 다음에 1심법원에서는 두 아들이 범한 범죄들에 대한 제한적인 반대심문을 허용하였고, 범죄 희생자의 신원, 나이 또는 성별이나 기소, 항소 및 보석에 대한 질문은 불허하였다.

대법원 상고심에서, 원고들은, Eddie의 살인사건과 그에 대한 부정적인 언론보도 및 여론과 Allen의 HIV 감염에 대해서 심리치료 세션 중에 나눈 대화들에 대해서 반대심문을 하도록 허용한 1심법원의 결정이 잘못되었다고 주장했다. 피고 Home Improvement 회사는, 이런 질문들이 자신의 심리치료 비용 거의 대부분이 개의 공격으로 인해서 겪은 정신적 고통 때문에 발생하였다는 원고들의 주장을 반박하기 위해서 필요하다고 주장하였다.

이런 양측 주장들에 대해서, 대법원은 Home Improvement 주장이 맞다고 판단하였다.

대법원은, Falby의 증언이 심리치료 비용에 대한 피고 Home Improvement의 손해배상 책임여부를 쟁점으로 부각시켰고 관련 반대심문을 유발하였으며, 해당 심리치료 비용의 일부는 개의 공격으로 인한 부상과 관련이 없다는 주장과 해당 반대심문 내용은 상당한 연관성이 있으며, 이런 반대심문으로 인한 부정적 영향보다는 긍정적인 측면이 더 크기 때문에, 이런 반대심문을 허용한 1심법원 결정은 재량권을 남용하였다고 할 수 없다고 판단하였다.

■ 사건의 출처는?

▷ 사건출처: 미국 Connecticut 주 대법원 (Supreme Court of Connecticut)
1992년 1월 21일 판결문
FALBY v. ZAREMBSKI, 602 A.2d 1, 221 Conn. 14, (Conn. 1992)

▷ 사건제목: ROY J. FALBY ET AL. v. RICHARD ZAREMBSKI ET AL.

▷ 재판부: SHEA, GLASS, COVELLO, BORDEN and BERDON, JJ.

▷ 변호인: Michael T. Ryan, Richard T. Colbert, for the appellant-appellee (defendant Home Improvement and Remodeling Company, Inc.)
Howard B. Naylor, for the appellees-appellants (plaintiffs)

Connecticut Supreme Court 재판정 (출처: Connecticut Judicial Branch 웹페이지)

> 에피소드 38 – 판사님, 제가 우리 아파트를 빠져나와서 싸움을 벌린 시간은 아빠가 회사에서 퇴근을 하고 아파트로 돌아와서 한참이 지난 시간이었어요!
>
> 퇴근한 종업원의 반려견 "Jake"이 다른 사람을 공격해서 부상을 입히자, 회사가 종업원이 개를 회사에 데려오는 것을 허용했음으로 회사가 이 개의 보호자에 해당된다고 주장하면서, 피해자가 종업원과 회사를 상대로 손해배상을 청구한 사례
>
> 회사가 입주하고 있는 빌딩건물에 있는 아파트에 거주하던 종업원의 개가 아파트를 빠져나가서 계단을 올라오던 다른 개와 싸움을 벌렸고 그런 싸움을 말리던 사람이 부상을 입는 사고가 발생하자 종업원과 종업원의 회사를 상대로 소송을 제기한 사건에서, 사고당시 회사는 사고를 낸 개에 대해서 보관이나 통제권을 행사하지 않았고, 종업원이 자신의 편리를 위해서 회사에 개를 데려왔기 때문에, 회사는 이 개의 보호자나 편의제공자가 아니라고 판단하고 손해배상 책임을 부인한 Illinois 주 항소법원 판례
> (*Frost v. Robave, Inc.*)

■ 사건의 발단은?

미국 Illinois 주 Chicago 시 1347 South Michigan Avenue 에 있는 4 층짜리 빌딩건물에 거주하는 Kenneth Frost 는 German shepherd 품종 반려견 "Tristan"을 키우고 있었다.

1994 년 1 월 3 일 저녁 8 시쯤, Frost 는 반려견과 함께 저녁산책을 갔다가 빌딩건물로 들어와서 3 층에 있는 자신의 아파트로 가기위해서 공용계단을 올라가기 시작했다.

이때 3 층에 거주하는 다른 임차인인 Jeffrey Roberts 는 로비로 내려가서 우편물을 확인하기 위해서 아파트 문을 열었는데, 아파트 안에 있던 Akita 품종 반려견 "Jake"이 밖으로 뛰쳐나와서 계단으로 내려갔다. Roberts 는 자신의 개를 다시 아파트 안으로 불러 넣으려고 했지만 실패했다.

Frost 가 이층 계단에 이르렀을때, "Jake"이 공격을 해왔고 두마리 개들이 서로 엉켜서 싸우기 시작했다. Frost 는 개 싸움을 말리려고 했고 이 과정에서 "Jake"에게 물렸고 심각한 부상을 입었다.

Frost 가 공격을 당한 이 빌딩건물 2 층에는 "Robave, Inc." 회사가 위치해 있었는데, 이 회사는 의류를 만드는 사업을 하고 있었고, Jeffrey Roberts 와 그의 룸메이트인 Nicholas Cave 가 소유하고 운영하는 회사였다. 사고 당시에 Robave 회사는 그날 영업을 종료한 상태였다.

피고가 거주한 1347 South Michigan Avenue (구글맵)

사고를 낸 반려견 "Jake"은 애초에 Roberts 가 show dog 로 활용하기 위해서 구입했었는데, 다리가 굽어서 경연에 나갈 수는 없었으며, 그냥 반려동물로서 Roberts 와 Cave 의 아파트에서 살았다.

Roberts 는 자신이 이 반려견의 소유권자라고 생각하고 있었으며, 반려견 라이센스, 광견병 예방주사, 사료, 반려견 용품과 장난감, 수의사, 돌봄시설과 미용 등 "Jake"과 관련된 모든 비용을 부담하였다.

Robave 회사는 "Jake"을 기르는 것에 어떤 형태로도 기여하지 않았다.

얼마나 자주였는지는 다툼이 있지만, Roberts 는 가끔 Robave 회사로 일하러 갈때 "Jake"을 데리고 갔다. 하지만, 그 회사에서 "Jake"에게 정기적으로 머물 곳을 제공하거나 잠을 잘 수 있도록 하지는 않았다. 또한, "Jake"이 Robave 회사를 경비하는 용도로 사용되지 않았다.

Frost 는 Robave 회사에 "Jake"이 다양한 낮과 밤 시간대에 "Jake"이 Robave 회사에 있는 것을 100 차례 이상 보았다고 증언했다. 또한, 다른 여러명의 빌딩건물 입주자들은 Robave 회사에 "Jake"이 있는 것을 가끔 목격했고 물 그릇이나 사료 그릇과 개 집이 있기도 했다고 증언했다.

Frost 는 "Jake"이 예측불가능한 성품을 가졌고 과거에 다른 사람들을 공격하기도 했다는 증거도 제출하였다.

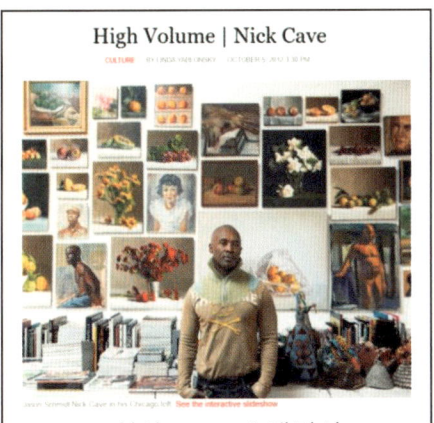

Bebave 회사 Cave 소개기사 (New York Times Style Magazine 2012. 10. 5)

Bebave 회사 내부 모습 (New York Times Stlye Magazine 2012. 10. 5)

■ 소송의 전개는?

Frost 는 Illinois 주 무과실책임법률(Illinois Animal Control Act) 위반에 따른 손해배상 청구와 과실(Negligence)에 의한 손해배상 청구를 내용으로 하는 소송을 1심법원(Circuit Court of Cook County)에 제기하였다.

원고는, Jeffrey Roberts 와 Nicholas Cave 개인들은 물론이고 Robave, Inc. 회사를 포함하여 수많은 관련 당사자들을 피고로 포함시켰다.

피고 Robave 회사는 원고의 소송이 근거가 없다고 주장하면서 소송을 기각해달라고 약식재판판결신청을 제기하였고, 1심법원은 Robave 회사의 신청을 받아들였다.

이런 1심법원의 결정에 불복하고 원고는 상급법원에 항소를 제기하였다.

■ **법원의 판단은?**

원고는 Robave 회사가 "Jake"의 "keeper" 또는 "harborer"였다고 합리적으로 추론할 수 있는 근거들이 있어서 1심법원이 약식재판판결로 소송을 기각한 것은 부당하다고 주장하였다.

이런 원고의 주장에 대해서, 항소법원은, 먼저, Illinois 주 무과실책임법률(Illinois Animal Control Act)에서 개의 사고에 대해서 책임이 있다고 규정한 "keeping"과 "harboring" 행위에 대해서, "keeping"는 어떤 개에 대해서 지배력을 가지고 "care, custody, or control"을 행사하고 있는 경우를 의미하며, "harboring"는 어떤 개에게 머물곳이나 쉴곳 또는 피난처를 제공하는 경우를 의미한다고 법리를 설명하였다.[104]

회사가 사고를 낸 개의 "Keeper"였는지 여부

사업장에 있는 개의 사고에 대해서 사업주가 책임을 지는 경우와 관련해서는, 항소법원은, 종업원이 자신의 반려견을 사업장에 데려온 것이 종업원의 편리를 위한 것이면 사업주는 그런 개의 "keeper"라고 볼 수 없고, 종업원이 사업주의 편익을 위해서 자신의 개를 사업장에 데리고 왔다면 사업주는 그런 개의 "keeper"라고 볼 수 있다라고 관련 법리를 정리하였다.

또한, 항소법원은, 어떤 사람이 "keeper"였다는 것을 입증하기 위해서는 그 사람이 사고 당시나 사고 직전에 해당 동물에 대해서 통제력을 가지고 있었다는 점을 보여주어야 한다면서, "keeper"의 개념이 시간적인 제한을 가진 성격이라고 설명하였다.

"Is your dog welcome at work? At Amazon's Sydney office, canines now have their own playground", 26 February 2024 (Amazon Web Page)

따라서, 어떤 개의 법적소유권자가 자신의 개를 직접 데리고 있으면서 통제하고 있을 때는 그 사람이 그 개의 법적소유권자임과 동시에 "keeper"에 해당되지만, 그런 보관권한과 통제권을 다른 사람에게 넘겨주면 그렇게 넘겨받은 사람이 "keeper"가 되고, 이 사람의 "keeper"로서의 권한은 원래 법적소유권자의 반환요청에 의해서 언제든지 종료될 수 있다라고 핵심 법리를 요약하여 설명하였다.

---

[104] Illinois Animal Control Act 책임조항: "If a dog or other animal, without provocation, attacks or injures any person who is peaceably conducting himself in any place where he may lawfully be, the **owner of such dog** or other animal is liable in damages to such person for the full amount of the injury sustained." 510 ILCS 5/16(West 1996).
Illinois Animal Control Act "owner" 정의조항: "[A]ny person having a right of property in a dog or other animal, or who **keeps or harbors** a dog or other animal, or who has it in his care, or acts as its custodian, or who knowingly permits a dog or other domestic animal to remain on or about any premise occupied by him."510 ILCS 5/2.16(West 1996).

이런 법리를 적용해서, 항소법원은, 이 사건에서 피고 Robave 회사는 "Jake"의 "keeper"가 아니였음이 분명하다고 분석했다.

이렇게 판단한 근거로, 항소법원은, (1) Roberts 를 제외하고는 Robave 회사에서는 아무도 "Jake"에 대해서 보관이나 통제권을 행사하지 않았고, (2) Roberts 는 자신의 편리를 위해서 개를 회사로 데리고 갔고, (3) "Jake"이 Robave 회사에 있는 것이 어떤 면에서도 회사에 도움이 되지 않았다는 점들을 지적했다.

또한, 설령 Robave 회사가 "Jake"이 그 회사에 있는 동안 그 개의 "keeper"였다고 간주된다고 해도, 회사가 영업이 끝나고 Roberts 가 자신의 개를 데리고 자신의 아파트로 돌아가는 순간에 이런 관계는 종료되고 Robave 회사가 가졌던 책임은 종료된다고 설명했다.

항소법원은, 사고 당시에 초점을 맞추어서 검토해야 하며, "Jake"은 이 사건 사고를 내기 이전에 Roberts 의 아파트에서 4 시간 정도나 지내고 있었던 상태였음을 지적하였다.

원고는, Roberts 와 Cave 및 Robave 회사가 하나의 우편함을 공유하고 있었으며, Roberts 가 자신의 우편물을 확인할때 회사의 우편물도 확인할 것임으로, Roberts 가 우편함으로 내려가기 위해서 문을 열었을때 Roberts 는 Robave 회사의 대리인 자격으로 행동한 것이며, 따라서, Roberts 의 "Jake"에 대한 보관과 통제권이 주인인 Robave 회사에게 있었다고 주장하였다.

이런 주장에 대해서, 항소법원은, 사고 당시에 Roberts 는 회사의 대리인이 아니라 자신의 사적 아파트에 있던 개인이었으며, Roberts 가 사업목적으로 아파트를 나가고 있었다고 해도 마찬가지이고, 더구나, Roberts 가 의도적으로 "Jake"을 데리고 나간 것이 아니고 그 개가 문이 열리자 탈출하였다는 점들을 지적했다.

항소법원은, 종업원이 회사업무와 관련한 일을 하면서 개를 데리고 갔거나 또는 사업장에 개를 데리고 갔는지와 상관없이, 종업원이 자신의 편리를 위해서 개를 데리고 갔는지, 아니면 사업주의 이익을 위해서 개를 데리고 갔는가, 사업주가 "keeper"에 해당하는지를 판가름하는 기준이라고 설시하였다.

회사가 사고를 낸 개의 "harborer"였는지 여부

Robave 회사가 "Jake"의 "harborer"였다는 원고의 주장에 대해서도, 항소법원은 그런 주장을 받아들이지 않았다.

항소법원은, 무과실책임법률에서 "harboring"의 의미에 대해서 재차 설명하면서, "harboring"은 개에게 머물곳이나 쉴곳 또는 피난처를 제공하는 행위이며, 어떤 사람이 일시적으로 자신의 장소에 개를 머물도록 허용했다고해서 그 사람이 "harboring"했다고 할 수 없고, 비정규적으로 물을 주거나 음식을 제공하는 것도 "harboring"에 해당되지 않고 음식이나 거처를 제공하는 것이 반 영구적인 성격이어야 "harboring" 행위에 해당된다고 설명했다.

"Amazon: Dog friendly Seattle's dog friendliest company", June 29, 2015 (Seattle DogSpot Web Page)

그리고, 사업장에 종업원이 개를 데려오는 것을 허용하는 경우에도, 사업장에 개가 있는 것이 단지 종업원의 편리를 위한 것이 아니고 사업주에게 혜택을 주는 경우에만 사업주가 이런 개의 "harborer"라고 할 수 있다는 법리도 밝혔다.

이런 법리를 적용해서, 항소법원은, "Jake"이 Robave 회사에 있던 것이 오로지 Roberts 의 개인적 편리를 위한 것이었다고 보고, Robave 회사가 "Jake"을 "harboring"하지 않았다고 판단했다.

이런 판단의 근거로, 항소법원은, (1) 개에게 제공된 사료는 Roberts 가 제공한 것이었고, (2) Robave 회사는 어떤 형태로도 개를 키우는 일에 기여하지 않았고, (3) "Jake"이 사업장에 있는 것이 Robave 회사에 이익이 된다는 어떤 증거도 기록에 없으며, (4) "Jake"이 사업장을 경비하거나 보호하는 목적으로 사용되지도 않았다는 점을 지적하였다.

회사가 과실이 있었는지 여부

마지막으로, 항소법원은, 무과실책임법률을 위반하지 않았다고 해도, 판례법의 과실에 의한 책임이 발생할 수 있다는 점을 인정하면서, Robave 회사가 "Jake"에 대해서 무과실책임법률에 의한 "keeper" 또는 "harborer"에 해당되지 않는다고 해도, Robave 회사가 과실법리를 위반하였다면 손해배상 책임이 발생할 수도 있다고 설명했다.

그리고, 항소법원은, 과실법리에 의한 손해배상책임은, (1) 피고가 사고를 낸 개를 소유하거나 통제하거나 보관하고 있었던 경우나, (2) 피고가 사고가 발생한 장소에 대해서 관리 책임이 있었던 경우나, (3) 피고가 해당 개를 약올리거나 도발해서 공격을 하도록 유도한 경우에 발생할 수 있다고 관련 법리를 정리하였다.

하지만, 항소법원은, 이 사건에서는, (1) Robave 회사가 "Jake"를 법적으로 소유하거나 통제하거나 보관하고 있지 않았고, (2) 사고가 발생한 장소가 Robave 회사에서 발생하지도 않았으며, (3) Robave 회사가 "Jake"에 대해서 어떤 의무가 있었다는 아무런 증거도 없다고 판단했다.

따라서, 항소법원은, Robave 회사는 과실이론에 의한 손해배상 책임이 없다고 밝혔다. 이런 이유에서, 최종적으로, 항소법원은 원고의 항소를 모두 기각하고 1심법원의 판결을 인용하였다.

피고가 키우던 Akita 품종 (American Kennel Club Dog Breeds Web Page)

■ 사건의 출처는?

▷ 사건출처: 미국 Illinois 주 항소법원 (Appellate Court of Illinois, First District, Second Division) 1998 년 4 월 21 일 판결문; Frost v. Robave, Inc., 296 Ill.App.3d 528, 694 N.E.2d 581, 230 Ill.Dec. 612 (Ill. App. 1998)

▷ 사건제목: Kenneth V. FROST, Plaintiff-Appellant, v. ROBAVE, INC., Defendant-Appellee (Jeffrey Roberts; Nicholas Cave; Central National Bank of Chicago, as

Trustee Under Trust No. 16638, Subsequently Known As Exchange National Bank, now known as LaSalle National Bank; American National Bank and Trust Company of Chicago, as Trustee Under Trust No. 46532; Kenneth Goldberg, Indiv. and doing business as C.M.C. MGR Company and C.M.C. MGR Company, Defendants).

▷ 재판부: Justice RAKOWSKI 주심판사; McNULTY, P.J., and TULLY, J., concur

▷ 변호인: Jeffrey M. Goldberg & Associates, Ltd. (Jeffrey M. Goldberg, Geoffrey G. Johnson, of counsel), Chicago, for Plaintiff-Appellant.
Cutler & Hull (David P. Cutler and Mark D. Andrews, of counsel), Chicago, for Defendant-Appellee.

피고를 대리했던 Cutler & Hull 법률회사의 웹페이지

원고를 대리했던 Goldberg 법률사무소의 웹페이지

> 에피소드 39 – 판사님, 저는 이번 사고를 내기 이전에는 아빠가 다니는 회사 사람들과 아무런 문제없이 잘 지내고 있었어요!
>
> 회사의 종업원이 회사로 데려온 개가 회사를 방문한 고객을 공격해서 부상을 입힌 사고가 발생하자, 피해자가 개의 주인 뿐만 아니라 종업원의 개를 회사에 있도록 허용한 회사에게도 책임이 있다고 손해배상을 청구한 사례
>
> 회사의 종업원이 회사로 데려온 개가 회사를 방문한 고객을 물어서 부상을 입힌 사고가 발생하자, 피해자가 사고를 낸 개의 주인인 종업원과 종업원의 회사를 상대로 다양한 청구취지를 주장하면서 손해배상을 청구한 소송에서, 종업원의 개가 업무수행 중에 사고를 내지 않았고, 종업원의 개가 사고 이전에 공격성을 보여주지 않았고, 회사가 종업원의 개에 대한 편의제공자가 아니었다고 판단하고 손해배상 책임을 부인한 Washington 주 항소법원 판례
> (*Austin v. Jimmy's Contractor Service, Inc.*)

■ 사건의 발단은?

미국 Washington 주 Spokane 지역에서 JIMMY'S ROOFING 이란 상호로 지붕설치사업을 하고 있던 JIMMY'S Contractor Service, Inc. 회사는 2015 년 11 월에 그 지역을 강타한 폭풍우로 많은 일감이 발생하자, Colorado 에 있는 Golden Exteriors 라는 회사와 판매와 판매관리 서비스를 제공하는 용역계약을 체결하였다.

이후, 2015 년 12 월 2 일, Ryan Erwin 과 보조사원이 Jimmy's 회사에 지원을 왔고, Jimmy's 회사에서는 이들이 근무할 자리를 배정하였다.

Erwin 은 개를 한마리 데리고 왔는데, Jimmy's 회사는 Erwin 이 자신의 사무실에 그 개를 데리고 있어도 좋다고 허용했고 그 개가 고객들과는 접촉이 없도록 하라고 지시했다.

2015 년 12 월 7 일, John Austin 은 지붕수리 일정을 잡기 위해서 Jimmy's 회사의 사업장을 방문했다. 일정약속을 마치고 회사의 종업원 Jennifer Love 가 Austin 을 출입문까지 배웅을 하였는데, 이때, Erwin 의 개가 사무실에서 뛰쳐나왔고 Jennifer Love 를 보호하려던 Austin 의 손을 물었다.

이런 사고로 Austin 은 손의 힘줄이 손상되었고, 2 개월쯤 후에 이런 부상을 치료하기 위해서 수술을 하였다.

■ 소송의 전개는?

Austin 은 과실에 따른 손해배상과 사업장 사고책임위반에 따른 손해배상, 그리고, 종업원 과실에 대한 사업주 대위책임에 따른 손해배상을 주장하면서, 개의 주인인 Ryan

Jimmy's Roofing 사무실 (구글맵)

Erwin 과 Jimmy's 회사를 상대로 1심법원(Spokane County Superior Court)에 소송을 제기하였다.

Jimmy's 회사는 자신에 대한 Austin 의 소송이 근거가 없다면서 소송을 기각해달라고 1심법원에 약식판결신청을 하였다.

1심법원은 Austin 의 청구취지가 구성요소를 충족하지 못했다고 판단하고 Jimmy's 회사의 신청을 받아주고 원고패소 판결을 내렸다.[105]

Austin 은 이런 1심법원의 판결에 불복하고 항소하였다.

■ 법원의 판단은?

항소심에서, 원고/항소인 Austin 은, 사업주 대위책임이론(vicarious liability), 사업장 사고책임이론(premises liability), 그리고, 위험한 개를 보유한 책임이론(harboring a dangerous dog)에 근거해서 Jimmy's 회사가 손해배상 책임이 있다고 주장했다.

Vicarious Liability 주장

먼저, Erwin 은 Jimmy's 회사의 종업원이었으며, 개 물림 사고가 Erwin 이 Jimmy's 회사에서 근무하는 동안에 발생하였음으로 Jimmy's 회사는 이런 개물림 사고에 대해서 대위책임이 있다는 원고/항소인 Austin 의 주장에 대해서, 항소법원은 이런 주장을 받아들이지 않았다.

항소법원은, 대위책임(vicarious liability 또는 doctrine of respondeat superior) 이론은 사업주를 위해서 일하던 종업원의 불법행위에 대해서 사업주에게 책임을 묻는 이론으로, 종업원이 개인적인 업무를 위해서 고용된 일에서 벗어나 있었으면 적용되지 않고, 종업원이 고용된 업무를 수행하는 중이었는지 여부는, 그 종업원이 고용계약에서 부여한 의무를 수행하고 있었거나, 고용주가 특별히 지시한 업무를 수행하고 있었거나, 고용주의 이익을 위한 행위를 하고 있었는지에 따라서 판단해야 한다고 관련 법리를 정리하였다.

항소법원은, 설령 Erwin 이 Jimmy's 회사의 종업원이었다고 가정해도, Erwin 의 개가 Jimmy's 회사에 있었던 것이 Erwin 이 고용된 업무를 수행하는 중에 발생하지는 않았다고 판단했다.

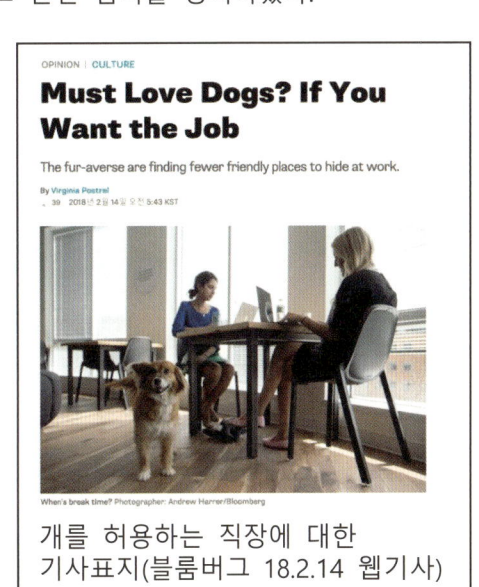

개를 허용하는 직장에 대한 기사표지(블룸버그 18.2.14 웹기사)

이렇게 판단한 근거로 항소법원은, (1) Erwin 의 개는 회사의 허락을 받고 사업장에 있었지만, Erwin 이 고용된 업무를 이행하는 것을 도와주거나 회사의 이익을 향상하기 위해서 그곳에 있었던 것은 아니었으며, (2) Erwin 은 지붕수리회사에게 판매와 판매관리서비스를 제공하기 위해서 고용되었고, 사무실에 개를 데리고 있는 것이 Erwin 에게는 분명히 편의를 주는 것이지만 Erwin 이 Jimmy's 회사에서 근무하는 것에는 이 개는 아무런 역할이 없었다는 점을 지적했다.

---

[105] 사고를 낸 개의 주인인 Erwin 은 무과실책임법률 위반으로 손해배상책임이 있다는 점에는 다툼이 없고, 따라서, 항소에 포함되지 않았다.

Premises Liability 주장

원고/항소인 Austin의 사업장 사고책임이론(premises liability)에 대해서도 항소법원은 부정적인 입장을 취하였다.

항소법원은, 사업장 사고책임이론에 의하면, (1) 사업장 점유자가 사업장에 있는 상태가 방문객(invitee)에게 비합리적인 사고위험이 있다는 사실을 알았거나 적절한 주의를 기울였으면 알 수 있었고, (2) 방문객이 이런 위험을 발견하거나 대비하기 어렵다는 것이 예상되었고, (3) 이런 위험으로부터 방문객을 보호하기 위한 합리적 조치를 취하지 않은 경우에는, 사업장 점유자는 이런 사고위험에 의해서 방문객에게 발생한 피해를 보상해야 한다고 해당 법리를 요약하였다.

이런 법리와 관련해서, 항소법원은 Oliver v. Cook 사건을 참고로 인용하였다.[106]

Surprising Street Sign: Beware of Dog' Sign on Public Street! (YouTube, Chef Dez, 2024. 7. 25)

그 사건에서는 원고 Oliver가 피고 Mero의 부지에서 자동차수리점을 운영하고 있었는데, Mero의 친구 Cook가 키우는 개가 지나가는 행인들을 보고 짖는 행태를 보였고, 이것을 알고 있는 Mero는 그 개가 타고 있는 자동차에 접근하는 것을 피했고 다른 사람들에게도 그렇게하도록 주의를 주었다.

어느날 Cook는 창문이 열린채로 주차된 트럭 안에 개를 가두어두고 있었는데, Oliver가 그 트럭의 옆을 지나갈때 개가 창문으로 뛰어나와서 얼굴을 물었다.

그 사건 법원은 Mero가 개의 공격적 성향을 알고 있었기 때문에 그곳을 출입하는 Oliver에 대해서 이런 위험을 방지하는 의무를 위반했는지 여부는 재판에서 판단해야한다고 결정했다.

항소법원은, Austin은 방문객(invitee) 지위였다는 점에는 다툼이 없고, 따라서, Jimmy's 회사는 사업장 상태에 대해서 사고위험을 방지하기 위한 합리적인 노력을 해야하는 의무가 있었다고 설명했다.

하지만, 항소법원이 인용한 사건과는 달리 이 사건에서는, Jimmy's 회사는 Erwin의 개가 공격적이라는 점을 알지 못했었고, 그 개는 사교적이고 놀기를 좋아했으며 사고가 발생하기 몇일 이전까지도 사무실에서 아무런 문제없이 잘 지내고 있었다는 증거들이 제시되었다.

결론적으로, Austin은 Jimmy's 회사가 Erwin의 개가 위험하다는 것을 알았거나 알았어야 한다는 증거를 제시하지 못했고, 따라서, Jimmy's 회사가 Austin을 위험한 상태로부터 보호해야하는 의무를 위반했다는 아무런 증거도 없어서, 사업장 사고책임이론에 기반한 Austin의 청구는 기각하는 것이 타당하다고 항소법원은 밝혔다.

---

[106] Oliver v. Cook, 194 Wn. App. 532, 544, 377 P.3d 265 (2016)

Harboring 주장

마지막으로, Jimmy's 회사는 Erwin의 개를 "harboring"하고 있었으며 Harboring 책임이론에 기반해서 Jimmy's 회사는 과실에 대한 손해배상 책임이 있다는 Austin의 청구취지에 대해서도, 항소법원은 비판적인 입장을 보였다.

항소법원은, "harboring"은 어떤 개를 자신의 집에 사는 것처럼 대우하고 보호하면서 그 개의 행동을 통제하는 사람을 의미한다고 정의하고, 개를 자신의 땅에서 단지 머물도록 허용하는 것은 "harboring"에 해당하기에 불충분하다고 설명했다.

그리고, 아버지가 소유한 땅에 있는 별도의 주택에 거주하는 아들이 키우는 개는, 비록 아버지가 그곳에 개를 키우지 못하도록 할 권한이 있었지만 그렇게 하지 않았다고 해도, 아버지가 "harbor"한다고 할 수 없다고 설명한 Harris v. Turner 사례와, 주인이 종업원에게 배타적으로 점유하도록 제공한 집에서 종업원이 개를 기르는 것을 허용한 경우에도 주인을 종업원의 개를 "harbor"한다고 할 수 없다고 설명한 사례를 인용했다.[107]

음식점 출입구에 앉아있는 개

또한, 항소법원은, 단지 개를 자신의 부지에 머물도록 허용했다는 것으로부터 책임이 발생하지는 않으며, 사고가 발생할 개연성이 있는 상황에서 비효과적으로 개에 대한 통제력을 행사했을때 과실(negligence)이 있다고 할 수 있고, 적절한 정도의 통제력은 개의 과거 전력과 부상이 발생할 리스크 등 전체적으로 상황을 고려해서 합리적이 사람이 취할 정도를 의미하며, 피고가 해당 개가 위험한 성향을 가지고 있다는 점을 알았거나 알았어야 한다는 증거를 원고가 제시해야 한다고, 이 사건에 적용되는 법리를 설명했다.

결론적으로, 항소법원은, 인용한 사례들처럼 이 사건에서도 Jimmy's 회사가 Erwin의 개가 위험한 성향이 있어서 사업장을 방문하는 사람들을 보호하기 위한 조치가 필요하다는 것을 알거나 알았어야 한다는 어떤 증거도 Austin이 제시하지 못하고 있고, 따라서, Jimmy's 회사는 Austin에 대해서 보호조치를 취해야하는 의무를 위배하지 않았다고 판시했다.

이런 이유에서, 항소법원은 원고/항소인 Austin의 항소를 모두 기각하고, 피고/피항소인 Jimmy's 회사에 대한 소송을 기각하는 1심법원의 판결을 유지하였다.

■ **사건의 출처는?**

▷ 사건출처: 미국 Washington 주 항소법원(COURT OF APPEALS)
2019년 10월 17일 판결문; Austin v. Jimmy's Contractor Servs., Inc., et al.

▷ 사건제목: JOHN AUSTIN, individually, Appellant, v. JIMMY'S CONTRACTOR SERVICES, INC. d/b/a JIMMY'S ROOFING; RYAN ERWIN and JANE DOE,

---

[107] Harris v. Turner, 1 Wn. App. 1023, 1030, 466 P.2d 202 (1970); Frobig v. Gordon, 124 Wn.2d 732, 881 P.2d 226 (1994)

individually and/or as a marital community, Respondents.

▷ 재판부: KORSMO 주심판사; Fearing 판사; Siddoway 판사
▷ 변호인: Julie Christine Watts for John Austin (Appellant)
             Gerald Kobluk for Ryan Erwin (Respondent)
             Gerald Kobluk for Jimmy's Contractor Services, Inc. (Respondent)

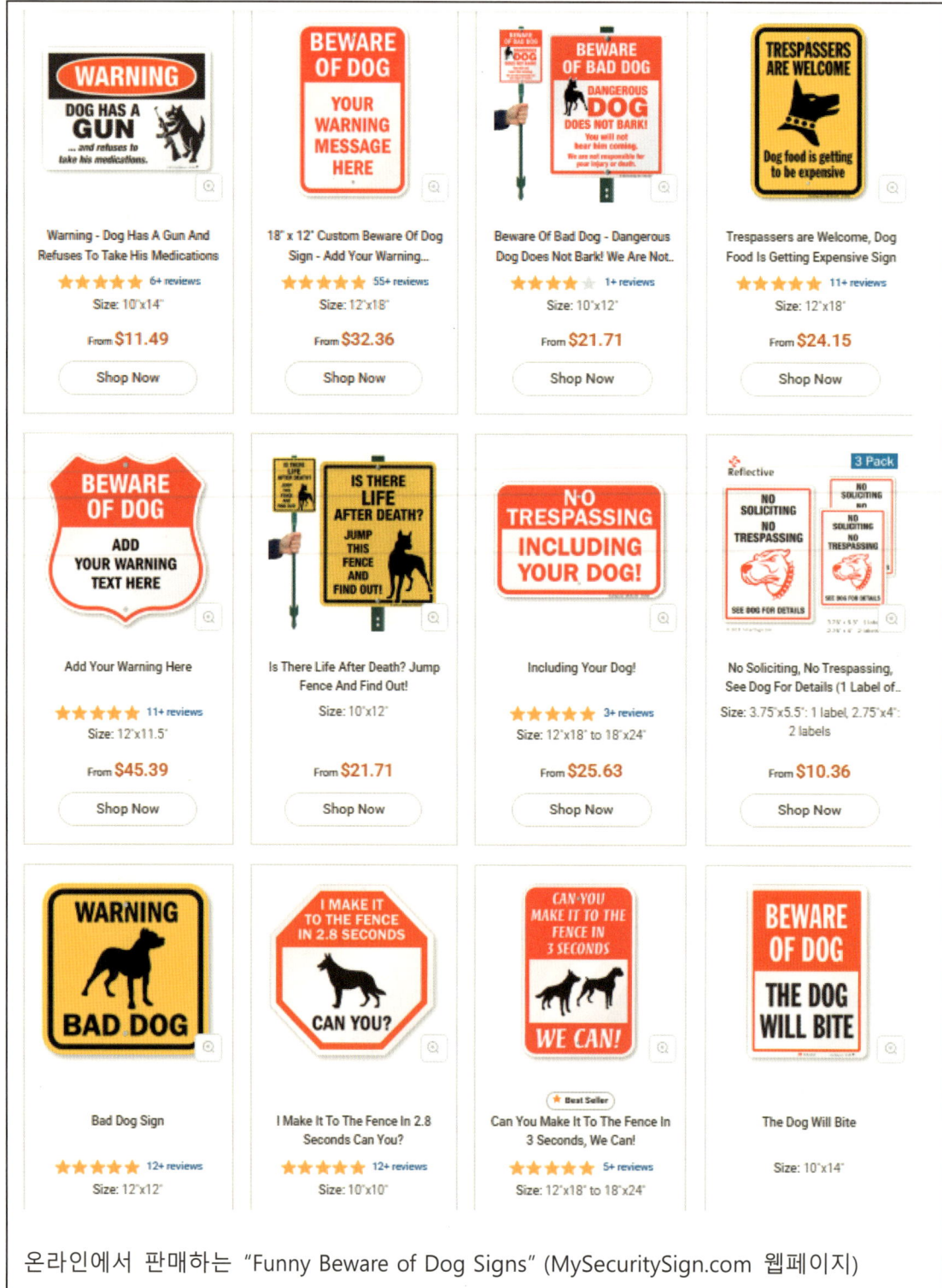

온라인에서 판매하는 "Funny Beware of Dog Signs" (MySecuritySign.com 웹페이지)

> **에피소드 40 – 판사님, 저는 우리 아빠와 호텔에서 몇달동안 살고 있는데 울타리에 있는 개구멍을 통해서 옆에 붙어있는 다른 호텔 주차장으로 놀러가기도 했어요!**
>
> 주차장에서 반려견 "Yogi"를 산책시키던 투숙객이 옆 호텔에서 넘어온 pit bull 개의 공격을 받고 부상을 입자, 옆 호텔이 사고를 낸 pit bull 개의 "harborer"에 해당된다고 주장하면서, 옆 호텔을 상대로 손해배상을 청구한 사례
>
> 호텔 투숙객이 호텔 주차장에서 반려견을 산택시키다가 옆 호텔에서 넘어온 pit bull 개의 공격을 당해서 부상을 입자, 옆 호텔이 사고를 낸 개와 그 주인이 함께 그 호텔 객실에서 살도록 허용했음으로 옆 호텔이 이 개의 "harborer"에 해당된다고 주장하면서 무과실책임법률에 의해서 손해배상 책임이 있다고 제기한 소송에서, 사고를 낸 개가 주인과 함께 옆 호텔 객실에서 임시적으로 체류했다기 보다 그곳에서 살았다고 볼 수 있고, 옆 호텔이 사고를 낸 개가 자유롭게 공용구역에 머물도록 허용하였기 때문에 "harborer"에 해당된다고 판단하고 손해배상 책임을 인정한 Ohio 주 항소법원 판례
> (*Brown v. FMW RRI NC, LLC*)

■ 사건의 발단은?

FMW RRI NC, LLC 회사는 미국 Ohio 주 Reynoldsburg 지역의 2449 Brice Road 거리에 위치하고 있는 "Red Roof Inn" 호텔을 운영하고 있었다.

이 Red Roof Inn 호텔은 옆에 있는 "Extended Stay America" 호텔의 주차장과 경계가 붙어있었는데, Red Roof Inn 호텔 관리직원인 Estill Moore 의 증언에 의하면, 이 두 호텔의 경계에는 Red Roof Inn 호텔이 설치한 약 180cm 높이의 철망울타리가 있었다.

Extended Stay America 호텔 직원인 Amber Raymond 는, 쓰레기장 근처에 있는 철망울타리의 아래 부분에 구멍이 한개 있었으며 그 구멍은 사고가 나기 약 8 개월 이전부터 있었다고 진술했다.

Red Roof Inn 호텔과 Extended Stay America 호텔 전경 (구글맵)

Red Roof Inn 과 Extended Stay America 사이의 철망울타리 (구글맵)

2013년 3월 3일 밤, Extended Stay America 호텔에 손님으로 체류하던 Leanne Brown 은 이 호텔의 주차장에서 자신의 terrier 와 poodle 믹스견 품종 숫컷 반려견인 "Yogi"를 산책시키고 있었다.

이때 아무런 경고도 없이 RHONE 의 pit bull 개가 나타나서 BROWN 의 반려견 "Yogi"를 공격하였다. 사고 당시에, RHONE 은 사고를 낸 pit bull 개와 함께 Red Roof Inn 호텔에 손님으로 투숙하고 있었다.

RHONE 의 pit bull 개는 "Yogi"의 머리를 뒤에서 물고 흔들기 시작했으며, 이를 말리기 위해서 BROWN 이 끼어들었고, BROWN 은 pit bull 개의 목을 붙잡고 눈 사이를 주먹으로 가격하였다.

그러자, pit bull 개가 BROWN 의 손을 물었고, 그 결과, BROWN 의 왼쪽 손 약지손가락이 부러져서 수술을 받는 심각한 부상을 입었다.

BROWN 은 그 pit bull 개가 Red Roof Inn 호텔 쪽에서 어떻게인지는 몰라도 철망울타리를 넘거나 통과해서 나타났다고 믿었다. 사고 현장에는 Columbus 경찰 및 응급구조대와 동물통제부처가 출동했다.

Red Roof Inn 호텔의 매니저인 Cris Hansen 의 증언에 의하면, Red Roof Inn 호텔은 반려동물 친화적 호텔로서 손님들이 반려견들과 함께 호텔에 투숙하는 것을 허용하고 있으며 반려견규정도 만들어서 사용하고 있다고 한다.

Red Roof Inn 호텔의 반려견규정에는,
(1)호텔에서는 반려견을 환영한다고 명시하고 있으며,
(2)투숙객은 별도의 보증금없이 객실에서 반려견과 함께 투숙할 수 있고,
(3)반려견의 행실이 문제가 없어야 하며,
(4)반려견의 무게는 80 파운드 이하여야 하고,
(5)주법률이나 조례에서 반려견을 금지하고 있지 않아야 하며,
(6)반려견의 종류와 크기에 따라서 호텔에서 투숙을 거절할 권리가 있으며,
(7)객실 바깥에 있는 동안에는 반려견은 목줄을 착용해야 하며,
(8)호텔에서 산책을 시킬때는 다른 손님들을 배려하고 배설물을 치워야 한다라는 내용들이 포함되어 있었다고 한다.

Red Roof Inn Pet Policy (출처 Red Roof Inn Web Page)

사고 당시 Reynoldsburg 시정부의 조례에 의하면, 시 구역내에서는 pit bull 품종의 개를 소유하거나(owning) 보호하거나(keeping) 돌보는(harboring) 행위를 금지하고 있었다. Reynoldsburg, Ohio Code of Ordinances 505.01(m)(5).

참고로, 이 조례는 2018 년에 개정되어서 해당 조항이 삭제되고 개 품종에 의한 맹견분류방식이 배제되었다.

> (m) "Vicious dog or other vicious animal" means a dog or other animal that meets any of the following:
> 1. Without provocation, has killed or caused serious injury to any person:
> 2. Without provocation, has caused injury, other than killing or serious injury, to any person, or has killed another dog or other animal;
> 3. A dog or animal that has been trained for dog/animal fighting, or bred, or abused, or is kept primarily or in part for the purpose of dog/animal fighting.
> 4. Any dog or animal with a known propensity, tendency or disposition to attack unprovoked, to cause injury or to otherwise endanger the safety of human beings or domestic animals.
> ~~5. Belongs to a breed that is commonly known as a pit bull dog. The ownership, keeping or harboring of such a dog, commonly known as a pit bull dog, shall be prima facie evidence of the ownership, keeping or harboring of a vicious dog or other vicious animal.~~

Cris Hansen 은 Red Roof Inn 호텔 투숙객의 25 내지 30 퍼센트가 반려견을 데려오고 있다고 추정했고, 이 호텔 직원인 Estill Moore 는 약 70 퍼센트의 투숙객이 반려견을 데려온다고 추정했다.

이렇게 Red Roof Inn 호텔은 반려견 무게를 제한하는 규정을 만들어두고 있었음에도 불구하고, Cris Hansen 은, 자신이 호텔에서 근무하던 12 년 동안에 반려견 무게규정을 적용한 적이 없었고 호텔 경영진도 반려견 무게규정을 집행하는 것을 논의한 적이 없었다고 진술했다. BROWN 은 RHONE 의 pit bull 개가 약 95 파운드 정도 무게였다고 추정했다.

또한, Cris Hansen 은, Red Roof Inn 호텔에 체류할 수 있는 반려견 종류에 대한 제한도 없었으며, 자신이 투숙객에게 반려견을 퇴거시켜달라고 요청했던 적은 한번도 없었고, 투숙객이 호텔 객실 외부로 반려견을 데리고 나오는 경우에는 목줄을 착용시키고 보호자가 통제하도록 요청했을 뿐이라고 진술했다.

RHONE 에 대해서는, Cris Hansen 은, RHONE 이 호텔 규정을 위반해서 호텔 객실에서 개를 2 마리 데리고 있었다고 알고 있었으며, 이 개들은 아마 pit bull 품종이었을 것이고, RHONE 이 개들을 호텔에서 산책시키는 것을 자신도 목격한 적이 있었으며, RHONE 은 노숙자였고, 이 호텔 객실에서 3 개월 내지 4 개월동안 거주하고 있었다고 증언했다.

■ 소송의 전개는?

2013 년 8 월 2 일, 원고 Leanne Brown 은 1 심법원(Franklin County Court of Common Pleas)에 소송을 제기하였다.

원고는, Red Roof Inn 호텔을 운영하는 피고 FMW RRI NC, LLC 회사가 RHONE 의 pit bull 개에 대해서 Ohio 주 무과실책임법률(R.C. 955.28)에서 규정하고 있는 "harborer"에 해당하기 때문에, 자신의 부상에 대해서 손해배상책임이 있다고 주장하였다.[108]

1 심법원인 Franklin County Court of Common Pleas 웹페이지

---

[108] 소송장에서는 사고를 낸 개의 주인인 Westley Rhone 도 피고로 지명하였지만, Westley Rhone 에 대한 송달이 이루어지지 않았고 Westley Rhone 은 소송에 참여하지도 않았다.

2014년 5월 7일, 피고 FMW 회사는 원고의 소송을 기각해달라는 약식판결신청을 하였다.

2024년 10월 24일, 1심법원은, RHONE이 피고 FMW 회사의 호텔에 체류한 것이 임시적이어서 이 호텔을 RHONE의 pit bull 개가 사는 집이었다라고 하기에는 충분하지 않으며, 따라서, 피고 FMW 회사가 RHONE의 pit bull 개에 대해서 무과실책임법률에서 규정하고 있는 "harborer"가 아니라고 판단하고, 피고 FMW 회사의 약식판결신청을 받아주고, 원고의 소송을 기각하는 판결을 내렸다.

원고는 이런 판결에 불복하고 항소법원(Court of Appeals of Ohio, Tenth District, Franklin County)에 항소를 제기하였다.

■ 법원의 판단은?

항소법원은 항소심에서의 쟁점과 법리를 우선 정리하였는데, "dog bite statute"라고 불리는 Ohio주 무과실책임법률(R.C. 955.28)은 사고를 낸 개의 owner, keeper 또는 harborer에게 손해배상책임을 부여하고 있는데, 이 사건에서, 피고 회사는 RHONE의 pit bull 개에 대한 소유권자나 보호자가 아니라는 점에는 이견이 없다고 지적하고, 어떤 사람이 해당 개의 "harborer"인지 여부는 배심원들이 결정해야할 사실관련 문제라고 밝혔다.

Ohio주 항소법원 웹페이지

항소법원은, 해당 법률에서는 "harborer"의 정의가 명확하게 내려져 있지는 않지만, 판례들은 "사고를 낸 개가 기거하는 장소를 점유하고 통제하며 그곳에 해당 개가 머무는 것을 묵인해주는 사람"이라고 해석하고 있다고 설명하고, 어떤 사람이 "harborer"인지 여부는 해당 개에 대한 점유와 통제력이 아니라 해당 개가 기거하는 장소에 대한 점유와 통제력이 분석의 초점이라고 설명했다.

또한, "묵인"한다는 행위는 의도적이어야 하며, 해당 개가 자신의 장소를 집으로 여기고 기거하는 것을 알면서도 허용했어야 그런 행위가 있었다고 볼 수 있다라고 판단한 판례들을 소개하였다. 항소법원은, "harborer"가 되기 위해서 해당 개에 대해서 마치 개의 소유권자처럼 행동해야하거나 그 개를 통제하거나 음식을 제공해야하지는 않는다는 점도 언급하였다.

항소법원은, 어떤 장소에 기거한다는 것이 임시적으로 체류하는 것 이상을 의미한다고 판시한 판례들을 인용하였는데, Root v. Thousand Adventures of Ohio 사건에서는, 캠프장에서 고객이 체류할 수 있는 최장기간을 21일로 제한하고 있다는 점에서, 캠프장의 다른 고객을 공격한 개가 그곳에 살고 있었다고 보지는 않았다고 설명했다. Root v. Thousand Adventures of Ohio, 9th Dist. No. 96CA6477 (Apr. 2, 1997).

그리고, 어떤 건물의 뒷부분에서 자신의 주인과 함께 간헐적으로 머물렀던 개는 그 장소에서 기거하였다고 할 수 없다고 판단한 판례도 소개하였다. Ryan v. No. 14AP-953 6 Van DeWalle, 10th Dist. No. 77AP-611 (Dec. 29, 1977).

RHONE 의 pit bull 개가 피고회사 호텔에서 기거했는지 여부

항소법원은, 이런 법리들을 적용해서 이 사건의 기록을 살펴보면, 피고회사가 운영하는 호텔은 반려견 친화적 호텔로서 투숙객이 반려견과 같이 객실에 투숙하는 것을 허용했고, 호텔에서는 RHONE 이 반려견들과 함께 호텔객실에 투숙하고 있다는 것을 알고 있었고 그렇게 있도록 허용했으며, 반려견들이 호텔의 공용구역에 출입하는 것도 허용했음으로, 피고회사가 RHONE 의 반겨견들이 호텔에 체류하는 것을 묵인했다고 볼 수 있다고 분석했다.

그럼에도 불구하고 1 심법원은 RHONE 이 피고회사 호텔 객실에 단지 임시적으로 체류하고 있었기 때문에 피고회사가 RHONE 의 개에 대해서 "harborer"에 해당되지는 않는다고 판단했는데, 항소법원은 1 심법원의 그런 판단은 잘못되었다고 지적하였다.

"As Pet Travel Grows, Hilton's Extended Stay Hotels To Go 100% Pet-Friendly By 2022", By Ramsey Qubein, Forbes Web Page

1 심법원은 RHONE 이 피고회사 호텔 객실에 체류한 성격을 임시적이고 간헐적이라고 평가하였는데, 그런 판단의 근거로 아래와 같은 점들을 주목했었다.
(1) 피고회사 호텔의 숙박기록에 의하면, RHONE 은 2013 년 1 월 11 일부터 3 월 10 일까지 46 일간을 그 호텔에서 투숙했고,
(2) RHONE 은 해당 기간동안 단지 12 일만 그 호텔에 투숙하지 않았고,
(3) RHONE 이 이 호텔에 최장기간동안 연속 투숙한 것은 10 일간이었고,
(4) RHONE 은 1 주일 단위로 숙박비를 현금으로 호텔에 지불했으며,
(5) RHONE 은 이 호텔에 투숙할 때마다 다른 객실에서 투숙했고,
(6) 호텔객실에서 퇴실할때는 RHONE 은 자신의 개인사물들을 객실에서 모두 꺼내가야 했다.

하지만, 항소법원은, 아래와 같은 점들이 주목해야 하는 주요한 증거들이라고 지적했다.
(1) 피고회사 호텔의 숙박기록이 약간 혼동스럽긴하지만, 항소법원의 검토에 의하면, RHONE 은 해당 2 개월 기간동안 대부분인 54 일간을 이 호텔에서 투숙했고,
(2) RHONE 은 단지 5 일간만 이 호텔에 투숙하지 않았으며,
(3) RHONE 은 연속해서 최장 41 일동안 이 호텔에서 투숙했었으며,
(4) 호텔에서는 RHONE 이 1 층에 있는 객실을 선호한다는 점도 알고 있었으며,
(5) 사고가 발생한 이후 RHONE 은 이 호텔에서 퇴실했지만 몇주 이후 다시 이 호텔에 투숙하려고 했으며,
(6) 이 호텔에서 손님들의 숙박일수를 제한하는 정책이 있었다는 증거가 없고,
(7) RHONE 이 이 호텔에서 체류하는 것을 원하지 않았다거나 다른 거주지가 있었다는 증거는 없고,
(8) RHONE 은 노숙자였다.

항소법원은, 비록 임시적인 체류와 영구적인 체류를 구분하는 절대적이 숫자는 없지만, 이런 증거들을 살펴보면, 1 심법원의 판단과는 달리, 합리적인 배심원들이라면, 사고 당시에 RHONE 은 피고회사 호텔에서 살고 있었고 RHONE 의 개들도 이 호텔에서 RHONE 과 함께 살고 있었다라고 판단했을 것이라고 밝혔다.

피고회사 호텔이 RHONE의 pit bull 개가 기거하는 장소에 대해서 점유와 통제권을 가지고 있었는지 여부

1심법원은 설령 RHONE과 그의 개들이 피고회사 호텔 객실에서 살고있었다고 하더라고, 피고회사 호텔은 그 개들이 거주하는 장소에 대한 점유와 통제권을 유지하고 있지 않았기 때문에, 피고회사 호텔이 그 개들의 "harborer"라고 할 수 없다고 판단하였는데, 항소법원은 이런 1심법원의 판단에 잘못이 있다고 지적하였다.

1심법원은 이런 판단을 하면서 호텔 투숙객들이 호텔에 투숙하는 동안은 자신들의 객실에 대한 배타적인 점유와 통제권을 가지고 있다는 점에 주목했고, 이런 이유에서, 개들이 거주하는 장소를 RHONE의 호텔객실로 한정해서 보면서 사건을 분석하였다.

The Betsy Hotel Web Page

하지만, 이런 1심법원의 분석방식과는 달리, 임대관계에서 임차인의 개가 관련된 판례들은, 임차공간에 대한 점유와 통제권은 임차인이 가지고 있기 때문에, 임대인이 통제권을 가진 공용구간에서 임차인의 개가 머무는 것을 임대인이 허용했을 경우에 그런 임대인이 임차인 개의 "harborer"라고 볼 수 있다라고 분석하고 있다고 항소법원은 밝혔다.

그리고, 임차인의 개가 공용구역을 자유롭게 배회하고 머무는 것을 임대인이 허용하고, 임차인이 공용구역에 개를 두는 것을 임대인이 묵인하였다면, 이런 임대인에게 해당 개의 "harborer"로서 손해배상책임을 부담시킬 수 있는 근거가 되는 "묵인"과 "점유와 통제"라는 두가지 요소들이 모두 충족되었다고 설시한 판례도 인용하였다.

항소법원은, 이번 사건에서는,
(1) 피고회사 호텔의 반려동물 규정에는 반려견을 데리고 호텔객실을 나가는 경우에는 목줄을 채우도록 하고 있지만, 피고회사 호텔에서는 이런 규정을 항상 준수하지는 않았고,
(2) RHONE의 pit bull 개를 포함해서 다른 개들이 호텔이 통제하고 있는 공동구역들을 자유롭게 배회하도록 허용했고,
(3) 호텔 철망울타리에 있는 구멍은 피고회사 호텔쪽에서 드나드는 개들 때문에 점차 커졌다는 증언도 있었다는 점들에도 주목하였다.

항소법원은, 이런 이유들에서, 배심원들은, (1) 이 사건 사고 당시에 RHONE과 RHONE의 개들이 필요한 정도의 영구성을 가지고 피고회사 호텔에서 살고 있었고, (2) RHONE의 개들이 자유롭게 다니고 있었던 피고회사 호텔의 공용구역들에 대해서 피고회사 호텔이 충분한 점유와 통제권을 가지고 있었다라고, 판단할 수 있었을 것이라고 결론내렸다.

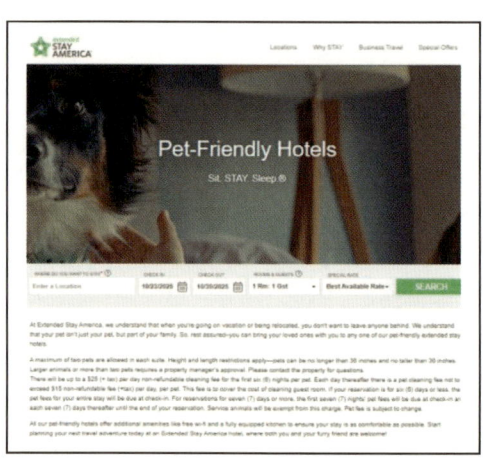

항소법원은, 그럼에도 불구하고, 주요한 사실관계에 다툼이 없고 피고회사 호텔이

RHONE의 pit bull 개에 대해서 "harborer"가 아니였다라고 판단하고, 배심원 재판을 진행하지 않고 원고 패소라는 약식판결을 내린 1심법원의 판결은 잘못되었다고 지적하면서, 1심법원으로 사건을 파기환송하였다.

Red Roof's Pet Policy (출처: Red Roof Inn 웹페이지)

Red Roof provides dog stay free hotels, which welcomes pets and requires our guests traveling with pets to follow these rules for the safety and comfort of other guests and hotel staff.

1. Guests MUST declare their pet(s) at check-in. If you forget to do so, please inform the Property staff as soon as possible. This is for the safety of your pet(s) and all our guests.
2. If a pet(s) causes damage to the Property, the Property manager is permitted to charge the guest for the damage caused by the pet.
3. Guests may not leave a pet unattended in a guestroom. Should an emergency arise, and a pet(s) is/are left unattended in a guestroom, the guest must contact the front desk to notify Property staff that the pet will be left alone in the guestroom and provide their contact information. If a pet(s) is disturbing other guests/staff or causing damage, then it/they cannot be left alone and must remain in the guest's control.
4. When outside the guestroom, pet(s) must be on a leash or in a carrier at all times.
5. No pets are allowed in any dinette, restaurant space or wherever food may be prepared, stored or served, nor in the fitness center, pool area or laundry facility.
6. Property staff cannot clean guestrooms while the pet(s) is/are present. Guest should arrange with Property staff to schedule times for guestroom cleaning while the pet(s) is/are not in the guestroom.
7. Guests are required to clean up after their pet(s) (inside or outside) and keep the pet(s) within their control at all times.
8. If a pet(s) is deemed dangerous, harmful, or disruptive, management has sole discretion to request that the guest remove the pet(s) or to request that the guest find other accommodations. The Property staff may also contact animal control to have a pet(s) removed.

■ 사건의 출처는?

▷ 사건출처: 미국 Ohio주 항소법원 (COURT OF APPEALS OF OHIO TENTH APPELLATE DISTRICT) 2015년 10월 8일 판결문
Brown v. FMW RRI NC, LLC, 10th Dist. No. 14AP-953, 2015-Ohio-4192

▷ 사건제목: Leanne Brown, Plaintiff-Appellant v.
FMW RRI NC LLC, d.b.a. Red Roof Inn et al., Defendants-Appellees

▷ 재판부: HORTON 주심판사, TYACK 판사, KLATT 판사

▷ 변호인: Schiff & Associates, Terry V. Hummel, Emily Valandingham, for appellant
The Law Offices of Raymond H. Decker, and Molly G. Vance, for appellees

저자 **최우영**

한국 연세대학교 정치학과 졸업
미국 조지타운 법대 졸업
미국 캘리포니아 및 뉴욕주 변호사
미국 법률사무소 근무
한국 대기업 법률부서 근무
현재 한국기업법무협회 회장

미국법정에서
소송에 휘말린 반려견들

초판 1쇄 인쇄 2025년 11월 14일
초판 1쇄 발행 2025년 11월 30일

신고번호 제313-2010-376호
등록번호 105-91-58839

지은이 최우영

발행처 보민출판사
발행인 김국환
기획   김선희
편집   현경보
디자인 김민정

주소   경기도 파주시 해올로 11, 우미린@ 상가 2동 109호
전화   070-8615-7449
사이트 www.bominbook.com

ISBN   979-11-6957-420-4   03360

• 가격은 뒤표지에 있으며, 파본은 구입하신 서점에서 교환해드립니다.
• 이 책은 저작권법에 의하여 보호를 받는 저작물이므로 무단 전재와 복사를 금합니다.